O PROFESSOR E O ESCRIVÃO

FUNDAÇÃO EDITORA DA UNESP

Presidente do Conselho Curador
Mário Sérgio Vasconcelos

Diretor-Presidente
José Castilho Marques Neto

Editor-Executivo
Jézio Hernani Bomfim Gutierre

Assessor Editorial
João Luís Ceccantini

Conselho Editorial Acadêmico
Alberto Tsuyoshi Ikeda
Áureo Busetto
Célia Aparecida Ferreira Tolentino
Eda Maria Góes
Elisabete Maniglia
Elisabeth Criscuolo Urbinati
Ildeberto Muniz de Almeida
Maria de Lourdes Ortiz Gandini Baldan
Nilson Ghirardello
Vicente Pleitez

Editores-Assistentes
Anderson Nobara
Fabiana Mioto
Jorge Pereira Filho

COMISSÃO EDITORIAL DA ASSOCIAÇÃO NÚCLEO EDITORIAL PROLEITURA (ANEP)

Alice Áurea Penteado Martha – UEM (Maringá – PR)
Aroldo José Abreu Pinto – UNEMAT (Alto Araguaia – MT)
Benedito Antunes – UNESP (Assis – SP)
Carlos Erivany Fantinati – UNESP (Assis – SP)
Eliane Aparecida Galvão Ribeiro Ferreira – FEMA/UNESP (Assis-SP)
João Luís Ceccantini – UNESP (Assis – SP)
José Batista de Sales – UFMS (Três Lagoas – MS)
Marco Antônio Domingues Sant'Anna – UNESP (Assis – SP)
Maria Zaira Turchi – UFG (Goiânia – GO)
Neuza Ceciliato – UEL (Londrina – PR)
Rony Farto Pereira – UNESP (Assis – SP)
Sonia Aparecida Lopes Benites – UEM (Maringá – PR)
Thiago Alves Valente – UENP (Cornélio Procópio – PR)
Vera Teixeira de Aguiar – PUCRS (Porto Alegre – RS)

CARLOS ERIVANY FANTINATI

O PROFESSOR E O ESCRIVÃO
ESTUDOS SOBRE LITERATURA BRASILEIRA E LEITURA

Coordenação
João Luís Ceccantini

© 2012 Editora UNESP

Direitos de publicação reservados à:
Fundação Editora da UNESP (FEU)
Praça da Sé, 108
01001-900 – São Paulo – SP
Tel.: (0xx11) 3242-7171
Fax: (0xx11) 3242-7172
www.editoraunesp.com.br
www.livrariaunesp.com.br
feu@editora.unesp.br

Associação Núcleo Editorial Proleitura (ANEP)
Av. Dom Antônio, 2.100 – Parque Universitário
Caixa Postal 65 – 19806-900 – Assis – SP
Tel.: (0xx18) 3302-5882
proleitura@assis.unesp.br

CIP - Brasil. Catalogação na fonte
Sindicato Nacional dos Editores de Livros, RJ

F219p
Fantinati, Carlos Erivany
    O professor e o escrivão: estudos sobre literatura brasileira e leitura / Carlos Erivany Fantinati; coordenação João Luís Ceccantini. – São Paulo: Editora UNESP ; Assis, SP: ANEP, 2012.

    Inclui bibliografia
    ISBN 978-85-393-0360-1

1. Interesses na leitura. 2. Livrtos e leitura. 3. Literatura brasileira – História e crítica. I. Associação Núcleo Editorial Proleitura. II. Título.

12-6878.   CDD: 808.89282
                                                                        CDU: 82-93

Editora afiliada:

Sumário

Prefácio
Fosse no nosso Nordeste, seria um *professor arretado* 7
Antonio Dimas

1. Lima Barreto

O poder da vontade e a vontade do poder
em *Recordações do escrivão Isaías Caminha* 13
Vida e morte de M. J. Gonzaga de Sá 21
Lima Barreto e a mulher 33
O negro na obra de Lima Barreto 53
A sátira em Lima Barreto 71

2. Quatro autores brasileiros

Jogador corintiano morto a bala num *ready made* 101
Um Riobaldo: três amores 111
O eclipse e o imaginário 131
O feijão e a publicidade 137

3. Questões de teoria e história literária

Aspecto da literatura brasileira: o ritmo estético 157
Contribuição à teoria e ao ensino da sátira 175
Contribuição para uma concepção ampla de literatura 181

4. Linguagem e ideologia

Sobre o discurso político 195
Nota sobre a herança colonial-barroca na cultura brasileira 205
Os filhos do Brasil na Europa 215
A visão eufórica do Brasil 223

5. Livro didático & cia.

Didático: um modo de comunicação depreciado 251
A literatura e a escola 267
Alguns tipos de intriga nos textos didáticos 273
Um roteiro para o estudo de movimento literário 279
O ensino da literatura no 1º grau 283

6. Sobre a universidade

Achegas para os cinquenta anos do curso de Letras 313
Os cinco anos da FEU 331
Uma editora de dois gumes 337
Pela difusão do saber 341
Visão de um grupo acadêmico: "Leitura e literatura na escola" 343

7. Resenhas

A teoria literária na obra crítica de Araripe Júnior 373
Getúlio Vargas na literatura de cordel 377
Fórmula e fábula 383
Metáfora e montagem 387
O romance brasileiro de 30, de Adonias Filho 391
Ângulo e horizonte, de Mário da Silva Brito 397
A tradição afortunada 401

Prefácio
Fosse no nosso Nordeste, seria um *professor arretado*

Antonio Dimas

Nas páginas que aí vêm, vem junto uma vontade talhada a ferro, mesmo que não fosse a primeira. Porque a primeira não era Letras; era Geografia. Como não havia esse curso nas redondezas e a família também não queria o filho mais velho morando muito longe, a opção mais próxima era a jovem Faculdade de Letras de Assis, criada pelo governo do Estado no fim dos anos 50, dentro de uma política de interiorização do ensino superior paulista.

Da perspectiva de uma família de imigrantes italianos, afeitos ao trabalho duro do barro mole arrancado das barrancas do Paranapanema, não convinha que o primeiro dos quatro filhos se afastasse muito da casa. Caso necessário, de um lado ou de outro, Assis ficava a uns 70 km apenas, coisinha pouca. E se o filho se arrependesse da escolha, a olaria dos pais e dos tios, em Ourinhos, estava sempre à espera, ávida para reabsorver o primeiro rebento a furar o cerco e a se atrever em curso além do ensino médio, onde já tinha ido até bem longinho, resmungavam alguns dos parentes, um pouco desconfiados ainda.

Tudo bem que a Geografia fosse apenas um desejo esboçado de modo arisco e titubeante. Mas Letras era escolha muito mais estúrdia ainda. Letras não fazia parte daquele horizonte que, bem ou mal, exigia alguma familiaridade com a prosa e a poesia, nem sempre bem trabalhadas nos cursos colegiais de então. Para quem vinha do "científico", então, romances e poemas não calhavam, para dizer o mínimo. Aluno de "científico" escolhia Medicina, Biologia, Odontologia, Engenharia, Geologia, ciências, enfim. Áreas duras, de sustança e de futuro. Para o "clássico" iam os que pegavam de leve; os que gostavam de línguas ou de versos, preferências mui pouco masculinas; os que se arrepiavam com teoremas e hipotenusas; os que sentiam tontura com os vapores das fórmulas químicas; ou aqueles que tinham nojo de sapo em posta ou de coelhinhos esquartejados no laboratório. Para o "clássico" iam também as mocinhas núbeis, que não se viam como futuras professoras primárias. Na melhor das hipóteses, iam para o "clássico" os que queriam fazer Direito.

Nessa divisão riscada de forma grosseira, mergulhavam os jovens dos anos 60, egressos de uma classe média interiorana que mal se punha em pé e na qual se misturavam filhos de médicos, engenheiros, advogados, fazendeiros, funcionários públicos com outros jovens que vinham de famílias do comércio local, da pequena indústria, do baixo e médio funcionalismo. Aos poucos e bem devagar, ia-se arejando a estrutura social, de malhas ainda apertadas, mas já pressionadas por um ensino público em expansão e acatado com respeito. Apostava-se nesta política, de resultados ainda incertos. Arriscava-se, mesmo sem se conhecer Riobaldo, personagem que só surgiu, entre o susto e o entusiasmo, no final do nosso curso de Letras. Arriscava-se, porque *o senhor sabe: a gente quer passar um rio a nado, e passa; mas vai dar na outra banda é num ponto muito mais em baixo, bem diverso do em que primeiro se pensou.*

No caso de Carlos Erivany Fantinati, cujas páginas vêm em seguida, o ponto foi mais acima, bem mais acima. Perdemos um geógrafo, mas ganhamos um leitor profissional, sempre de olho no texto e no público. Não no público virtual e distante, aquele que se imagina e nem sempre se alcança. Mas no público imediato, formado por seus alunos, que dele mereceram dedicação prolongada, ou nos menos próximos, principiantes na escolaridade. Entre os jovens universitários e os pequenos do curso primário encaixa-se o magistério deste professor, cuja têmpera e inteireza moral nem sempre foram assimiladas com facilidade e boa vontade. Daí que tenha sido uma carreira – a sua – talhada no ferro e com ferro. Numa cultura plástica, mas leniente como a nossa, eis aí um traço nem sempre acolhido com simpatia pelo entorno.

Entre a literatura de ponta e o texto didático que a transmite situa-se a dedicação profissional deste colega que jamais invocou a insuficiência da cultura municipal como subterfúgio para o *dolce far niente* da produção acadêmica. Equipado com referências clássicas de proveniência diversa – Alfredo Bosi, Antonio Candido, Cavalcanti Proença, Dante Moreira Leite, E. R. Curtius, Francisco de Assis Barbosa, H. R. Jauss, Haroldo de Campos, Roberto DaMatta, T. E. Skidmore, Wilson Martins e outros – além de nomes alemães de rara circulação entre estudiosos de nossa literatura, Carlos E. Fantinati permite-se investigar seja a literatura iconoclasta de um Lima Barreto, seja a inventiva de um Guimarães Rosa, seja ainda o modo como essa literatura culta é transmitida na rede escolar, desde os primeiros anos.

Seu ponto de partida foi Guimarães Rosa, ainda nos distantes anos da formação acadêmica, em momento favorável, quando muito, ao Modernismo de 1920. Em seguida, veio Lima Barreto, com quem melhor se identificou, talvez por causa do inconformismo social que os pautou. Pode parecer invasivo e abusado sugerir que o sentido de despertencimento (arrisco o termo!) social levasse o leitor ao autor. Não pela epiderme, é claro, que essa os apartava. Mas pela origem modesta de quem descendia de italianos mal habituados com a palavra escrita e atrelados, no entanto, ao barro de que dependiam para a sobrevivência.

Com a modelagem que aprendeu na infância, Carlos foi modelando sua carreira na UNESP-Assis, depois de uma temporada em Munique, graças a uma bolsa do governo alemão, e de rápida passagem pela Faculdade de Letras de Marília.

Foi ao longo desses anos que foram escritos estes ensaios, cuja dispersão, ora sanada, se deve à despretensão de quem encara a carreira profissional como exercício de docência e não como passarela para o poder. Que, se sobrevier, será decorrência e não objetivo.

Numa visão de conjunto, sem a pretensão da minúcia que aqui sobejaria, talvez se possa arriscar uma divisão destes textos em sete grandes blocos, unificados entre si pela reflexão sobre o texto literário sempre vinculados à vivência universitária, da qual se desdobram ações que vão muito além da sala de aula. Em palavras curtas: o texto como ação, não como contemplação.

Num primeiro e segundo blocos, enquadraríamos os ensaios em torno de escritores específicos: Guimarães Rosa, Alcântara Machado, Ignácio de Loyola Brandão, Lima Barreto. Da longa reflexão sobre este despertencido social, Carlos E. Fantinati retirou, anos atrás, seu único livro, *O Profeta e o Escrivão. Estudo sobre Lima Barreto*, publicado em 1978. Mas desse mesmo escritor brotou ainda seu estímulo para pensar a sátira como gênero, cujos ensaios, de caráter mais teórico e fundamentados em bibliografia alemã, formariam o terceiro bloco. Uma vez que a sátira impulsiona e conduz de forma soberana sua dedicação à literatura canônica, sai dela uma vertente, o quarto bloco, que faz Carlos pensar nos diferentes registros de linguagem que modelam os mitos nacionais - Santos Dumont, por exemplo – e que seriam, tais registros, os herdeiros de uma tradição forjada pelo nosso barroco literário. Daí a refletir sobre nossos surtos de euforia é um passo, e que nos leva ao quinto bloco: aquele em que se examina, com a dedicação de um analista aplicado, a linguagem didática, sob duplo enfoque. De um lado, como é que se transpõe essa distorção eufórica para o livro didático, como reforço persistente da visão edênica do país brasileiro; de outro, como a nossa universidade menosprezou o livro didático, talvez porque – supõe-se – não carregaria em si o peso da reflexão que brilha e seduz. Daqui para o sexto bloco a passagem é natural e sem tranco. Nele, juntam-se os textos que avaliam os efeitos benéficos da interiorização universitária levada a efeito pelo governo paulista, anos atrás, e ressaltam o papel providencial que as editoras universitárias têm pela frente, em que pesem seus *detratores provincianos*, temerosos, no fundo, de não se verem selecionados para os catálogos editoriais. Ao final, são compiladas resenhas de autoria de Fantinati, elaboradas no calor da hora, quando do lançamento das obras em questão.

Neste trajeto, que começa pela reflexão sobre o texto e que culmina com a sua produção e distribuição, o que se vê e se gaba é apenas isto: a coerência de um percurso profissional que, sem concessões, saiu da sala de aula sem nunca perdê-la de vista, porque, ao fim e ao cabo, é ela que sempre foi o foco maior deste educador. Em grande angular ou em *close*, foi ela que sempre motivou e alentou Carlos Erivany Fantinati. Sua dedicação férrea nunca esmoreceu, nem transigiu. Para quem o conhecia desde os tempos da *Pensão Rio Branco*, qual é a novidade nisso?

1.
Lima Barreto

O poder da vontade e a vontade do poder em *Recordações do escrivão Isaías Caminha*[1]

Em 1909, Lima Barreto publica *Recordações do escrivão Isaías Caminha* (1961), sua obra de estreia na vida literária. Por seu intermédio, busca uma inserção contrapositiva no campo intelectual do período. Essa tentativa por via de contraste se manifesta já no título da obra, ao apresentar o protagonista, não como um literato, mas sim como escrivão. Embora a leitura do livro nos faça saber que Isaías Caminha é atualmente um escrivão de coletoria na cidade de Caxambi no Espírito Santo, essa mesma leitura confere à expressão "escrivão Caminha" um sentido plurívoco, sugerindo conotações que remetem ao da esquadra cabralina, que escreveu a carta, dando notícias ao rei de Portugal, da descoberta do Brasil. Isaías Caminha, a maneira de seu homônimo de sobrenome e de ofício, reivindica, pela sua condição de autor das recordações, o papel de escrivão que dá notícias das experiências vividas por ele, desde que se deslocou da cidade provinciana onde nasceu para o Rio de Janeiro, aí viveu, e a abandonou para retirar-se para Caxambi, no interior de Espírito Santo. Mas, ao contrario do cronista e escrivão da descoberta do Brasil, o escrivão Isaías Caminha só tem a relatar amargas memórias do seu embate com a dura descoberta do Rio de Janeiro republicano. Nessa relação esta embutida a presença do contraditório: o escrivão Caminha da tradição histórica aparece degradado na sua atualização presente na obra, despojado da posição elevada, outrora ocupada, e reduzido a uma posição pervertida no aqui e agora, em Caxambi, onde conta sua biografia e, ao mesmo tempo, antibiografia.

No plano interno da obra, a presença do contraditório se exacerba. Na verdade, ela já se abre sob o signo do choque entre a representação da norma e a de seu des-

---
[1] Texto inédito.

vio. À tese, veiculada por uma revista, e que reflete a opinião disseminada na elite, de que as pessoas de ascendência negra são congenitamente carentes de qualidades intelectuais, e, portanto condenadas ao fracasso, o mulato Isaías Caminha contrapõe a asserção de que o fracasso, ocorrido inclusive com ele, se deve não a determinantes hereditários mas sim a fatores sociais. O conflito entre essas duas concepções sobre o mestiço são relevantes, se se pensar que de 1880 a 1920, justamente durante o período de vida de Lima Barreto, imperaram no Brasil as teorias racistas importadas sobre a inferioridade racial dos não brancos. Sob esse aspecto, o texto nada mais pretende do que desmascarar o preconceito racial, fundado em pretensas bases científicas, e afirmar, de modo convincente, a identidade essencial do ser humano, atribuindo-se as diferenças a fatores históricos e culturais.

No processo de desmontagem do racismo, o pseudoautor Isaías Caminha rememora um outro elemento contraditório, que constitui uma espécie de motivo condutor nas diferentes obras de Lima Barreto: o desacordo entre o símbolo e a coisa simbolizada, entre a palavra e a coisa, entre o mapa e o território, entre o mundo verbal e o mundo extensional (Hayakava, 1963, p.23-5). Toda a via inicial de Isaías Caminhas, antes da sua entrada no jornal *O Globo*, é uma chocante constatação de que o mundo verbal, as representações da realidade, internalizados por meio da educação familiar, escolar e livresca não se coadunam em momento algum com o mundo extensional, com as experiências concreta, física, humana e política da cidade do Rio de Janeiro. No espaço urbano carioca, o mapa, que lhe vai na cabeça, se lhe apresenta como um mapa falso, como um antirroteiro e uma desorientação, pois todas as vezes que se socorre dele a imagem oferecida colide com a anti-imagem com a qual defronta. Essa antítese, esse desajuste entre o mundo verbal e extensional, tem implicações no plano da sobrevivência no meio estranho, pois os personagens, concebidos como possíveis adjuvantes afloram-lhe como oponentes. Aferido pelos padrões e valores positivos do mundo verbal e simbólico, o Rio de Janeiro urbano e republicano vai-se-lhe configurando como um território pervertido, como o avesso das representações armazenadas pelo inculcamento familiar, escolar e livresco.

A indigência, resultante da ausência de aliados, leva-o a estornar o mundo verbal e os valores nele contidos, e a substituí-los por um novo mapa, ajustado à experiência concreta do Rio de janeiro, com seus pervertidos valores. Esse processo de substituição do velho mundo verbal por um mundo verbal novo se realiza com sua entrada no jornal *O Globo*, onde ingressa como contínuo e ascende profissionalmente. No entanto, outra contradição se instaura após a ascensão máxima no jornal: o velho mundo verbal, com seus valores autênticos, emerge do recalque a que fora submetido e atrita-se com o novo mundo verbal e seus valores inautênticos. As duas representações chocam-se constantemente, resolvendo-se o embate pela decisão de Isaías Caminha de abandonar o Rio de Janeiro e refugiar-se como mero escrivão de coletoria na cidade de Caxambi, onde o racismo motiva-o para escrever suas memórias antirracistas, e a ênfase na profissão burocrática procura dissimular sua pretensão de candidato a escritor.

A tensão entre o verso e o reverso em Isaías Caminha, advinda do conflito de dois mundos verbais antagônicos, nada mais é, no plano do mundo extensional carioca, do que o eco das contradições entre dois territórios citadinos: o do Rio de Janeiro imperial e o do Rio de Janeiro republicano, os quais são, por sua vez, reflexos de uma contradição ainda mais ampla, a do momento histórico brasileiro, dilacerado entre uma realidade que vai deixando de ser rural e tolerantemente racista para se tornar cada vez mais urbana e cientificistamente racista, com a aceleração do processo de modernização capitalista. São justamente essas tendências, em atrito na realidade brasileira, que Lima Barreto converte de tema externo à obra em tema interno a ela, como é típico do procedimento criador do satirista. E o faz tomando partido contra as tendências emergentes e a favor das tendências em desaparecimento, submetendo ambas as técnicas de estranhamento, visando, de acordo com sua postura satírica, não a construir um universo autônomo ou fechado em si, mais uma obra com remissão ao real histórico imediato.

Não se infira apressadamente sobre a tomada de partido na obra contra as tendências emergentes, que isto faz de Lima Barreto um conservador. Na verdade, a sátira se apresenta, na maioria dos casos, orientada por normas pretéritas. Isso lhe é uma típica implicação de decodificação, que não remete obrigatoriamente à posição política do autor, pois a decodificação requer uma norma comum entre produtor e receptor. Apresentar isto associativamente voltado para o pretérito é muito mais simples e sem risco do que tentar esboçar novidades em termos de normas e padrões de comportamentos postos num tempo futuro. A concepção negativa do tempo presente pode ser mais bem mostrada ao leitor, de modo contrastante, num outrora transfigurado do que numa especulação prospectiva (Hantsch, 1975, p.26). Além disso, a sátira literária, embora conservadora em face do sistema visado, nunca se constitui, em sua terapêutica, num elemento estabilizador do sistema (ibidem, p.36), tanto isso é verdade que muitos teóricos concebem-na como um caminho para a Utopia, a partir da negação do presente (ibidem, p.35).

No plano da obra, o exemplo dessas tendências históricas negativas em ascensão é o jornal *O Globo*. Seu título não foi escolhido por acaso. Está em íntima correlação com o impacto satírico, pois foi cunhado segundo um recurso técnico, preferido pelos satiristas de todos os tempos: o princípio da contração de mundo (Wölfel, 1960,

p. 85-98). Com base nesse procedimento, o satirista comprime o mundo em um espaço, que representa o todo, construindo então um *compendium orbis terrarum*, isto é, um compêndio ou um resumo do globo terrestre. Nada melhor do que para configurar um compêndio do globo do que o título de "O Globo" dado por Lima Barreto ao jornal. Nessa miniatura estão presentes não só as tendências negativas emergentes já apontadas, mas sobretudo o agente responsável pela sua implementação: o poder totalitário de um "tirano malcriado e feroz" (Barreto, 1961, p.158). Por ser um jornal, *O Globo* é explicitamente considerado o "Quarto Poder" e o seu proprietário, doutor Ricardo Loberant, é apresentado constantemente no exercício desse poder, onde se evidenciam reiteradamente seu autoritarismo, sua ditadura, sua violência e sua prepotência. Loberant não fala, "grita" e "berra"; não fuma naturalmente, mas o faz "com força"; não entra nas salas, mas "surge como um vendaval"; não se levanta, mas "se ergue impetuosamente"; e com esses concretos gestos e atitudes agressivas cria uma "atmosfera de terror" (ibidem, p.158), que envolve tudo e todos na redação, degradados objetos, submissos à vontade truculenta do ditador com "seu maxilar proeminente e quadrado e o ar terrível que tinha sua fisionomia" (ibidem. p.158). É compreensível agora como esse clima autoritário contribuiu para que o personagem Isaías Caminha substituísse em *O Globo* o mundo verbal autêntico pelo mapa de valores inautênticos da cidade do Rio de Janeiro republicano. E o caráter emblemático de *O Globo*, como signo do poder totalitário, fica claro ainda na sua evolução no interior da obra: *O Globo* surge como um órgão de imprensa de oposição ao poder político e acaba por se converter em situação, participando das benesses do sistema autoritário vigente, que ele denunciara, mascarando o despotismo interno e fazendo dessa denúncia sua força junto à opinião pública para empolgar o poder.

Assim, *Recordações do escrivão Isaías Caminha* apresenta clara tendência satírica, de caráter deformador, dotada de postura negativa que se arremete agressivamente contra as manifestações do totalitarismo, explícitas ou implícitas, no mundo concreto. Essa tendência, como observou Ulrich Gaier (apud Hantsch, 1975, p.23), remete, no caso da sátira, a uma realidade histórica vista como ameaçadora ao ser humano, cujo intuito é destruí-la, protestar contra ela ou ainda alertar contra os possíveis encaminhamentos na sua direção. No caso dessa obra, o que parece pretender-se é combater todas as modalidades de totalitarismo, nomeadamente políticos e raciais, presentes no momento histórico.

Mas distintamente da tradição crítica que tem exagerado o caráter de ataque da obra ao *Correio da Manhã*, tomado como modelo para *O Globo*, o livro parece trabalhar a tendência satírica com função de alerta. O *Correio da Manhã*, fundado em 1901, era então um jornal jovem, que nasceu sob o signo do momento, porém com uma aguerrida atitude oposicionista contra manifestações autoritárias do poder político republicano. Nesse sentido, sua postura é similar à da tendência satírica da obra. O que Lima Barreto teria pretendido ao tomá-lo como modelo para *O Globo* era alertá-lo contra um possível desvio de rota, que o levasse para a adesão ao poder estabelecido como aconteceu com *O Globo*. Aliás, essa passagem de uma atitude de oposição para a de adesão plena ao poder político não era incomum na época, sobretudo por intermédio de arranjos financeiros. Antes, portanto, de ser um ataque ao *Correio da Manhã*, como quer a tradição crítica, a tendência satírica, se pensada em termos de alerta, é um sinal de respeito pela atitude corajosa e combativa do jornal. Uma analogia com Isaías Caminha talvez deixe isto mais claro. A personagem tem sido vista como biográfica em relação à Lima Barreto. Mas, se é possível estabelecer alguns traços comuns com seu autor real, seu ajustamento ao jornal *O Globo* pouco teria a ver explicitamente com Lima Barreto. Ou melhor: não seria justamente esse ajustamento de Isaías um meio encontrado por Lima Barreto para exorcizar nele propensões ocultas de se curvar ao peso do autoritarismo vigente, realizando um alerta contra essa corrente negativa em si próprio?

A tendência satírica como dominante no *Recordações do escrivão Isaías Caminha* não se revela só na contraposição das manifestações de totalitarismo já mencionadas. Ela está presente também na luta contra a concepção da literatura vigente no resumo do globo terrestre. Encontra-se ainda nas investidas contra a prepotente imposição de uma linguagem purista, vigiada pela ditadura gramatical. Além disso, ela se revela na própria construção técnica dos capítulos e nas relações dos capítulos entre si, organizadas algumas vezes segundo o procedimento da montagem, que quebra o ilusionismo da arquitetura convencional da narrativa longa, como sucede na passagem do XII para o capítulo XIII. O "capítulo XII" termina com a morte de um vendedor de jornais, "o pequeno italiano", durante a "Revolta dos calçados". Na Rua do Ouvidor, ao tentar fugir do avanço da polícia, ele "foi derrubado pelos primeiros cavalos [da polícia] e envolvidos (sic) nas patas dos seguintes, que o atiravam de um lado para o outro como se fosse um bocado de lama." (Barreto, 1961, p.250) . E o narrador finaliza o capítulo assim:

> Quando suspenderam a carga, alguns populares trouxeram-no morto para o escritório do jornal. O cadáver estava num estado ignóbil; tinha quase todos os ossos partidos, o crânio esmagado e o ventre roto. Recordei-me então daquelas palavras de Loberant:
> – Esses f... hão de ver se valho ou não valho alguma cousa! Súcia! (ibidem, p.251)

O leitor ao virar a página depara, na abertura do "capítulo XIII", com um necrológio grandiloquente, que se estende por quase duas páginas, e cuja primeira frase serve de amostragem do conjunto: "O homem que acaba de morrer, não era um homem vulgar" (ibidem, p.253). Tomado pelo relato e fala final do capítulo XII, esse leitor se deixa levar pela expectativa de que o necrológio escrito por Losque, publicado com foto em *O Globo*, que "vinha tarjado em sinal de luto" é do jornaleiro morto. Mas vai descobrindo aos poucos, via ruptura da ilusão pelo estranhamento, ser ele dedicado a outra pessoa: Charles de Foustangel: "Tratava-se do cozinheiro particular do diretor, mas a estética do necrológio pedia se fizesse um auxiliar do jornal" (ibidem, p.234).

E, finalmente, a tendência satírica se evidencia no próprio recurso à paródia não só de linguagens do período, como também de obras, em especial do livro de Smiles (1812-1904), *Poder da vontade*.[2] Samuel Smiles, médico, reformador e escritor escocês, escreveu biografias de pessoas, cujas trajetórias existenciais foram marcadas pela perseverança e capacidade de lutar contra as adversidades, tendo sido suas vidas apontadas como exemplo para outras. Seus livros têm sido considerados os criadores da literatura de autoajuda, tendo um dos primeiros deles – publicado em 1859 – o significativo título em inglês de *Self-Help*, traduzido segundo alguns por *Ajuda-te*, mas que ficaria melhor se intitulado *Autoajuda*, e que, na verdade, parece ter recebido o batismo no Brasil de *Poder da vontade*. Transcrevendo com a grafia da época as informações fornecidas pelo próprio livro em sua sexta edição realizada no Rio de Janeiro pela H. Garnier, Livreiro-Editor, em data não mencionada, lê-se, na página de rosto, além do local, editora e número da edição, o seguinte: "*Poder da vontade* ou caracter, comportamento e perseverança por S. Smiles. Tradução de M. J. Fernandes dos Rios". Segue-se a ela página de autoria de Paulino José Soares de Souza, datada de 29 de outubro de 1870 – ano provável da primeira edição brasileira – e endereçada ao "Illm. Sr. B.L. Garnier", em que este agradece-lhe "as primeiras folhas da tradução da obra de mr. Samuel Smiles, intitulada *Self Help* (sic). É obséquio que devo á sua mui bondade, e que v.s. quiz attribuir-me o ter-lhe eu sugerido a ideia de publical-a em portuguez". Enaltece a seguir as qualidades do livro e o resume:

> Poucos livros tenho lido que me causaram tão viva e intima satisfação e cuja vulgarização tanto deseje . Ao lado da mais sã doutrina faz o autor sobresahir os exemplos illustres de tantos homens que, começando nas mais humildes e obscuras profissões, desajudados da fortuna e lutando com innumeras contrariedades, elevaram-se pela força da vontade e deveram altas posições sociaes, riqueza e renome unicamente ao amor do trabalho, á coragem e persistencia com que se dedicaram á realização dos seus planos. (Smiles, s.p.)

---

[2] Dois outros leitores dessa obra foram Humberto de Campos e Graciliano Ramos.

A esta página sucede outra, escrita na mesma Rio de Janeiro, em "29 de Novembro de 1870", dirigida pelo editor ao leitor, em que explica que, com o assentimento e estímulo de Samuel Smiles, a tradução brasileira é feita, a partir do tradução francesa do livro *Self-Help*, por Alfredo Talandier, por

> contar esta maior soma de exemplos biographicos, do que a obra primitiva. O original é um tanto exclusivo nos exemplos que adota em apoio de suas valiosissimas maximas; a versão franceza, não só mais comprehensiva, foi outrosim feito segundo um novo plano ministrado pelo próprio autor. (Smiles, s.p.)

Este é o livro recebido por Isaías Caminha como presente de sua professora, "dona Ester" [Correspondi-lhe à afeição com tanta força d'alma, que tive ciúmes dos seus olhos azuis e dos seus cabelos castanhos, quando se casou. (p.46-7)], ao sair do colégio aos treze anos: era um exemplar

> luxuosamente encadernado, com uma dedicatória afetuosa e lisonjeira. Foi o meu livro de cabeceira. Li-o sempre com mão diurna e noturna, durante o meu curso secundário, de cujos professores, poucas recordações importantes conservo. Eram banais! Nenhum deles tinha os olhos azuis de Dona Ester, tão meigos e transcendentes que pareciam ler o meu destino, beijando as páginas em que estava escrito!... (p.47).

Na cidade do Rio de Janeiro torna-o "bússola de sua vida" e dele se socorre na adversidade como guia: "Recordei-me das minhas leitura, daquele *Poder da Vontade*, das suas biografias heroicas: Palissy, Watt, Franklin...Sorri satisfeito, orgulhoso; havia de fazer com eles" (p.102). A obra, porém, não resiste e sofre um total processo de corrosão e esvaziamento no contato que o antigo e imperial mundo verbal e simbólico, trazido pelo personagem, estabelece com mundo extensional inóspito da realidade carioca. A entrada e ascensão de Isaías Caminha em *O Globo* significam também a derrota do *Poder da vontade* pela totalitária "vontade do poder" de Ricardo Loberant; o fracasso do escrito moralista e moralizador de Samuel Smiles tem como contraparte a vitória da autoritária linguagem arrivista do jornal *O Globo* e de seu proprietário. Parodiado e parodiante caminham juntos no andamento dialético da evocada biografia dos heróis de *Smiles* e da antibiografia de Ricardo Loberant, condensadas ambas em etapas da vida do narrador-protagonista e escrivão/escritor Isaías Caminha. As duas modalidades de biografias – opostas e justapostas – centradas no livro de autoajuda e no jornal estruturam o texto, que se sustenta num esquema narrativo, distorcido e desfigurado pelo ímpeto satírico, responsável maior, em razão da sua incompreensão teórica, pela tradição crítica de restrições a essa forte e duradoura obra de ficção satírica, que fez, no ano de 2009, um século, com gritante silêncio.

Referências

BARRETO, A. H. de L. *Recordação do escrivão Isaías Caminha*. 2.ed. São Paulo: Brasiliense, 1961.

HANTSCH, I. *Semiotik des Erzählens*. München: Wilhelm Fink, 1975.

HAYAKAVA, S. I. *A linguagem no pensamento e na ação*. Tradução de Olívia Krähenblühl. São Paulo: Pioneira, 1963.

SMILES, S. *O poder da vontade* ou caráter, comportamento e perseverança. 6.ed. Tradução de M.J. Fernandes dos Rios. Rio de Janeiro: H.Garnier, s.d.

WÖLFEL, K. Epische Welt und satirische Welt. Düsseldorf, *Wirkendes Wort:* 10, p. 85-98, 1960.

Vida e morte de M. J. Gonzaga de Sá[1]

Pretende-se aqui tratar da obra *Vida e morte de M. J. Gonzaga de Sá*, publicada por Lima Barreto em 1919. O intuito é de apontar, de forma introdutória, traços satíricos que dominam o livro, tornando-o uma antibiografia e uma narrativa satírica.

Abre-se o *Vida e morte de M. J. Gonzaga de Sá* (Barreto, 1961) com marcadas dissonâncias no título, que prenunciam já o caráter satírico da obra. Anuncia-se aí, de modo desilusionista, o triste fim da personagem principal, em oposição às dissimulações do desenlace do protagonista, comuns às titulações convencionais. Reitera-se a dissonância com a cacofonia, inscrita nas abreviaturas, que ofende o bom gosto, com sua alusão escatológica.

Instauradas no título, as dissonâncias se prolongam nas duas notas que precedem o corpo ficcional. O livro principia com uma "Advertência", datada de abril de 1918, onde o escritor real Lima Barreto se apresenta como "antigo colega de escola, e, hoje, de ofício" (ibidem, p.25) do pseudoautor à obra. Segue-se à "Advertência" de 1918 uma "Explicação Necessária", datada de 8 outubro de 1906, em que o pseudoautor explica a gênese e a forma biográfica do livro.

A conjunção das duas datas revela-se intencionalmente irônica. Dão a entender que Lima Barreto recebeu a obra para publicação presumivelmente em 1906 e, doze anos depois, ainda não havia conseguido publicá-la. O expediente tem implicações críticas, quanto às dificuldades de publicação da literatura em geral e das obras de Lima Barreto em particular, dada a carência de editoras no período e o esforço muitas vezes vão para se conseguir que as poucas existentes pusessem em circulação obras de autores não consagrados pelo campo intelectual. Lima Barreto, por exemplo, só conseguiu editar o *Recordações do escrivão Isaías Caminha* em Portugal com renúncia

---
[1]Publicado originalmente em: *Cadernos de Pesquisa*. Assis, n.2, p.31-34, 1990.

aos direitos autorais, financiou o *Triste fim de Policarpo Quaresma* e só agora com o *Vida e morte* era pago pelo seu trabalho. Além disso, os reparos que Lima Barreto fez na "Advertência" à classificação que Augusto Machado deu à obra constituem uma crítica a si próprio, e, ao mesmo tempo, transcende a isto: confere, nessa encenação, uma prevalência da literatura sobre a amizade, atingindo pela ironia, no plano real, o procedimento inverso aos dos agrupamentos de elogio mútuo da época.

Mas é no texto da própria "Explicação Necessária" que se aprofunda um elemento dissonante e, portanto, contraditório, significativo para a compreensão da obra como sátira. Augusto Machado, ao classificá-la como biografia, se apresenta como discípulo de dois biógrafos, Plutarco e Pelino Guedes, que merecem elucidação. Plutarco (c. 46 d.C. - c. 120 d.C.)

> foi um famoso biógrafo e filósofo moralista grego. Dentre suas obras conservadas, a mais famosa é a série de *Vidas paralelas* que traçou, onde descreve em números pares a vida de um grego ilustre (estadista ou soldado) e a vida de um romano ilustre, cuja carreira apresenta alguns pontos de semelhança com a do primeiro, acrescentando ao final uma breve comparação entre os dois. (Harvey, 1987, p.404)

Nesses estudos biográficos dos grandes homens é movido pela "aspiração ao saber e ao conhecimento, sobretudo pela investigação da essência espiritual e do caráter do herói enfocado" (Wissowa, 1951, p.904).

Para alcançar esse objetivo Plutarco se utiliza de dois elementos: um, "a representação do caráter do herói e, ligada a ela, a contemplação moral, que servem, para a parênese; outro, a narrativa dos seus feitos, nos quais o seu caráter desdobrou" (ibidem, p.906). Plutarco começa a biografia com a gênese do herói e prossegue com a história da juventude, educação e desenvolvimento até a maturidade. Segue-se, então, a descrição dos feitos, encerra com a velhice e morte e, às vezes, com um panorama sobre a descendência e continuidade.

Grande é a influência do biógrafo e moralista grego na cultura ocidental quer diretamente, quer sobretudo através da sua tradução, a partir do século XVI, para as línguas europeias. É de 1559, a primeira tradução completa das *Vidas paralelas*, realizada por Jacques Amyot (1513-1893), com o título *Les vies des hommes illustres grecs e romains, comparée l'une avec l'autre par Plutarque*. Sua influência foi marcante, principalmente como fonte, sobre inúmeras obras do classicismo francês, juntamente com sua *Moralia*, também vertida por Amyot, em 1572, com o título de *Les oeuvres morales* (Engelhardt; Roloff, 1982, p.109).

A tradução mais famosa das *Vidas* de Plutarcos em inglês é a de Sir Thomas North (1579), feita não do grego – e sim de uma versão francesa de Amyot. Shakespeare seguiu-a de perto em suas três peças romanas, "Julius Caesar", "Anthony and Cleopatra" e "Coriolanus" (principalmente na primeira). A tradução de W. e J. Longhorne (1770) foi durante mais de um século o Plútarchos padrão. R. Browning parece ter-se inspirado na Vida de Nícias escrita por Plútarcos numa passagem de sua "Balaustion's Adventure" e o "Díon" de Wordsworth baseia-se na vida do grande siciliano escrita por Plútarcos. (Harvey, 1987 p.404-5)

Joseph Addison (1672-1719) tomou-o também como fonte para sua tragédia *Cato*, levada à cena em 14 de abril de 1713, em Londres (Karrer; Kreutzer, 1983, p.43). Na Alemanha, Plutarco foi estudado por Friedrich Schiller (1759-1805) entre 1776 e 1777 (Frenzel; Frenzel, 1966, p.207) e serviu de fonte, entre outras obras, para as tragédias *Marius und Sulla*, de 1827 – e *Hannibal*, de 1835, escritas por Christian Dietrich Grabbe [1801-1836] (ibidem, p.48-50).

Em contraposição a Plutarco, o outro mestre, Pelino Joaquim da Costa Guedes, nasceu em 1858 em Pernambuco, segundo Sacramento Blake (1902, p.75) e Wilson Martins (1977-8, p.79) que não fornecem, porém, a data da sua morte, o primeiro por ter seu dicionário publicado em 1902, quando o autor ainda vivia, e o segundo por não ter a informação. Bacharel em Direito por São Paulo, foi professor de Direito e de pedagogia e primeiro oficial da Secretaria dos Negócios do Interior e Justiça, onde Lima Barreto veio a conhecê-lo, em situação tensa quando da aposentadoria do pai (Barbosa, 1975, p.110-2). "Inteligência brilhante e cultivada pelo estudo" (Blake, 1902, p.75), escreveu poemas, discursos e biografias. A primeira, de 1897, chamou-a *A escola* e tinha como subtítulo "Biografia de Amaro Cavalcanti", ministro da Justiça e Negócios Interiores. A segunda, publicada em 1898, tinha por título *O marechal,* explicando-se, a seguir, ser este Carlos Machado de Bittencourt, Ministro da Guerra de Prudente de Morais, morto quando do atentado que sofreu o Presidente da República. A de 1902, batizou-a de *Biografia do dr. Sabino Alves Barroso*, ministro de Estado da Justiça e Negócios Interiores e interino da Fazenda.

Nos três prefácios que escreveu para as três biografias de ministros, faz Pelino Guedes a apologia dos estudantes e refere-se explicitamente às *Vidas* de Plutarco como modelo. Na "Dedicatória" a Amaro Cavalcanti lê-se: "meu fim não foi lisonjeá-lo, porque não tinha nem tenho necessidade disso. Li e inspirei-me nos heróis de Plutarco. Foi pensando nele que escrevi a sua biografia" (Guedes, 1897, p.6).

Após dedicá-la "À memória gloriosa dos mártires da liberdade pernambucana – 1710, 1817, 1824, 1848", Pelino Guedes nas "Duas Palavras", que abrem a biografia de Carlos Machado de Bittencourt, desvela o método utilizado – "trabalho de mera e ligeira compilação" (idem, 1898, p.1) –, mas coloca o livro sob o influxo de Plutarco. Ao citar trecho do biógrafo grego em que um velho soldado assiste ao sepultamento de Pompeu, feito somente por um seu liberto, Pelino Guedes estabelece uma analogia tanto entre o general romano e o marechal brasileiro, como entre o soldado e o seu ofício de biógrafo, cuja transcrição dá bem uma amostra do estilo retórico do autor pernambucano:

> Pois bem, à semelhança do velho soldado, que considerou como a maior de suas venturas, em terras estranha permitir-lhe a fatalidade que assistisse aos últimos funerais de um dos maiores capitães do seu tempo, – o obscuro autor deste livro, arremessando-o à luz, sente-se feliz por imitar tão nobre exemplo, exercendo assim a piedosa missão de carregar também a sua pedra para esse túmulo glorioso, ainda aberto, e que simboliza, hoje, entre nós, o mais belo dos nossos momentos [...]. (Guedes, 1898, p.3)

Plutarco é ainda o modelo evocado na "Carta aberta", com que precede a biografia do Dr. Sabino Barroso. Após conceituar acacianamente biografia, considera que "o modelo mais perfeito, no gênero, têmo-lo, incontestavelmente, nos Heróis de Plutarco." (idem, 1902, p.6).

Foram biografias como essas de Pelino Guedes que desprestigiaram o gênero por volta de 1900:

> [...] voltadas as vistas para o período que medeia entre o fim do século passado e o começo do atual, época geralmente pobre de grandes biografias, talvez se possa notar o pouco apreço pelos trabalhos desse gênero. É que a palavra "biografia", surgida no início do século XVIII, passara a designar obras nas quais se compilavam, com pequena preocupação de verdade e de crítica, alguns fatos capazes de assegurarem ao biografado lugar de honra na posteridade. Essa, pelo menos, foi a regra. (Filho, 1945, p.10)

E mesmo entre os escritores, desvalorizavam-se elas mercê dessa carência de qualidade das publicações:

> Os próprios escritores olhavam de soslaio tais trabalhos, que deixavam para os parentes e amigos do biografado, ou para os textos frios dos dicionários. (ibidem, p.10)

Sintoma claro do desapreço entre os críticos, no caso brasileiro, está no artigo de recepção de José Veríssimo a *Um estadista do Império*, de Joaquim Nabuco. Elogiando a obra, Veríssimo a vê como uma exceção, uma vez que para ele

> a biografia seria trabalho de mãos ineptas. E não há como censurá-lo – comenta Viana Filho –, pois, perdida a sua posição no campo das letras, a biografia passara, de fato, a ser gênero secundário, talvez indigno de um grande escritor. (ibidem, p.11)

Após a elucidação dos dois mestres, não é necessário enfatizar o caráter esdrúxulo da filiação do autor. Plutarco e Pelino Guedes colidem em tudo. O primeiro representa uma vertente do apogeu dos trabalhos de tal gênero com uma persistência significativa na tradição da cultura ocidental, como leitura formativa e fonte de escritores. O segundo é uma caricatura do primeiro, utilizando-se do gênero para fazer a apologia dos ministros de Estado no início da Velha República visando a galgar postos na carreira burocrática, e não se tornou completamente esquecido pela tradição por ter sido motivo das censuras de Lima Barreto.

Pelo que se sabe das biografias dos grandes heróis gregos e latinos realizadas por Plutarco e pelo que se conhece dos procedimentos postos em prática por Pelino Guedes na sua lisonja a ministros republicanos, a biografia ficcional de Manuel Joaquim Gonzaga de Sá elaborada por Augusto Machado constitui não uma biografia clássica plutarquiana e muito menos uma anódina pelinesca, mas é, na verdade, uma dissonante antibiografia.

O caráter antibiográfico da obra se patenteia já na própria eleição do biografado. A vida de Gonzaga de Sá não é a de um herói real marcado por um caráter definido, expresso em ações e proezas memoráveis, e nem no sentido pelinesco da ministerial regularidade burocrática. "Ser de papel" Gonzaga de Sá é o último remanescente da família Sá, cujo herói epônimo é o real Estácio de Sá, fundador do Rio de Janeiro, e que hoje, ao contrário de seu famoso e audaz antepassado, exerce a insignificante função de amanuense na Secretaria dos Cultos. Solteiro, vive com a irmã, Escolástica, numa casa antiga, repleta de reminiscências e de retratos de seus maiores, ausentando-se do trabalho, com certa regularidade, quando acicatado por algum interesse histórico ou estético acerca dos resquícios antigos da cidade do Rio de Janeiro, uma de suas paixões. Este amor ao Rio de Janeiro antigo é complementado por intensa atividade interior, resultante do exercício constante da leitura e de reflexões, que lhe facultam expender opiniões pessoais, inusitadas e mesmo chocantes sobre assuntos variados. Sua grandeza intelectual e seu comportamento, violador das normas da Secretaria dos Cultos, conferem a ele a clara imagem de um antiburocrata, requerendo, por conseguinte, uma antibiografia para que dele se fale.

Vida e morte de M. J. Gonzaga de Sá não é só uma antibiografia pela eleição do protagonista. Ela o é por ser também uma autobiografia. Nela se mistura à biografia de Gonzaga de Sá a autobiografia do narrador e personagem Augusto Machado. Jovem e mulato, ao contrário de seu mestre, o velho e sábio Gonzaga de Sá, a vida de Augusto Machado se assemelha a do seu biografado: por um lado, a mesma rejeição pela monotonia e vulgaridade da rotina do ofício de amanuense e da burocracia; por outro, o mesmo centramento em cogitações, inquietações e dilaceramentos, que se manifestam em longos monólogos ou nos diálogos com o amigo sobre a vida, as coisas e a história nacional.

O terceiro elemento que, ao lado dessas duas vidas paralelas e entrecruzadas, caracteriza a obra como uma antibiografia é a inserção de outra antibiografia nas duas antibiografias de Gonzaga de Sá e Augusto Machado. Conta-se nela a história de Romualdo Araújo, um servente negro da Secretaria dos Cultos, que mantém com Gonzaga de Sá uma relação de compadrio. Na sua vida descolorida num subúrbio carioca, cuida da mulher, dos filhos e da sogra com um parco orçamento. Desprovido das inquietações existenciais de seu compadre e das angústias de Augusto Machado, seu "heroísmo" é o da luta anônima e difícil para sobreviver materialmente num mundo adverso.

A essas três vidas anti-heroicas – de um velho branco, sábio e de ascendência aristocrática; de um negro de poucas luzes e de ascendência escrava; e de um mulato jovem inquieto e aprendiz do mundo – se junta ainda uma quarta vida, em torno da qual as três personagens reúnem a maior expectativa como continuidade e permanência de todos. É a do infante Aleixo Manuel, filho de Romualdo Araújo e afilhado de Gonzaga de Sá. Apresentado a Augusto Machado, este se maravilha e, ao mesmo tempo, se inquieta com suas potencialidades intelectuais a serem aprimoradas pelas possibilidades educacionais, oferecidas pelo padrinho, após a morte do pai, quando o recolhe em casa e põe sob sua tutela. Essa vida promissora, ao mesmo tempo em que encerra a obra, abre-a prospectivamente.

O entrelaçamento dessas quatro vidas representa a conjunção entre classes sociais antagônicas e etnias distintas que falam de uma harmonia, fundada na relação de compadrio e na amizade, em contraste com os entraves sociais e as barreiras de cor, que eclodem no período sob o signo do racismo cientificista. Nessa relação harmônica, para além das classes e das etnias, está representada a herança positiva, que chega ao momento atual, como resultado do longo processo histórico brasileiro de conciliação das classes, das etnias e das hibridações raciais, que nele atuaram e dele participaram.

Essas personagens e a harmônica relação entre elas estão distantes da concepção de herói do período clássico, de que Plutarco é um dos cultores. Durante esse período, "o conceito oposto ao de herói não é tanto o de covarde, mas o de pertencente a uma categoria social inferior. O herói é um conceito de classe, as fronteiras sociais são consideradas como naturais e sua violação como monstruosa" (Karrer, 1977, p.79). Esse parece ser o conceito que está ainda nas biografias pelinescas dos ministros de Estado, que exalta os novos heróis da classe burguesa e da oligarquia que dominam a República.

O *Vida e Morte de M. J. Gonzaga de Sá* é ainda uma antibiografia por ser uma paródia das biografias de Pelino Guedes e de Plutarco. Mas com uma diferença: enquanto antibiografia, o *Gonzaga de Sá* é uma paródia negativa das biografias anacrônicas dos ministros de Estado, de extração pelinesca, mas pode ser vista, com relação a Plutarco, como uma paródia positiva. Neste caso, há por parte de Lima Barreto, por um lado, um respeito pelas vidas paralelas, enquanto expressão das concepções de um momento histórico pretérito, mas, por outro, a consciência de que o momento atual requer outro tipo de biografia: não mais as de modelo plutarquiano, nem as conforme ao padrão de Pelino Guedes. O momento histórico atual requer o anti-herói e a antibiografia e os torna o equivalente atual das concepções de outrora de herói e de biografia. Assim, a linha plutarquiana não se prolonga no caricato Pelino Guedes, mas no criador Lima Barreto.

As quatro anti-heroicas e antiburocráticas vidas contrapõem-se, no plano do livro, ao universo burocrático, onde prevalecem justamente os valores antagônicos aos que elas representam como expressão do processo histórico nacional. Contrastando paradigmaticamente com os quatro personagens, os representantes do universo burocrático são submetidos a um tratamento satírico nos diálogos entre Gonzaga de Sá e Augusto Machado ou entre o sábio e seu aprendiz. Procedem a um esvaziamento paródico e crítico do panegírico de Pelino Guedes aos ministros de Estado, ao enfocarem a Secretaria dos Cultos, o ministro Barão do Rio Branco e o funcionário perfeito Xisto Beldroegas.

A menção ao Barão do Rio Branco, no capítulo XI, não deixa dúvidas sobre o fato de que a Secretaria dos Cultos nada mais é do que o Ministério das Relações Exteriores, ou seja, o Itamarati. No primeiro capítulo, a ironia, como arma de desnudamento, explode contundente contra este, ao ser morosamente descrita a tramitação burocrática para se determinar com precisão o número de salvas devidas a um bispo e a solução final encontrada. O requinte da tramitação, com as idas e vindas do processo, seu deslocamento por vários ministérios e os pareceres precisos põem de cabeça para baixo toda a maquinaria sem sentido e absurda que rotiniza o universo burocrático.

27

No capítulo VI aparece o responsável por essa engrenagem diabólica: o Barão do Rio Branco, ministro das Relações Exteriores da República, de 1902 até 1912, quando falece. Gonzaga de Sá, de ascendência aristocrática, focaliza o Barão e faz dele uma antibiografia ao caracterizá-lo como uma "mediocridade supimpa", alienado de seu tempo, autocrata, e cujo ideal político é o oposto de Bossuet:

> não é fazer a vida fácil e cômoda a todos; é o aparato, a filigrama dourada, a solenidade cortesã das velhas monarquias europeias – é a figuração teatral a imponência de um cerimonial chinês, é a observância das regras de precedência e outras vetustas tolices versalhescas. (Barreto, 1961, p.70-1)

A postura agressiva – estranhamente em relação à norma oficial – contra o Itamarati e Rio Branco remete a um fato significativo no plano do real histórico. O Barão imprime ao Itamarati um processo de seleção de candidatos para a carreira diplomática, baseado num critério racial, excluindo dela negros e mulatos, para que não se projetasse no exterior uma imagem negativa do país. Segundo Thomas Skidmore, o Barão do Rio Branco é, no período entre 1890 e 1914, "o mais famoso propagandista do Brasil". Desejava acima de tudo apresentar o Brasil como um país *culto*. Uma das maneiras de fazer isso (e ele o fez) era preencher as fileiras do serviço diplomático com homens brancos que os estrangeiros pudessem considerar civilizados e refinados – para reforçar a imagem de um país europeizado que se tornava mais e mais branco" (Skidmore, 1976, p.151, grifos nossos).

Nessa apresentação sumária da Secretaria dos Cultos e do Barão do Rio Branco parece claro o caráter antitético entre essas concepções fundadas implicitamente no racismo cientificista, importado acriticamente como suporte da política externa brasileira na República Velha, e a visão harmônica presente nas relações de compadrio e amizade entre Gonzaga de Sá, Augusto Machado e Romualdo Araújo.

Além do Barão do Rio Branco, a Secretaria dos Cultos abriga um funcionário menor, Xisto Beldroegas, que é a imagem acabada do burocrata. Para ele, o mundo só atingiria a ordem ideal, quando fosse regulado por leis, decretos, regulamentos, portarias e avisos. Concebia a comunhão humana "como um imenso rebanho, cujos pastores se devam ao luxo de marcar, por escrito, o modo de aguilhoar suas ovelhas" (Barreto, 1961, p.144) e defendia uma burocrática concepção de lei, conforme se pode observar nesse diálogo com Augusto Machado sobre a "lei da hereditariedade":

> – Lei! Exclamou. Isso lá é lei!
> – Como?

– Não é. Não passa de uma sentença de algum doutor por aí... Qual o parlamento que a aprovou?

Lei, no entender do colega de Gonzaga de Sá, eram duas ou três linhas impressas, numeradas ao lado, podendo ter parágrafos e devendo ser apresentadas por um deputado ou senador, às suas respectivas câmaras, aprovadas por elas e sancionadas pelo presidente da República. O que assim fosse era lei, o mais... bobagens! (ibidem, p.144)

Além das sátiras às concepções do Barão do Rio Branco e à absurda figura do funcionário perfeito, Xisto Beldroegas, a obra desnuda ainda outros aspectos da vida e da camada dominante da República Velha. No capítulo III – "Emblemas Públicos" – Gonzaga de Sá despoja as representações emblemáticas dos Estados e os postos em curso pela República de toda a investidura simbólica. No capítulo IV, intitulado "Petrópolis", esse autêntico aristocrata opera uma inversão histórica, considerando que em 1889 não se instalou uma república, mas sim outro império, mercê do vezo aristocrático que se apossa da elite dominante. Quer nessa ocasião, quer nos momentos já apontados, a sátira procura sempre desmascarar o caráter totalitário e burocratizado, resultante da política do Barão do Rio Branco no Itamarati, com seu objetivo de criar uma imagem positiva e racialmente branca do país, para uso externo, que se refere, no plano nacional, na vontade administrativa e autoritária de forçar a realidade brasileira a se ajustar a ela. Essa coerção é sentida fortemente pelos grupos sociais e étnicos que escapam ao modelo de imagem de exportação, aos quais pertencem os anti-heróis.

Na *Vida e morte de M. J. Gonzaga de Sá*, a sátira não está somente na paródia aos modelos biográficos. Nem está só na contraposição de duas visões conflitantes da realidade nacional: o "bovarismo alienante" dos grupos dominantes e a possível harmonia gerada pelo processo histórico, étnico e social brasileiro. Nem está ainda só na agressividade contra o autoritarismo e a burocracia da política externa, refratários aos elementos nacionais, por eles marginalizados. A sátira se evidencia ainda no plano de certos fatores estruturais, que deformam, de maneira essencial, a base narrativa sobre a qual se apoiam.

Gonzaga de Sá e Augusto Machado são a expressão de um dos modelos de protagonista que Kurt Wölfel (1960, p.85-98) diz ser característico da narrativa satírica. Segundo ele, o satirismo ou escolhe para sua narrativa um "herói", que lhe serve como meio de visão e de experiência do mundo, o qual narra o que percebe como um mediador homodiegético observador (Isaías Caminha, por exemplo), ou divide o mediador narrativo em duas personagens: uma, frequentemente mais velha, possui a sabedoria do próprio satirista, observa todos os enganos do mundo e alcança uma distância ideal com relação ao plano terreno, pelo qual não é mais seduzido. Essa personagem, de caráter alegórico, acompanha como condutor a uma segunda personagem, suporte da própria experiência narrativa. Esta é quase sempre um *ignotus*, jovem e necessitado de ser conduzido. Uma característica distingue-o em especial: sua abertura tanto para as impressões do mundo como para o ensinamento do mestre. Esse par tem eventualmente uma história, que permanece completamente exterior, em cujos fios são enleadas as imagens e cenas individuais, que são vitais no seu caminhar pelo mundo. Deixando de lado pequenas diferenças acidentais e algumas especificamente da obra, temos aí as imagens do par Gonzaga de Sá/Augusto Machado.

Outro elemento estrutural que caracteriza a narrativa tomada pela sátira é a quase ausência de ação. Essa carência constitui o ponto fraco da sátira, pois suas formas épicas fundamentais são a descrição e o diálogo, nos quais está inscrita a focalização, isto é, o olho, que pode ser considerado o emblema do satirista. Tudo isso caracteriza a obra.

Mas um ponto que pode acarretar ressalvas à obra é a recriação dos diálogos entre Augusto Machado e Gonzaga de Sá. Soa estranho o fato de que o pseudoescritor pudesse lembrar com exatidão as palavras do seu amigo morto, uma vez que só se pode atribuir isto à memória privilegiada, em razão da ausência de qualquer referência a outro expediente. Essa possível restrição é improcedente, se se pensar que a sátira não é regida por um caráter mimético, mas por traços amiméticos, constatáveis no *Vida e morte* não só nesse ponto, mas na ruptura da cronologia, na ausência de um encadeamento lógico-narrativo com começo, meio e fim, na dialética entre os esforços do narrador para traçar o retrato do biografado principal e seu fracasso, de que ficam fragmentos soltos na obra.

Talvez esse caráter amimético tenha uma explicação na própria obra, no conto escrito por Gonzaga de Sá, "O inventor e a aeronave", incluído por Augusto Machado no livro. O conto narra a história de um inventor que constrói uma aeronave, segundo os mais rigorosos princípios da matemática. Mas, apesar dessa observância rígida das leis matemáticas, a aeronave, quando testada, não sobe. Augusto Machado comenta então: "o Acaso mais do que qualquer Deus é capaz de perturbar os mais sábios planos que tenhamos traçado e zombar da nossa ciência e da nossa vontade. E o Acaso não tem predileções" (Barreto, 1961, p.46).

Vida e morte de M. J. Gonzaga de Sá, e possivelmente toda a obra de Lima Barreto, é escrita sob o signo do Acaso. O Acaso determina a estrutura, o que faz uma "obra de arte no horizonte do provável", como as obras de vanguardas significativas do século XX, distinta e, portanto, em oposição à literatura tradicional. Mas não é só a obra de arte que se encontra sob o signo do Acaso. O mundo também é regido por ele, achando-se numa relação contraditória com todos os pseudodeuses e pseudomitos, erigidos pelo homem, como eram, na época, o cientificismo, o determinismo, as teorias racistas, o totalitarismo e a deusa matemática do positivismo, em especial a do doutor Licínio Cardoso, lente de mecânica da Escola Politécnica, "que estudou longos anos a alta matemática para curar pela homeopatia" (ibidem, p.30). O Acaso é a informação por sua capacidade de "perturbar imprevistamente os mais sábios planos humanos que tenhamos traçados e zombar de nossa ciência e de nossa vontade". Sob o signo do Acaso, Lima Barreto só podia escrever sátiras e não formas narrativas longas e breves, segundo as concepções convencionais de romance e contos. Funcionalizou-os e mediatizou-os como suporte da tendência satírica. Sua obra maior é o *Vida e morte*.

Referências

BARBOSA, F. de A. *A vida de Lima Barreto (1881-1922)*. 5. ed. Rio de Janeiro: José Olympio; Brasília: Instituto Nacional do Livro/MEC, 1975. (Coleção Documentos Brasileiros, 70)

ENGELHARDT, K.; ROLOFF, V. *Daten der französischen Literatur*. Band I: von den Anfängen bis 1800. 2.ed. München, DTV, 1982. (DTV 3192).

FRENZEL, A.; FRENZEL, E. *Daten deutscher Dichtung*. Band I: von den Anfängen bis zur Romantik. 3.ed. München, DTV, 1966. (DTV 28).

_____. *Daten deutscher Dichtung*. Band II. Vom Biedermeier bis zur Gegenwart. 3.ed. München, DTV, 1966. (DTV 54).

GUEDES, P. *A escola*. Biografia de Amaro Cavalcanti. Rio de Janeiro: Leuzinger, 1897, p.56.

_____. *O marechal*. Carlos Machado de Bittencourt. Rio de Janeiro: Leuzinger, 1898, p.228.

_____. *Biografia do Dr. Sabino Alves Barroso*. Rio de Janeiro: Leuzinger, 1902. p.39.

HARVEY, P., Sir (comp.). *Dicionário Oxford de Literatura Clássica Grega e Latina*. Tradução de Mário da Gama Kury. Rio de Janeiro: Zahar, 1987.

KARRER, W. *Parodie, Travestie, Pastiche*. München: Wilhelm Fink, 1977. (Uni-Taschenbücher 581)

KARRER, W.; KREUTZER, E. *Daten der englischen und amerikanischen Literatur von 1700 bis 1890*. 2. ed. München: DTV, 1983. (DTV 3197)

BARRETO, A. H. de L. *Vida e morte de M. J. Gonzaga de Sá*. 2. ed. São Paulo: Brasiliense, 1961. (Obras Completas IV)

MARTINS, W. *História da inteligência brasileira*. v.5, (1897-1914). São Paulo: Cultrix; Editora da Universidade de São Paulo, 1977-8.

BLAKE, A. V. A. S. *Dicionário bibliográfico brasileiro*. Rio de Janeiro: Imprensa Nacional, v.7, 1902.

FILHO, L. V. *A verdade na biografia*. Rio de Janeiro: Civilização Brasileira, 1945.

SKIDMORE, T. E. *Preto no branco*. Raça e nacionalidade no pensamento brasileiro. Tradução de Raul de Sá Barbosa. Rio de Janeiro: Paz e Terra, 1976.

WÖLFEL, K. Epische Welt und satirische Welt. Zur Technik des satirischen Erzählens. *Wirkendes Wort*. Düsseldorf, v.10, p.85-98, 1960.

WISSOWA, G. et al. *Paulys Realencyclopädie der classischen Altertumwissenschaft*. Stuttgart: Alfred Druckenmüller, 1951. v.41.

Lima Barreto e a mulher[1]

Duas leituras

Na bibliografia de artigos e ensaios que Otto Maria Carpeaux arrolou sobre a obra de Lima Barreto, encontra-se somente uma publicação que aborda o problema da mulher. Trata-se do artigo de Luís Martins (1962), "Lima Barreto e o Feminismo", no qual este autor assinala uma contradição no criador de *Numa e a Ninfa* (Barreto, 1961o) ao dizer que, se de um lado, ele defende a mulher contra o direito mais ou menos consuetudinário de o marido matá-la em caso de adultério, de outro, coloca-se numa posição agressivamente antifeminista quando ao fim dos anos dez surgem movimentos de reivindicação dos direitos da mulher. A essa "incompreensível contradição" Luís Martins dá explicações que, se podem ser considerada satisfatórias, do ângulo que estuda a questão, não aclaram, todavia, o problema fulcral: a concepção que o autor de *Clara dos Anjos* (idem, 1961v) tinha sobre a mulher, através da qual se compreendem melhor as atitudes tomadas por ele.

Francisco de Assis Barbosa em sua biografia de Lima Barreto aborda também, agora já do ponto de vista da criação artística, a galeria de personagens femininas para afirmar que,

> ao contrário dos personagens masculinos, de traços vigorosos, gente viva de carne e osso, as mulheres que transitam em seus romances são apenas desenhadas, vagas, imprecisas, faltando-lhes a densidade, por culpa talvez desse desconhecimento (ele próprio havia de reconhecer que a sua experiência nesse particular-mulher – era nula) da alma feminina. (Barbosa, [s.d.], s.p.)

---

[1] Texto original de 1972. Publicado pela primeira vez em: *Literatura e autoritarismo*: contextos históricos e produção literária. Revista eletrônica n. 12. jul.-dez. 2008. Disponível em: <w3.refsm.br/grpesqla/revista/num12/art_08.php>. Acesso em: 10 set. 2012.

Essa biografia é também insuficiente, pois as personagens femininas de Lima Barreto, bem ou mal logradas, exprimem na verdade uma concepção da mulher, manifestada em mais de um artigo e também na sua produção ficcional.

Ambas as explicações nos parecem assim insatisfatórias por não chegarem a captar o ponto de vista, mediante o qual a mulher é concebida e abordada em seus textos. Buscará o nosso trabalho, portanto, nesse primeiro momento, delinear a concepção de mulher nos textos de Lima Barreto e tentará, a partir dela, compreender a chamada "contradição inexplicável", bem como a reclamada deficiência na criação de tipos femininos em sua obra.

O papel da mulher junto ao homem

Desconsiderando por ora algumas referências rápidas que encontramos no *Diário Íntimo* (1961h), o primeiro artigo de Lima Barreto sobre a mulher surge em 27 de abril de 1911 sob o título "A mulher brasileira", publicado na *Gazeta da Tarde*. Nele, após troçar dos oradores que tomam a palavra ao fim dos banquetes familiares e públicos para exaltar as qualidades da mulher brasileira, pergunta se seriam elas merecedoras de "tantos gabos" e põe-se, a seguir, a examinar o problema. Coloca em confronto a mulher europeia e a brasileira, tirando uma série de conclusões em que sobressai a primeira em detrimento da segunda. Baseando-se em suas leituras, aponta na mulher europeia qualidades várias que vão desde a sua atuação no lar junto aos filhos até a influência marcante na formação dos grandes homens. Seu ponto de partida é o livro de Mme. D'Epinay, *Memórias*, no qual ela relata sua ascendência sobre Grimm, Diderot e Rousseau, o que, segundo Lima Barreto, muito contribuiu para o desenvolvimento desses homens. Ao lado dessa autora, elenca outras como Mme. Houdedot, a Marechala de Luxemburgo, Mme de Warens, que, no convívio com homens notáveis do seu tempo, intervieram favoravelmente no aprimoramento deles. "Há mesmo – diz ele – um pululamento de mulheres superiores [no século XVIII francês] que influem, animam, encaminham homens superiores do seu tempo [delas]." (Barreto, 1961a, p.50).

Essa comunhão nas ideias e nos anseios entre mulheres e homens, benéfica para estes, registra ainda na intimidade espiritual – "perfeitamente espiritual" (ibidem, p.51) – de que gozou Balzac com sua irmã Laura Sanille, nos seus duvidosos e tenebrosos anos de aprendizagem.

A partir de leituras e de observações, Lima Barreto cria certa representação da mulher europeia como um ser em permanente contacto espiritual com o homem, influindo sobre sua formação enquanto criança, em intimidade com ele quando adulto, e que, no papel de mãe, irmã, esposa e mesmo amante, o protege e o consola durante toda a vida.

A admiração e o respeito que tem por essa mulher europeia patenteiam-se no epíteto "superior" com que a qualifica, epíteto este tão caro ao autor e de reduzido emprego em sua obra, constituindo-se de fato um verdadeiro parâmetro, por meio do qual exterioriza sua opinião positiva sobre a espécie humana, dividindo-a em entes superiores, merecedores de sua admiração, e os que aí não se enquadram, sendo por ele depreciados. O papel das mulheres, concernente aos influxos sentimentais sobre o homem, não só se faz notável em qualquer homem, mas em especial junto ao "homem superior", aquele que tem na vida por móvel um ideal elevado, altruísta e que por isso sofre profundamente as frustrações advindas do choque das suas ideias com a sociedade, opositora aos esforços de concretização dos seus sonhos.

Mais de uma vez o escritor tece considerações sobre tal modelo humano. Em artigo de 6 de janeiro de 1915, comenta sua admiração pelo Dr. Honório Menelique, cujos projetos e ideias convergem para a realização de um ideal. Sobre essa fidelidade e apego ao ideal como motivador da atuação na vida prática assim se manifesta em outra parte: "Gosto dos homens de uma única paixão" (Barreto, 1961b, s.p.). Arrola como exemplo de tal categoria

> os sonhadores, os grandes poetas, os grandes filósofos e sábios e acrescenta – todos esses malucos como são chamados por essa gente prudente que lhes aproveita os estudos, as descobertas, as invenções regaladamente, sem o saber [...]. (idem, 1961c, s.p.)

Outra peculiaridade de tal expoente da espécie humana é a sua marginalidade: "o homem superior não se adapta" (idem, 1961d, s.p.). E é sobre este que fala a epígrafe de Ernest Renan colocada em *Triste Fim de Policarpo Quaresma*:

> "Le grand incovénient de la vie réelle et ce qui la rend insuportable à l'homme supérieur, c'est que, si l'on y transporte des principes ideal, les qualités deviennent des defauts, si bien que fort souvent l'homme accompli y réussit que celui qui a pour mobiles l'egoisme ou la routine vulgar". (idem, 1959, p.23)

Esse atributo vai servir-lhe como aferidor da obra de José Saturnino de Brito, na qual, encontrando poucas qualidades intrínsecas, louva a atitude fundamental a partir da qual é escrita: "não do egoísmo, mas sim do altruísmo" (idem, 1961e, s.p.) – atributo que, pelo seu caráter social, considera fundamental no "homem superior". A caracterização mais clara desse tipo humano ele a faz ao tratar do livro de Eneias

Ferraz, *História de João Crispim* (apud Barreto, 1961f), em que a superior grandeza da personagem é a fonte de seus sofrimentos:

> Há nessas almas, nessas almas de homens alanceados muito orgulho e muito sofrimento. Orgulho que lhes vem da consciência da sua superioridade intrínseca comparada com os demais semelhantes que os cercam; e sofrimento por perceber que essa superioridade não se pode manifestar plenamente, completamente, pois há, para eles, nas nossas sociedades democraticamente niveladas, limites tacitamente impostos e intransponíveis para a sua expansão em qualquer sentido. (Barreto, 1961f, s.p.)

Marcado por essas qualidades excepcionais, originárias de sua aspiração voltada para o social e nunca para si, o homem superior, na sua luta pela promoção e aperfeiçoamento da humanidade, tem necessidade do amparo e apoio da mulher – ente por natureza sensível – nas decepções, quedas, desilusões e tristezas pelas quais passa na vida. Com ela ao seu lado desde a infância, "a alegria de viver vem e o sorumbatismo, o mazombo, a melancolia, o pessimismo e a fuga do real vão-se" (idem, 1961a, p.50).

Em sua obra de ficção, mais de um exemplo testemunha essas considerações. No conto *O Filho de Gabriela*, de 1906, o menino Horácio, depois da morte da mãe, por não poder mais entregar-se aos "abandonos de amizade, efusões de carícias e abraços" na sua nova vida em casa de madrinha, D. Laura, com a qual só é possível uma "respeitosa e distante amizade, raramente aproximada por uma carícia, por um afago", cultiva cada vez mais a introspecção e a evasão na natureza e na fantasia, acabando por ter uma crise psicológica em que se patenteia a cisão de sua personalidade. D. Laura, se, por um lado, não lhe fornece o total amparo afetivo de que necessita, por outro lado, tange, com alguns predicados, a categoria de superioridade pelo apoio que lhe dá e pela crença no seu talento de superdotado, que procura desenvolver propiciando-lhe educação adequada, lutando por isso contra as objeções do abjeto marido, Conselheiro Calaça, padrinho de Horácio.

Mulher e homem superiores são Olga – de origem italiana – e Policarpo Quaresma do romance *Triste Fim de Policarpo Quaresma* (1959). Aquela é, em todo o romance, a personagem que, ao contrário das demais, tem simpatia pelas estranhas empresas de Quaresma, e sente nele "*alguma coisa de superior, uma ânsia de ideal, uma tenacidade em seguir um sonho, uma ideia, um voo enfim para as altas regiões que ela não estava habituada a ver em ninguém no mundo que frequentava*" (Barreto, 1959, p.58; grifo nosso).

Unidos por grande afeição, embora contida, é a mesma Olga que, em oposição às outras figuras do romance, mostra-se com disposição para tentar compreender os motivos que levam Policarpo Quaresma a escrever o requerimento sobre a institucionalização da língua tupi como língua nacional, tão cheio de repercussões hilariantes e sofridas.

Não concordando com a visão estreita do pai, Olga compreende a atitude de Policarpo Quaresma naquele momento. Não só como afilhada, aberta sentimentalmente para tentar entender os atos audazes do padrinho e para revelar o seu idealismo ingênuo e grandioso, transita Olga pelo romance. Essa mulher, com razoável nível de educação, amante da literatura de Goncourt, Anatole France, Daudet, Maupassant, picada também pelo idealismo, é quem vai perceber com maior agudeza as causas que bloqueiam o desenvolvimento agrário do país e explicar a miséria em que vive a população rural: "E todas essas questões [existentes no campo] desafiavam a sua curiosidade, o seu desejo de saber e também a sua piedade e simpatia por aqueles párias maltrapilhos mal alojados, talvez com fome, sorumbáticos!..." (idem, 1961g, p.137).

Afora as figuras já enumeradas, podem ser mencionadas ainda, em *Clara dos Anjos* (1961v), D. Margarida Weber Pestana, de ascendência alemã, viúva de um mulato, amparando o filho Esequiel, com o "temperamento de heroína doméstica"; e, no inacabado *O Cemitério dos Vivos* (1961g), Efigênia, a mais perfeita realização do ideal limano de mulher. Efigênia aparece no romance constantemente a pedir livros de literatura, romance, poesias ao tímido Vicente Mascarenhas, que até então só lera as grandes obras dos mestres recomendadas pelos positivistas. É por sua mão que descobre ele a literatura do seu tempo:

> Como ia dizendo, porém, continuei a emprestar livros a Dona Efigênia e mesmo lia alguns dos que emprestava, para saber conversar com ela sobre as suas leituras. Assim, pouco a pouco, fui vencendo o fingido desprezo que tinha pela literatura; e, quase, sem sentir, dei em me interessar pelas suas cousas. Deixei aquela falsa e tola atitude positivista de só falar em Shakespeare, Dante e Milton; e falei sem fingido pudor em outros autores, alguns menores, mas alguns tão grandes quanto aqueles. De há muito eu percebia, mas minha toleima infantil não queria dar o braço a torcer, confessá-la. A convivência com a moça tirou-me afinal desse empacamento de muar letrado. (Barreto, 1961g, p.51)

A mesma Efigênia tomará a liberdade de convidá-lo para que se case com ela, cabendo-lhe, assim, a iniciativa que o introspectivo Vicente Mascarenhas, inábil com as mulheres, não teria. Depois de casados, o personagem-escritor continua com suas preocupações e projetos intelectuais sem saber que sua mulher os acompanha à revelia dele. Vez por outra ela interfere e faz-lhe admoestações e críticas que lhe captam o fundo das insatisfações de homem superior e, portanto, infeliz. É uma surpresa para ele, quando ela lhe fala claramente sobre o conhecimento dos seus esforços para realizar-se como escritor ou quando lhe pergunta sobre o abandono de sua obra.

Eis aí a mulher superior, que, embora colocada à margem das inquietações literárias do marido, interessa-se por suas tentativas de criação, lendo-as, apoiando-as, julgando-as e mesmo propondo, em outro momento, que ele financie a publicação de sua obra por não ter editor. A morte da mulher consiste no momento de tomada de consciência da grandeza dela, que, desde o primeiro contato, só teve olhos para o grande homem que era Vicente Mascarenhas. Guiada em todas as suas ações pelo desejo de torná-lo realizado, Efigênia, coloca sua dedicação a esse homem superior, acima dos compromissos filiais e maternais. Após sua morte compreende, enfim, o quanto perdeu em não ter usufruído mais intensamente dessa influência benéfica, consagrada só a ele.

Essas personagens femininas não só exprimem a concepção de mulher superior em Lima Barreto, mas também revelam um aspecto fundamental da obra limana: a importância que o romancista confere à ingerência da mulher na infância do homem superior. Tal fato pode ser observado, no conto *O filho de Gabriela*, no amparo dado pela madrinha Laura ao afilhado Horácio, principalmente no plano educacional, e de D. Escolástica à criança mulata, Aleixo Manuel, em *Vida e Morte de M. J. Gonzaga de Sá*. No primeiro caso, não se evita, porém, o fracasso do menino. E, no segundo, há também a probabilidade de que este ocorra, apesar de o romance não desenvolver os anos de adolescência da personagem, ficando, porém, sugerido por via da similaridade tal possibilidade.

A influência feminina é fundamental não só na infância mas também durante toda a vida, pois, uma vez ausente o apoio afetivo e efetivo da mulher, o homem superior torna-se sentimental e psicologicamente "doente", com a imaginação desenfreada, evadindo-se, em sucedâneos como o álcool e chegando mesmo ao suicídio. Exemplifica tal fato Raul Pompeia, cujos suicídio e agressividade da obra, Lima Barreto explica hipoteticamente pela falta de influência feminina:

> Não há em Raul Pompeia influência da mulher; e cito só esse exemplo que vale por legião. Se houvesse quem sabe se as suas qualidades intrínsecas de pensador e artista não nos poderiam ter dado uma obra mais humana, mais ampla, menos atormentada, fluindo mais suavemente por entre as belezas da vida? (Barreto, 1961a, p.51)

A concepção positiva da mulher defendida por Lima Barreto parece ter como fonte mais suas leituras de obras estrangeiras do que a observação do meio brasileiro. Não é por acaso que Olga e Dona Margarida são na verdade de origem italiana e alemã; as demais, embora brasileiras, são na verdade projeções ficcionais dos desejos do autor, "pois se nas obras dos nossos poetas e pensadores passa uma alusão dessa ordem, temos o sentimento de que a coisa não é perfeitamente esta, antes o poeta quer *criar uma ilusão necessária* do que exprimir uma convicção bem estabelecida" (idem, 1961h, p.76; grifo nosso). Entende-se, então, de modo claro as razões, por exemplo, da não comunicação adequada entre Vicente Mascarenhas e Efigênia, bem como entre outros pares criados: o artista não podia conceber ter encontrado uma mulher superior na realidade nacional.

O esclarecimento desses pontos sobre a mulher parece que criam condições para se compreender melhor certos aspectos do homem Lima Barreto. Que tinha ele uma concepção elevada e superior de si não paira dúvidas, já que, em mais de uma passagem de sua obra jornalística e ficcional, isto aparece. Julga-se inicialmente superior aos seus no meio familiar e em especial às pessoas de cor. Nesse sentido, em uma passagem do *Diário Íntimo*, de 3 de janeiro de 1905, confessa simpatia pela gente pobre do Brasil,

> especialmente pelos de cor, mas não me é possível transformar essa simpatia literária, artística por assim dizer, em vida comum com eles, pelo menos com os que vivo, que *sem reconhecerem a minha superioridade*, absolutamente não tem por mim nenhum respeito e nenhum amor que lhes fizesse obedecer cegamente. (idem, 1961i; grifo nosso)

Durante toda a sua vida, o escritor fará confissões desse teor, reivindicando principalmente sua superioridade intelectual sobre os literatos e artistas do período em que escreveu. Ao estar próximo sua aposentadoria na Secretaria de Guerra, deixa publicar artigo na *Revista Souza Cruz* de 29 de dezembro de 1918, no qual exalta sua grandeza em relação à mediocridade do meio burocrata em que viveu durante quinze anos. Nessa publicação os seus predicados de homem superior são acentuados:

> Quem fez nas primeiras idades uma representação de vida cheia de justiça, de respeito religioso pelos direitos dos outros, deveres morais, de supremacia do saber, de independência de pensar e agir tudo isto de acordo com as lições dos mestres e dos livros; e choca-se com a brutalidade do nosso viver atual, não pode deixar de sofrer até o mais profundo do seu ser e ficar abalado com esse choque para toda a vida, desconjuntado, desarticulado, vivendo dos trambolhões sem norte, sem rumo, sem esperança. (idem, 1961a, p.50)

Esse artigo, bastante iluminador da alta concepção que esse "mulato genial" possuía de si, mostra que pautava sua vida pela não abdicação em nenhum momento dos ideais cultivados, o que o fazia colocar-se em constante atrito e mesmo embates com o mundo que o cercava, onde triunfavam, na vida burocrática e política, a platitude dos doutores; na literatura, o "helenismo de pacotilha" de Coelho Neto, o "Kitsch" de Paulo de Gardênia, e o "sorriso da sociedade" petropolitana e botafoguense de Afrânio Peixoto; e, na divulgação de nossa cultura no estrangeiro, seus desafetos Miguel Calmon e Hélio Lobo. Sente-se, porém, em toda a sua vida ausência da mulher que amenizasse as agruras e dores pelas quais passava.

Lima Barreto não encontrou apoio nas mulheres do seu meio familiar – em sua irmã, e na velha Prisciliana que toma o lugar da mãe – e não vê também qualidades de dedicação em nenhuma mulher daquelas que conhece. Seus textos, jornalísticos e literários, denúnciam na verdade, o distanciamento nas relações entre homem e mulher. No plano literário, também isso acontece. Com exceção da relação entre Efigênia e Vicente Mascarenhas, no *Cemitério dos Vivos* (1961g), que não chega à comunhão plena de ideias e sonhos por culpa do ceticismo do último, as demais relações malogram, ou não se realizam plenamente, pela incapacidade das personagens femininas de superarem os obstáculos que impedem a aproximação.

A forma mais enfática de distanciamento entre a mulher brasileira e o homem superior ocorre no primeiro romance em que a convivência entre marido e mulher é a antítese da de Efigênia e Vicente. Nas *Recordações*, enquanto Isaías, no capítulo VI, empreende a "luta pela expressão" para conseguir realizar sua obra, a mulher interfere para gritar-lhe do quarto "– Vem dormir, Isaías! Deixa esse relatório para amanhã" (Barreto, 1961j, p.121), demonstrando total alheamento do trabalho e das veleidades intelectuais do marido. Formas amenizadas de comunhão ocorrem entre D.Escolástica e Aleixo Manuel no *Vida e Morte,* D. Laura e Horácio em *O filho de Gabriela*, Olga e Quaresma em *Triste fim de Policarpo Quaresma,* resultantes dos travamentos gerados por convenções inibidoras, cultivadas pela sociedade familiar brasileira e transmutadas nas obras de ficção.

Se Lima Barreto confessa, como em citação já se evidenciou, que sua concepção elevada da mulher tem como fonte a leitura dos mestres estrangeiros, a concepção negativa do sexo feminino origina-se dos olhos atentos com que observa a realidade brasileira da época. Sua fidelidade a essa realidade constitui preocupação permanente, daí estar ele sempre atento a tudo que o rodeava. No *Diário Íntimo* (1961h) e em alguns artigos, vemo-lo a observar o meio nacional, a captá-lo pelos sentidos e transfigurá-lo em ficção e algumas vezes até a metê-lo brutamente na sua obra com prejuízos da própria composição como é o caso da "História do mestre Simão" em

Triste Fim de Policarpo Quaresma (1959). Como prova desse papel de observador atento e cuidadoso, alerta para a realidade, temos o fato de aproximar-se de um colega de secretaria que se mostrava estranho, para "observá-lo no interior" (Barreto, 1961i, p.53). Nas viagens, nos trens de subúrbios é todo atento para o que se lhe põe diante dos olhos e, na ida à Mirassol em 1921, acompanha as pessoas que ocupam o seu vagão, observando-lhes as discussões, os tiques, físicos, as reações e mentalidade.

A atenção dedicada à mulher da sociedade de sua época já se faz notar claramente no artigo de 1911. E é a partir desse conhecimento emanado da experiência, que vai traçando todo o perfil negativo da mulher brasileira, já que esta, em lugar de colocar-se no papel de confidente, de consolo e de incentivadora do homem, revela-se, no plano da ação e atuação, muitas vezes uma edição piorada dos homens medíocres que compõem o sistema.

A sua birra e implicância com o anel dos formados constitui um motivo que se repete em muitos dos seus textos e que estende à mulher. No artigo "O Anel das Musicistas", em que crítica o desejo das moças em ter um anel de formatura, "de extremar-se do vulgo feminino", recomenda ironicamente que o meio mais conveniente seria a tatuagem. O que aí, porém, constitui o cerne de sua atenção é a situação da música entre nós, em virtude de ser um campo da arte quase do domínio exclusivo do sexo feminino:

> A música, entre nós é a única arte em que raramente aparece uma tentativa de criação. Entregue como está a moças, melhor, às mulheres, que em geral nunca em arte foram criadoras – estudam unicamente para o professorado – a arte musical em nossa cidade não dá nenhuma demonstração superior de nossa emoção, dos anseios e sonhos peculiares a nós. Limita-se a repetir trilhando os caminhos já batidos. Não há invento não há novidade. (Barreto, 1961k)

Essa sua crença na incapacidade do espírito feminino de criar algo novo, de meramente repetir o consagrado, o consabido e o já existente, sem que se manifeste numa expressão que discrepe do rotineiro, é que constituirá o prisma através do qual verá principalmente a mulher brasileira. Sobre a mesma música, em 1914, e estendendo a outras áreas a que a mulher se dedica, assim se exterioriza: "As mulheres são extraordinariamente aptas para essas coisas de reprodução, de execução, mas quando se trata de invenção, de ousadia intelectual fraquejam" (idem, 1961l).

Para ele, portanto, a mulher brasileira não só falha no seu papel junto ao homem superior, a quem não dá o necessário apoio e proteção durante a vida, como também é, em geral, a manifestação mais inequívoca da incapacidade mental e intelectual do sexo feminino para realizar alguma coisa de grande no terreno da criação. Não teria ela nenhuma grandeza no terreno sentimental e nem no da originalidade. Isto, porém, não exaure a abordagem do problema feminino, nas produções de Lima Barreto.

As relações afetivas

Outros tópicos que com reiterada frequência surgem na concepção limana da mulher, e que se fazem necessário examinar, são o casamento, o adultério e o divórcio.

Quando se viu a questão da mulher superior, destacou-se como parte mais enfatizada pelo romancista carioca a relevância dada ao papel da mulher como ente de sensibilidade a influir positivamente desde a infância na vida do homem, influência essa reputada indispensável, imprescindível para que o homem atingisse uma maturidade equilibrada e não se sentisse oscilante e se extremasse na fuga, na imaginação e no cultivo à evasão. Embora já no artigo de 1911, que nos serve sempre como ponto de referência, não se veja necessariamente como indispensável que esse papel só possa ser desempenhado pela mulher na condição de casada, e mesmo defenda, em casos excepcionais, a amante como capaz de assim atuar – portanto, uma mulher a influir sobre o homem superior fora da convenção social do casamento –, Lima Barreto respeita o casamento, e o entende como o meio quase único de realização plena do sexo feminino. Tal crença ele a exprime através de uma frase de Krafft-Ebbing – "a profissão da mulher é o casamento" –, no artigo "A amanuense" (Barreto, 1961m). Ora, sendo para ele o casamento o fim principal da vida feminina faz-se necessário examinar como ele é concebido pela sociedade do período, consoante sua perspectiva.

Conforme reiteradas afirmações, o casamento é entendido, segundo ele, como o meio através do qual o homem medíocre busca ascender socialmente. Transformado em mera "transação comercial", reduz a mulher, em última instância, a uma "escada para subir". Em radical oposição a esse modo masculino e social de encará-lo, está a concepção que, segundo Lima Barreto, a mulher teria dele: aí procuraria encontrar sua realização e principalmente um homem superior a quem pudesse dedicar-se. A sociedade cultua como ser superior o doutor e a mulher se deixa levar por essa equivocada opinião, advindo, por conseguindo, após o casamento, a decepção, conforme expõe claramente em um artigo de 1918. Nele conta a história de uma moça crente na superioridade, na grandeza do doutor nacional, (sem experiência de vida antes do matrimônio para contradizer tal concepção que lhe é imposta) casa com um deles e vem descobrir posteriormente ser ele um medíocre, um mero "caçador de dotes". Ela o mata e Lima Barreto a defende nos seguintes termos: "Essa moça não se casaria com esse moço, se não o visse armado de um 'anel', ela não daria seu corpo, se a ambiência social não dissesse que com tal carta, ele valia muitas coisas" (idem, 1961m).

O caso mais comum, entretanto, não é a mulher, frustrada após o casamento, matar o marido. O que constitui a regra, na sua obra ficcional, é o adultério. A mulher, ao ter a revelação da face real do marido, desiludida no casamento, procura através de buscas extraconjugais, encontrar um homem com qualidade a quem possa dedicar-se. É o que faz D. Laura em *O filho de Gabriela* que, casada com o conselheiro Calaça, "genial nas aprovações e nos prêmios",

> [...] não encontrando no casamento nada que sonhara nem mesmo o marido, sentiu o vazio da existência, a inanidade dos seus sonhos, o pouco alcance da nossa vontade, e por uma reviravolta muito comum, começou a compreender confusamente todas as vidas e almas, a compadecer-se e a amar tudo, sem amar bem coisa alguma. Era uma parada de sentimento e a corrente que do leito natural extravasara inundara tudo. Tinha um amante e já tivera outros, mas não era bem a parte mística do amor que procurava neles. Essa ela tinha certeza que jamais podia encontrar; era a parte dos sentidos tão exuberantes e exaltadas depois das suas contrariedades morais. (idem, 1961n)

Em igual saída pensa Olga, após sua decepção matrimonial com o Dr. Armando Borges, florianista por oportunismo e tradutor em linguagem dos clássicos dos mal alinhavados escritos sobre temas leves de medicina. Mas ela abandona esse intento resignando-se antes da experiência. "Passou-lhe um pensamento mau, mas de que valeria essa quase indignidade?... Todos os homens deviam ser iguais, era inútil mudar deste para aquele..." (idem, 1959, p.58). Ao fim do romance *Triste fim de Policarpo Quaresma*, Olga, "aquele bibelot" segundo o marido, se insurge contra este na defesa do padrinho preso [Policarpo Quaresma] e da sua [dela] identidade. Personagem feminina de igual têmpera e que, ao contrário de D. Laura e Olga, vai encontrar no amante o homem superior que não há no marido, é Edgarda, de *Numa e a Ninfa*. Aceitando o casamento com o Dr. Numa Pompílio de Castro, D. Edgarda Cogominho percebe, após a vida matrimonial, que ele só se casara com ela para poder ascender na carreira política, já que o pai dela era um dos proeminentes políticos no meio nacional. Encontra no amante e primo, Dr. Benevenuto, "o que lhe exigiram a imaginação e a inteligência" (Barreto, 1961e, p.198) e o marido não lhe dava. O Dr. Benevenuto funciona, no universo de *Numa e a Ninfa*, como uma voz discordante e crítica naquele mundo político, no qual predominam os interesses, os favores, o nepotismo, e os pistolões que as amolentam mediocridades. Tido pelo tio, o pai de Edgarda, como "boêmio e extravagante", Benevenuto tem por Floriano a mesma opinião do narrador de *Triste fim de Policarpo Quaresma* e vê na candidatura do General Bentes [Hermes da Fonseca] a possibilidade de retorno das mesmas arbitrariedades perpetradas pelo "Consolidador da República" durante a Revolta da Armada, em 1893:

Benevenuto era desses que aos doze anos viram as maravilhas do Marechal de Ferro, o regímen de irresponsabilidade; e não podia esquecer pequenos episódios característicos do espírito de sua governança, todos eles brutais, todos eles intolerantes, além do acompanhamento de gritaria dos energúmenos dos cafés. (idem, 1961o, p.109)

Traz água para o nosso moinho o fato de Lima Barreto defender Edgarda, quando ao que ele afirma ser uma errônea compreensão de sua personagem por parte de João Ribeiro ao tachá-la de "velhaca".

Não costumo discutir as críticas aos meus livros nem devo. Mas permita, como todo romancista que se preza, eu tenho amor e ódio pelos meus personagens. Por isso eu pedia licença para protestar contra o qualificativo de velhaca que o senhor após a minha Edgarda. Eu não a quis assim. Ela é vítima de uma porção de influências sociais, de terrores em tradições, quando aceita o casamento com o Numa. Depois... Nós dado a fraqueza do nosso caráter, não podemos ter uma heroína a Ibsen e, se eu fizesse assim, teria fugido daquilo que o senhor tanto gabou em mim: o senso da vida e da realidade circunstante... (ibidem, p.79)

Confirma-se aqui que a defesa da personagem e o amor dedicado a ela pelo autor advêm do fato de exprimir, com o adultério, uma desilusão profunda por não encontrar no marido o ideal de homem almejado. Decepcionada, procura fora do matrimônio alguém superior a quem possa dedicar sua natureza sentimental e intelectual insatisfeita.

O adultério, portanto, na obra de ficção de Lima Barreto é uma forma de revolta da mulher contra a sociedade que lhe apresenta um homem como dotado de predicados excepcionais, mas que na realidade é deles carente. Não só. É também uma forma de contestar o casamento, como está estabelecido: o contrato efetuado como meio para o homem ampliar os seus bens e, entre estes, inclui-se o "objeto" mulher.

Em oposição a essa concepção vigente, Lima Barreto apresenta a sua noção de casamento, em que delineia claramente a relação franca e elevada que deve regular a vida matrimonial: "entre os dois só deve haver a máxima lealdade. Todos os dois devem entrar na sociedade conjugal com a máxima boa vontade e admiração um pelo outro" (Barreto, 1956, p.33). E acrescenta, logo mais, o que lhe causa repulsa: "o que eu não posso compreender é que um homem ambicioso transforme a sua mulher, o seu maior amigo, sua própria filha em um instrumento de ambição" (Barreto, 1961n). Volta a sugerir e a repisar suas ideias, propondo a desreificação das relações humanas, em prol dos valores que caminham para o desaparecimento ou são reduzidos ao implícito na sociedade burguesa da época. E mais explicitamente sobre a mulher diz: "A mulher não é um instrumento de ambição; a mulher é um consolo, é um conforto para os nossos vícios e desgraças" (ibidem, 1961n).

Só a partir daqui se poderá então compreender a série de artigos em que Lima Barreto faz a defesa da mulher contra os maridos que as matam, quando as descobrem em adultério. Este não provém de uma motivação física, sexual. Sua origem reside na concepção que a sociedade tem do casamento e da qual a única vítima é a mulher que não pode realizar nele a sua natureza sentimental, vendo-se, portanto, obrigada, fora dos canais convencionais, a procurar o homem que deseja e a realize.

A defesa da mulher não se limita, porém, à explicação da raiz do adultério. Vai mais além, propondo a instituição do divórcio, em artigo de 11 de maio de 1918, chamado "No ajuste de contas". Entre as medidas de caráter social, reconhece como uma das mais urgentes a mudança plena na concepção do casamento. Depois de expor suas ideias favoravelmente ao matrimônio, coloca-se na pele do Estado e defende a manutenção da monogamia, porém com os seguintes melhoramentos:

> Não haveria nunca a comunhão de bens e a mulher poderia soberanamente dispor dos seus. O divórcio seria completo e podia ser requerido por um dos cônjuges e sempre decretado mesmo que o motivo alegado fosse o amor de um deles por terceiro ou terceira. (ibidem, 1961n)

Tais propostas, acreditava, se convertidas em lei, atingiriam no cerne todas as deformações a que estava sujeito o matrimônio, propiciariam a libertação da mulher do estado degradante em que se achava e eliminariam o direito consuetudinário e quase legal contra o qual sempre batalhou: o do marido poder praticar o uxoricídio em caso de adultério.

Em síntese: se, em nossa realidade, Lima Barreto, por um lado, não encontra em geral no sexo feminino aqueles atributos que admira e exalta na mulher estrangeira e a vê como intelectualmente inferior, por outro, aponta casos em que essa superioridade se manifesta, e indica os motivos que impedem a sua realização, em especial o casamento como estava estatuído na sociedade brasileira. Ainda: se as mulheres superiores que aparecem em sua obra são de inspiração europeia, contaminam-se elas, porém, de elementos de nossa realidade, como no caso do adultério, no qual detecta uma atitude de grandeza: a de rebelião, contra a situação degradante a que a vê reduzida entre nós. Com esta situação aviltada não estão de acordo os grandes espíritos femininos que aparecem em suas obras. Por estar em sintonia com tais inquietações é que se põe a investir contra o assassínio de mulheres pelos maridos e a lutar pela reformulação do casamento através do divórcio e da união conjugal com separação de bens. Sua posição é, portanto, de defesa de uma ligação matrimonial não aviltante e desreificada.

Lima Barreto e o feminismo

Estabelecidos esses pressupostos, a chamada posição antifeminista de Lima Barreto poderá agora ser convenientemente examinada e compreendida, e não simplesmente considerada como uma "contradição inexplicável" em sua obra.

O movimento feminista brasileiro, iniciado no fim da década de 1910, antes de surgir como um bloco coeso, dividiu-se já em suas origens em algumas ramificações cada uma delas com líderes próprios e com algumas reivindicações idênticas e outras particulares, verdadeiras bandeiras das facções ou, como quer Lima Barreto, das "igrejas" ou "seitas". São estas, segundo ele, em número de quatro: a de Mme. Chrysanthème que "quer, para a mulher, a plena liberdade do seu coração, dos seus afetos, enfim dos seus sentimentos" (Barreto, 1961p); a liderada por Dona Deolinda Daltro, denominada "Partido Republicano Feminino", propugnando pelo direito da mulher; a de Dona Berta Lutz, sob o nome de "Liga pela Emancipação intelectual da mulher Brasileira" que tinha como bandeira a luta pelo ingresso da mulher na burocracia; e a facção conhecida por "Legião da Mulher Brasileira" que nomeara como presidente de honra a esposa do Presidente da República, D. Mary Saião Pessoa, contando também com o apoio da Igreja Católica. A principal reivindicação que as unia era a extensão do direito de voto à mulher. Lima Barreto reduz as facções a duas: o feminismo sufragista e o feminismo burocrático; o primeiro de "propriedade" de D. Deolina Daltro e o segundo de D. Berta Lutz. À entidade de Mme. Chrysanthème não dá muita importância e à Legião da Mulher Brasileira se restringe a ironizar o caráter oficial da entidade. São matérias mais constantes dos ataques de seus artigos as entidades mais dinâmicas, a de D. Deolina Daltro (feminismo sufragista), e a D. Berta Lutz (feminismo burocrático), a primeira por razões "históricas" se assim se pode chamar e a segunda por razões de comprometimento pleno com o sistema vigente.

D. Deolinda Daltro é velha conhecida do autor. Por volta de 1902, quando fazia parte da Federação dos Estudantes, D. Deolinda vai à procura do presidente da entidade (Barreto Dantas) para que ele e sua entidade "se empenhassem junto ao Prefeito Passos a fim de que [D. Deolinda Daltro] fosse reintegrada no magistério municipal" (Barreto, 1961q). Utilizando tal meio, inaceitável, para ele, ganha ela já então a sua antipatia. Expediente idêntico – cavação – utilizará ela mais tarde, em 1909, para ganhar as graças dos poderosos: participa agora, defensora dos índios, da campanha republicana ao lado de Hermes da Fonseca, desfilando com seus botocudos a favor deste. Atacada da "mania do caboclo", anticivilista por sua adesão a Hermes, será retratada no livro *Numa e a Ninfa*, na personagem Florinda Seixas, que criara a "Sociedade Comemorativa do Falecimento do Constâncio", da qual é presidente, e cujos fins eram, além do expresso no nome, o do ensino do guarani e o das aclamações às pessoas de destaque (idem, 1961r).

Claro se torna que, com tal modo de agir, tinha ela tudo para se tornar uma daquelas pessoas "preferidas" do autor, contra as quais lançava suas troças e ironias. Não contente com essas "vinganças" Lima Barreto, espicaça-a ainda em artigo de 14 de fevereiro de 1920, publicado na *Careta*, denominado "O D. Frontim e o Feminismo" (idem, 1961o, p.219). Sendo lhe D. Deolinda Daltro, conhecida de muito tempo, pautava-se ela em seu agir por interesses e ambições contra quais o autor não perdia oportunidades de investir, quer em seus artigos de jornais, quer em digressões que enxameiam sua obra de ficção. Com tal líder, as reivindicações feministas de sua entidade não estavam a propugnar por uma elevação da mulher, mas meramente a pleitear o direito de voto, para que uma faixa da elite pudesse usufruir das vantagens que estavam limitadas à cúpula política masculina. Suas investidas contra a ala feminista liderada por D. Deolinda Daltro, se advêm de idiossincrasia pessoal, crescem pelo fato de ser uma iniciativa que se limitava a mera acomodação ao sistema montado, contra o qual ele nunca deixou de batalhar. Além do mais, Lima Barreto não via no voto um elemento através do qual pudesse ser reformada a situação na "República Velha". Isto que era pleiteado pouco significava para ele.

Suas mais frequentes cutiladas são, porém, destinadas ao feminismo burocrático de Dona Berta Lutz. Sem ter tido o "privilégio" de ser uma velha conhecida do autor, para merecer um ataque "histórico" essa líder feminista merece dele um em que transforma a sigla de sua entidade, LMB, em "Liga pela Manumissão da Mulher Branca", em um artigo "O feminismo invasor" (Barreto, 1961s). Nele ironiza e satiriza uma reunião da entidade, na qual aparece uma ubíqua "Adalberta Luz" a ser presidente, secretária, relações públicas, público, etc. A nova rotulação dada à entidade já conta o caráter desse e dos outros movimentos feministas: movimentos de elite, a defender os interesses de uma minoria, "os interesses das transparentes e melindrosas, que são afinal a quintessência do feminismo moderno" (ibidem, 1961s), esquecendo-se totalmente da mulher de cor. Nesse sentido, mostra ele que esta e mais as brancas pobres já conquistaram um lugar de operária, sem movimentos feministas, nas fábricas de tecidos e nas livrarias como empacotadoras de livros. E põe a questão: "Pergunto: esta mulher [uma velha negra] precisou do feminismo burocrata para trabalhar, e não trabalha ainda, apesar de sua adiantada velhice?" (Barreto, 1961r).

Ao lado desse caráter de troca de favores mútuos na elite para melhor dividir o bolo burocrático entre ambos os sexos da camada dominante, menciona ainda outros pontos nos quais se baseia para refutar o aspirado acesso à burocracia, dentre eles a falta de apoio legal, constitucional, para as nomeações e os impedimentos de ordem social. Neste último caso, seus argumentos têm como fonte Spencer, que, na sua *Introdução à Ciência Social,* alertava para os perigos provenientes para a espécie, caso a mulher passe a exercer os cargos naturalmente reservados aos homens. "Desde que os lugares públicos mesmo os que não o são, mas que naturalmente são destinados aos homens sejam invadidos pelas mulheres, tal fato irá prejudicar a regularidade de nossa raça" (Barreto, 1961t). No próprio Spencer diz encontrar pesquisas francesas comprobatórias de tal prejuízo.

Os obstáculos de ordem constitucional são, porém, os mais evocados para opor-se à entrada da mulher na burocracia. Em artigo de 26 de julho de 1921, pergunta sobre a base legal das nomeações que ocorrem, sem que a Constituição as facultasse, pois, segundo a interpretação dele, mulher não é cidadão (ibidem, 1961t).

Foi apontado por Francisco de Assis Barbosa como contradição em Lima Barreto o fato de ele, maximalista, pregar respeito à lei burguesa. Não vejo na verdade aqui uma contradição. O romancista carioca nada mais faz do que utilizar os próprios recursos burgueses para atacar a burguesia, manejando-os com habilidade para mostrar que, mesmo em face das leis elaboradas pelos que estavam no poder, não havia e indignação em Lima Barreto é o caráter de arranjo nas nomeações, os abusos perpetrados pelos donos do poder, a fim de dar cobertura aos seus apaniguados, independentemente do sexo deles. Tanto isto é verdade que o escritor não só acata a profissionalização da mulher, como também chega a propor o aumento do número de "Escolas Normais" para que as mulheres tenham melhor educação e com isso possam desempenhar papel importante na formação da criança, quer na escola, quer em casa, "As (normalista) que não fossem escolhidas (para o magistério primário) poderiam procurar o professorado particular, mesmo como mães, a sua instrução seria utilíssima" (ibidem, 1961t).

Uma visão simplista da posição de Lima Barreto em face da profissionalização da mulher, tem conduzido estudiosos a afirmar que o autor de *Clara dos Anjos* se coloca numa atitude intransigente contra ela. Não é verdade. Aceita a profissionalização da mulher, mas o que lhe causa aversão é ser ela realizada com intuitos interesseiros, circunscrita a benefícios para poucos, ferindo a própria ordem criada pelos que estão a violá-la, no desejo de proteger os já privilegiados.

Contudo, isso não tem como resultante um abdicar de suas posições antimovimentos feministas. Esses movimentos com as suas proposições profissionalizantes e eleitoreiras só tinham, segundo ele, por escopo dar possibilidades de realização aos atributos menos importantes da mulher: a sua natural capacidade mental limitada e de memorização, a sua falta de criatividade etc.

> As mulheres têm tanta vocação para os cargos públicos que as suas letras não só se parecem, mas quase são iguais. Indivíduos que têm semelhantes predicados não podem deixar de ser amanuenses ideais [...]. De resto, não é boa recomendação para ser bom escriturário ou ótimo oficial de secretaria, a posse de uma individualidade, de um temperamento e, raramente a mulher é dona dessas coisas. (Barreto, 1961u)

As reivindicações feministas pecavam, portanto, conforme sua opinião, por terem como bandeira a aspiração ao menos elevado. Com isto a mulher simplesmente obteria igualdade aos medíocres que compõem o sistema. Ora, para Lima Barreto que tinha uma concepção tão elevada da mulher e que a queria atuando junto ao homem, as exigências do feminismo só podiam ser encaradas como rebaixamento da mulher e, portanto, censuráveis. E não só. Indicando a degradação do casamento como motivo do envilecimento da mulher, só reconheceria grandeza no movimento se atacasse esse problema central. Não é o que faz. Ignora, na verdade, essa questão e as dela decorrentes como o adultério e o uxoricídio conforme mais de uma vez ele indignadamente faz ver:

> [...] contra tão desgraçada situação de nossa mulher, edificada com a estupidez burguesa e a superstição religiosa, não se insurgem os borra-botas feministas que há por aí. Elas só tratam de arranjar manhosamente empregos públicos sem ser hábil para tal permuta. É um partido de "cavação" como qualquer outro masculino. (idem, 1961r)

A mesma veemência encontramos no seguinte passo:

> O liberal e socialista Evaristo [de Morais], quase anarquista, está me parecendo uma dessas engraçadas feministas do Brasil, gênero professora Daltro. Que querem a emancipação da mulher para exercer sinecuras do governo e rendosos cargos políticos; mas que, quando se trata desse absurdo costume nosso de perdoar os maridos assassinos aí ficam na moita. (idem, 1961v)

Pondo à parte a argumentação discutível dos perigos que possa causar à continuidade da espécie humana o sedentarismo burocrático – argumento aliás não muito enfatizado e de origem spenceriana –, Lima Barreto, no tratamento do movimento feminista, não vê nada de grandioso, de heroico, de superior – o que lhe é sempre caro – mas sim uma articulação feminina burguesa para meramente conseguir, por meios não legais, cargos públicos, onde a mulher, em lugar de realizar a sua, considerada por ele, natureza mais nobre, vai ter a possibilidade de exercitar o seu lado, ainda segundo ele, mais vulgar. Vê o movimento como eminentemente elitista, que nada mais busca do que estender às mulheres os privilégios de que gozam os medíocres que compõem o sistema. Desvinculado dos problemas da mulher brasileira, não se porá o feminismo na arena para libertá-la da degradação do casamento que, pelo seu caráter aviltante, conduz ao adultério e por vez quase ao direito legal de o marido matar a esposa. Utilizando argumentos legais do próprio sistema que não aceita como um todo Lima Barreto denúncia os procedimentos embusteiros utilizados para promover a profissionalização. Considerá-lo como um antiemancipacionista de mulher é ver o problema de um modo equivocado, pois na verdade visa ele mais "desmontar as máquinas de embuste" que compõem o sistema institucionalizado do que realmente a obstaculizar certas concessões que a própria realidade social vai ampliando. Comprova sua predisposição em aceitar a ascensão da mulher – sua emancipação e profissionalização – com estas palavras sobre Kólontai e Vera Zassúlitch:

> Entre eles (os revolucionários russos) há mulheres. Há até uma madame Kólontai, que é ou foi ministro do Bem Público; não é de hoje, porém, que as mulheres russas, moças em geral, se envolvem nesses movimentos, altruísticamente subversivos, do império dos Românoffs. (Barreto, 1961w)

No movimento feminista, a exigir direito a voto e a cargos públicos, não encontra Lima Barreto aquele caráter "altruisticamente subversivo" que lhe é tão caro, por ser, segundo ele, o atributo fundamental das ações grandiosas, heroicas e superiores. Não vê mesmo nem sequer o mínimo pendor social, não se voltando para a realidade próxima, para o problema que dizia respeito mais diretamente à mulher. Limitado aos grupos sociais dominantes, o movimento, nesta fase inicial, é uma mera aglutinação para tentar obter a extensão às mulheres das regalias de que gozam os membros masculinos dos grupos dominantes e que monopolizam o sistema.

Permanece, ainda, nas suas atitudes em face do incipiente feminismo brasileiro, uma percepção daquilo que uma socióloga moderna detectou como lhe sendo posteriormente peculiar:

> a simples imitação de similares ocidentais, transpostos para a realidade subdesenvolvida do país. Neste sentido o movimento feminista induziu à elaboração de uma

legislação não reclamada por extensas áreas de população feminina. (Bongiovanni, [s.d], p.322-3)

Impossibilitado pela morte, em 1922, não pôde Lima Barreto acompanhar as fases ulteriores das batalhas feministas. Percebe, porém, no seu nascedouro no Brasil o caráter de movimento importante e dissociado da realidade local e, o que era por ele mais enfatizado, atestado pelo comportamento da líder feminista que mais vai se destacar nos anos seguintes, D. Berta Lutz, a qual se encontra em 1922 nos Estados Unidos "devido à munificiência do Governo Federal, a fazer propaganda da Exposição do Centenário". Nisso e mais no aspecto elitista do movimento, antecipa pontos do que a mesma socióloga diz ao fazer um balanço integral da luta feminista no Brasil:

> A consciência de que o desenvolvimento econômico e social do país se faz parcialmente às expensas do enorme contingente feminino de padrão doméstico não chegou, entretanto a formar-se no cenário nacional. Ao contrário, as próprias associações femininas de ideologia não negadora do status quo capitalistas, via, na expansão estrutural da sociedade brasileira, enquanto sociedade de economia capitalista, a via através da qual se processaria a profissionalização feminina em larga escala e, portanto, a modernização da atuação social da mulher. (Bongiovanni, [s.d], p.318)

Referências

Barreto, Lima. *Correspondência ativa e passiva*. São Paulo: Brasiliense,1956., t. II.

_____. *Triste fim de Policarpo Quaresma*. São Paulo: Brasiliense, 1959.

_____. A mulher brasileira. In: _____. *Vida urbana*. São Paulo: Brasiliense, 1961a.

_____. O que é, então? In: _____. *Vida urbana*. São Paulo: Brasiliense, 1961b.

_____. A missão dos utopistas. In: _____. *Bagatelas*. São Paulo: Brasiliense, 1961c.

_____. Sobre o maximalismo. In: _____. *Bagatelas*. São Paulo: Brasiliense, 1961d.

_____. A obra de um ideólogo. In: _____. *Impressões de leitura*. São Paulo: Brasiliense, 1961e.

_____. História de uma mulata. In: _____. *Impressões de leitura*. São Paulo: Brasiliense, 1961f.

_____. *O cemitério dos vivos*. São Paulo: Brasiliense, 1961g.

_____. *Diário íntimo*. São Paulo: Brasiliense, 1961h.

_____. A matemática não falha. In: _____. *Bagatelas*. São Paulo: Brasiliense, 1961i.

_____. *Recordações de escrivão Isaías Caminha*. São Paulo: Brasiliense, 1961j.

_____. O anel das musicistas. In: _____. *Marginalia*. São Paulo: Brasiliense, 1961k.

_____. A música. In: _____. *Vida urbana*. São Paulo: Brasiliense, 1961l.

_____. A amanuense. In: _____. *Coisas do reino do jambon*. São Paulo: Brasiliense, 1961m.

_____. Como budistas... In: _____. *Vida urbana*. São Paulo: Brasiliense, 1961n.

_____. *Numa e a Ninfa*. São Paulo: Brasiliense, 1961o.

_____. No ajuste de contas. In: _____. *Bagatelas*. São Paulo: Brasiliense, 1961p.

_____. Feminismo e voto feminino. In: _____. *Feiras e mafuás*. São Paulo: Brasiliense, 1961q.

_____. Voto feminino. In: _____. *Coisas do reino do jambon*. São Paulo: Brasiliense, 1961r.

_____. O feminismo invasor. In: _____. *Coisas do reino do jambon*. São Paulo: Brasiliense, 1961s.

_____. A polianteia das burocratas. In: _____. *Coisas do reino do jambon*. São Paulo: Brasiliense, 1961t.

_____. Tenho esperança que... In: _____. *Bagatelas*. São Paulo: Brasiliense, 1961u.

_____. Os uxoricidas e a sociedade brasileira. In: _____. *Bagatelas*. São Paulo: Brasiliense, 1961v.

_____. Mais uma vez. In: _____. *Bagatelas*. São Paulo: Brasiliense, 1961w.

_____. Vera Zassúlitch. In: _____. *Bagatelas*. São Paulo: Brasiliense, 1961x.

_____. *Clara dos Anjos*. São Paulo: Brasiliense, 1961y.

BONGIOVANNI, Heleieth Iara. *A mulher na sociedade de classes*: mito e realidade, v.II, s.d. (Teste de doutoramento mimeografada).

MARTINS, Luís. Lima Barreto e o feminismo. In: _____. *Homens e livros*. São Paulo: CEC, 1962.

O negro na obra de Lima Barreto[1]

Contrariamente ao que sugere o título, não se fará aqui uma exposição exaustiva sobre a presença do negro na obra do escritor carioca Afonso Henriques de Lima Barreto (1881-1922). O objetivo visado é o de mostrar a sua militância contra o preconceito racial, manifestada em seus escritos não ficcionais e nos contos, em especial em *Miss Edith e seu tio* (Barreto,1961b). Precede essa parte principal uma rápida, porém indispensável, caracterização da longa tradição de preconceitos contra o negro existente na cultura ocidental, resultante inicialmente de sanções sobrenaturais e, a partir de meados do século XIX, de justificativas fundadas no espírito científico da época.

As raízes mais remotas das sanções sobrenaturais, que justificam o preconceito contra o negro na nossa cultura, parecem estar nos relatos do Gênesis sobre a origem do homem e o povoamento da Terra após o dilúvio. Ensina-se ali que todos os povos descendem de um pai comum, Adão, através do patriarca Noé e de seus filhos, Sem, Jafé e Cam.

Diferentemente dos dois primeiros, Cam é objeto de maldição por parte do pai, em razão de sua atitude censurável, quando do episódio da embriaguez do patriarca. Passando a se referir ao filho como Canaã, o pai o amaldiçoa, enquanto abençoa os outros irmãos, nestes termos:

> "Maldito seja Canaã. Que ele seja, para seus irmãos, o último dos escravos". E disse também: "Bendito seja Iawek, o Deus de Sem, e que Canaã seja escravo. Que Deus dilate a Jafé, que Ele habite nas sendas de Sem e que Canaã seja seu escravo". (Gn 9, 25-27)

---
[1] Publicado originalmente em: *Miscelânea*, Assis, v.2, p.103-25, 1995.

Após o dilúvio, a distribuição dos seres humanos sobre a Terra se fez, segundo a Bíblia, do seguinte modo:

> os filhos de Jafé povoam a Ásia Menor e as ilhas do Mediterrâneo; os filhos de Cam, os países do Sul: Egito, Etiópia, Arábia, e Canaã lhes é legado em lembrança da dominação egípcia sobre esta região; entre esses dois grupos estão os filhos de Sem: elamitas, assírios, arameus, os ancestrais dos hebreus. (A Bíblia de Jerusalém, 1981, p.41)

> As exegeses posteriores ratificaram essa distribuição, simplificando a relação entre os filhos de Noé e as regiões habitadas: reservou-se a Europa para os filhos de Jafé, a Ásia aos de Sem e a África aos de Cam. (Poliakov, 1974, p. XXII)

Os versículos bíblicos citados tiveram, durante a Idade Média, uma função ideológica clara: serviram de justificativa para a divisão da sociedade em três ordens: "Cam era [...] o antepassado dos servos, Sem, o dos clérigos e Jafé, o dos senhores" (ibidem, p. XXII).

Os efeitos negativos da "maldição de Cam" sobre descendentes sediados em África caem pesadamente, durante a Reconquista espanhola, sobre os árabes, colocados na companhia dos judeus. "Um racismo institucionalizado se manifesta pela primeira vez na história moderna" (ibidem, p.5), quando do batismo dos descendentes de muçulmanos em 1492. Estatutos de pureza de sangue dividiram os espanhóis em duas castas: os velhos cristãos de puro sangue e os cristãos novos, infamados pelo seu sangue impuro. Elaborada por teólogos espanhóis, criou-se a falsa crença de que os cristãos novos "tinham maculado outrora seu sangue, e esta mácula, ou 'nota' tinha sido transmitida hereditariamente até seus remotos descendentes [...]" (ibidem, p.5).

A discriminação contra os africanos prossegue no processo de ocupação do Novo Mundo. Jesuítas, como Bartolomeu de Las Casas, colocaram-se a favor dos índios, defendendo-lhes a condição de "verdadeiros homens, *veri homines*, capazes de receber a fé e os sacramentos católicos" (ibidem, p. 111), ao mesmo tempo em que justificavam a escravidão africana. "Foi da Bíblia que os europeus, em ambos os lados do Atlântico, retiraram suas explicações para a inferioridade dos negros, pela associação destes com os descendentes da tribo de Ham [sic], amaldiçoado por Noé" (Brookshaw, 1983, p.13). Essa mesma maldição facultou à exegese rabínica e protestante a censura de Cam pelos crimes de castração e incesto, e as restrições aos homens negros permaneceram na classificação de Lineu e nas descrições dos filósofos das Luzes, desenhando um longo trajeto da impiedosa discriminação dos homens brancos contra os africanos.

Remonta ainda à tradição bíblica a associação da cor negra com a maldade e a feiura e a da cor branca com a bondade e a beleza. Esse simbolismo enraizou-se de tal forma na cultura europeia, persistindo no folclore e no patrimônio literário e artístico.

Quando as sanções sobrenaturais da supremacia branca e de inferioridade negra começaram a perder forças, os colonizadores brancos passaram a arquitetar outras razões que justificassem o seu domínio sobre os povos ditos atrasados. Encontraram-nas no espírito cientificista do século XIX. "Por volta de 1860 [...], as teorias racistas tinham obtido o beneplácito da ciência e plena aceitação por parte dos líderes políticos e culturais dos Estados Unidos e da Europa. No curso do século emergiram três escolas principais de teoria racista" (Skidmore, 1976, p.65): a escola etnológica-biológica, a escola histórica e o darwinismo social. O postulado básico, comum a elas, era "a inferioridade inata e permanente dos não brancos" (ibidem, p.65), ideia que exerceu notável influência na elite da América Latina.

No plano da cultura brasileira, as sanções sobrenaturais de preconceito contra o negro se manifestaram fortemente no âmbito do folclore. "Em nenhuma outra parte dos domínios da cultura brasileira, a fusão do simbolismo de cor e do preconceito racial torna-se mais evidente do que nas histórias populares, particularmente naquelas histórias infantis populares, cujos narradores mais versáteis amiúde eram ironicamente negros eles próprios. Tais histórias, não se pode duvidar, sedimentaram-se na mentalidade adulta para formar um fator sempre presente no subconsciente, contrastando com a pretensa ausência de racismo conseguida através da educação ou da subserviência à propaganda nacionalista" (Brookshaw, 1983, p.13). Daí se concluir que "o modo como branco vê o negro, portanto, foi moldado desde a infância pelas histórias em que a negritude era associada ao mal e os que faziam mal eram negros" (ibidem, p.13).

As imagens negativas sobre a raça e a cor negras apareceram também na literatura brasileira, inclusive naquela que se propunha a compartilhar das ideias abolicionistas. Após 1881, a literatura brasileira passou a sofrer a vigorosa influência do ideário naturalista, baseado no determinismo da raça, do meio e do momento. As ideias e estereótipos sobre a inferioridade racial do negro contaminaram a literatura abolicionista e pós-abolicionista, expandindo seu legado até o romance modernista de 1930.

Davi Haberly estudou com muita argúcia a questão, apontando para peso da atitude antinegra presente na literatura abolicionista e sintetizando-a no título do seu artigo: "Abolicionism in Brazil: anti-slavery and anti-slave" (Haberly, 1972). Após examiná-la e vincular os preconceitos contra o negro à tradição social brasileira, considera a emergência do Naturalismo no Brasil um momento providencial para abrigar e sustentar os estereótipos contra o negro, explicando, a partir daí, seu grande prestígio na literatura nacional:

> The determinism of Naturalism theory served to justify and legitimize a new, less formalized set of social controls that sought to separate Negroes and whites in urbanized areas. Writers could still announce their opposition to slavery and their joy in its abolition, but Naturalism claimed to prove that the products of a wretched environment, the slave-quarters, and of generations of mistreated, malnourished, and misbegotten ancestors were both inferior and dangerous. Naturalism abolished white guilt, since all the crimes of the slave system were simply the result of uncontrollable natural forces, but it also advised those safely outside that environment and safely free of those genes to avoid the possible contagion of contact with those forever maimed by situation and genealogy. (ibidem, p.40-1)

No plano cultural foi Roger Bastide quem primeiro formulou que no Brasil "o conflito entre as duas tradições étnicas é um conflito entre duas morais [...]" (apud Brookshaw,1983, p.17). Partindo daí e das concepções de Fanon sobre a dialética entre colonizador e colonizado, David Brookshaw considera a cultura brasileira marcada por uma incompatibilidade básica, que "remonta ao simbolismo original inerente às cores, a equação branco-pureza e, portanto, moralidade *versus* preto-perversidade, logo, imoralidade" (ibidem, p.17). Prossegue o relato de sua posição nestes termos:

> Aceitando-se a interpretação de Bastide acerca do conflito racial no Brasil ser um conflito cultural, poder-se-ia dizer que entre essas duas culturas conflitantes existe uma linha. Esta linha não é uma barra colorida, pois pode ser atravessada pelo preto, ou pelo mulato: ao atravessá-la, porém, tornam-se exceções do estereótipo, implicitamente impedidos de mostrar qualquer vestígio de sua cultura anterior em troca da assimilação. Eu chamaria essa divisão de "linha do comportamento", cuja função não é, aparentemente, segregar as raças, e sim as duas tradições culturais, a europeia e a africana, a moral e a imoralidade, daí a importância de uma transformação em comportamento cultural uma vez que a linha tenha sido atravessada. (ibidem, p.17)

Caracteriza, a seguir, os lugares das duas culturas em relação à linha de referência:

> Acima da linha de comportamento está a faixa da cultura metropolitana, que faz parte do Brasil urbano, industrial, mas é europeia em seu equilíbrio racial e em suas tradições. A cultura metropolitana é a cultura da burguesia dominante ou do colo-

nizador. Abaixo da linha de comportamento está a faixa da cultura colonizada, cujo eixo é o ponto de encontro entre o campo e a cidade, a classe média do subúrbio ou da favela. Aqui o equilíbrio racial e a tradição são afro-brasileiros. (ibidem, p.17-8)

Nascido no Rio de Janeiro em 13 de maio de 1881 e falecido ali em 2 de novembro de 1922, Afonso Henriques de Lima Barreto recebeu, pela sua condição de mulato, o impacto dos preconceitos raciais e de cor, oriundos da tradição da cultura ocidental, imposta e ajustada ao Brasil, onde "a teoria da superioridade ariana era aceita como fator de determinismo histórico, pela elite intelectual brasileira entre 1888 e 1914" (Skidmore, 1976, p.69).

A descoberta do preconceito racial contra o negro, amparado pela ciência da época, ocorreu em 1895, conforme anotou, com comoção e abalo, em 1905, no *Diário Íntimo*:

> Eu era menino, tinha aquela idade [14 anos], andava ao meio dos preparatórios, quando li na *Revista Brasileira*, os seus esconjuros e anátemas...
> Falavam as autorizadas penas do Senhor Domício da Gama e Oliveira Lima...
> Eles me enchiam de medo, de timidez, abateram-me; a minha jovialidade nativa, a satisfação de viver nesse fantástico meio tropical, com quem tinha tantas afinidades, ficou perturbada pelas mais degradantes sentenças...
> Desviei a corrente natural de minha vida, escondi em mim mesmo e fiquei a sofrer para sempre. (Barreto, 1961, p.113)

Refere-se aqui, em especial, à leitura do artigo do escritor e diplomata Domício da Gama (1862-1925), chamado "Uma nota da América", onde este tece considerações depreciativas sobre o negro com base no darwinismo social, muito influente nos Estados Unidos e no Brasil:

> Obras social-darwinistas, sobretudo, tinham grande influência no Brasil. Praticamente, todo pensador social brasileiro – antes de 1914 – se viu a braços com o darwinismo social. (Skidmore, 1976, p.70)

Com base no darwinismo social, Domício da Gama escreve inicialmente:

> Sentem-se [os negros] evidentemente inferiores, incapazes de resistir à concorrência com raças com raças mais ativas e inteligentes. (Gama, 1895, p.33)

E incorpora, a seguir, a opinião de uma americano:

> Suponho que esta falta de consideração da massa negra pelos esforços dos mais inteligentes que a querem levantar é a maior garantia que têm os brancos de que a *mancha negra*, longe de se alargar contaminando toda a superfície da União, acabará por se reduzir às proporções de uma simples pinta que sirva para contestar a brancura da república e a pureza das raças fortes que a fundaram, como me disse um americano. (ibidem, p.33-4)

Decorre da descoberta desse racismo de base cientificista o projeto de Lima Barreto de empreender uma luta contra o preconceito racial, conforme se pode ler em anotação de 1905, no mesmo *Diário Íntimo*:

> É satisfação para minh'alma poder oferecer contestação, atirar sarcasmo à soberba de tais sentenças, que me fazem sofrer desde os quatorze anos. (Barreto, 1961i, p.113)

As primeiras tentativas de militância contra as teorias raciais que depreciavam os negros e seus descendentes parecem estar no interesse com que se volta para o estudo do africano na história do Brasil. É de 1903 o projeto de escrever no futuro a "História da Escravidão negra no Brasil e sua influência na nossa nacionalidade" (ibidem, p.33). Sinais dessa pesquisa incipiente transparecem na elaboração de outro projeto, em 1905, agora de ordem literária. Seu objetivo é o de "fazer um romance em que se descrevam a vida e o trabalho dos negros numa fazenda. Será uma espécie de *Germinal negro*, com mais psicologia especial e maior sopro de epopeia. Animará um drama sombrio, trágico e misterioso, como os do tempo da escravidão" (ibidem, p.84). Coroa-se essa linha de projetos inacabados e não executados sobre o africano no Brasil, um texto teatral *Os Negros* – com a anotação: "esboço de uma peça?", "segundo, ou antes, trilhando Maurice Maeterlinck" (idem, 1961h, p.307-312).

Vários são os fatores que poderiam explicar esses projetos fracassados, elaborados até os 24 anos de idade por Lima Barreto. Mas talvez o fator fundamental, além da juventude do autor, fosse a urgência que requeria a luta contra as teorias racistas. É do mesmo ano de 1905 – assim parecem ter entendido os organizadores do *Diário Íntimo*, embora o texto esteja sem data – uma reflexão madura sobre os perigos que significava a expansão das ideias racistas, respaldadas já não mais por sanções sobrenaturais, mas por sanções da ciência:

> Vai se estendendo, pelo mundo, a noção de que há umas certas raças superiores e umas outras inferiores, e que essa inferioridade, longe de ser transitória, é eterna e intrínseca à própria estrutura das raças.

Diz-se ainda mais: que as misturas entre essas raças são um vício social, uma praga e não sei que cousa feia mais. Tudo isso se diz em nome da ciência e acoberto da autoridade de sábios alemães. [...] E assim a cousa vai se espalhando, graças à fraqueza, à covardia intelectual de que estamos apossados em face dos grandes nomes da Europa. Urge ver o perigo dessas ideias para nossa felicidade individual e para nossa dignidade superior de homens. Atualmente, ainda não saíram dos gabinetes e laboratórios, mas amanhã, espalhar-se-ão, ficarão à mão dos políticos, cairão sobre as rudes cabeças da massa, e talvez tenhamos que sofrer matanças, afastamento humilhantes, e os nossos liberalíssimos tempos verão uns novos judeus.

Os séculos que passaram não tiveram opinião diversa a nosso respeito – é verdade; mas, desprovidos de qualquer base séria, as suas sentenças não ofereciam o mínimo perigo. Era o preconceito: hoje é o conceito. (idem, 1961i, p.110-1)

Comprova essa urgência da luta contra as teorias racistas a atenção que concede à elaboração da personagem doutor Franco de Andrade no *Recordações do Escrivão Isaías Caminha* publicado em 1909. Lima Barreto faz uma pesada caricatura do médico e futuro romancista Afrânio Peixoto (1876-1947), baiano recém-chegado ao Rio de Janeiro, impregnado dos princípios da antropometria, pseudociência que, com base em mensurações físicas, servia para estigmatizar a raça negra e elevar a branca.

Descartando a possibilidade de se anotar exaustivamente toda a militância limiana contra as teorias racistas e seus defensores, tomar-se-ão aqui alguns casos que poderão dar uma visão aproximada da luta empreendida.

O contexto brasileiro apresentava entre 1900 e 1922, anos da militância de Lima Barreto, uma plêiade de intelectuais, como o já mencionado Afrânio Peixoto (1868-1931), Graça Aranha (1868-1931), Euclides da Cunha (1866-1909), cujas aspirações, em termos de identidade nacional, oscilavam entre a defesa de

> uma civilização branca e mediterrânea em cenário tropical e a necessidade esporádica de encontrar uma figura nacional pura de descendência nativa que permanecesse como símbolo de exotismo e pureza rural. Estes dois ideais aparentemente conflitantes juntaram forças na luta para abafar a presença do afro-brasileiro dentro do Brasil. (Brookshaw, 1983, p.60)

Lima Barreto sentiu, com muita penetração, esse recalque da componente africana que se escondia no culto à Grécia, chamada por ele de "grecomania", preconizada pelos intelectuais do período, e na reverência ao caboclo – "mania de caboclo", segundo ele –, ressurgimento do velho indianismo romântico, prestada com orgulho por alguns escritores. Sobre a "grecomania" deixou um conjunto de artigos, em que ataca, de forma rude, a Coelho Neto, principal veiculador dos mitos helênicos. Parodiou-lhe os cacoetes de estilo numa sátira, "A Academia Nacional da Medicina", com o subtítulo "O poeta Avrúncio Aurora da Estrela – a sua candidatura – várias opiniões" (Barreto, 1961g, p.69-82), ao fazer com que recomendasse o poeta, que não era médico, para uma academia de medicina, criticando também com isso as pretensões dos médicos de entrar para a Academia Brasileira de Letras. Mas, na verdade, o que visava, em última instância, com seu ataque a Coelho Neto e outros "grecomaníacos" era apontar para aquilo que o escapismo helênico escondia: a ignorância da componente africana na realidade brasileira, aludida, no texto abaixo, através da referência ao que Coelho Neto excluía de sua construção da Grécia, em especial sua omissão da escravatura e da opressão grega aos não gregos:

> [...] o senhor Coelho Neto fez também uma espécie de Grécia sua, em que há mais gladiadores romanos do que mesmo mancebos, de quando em quando, entregues a jogos atléticos de feição religiosa; e não soube pôr na sua senão as estátuas obesas de sua decadência, que são as que nos restam e o pedagogo Hesíodo; olvidou as estatuetas de Tânagra e as comédias de Aristófanes, esquecendo ainda – o que é pior! – que nós não podemos mais animar os seus deuses, pois deixaram de ser os mesmos, criados segundo os nossos temores, os nossos sonhos e as nossas esperanças, à imagem e ao nosso gosto modernos.
> Além de tudo isto, como Sainte-Beuve diz, referindo-se ao Anacársis e como discípulo *arrièrè* do duvidoso Flaubert de *Salambô*, só via esplendores e curiosidades brilhantes e pôs na sua Grécia, de lado, alguns defeitos daquelas gentes, daquelas instituições em que a escravatura era a base da sua vida agrícola, industrial e até guerreira (os remeiros dos barcos), a prostituição divinizada, a opressão e a espoliação das raças vencidas, a incoerente democracia em que o direito de cidadania era reservado a um pequeno número de habitantes, o gineceu e outras *cositas más*. (ibidem, p.78-9)

Na sua luta contra as concepções racistas, Lima Barreto não poderia deixar de entrar em conflito com a figura do Barão do Rio Branco (1845-1912), o mais famoso defensor de uma imagem nacional branca e culta e da difusão dessa imagem pela via diplomática. Ministro das Relações Exteriores de 1902 até sua morte em 1912, o Barão do Rio Branco frequentou com grande assiduidade a ficção, os artigos e as crônicas de Lima Barreto, expondo e defendendo suas ideias, dentre elas a da supremacia branca e a do atrelamento do país à política dos Estados Unidos, vistos por Lima Barreto como expressão do racismo mais odioso.

Tratado satiricamente no *Vida e morte de M. J. Gonzaga de Sá*, dentre outras coisas como o instaurador da corrupção como sistema de governo, e em *Os Bruzundangas* como um "herói" da república, na figura onívora do Visconde de Pancome (Barreto, 1961d, p.105), o Barão do Rio Branco aparece no *Coisas do Reino do Jambom* como alguém que "não nomeava um secretário de legação sem lhe medir bem o ângulo facial, o cefálico, e examinar se o rapaz sabia dançar convenientemente" (idem, 1961e, p.44). Pesquisas atuais nada mais fazem do que corroborar as posições racistas de Rio Branco, apontadas então por Lima Barreto:

> Durante o Império, tinha ajudado a escrever e editar publicações como o catálogo da exposição de Paris, de 1889. Podia, agora, utilizar todos os recursos do Itamarati para uma sofisticada campanha de propaganda. Desejava, acima de tudo, apresentar o Brasil como país culto. Uma das maneiras de fazer isso (e ele o fez) era preencher as fileiras do serviço diplomático com homens brancos que estrangeiros pudessem considerar civilizados e refinados – para reforçar a imagem de um país europeizado que se tornava mais branco. (Skidmore, 1976, p.15)

Para exercer as missões diplomáticas, as escolhas de Rio Branco recaiam entre os intelectuais de "aparência agradável e 'imponente' (i.e. de raça branca)" (ibidem, p. 152). Obedecendo a esse critério elegeu nomes como Oliveira Lima, Rui Barbosa, Graça Aranha, Joaquim Nabuco, Rodrigo Otávio, Aluísio Azevedo e Domício da Gama.

Assessor de Rio Branco e por ele protegido, Domício da Gama (1862-1925) era um dos alvos prediletos de Lima Barreto na sua luta contra o racismo. Sua aversão às posições do diplomata e escritor vinha de longe, como vimos: Lima Barreto descobriu a desqualificação intelectual e racial do negro em seu escrito de 1895, na *Revista Brasileira*. Em 1919, refuta o preconceito racial de 1895 em um artigo, "A Casa dos Espantos", nome com que se referia ao Itamarati, onde Domício da Gama exercia a função de Ministro das Relações Exteriores. Recorda-se, agora, de um trecho do artigo que lera aos catorze anos, nos seguintes termos:

> Ria-se ele, como autêntico ariano da Bactriana, como sociólogo e historiador que era, de um mulato cubano que, em Paris, fazendo propaganda da independência do seu país dizia: *Nous autres peuples latins...* (Barreto, 1961e, p.40)

Aludindo de forma implícita à condição de mulato, embora bastante claro, de Domício da Gama no irônico "autêntico ariano da Bactriana", Lima Barreto repele a abordagem racial imposta à questão, que exclui o mulato cubano da comunidade ocidental, e restaura-lhe a condição de latino ao vê-lo através de uma perspectiva histórico-cultural, incomum, então, na época:

> O riso ou sorriso do Senhor Domício podia bem ser superiormente bactriano; mas seguramente não era lá muito superiormente refletido.
> O mulato cubano podia dizer com tanto acerto que ele e os seus eram latinos, com o mesmo fundamento com que os franceses, os espanhóis, os rumaicos, até os italianos dizem, A questão é de educação e de cultura matriz. (ibidem, p.40)

Sua vigilância contra o preconceito racial levava-o a arquivar manifestações jornalísticas antinegras para mais tarde convertê-las em matéria de artigo. Foi o que aconteceu com Rafael Pinheiro, diretor, intelectual e literato da revista *Figura e figurões* que, em meados de 1905, fez com o maestro italiano Puccini, que passava pelo Rio de Janeiro, uma visita ao Jardim Botânico. Transcreve, num artigo de 1919, o episódio, cedendo a palavra ao autor:

> Voltávamos. Inquerimos do que mais o impressionara depois da "fatal" natureza.
> *I mori* (os negros)
> De fato, uma fatalidade reuniu na Rua dos Voluntários, de todas as idades, de todos os feitios, uma centena de negros, proporção esmagadora para homens que por ali transitavam. Negros vinham conosco no bonde, negros vira ele no cais, negros trabalhavam no Largo Machado. Um mal-estar nos entristecia quando uma crioula, toda de azul-celeste, passou por nós na rua Marquês de Abrantes.
> – *Azzuro celeste e nero, ma quella é la vera celeste Aida?*
> Uma gargalhada sacudiu a caravana, ao ouvir esta frase de Puccini.
> E nós também... rimos, um tanto dolorosamente. (idem, 1961f, p.234)

Acaciana e ironicamente, Lima Barreto responde a Rafael Pinheiro:

> Os companheiros de Rafael podiam fazê-lo [rir dolorosamente]; mas Rafael, um sociólogo prático, político, homem da multidão brasileira sabia perfeitamente que, durante muitos anos, entraram milhões de negros no Brasil, vindos à força da África, e que não eram absolutamente estéreis. O seu sólido saber histórico, particularmente no que toca ao Brasil, não podia achar graça dolorosa numa tolice de um superficial maestro italiano. (ibidem, p.234)

Tanto na posição dos intelectuais brasileiros, quanto na política externa comandada por Rio Branco, bem como no sestro brasileiro revelado por Rafael Pinheiro, marcados todos por uma atitude depreciativa diante dos negros e seus descendentes, Lima Barreto flagrou aquilo que considerava a postura básica da intelectualidade brasileira diante das ideias vindas do exterior: o servilismo cultural ou a assimilação acrítica,

> [...] é bem sabido que os especialistas, sobretudo de países satélites, como o nosso, são meros repetidores de asserções das notabilidades europeias, dispensando-se do dever de examinar a certeza de suas teorias, princípio etc., mesmo quando versam sobre fatos ou fenômenos que os cercam aqui, dia e noite, fazendo falta por completo aos seus colegas de estranja. Abdicam do direito à crítica, de exame; e é como se voltássemos ao regímen de autoridade. (ibidem, p.139)

A crítica ao servilismo cultural da intelectualidade brasileira não permaneceu apenas no plano teórico. Lima Barreto deu uma demonstração prática de assimilação criteriosa das concepções estrangeiras ao passar pelo crivo de suas reflexões de mulato tropical as concepções racistas de Ernest Renan (1823-1893).

Quem tenha tido um contacto mais assíduo com sua obra sabe a influência que sofreu de Renan, sobretudo da obra Marco Aurélio. É justamente falando sobre essa influência e as afinidades entre sua vida e a do intelectual francês que principia seu artigo "Meia página de Renan", publicado na *Revista Contemporânea*, em 28 de junho de 1919. Mas o respeito e o reconhecimento cessam, quando Renan defende a superioridade racial dos brancos em relação aos não brancos, o que predisporia aqueles a não aceitar a condição de escravos, natural para estes:

> O autor do *Marc Aurèle* [...] afirma que uma raça de dominadores e soldados, como é a europeia – não pode suportar o trabalho manual da terra.
> Reduzi esta raça, diz ele, a trabalhar no ergástulo como negros e chineses; e ela se revolta. (ibidem, p.257)

A essas manifestações preconceituosas contrapunha a ideologicamente esquecida escravidão antiga que vigorou na Europa:

> A vista deste trecho, quisera ser Renan, para afiar bem a pena e dizer que "ergástulo" lembra, não a escravidão de negros ou chineses, mas a de germanos, gauleses, iberos, helvécios, gregos, em Roma e seus arredores, quando ela era dos Césares da família Júlia, da burguesada dos Flávios e outros: e que todas essas raças de Gália, de Ibéria, da Helvécia e da Grécia, são perfeitamente europeias [...]. (ibidem, p.257)

Desmente, a seguir, outras asserções racistas do mestre francês com base em fatos da história francesa:

> Dizer que os negros e chineses estão condenados a uma servidão eterna é outro engano de Renan. O grande sábio devia conhecer a história das antigas colônias

do Haiti; das surras qué Louverture deu nas forças francesas que o foram subjugar e de que maneira traiçoeira foi preso, para morrer de frio, nas mãos do salteador Napoleão, no forte de Joux, na França. (ibidem, p.257)

Além de acusar-lhe a ignorância de fundo ideológico sobre a história do imperialismo francês, chama-lhe a atenção para seu despreparo com relação à questão do escravo negro, por ser-lhe sua história completamente estranha:

> Se o inimitável escritor do *L'Antechrist* vivesse entre nós, por exemplo, veria que nunca os negros aceitaram a escravidão com a docilidade que lhe parece. Aceitavam como os atuais operários recebem a sua escravidão econômica, o salariato, isto é, com contínuas revoltas. (Barreto, 1961f, p.258)

E cita, a seguir, um episódio, onde revela seu conhecimento das rebeliões negras e demonstra a impregnação localista de suas reflexões, ao contrário do pensamento mimético dos intelectuais brasileiro da época:

> Quando chegou Dom João VI ao Brasil, um dos maiores perigos, e constantes, que corria a sua corte estabelecida no Rio de Janeiro, era a revolta dos inúmeros negros fugidos que havia pelos arredores, e se podiam associar de uma hora para outra, e, por todo o Brasil, as coisas se passam assim. E é fácil de ver.
> "Quilombo" é uma palavra, não sei de que origem, que quer dizer acantonamento de negros fugidos. (ibidem, p.258)

Lima Barreto lançava mão, com frequência, na sua militância antirracista, de fatos e argumentos fornecidos por intelectuais europeus que não partilhavam de preconceitos contra os não brancos. Assim é que se socorre da obra de Celestin Bouglé (1870-1940), *La democratie devant la science* ([s.d.]), para rebater as generalizações apressadas, resultantes de uma transposição mecânica da teoria dos caracteres adquiridos do âmbito da biologia para a esfera da vida social:

> Afirmou-se como artigo de fé (o que hoje não é) depois dos trabalhos de Lamarck e Darwin, mais aquele do que este, que os caracteres adquiridos pelo indivíduo se transmitiam por hereditariedade e se fixavam na sua descendência.
> O que era afirmado para ao campo especial dos estudos daqueles sábios, os antropossociólogos, publicistas, romancistas etc., trouxeram para as organizações sociais e ampliaram, exageraram. Garantiam eles que devíamos voltar ao regímen das castas, pois assim as aquisições paternas em dado ofício se transmitiriam aos descendentes sem perdas e, no correr de gerações, o aperfeiçoamento neles seria acelerado. (Barreto, 1961g, p.194)

Celestin Bouglé é por ele invocado primeiro para levar o argumento simplista até as últimas consequências, e, em seguida, para, com exemplo, demonstrar de vez o equívoco do automatismo cientificista:

> Dado que assim fosse, objeta Bouglé, no fim de algumas gerações os seus representantes estariam tão adaptados, em toda a sua organização, para tal ofício ou profissão que seriam perfeitamente incapazes de exercer outra.
> Esqueceram tais senhores, explica Bouglé, da Índia, onde há desde muitos séculos o regímen de castas, ferozmente delimitadas por preconceitos religiosos e penalidades legais. Era um campo de experiência, onde se poderia ver se o filho do guerreiro não seria capaz de ser legista; o filho do negociante, não "daria" para militar; etc., etc. (ibidem)

Aliás, todo esse artigo, "Considerações oportunas", é uma reflexão madura e ponderada contra as distorções do cientificismo, usado como fundamento e justificativa ideológicos sobre a supremacia branca e a inferioridade negra. Para Lima Barreto, não havia nada de mais falso do que apelar para a ciência na questão de raça:

> O que se chama ciência nesse campo de atividade mental ainda não é nem um corpo homogêneo de doutrinas. Cada autor faz um poema à raça de que parece descender ou com que simpatiza, por isso ou aquilo. Os seus dados, as suas insinuações, os seus índices, todo aquele amontoado de coisas heteroclíticas que vemos, no nosso comuníssimo Topinard, são interpretados ao sabor da paixão de cada dissertador. (Barreto, 1961g, p.188-9)

Exemplifica apelando para a autoridade de J. Finot:

> Basta dizer, como o mestre Finot, que a dolicocefalia, considerada como qualidade suprema entre os brancos, nada vale quando se encontra entre os negros. (ibidem, p.188)

E conclui, lançando, com ironia, um racista contra o outro:

> Para Stewart Chamberlain, austero sociólogo dos mais autorizados, Byron é um verdadeiro germano; mas, para Driessman, outro autor autorizadíssimo, é um celta vulgar. Assim por diante. (ibidem, p.189)

Na sua militância antirracista, Lima Barreto buscou destruir os pressupostos cientificistas que fundamentavam as teorias racistas vigentes na Europa e nos Estados Unidos e mimetizadas aqui no Brasil. Para isso, procedeu a uma leitura crítica das informações provindas do exterior, ao mesmo tempo em que procurou no detalhe histórico brasileiro os fatos e argumentos que sustentassem sua luta contra o preconceito que pretendia alçar-se a conceito científico.

Ao pôr em xeque os pressupostos da tão prestigiosa ciência de então, Lima Barreto deixou claro o ponto de partida teórico das suas reflexões nos apontamentos do *Diário do hospício* que antecedem o romance inacabado *O cemitério dos vivos*:

> Eu sou dado ao maravilhoso, ao fantástico, ao hipersensível; nunca, por mais que quisesse, pude ter uma concepção mecânica, rígida do Universo e de nós mesmos. No último, o fim do homem e do mundo, há mistério e eu creio nele. Todas as prosápias sabichonas, todas as sentenças formais dos naturalistas, e mesmo dos que não são, sobre as certezas da ciência, me fazem sorrir e, creio que este meu sorriso não é falso, nem precipitado, ele vem de longas meditações e de lancinantes dúvidas.
> Cheio de mistério e cercado de mistério, talvez as alucinações que tive, as pessoas conspícuas e sem taras possam atribuí-las à herança, ao álcool, a outro qualquer fator ao alcance da mão. Prefiro ir mais longe... (idem, 1961j, p.50-1)

A militância antirracista de Lima Barreto não se limitou aos seus textos não ficcionais. A sua ficção, desde a primeira obra de 1909 – *Recordações do escrivão Isaías Caminha* – até o romance inacabado *O cemitério dos vivos* (1920, passando pelo *Triste fim de Policarpo Quaresma* (1911), *Numa e ninfa* (1915), *Vida e morte de M. J. Gonzaga de Sá* (1919) e *Clara dos Anjos* (1923-4), apresentam, em grau maior ou menor de transfiguração, fortes traços dela.

Alguns contos tematizam claramente a questão racial. "Um especialista", 1904 (Lima Barreto, 1961b, p.192-208), e "Uma conversa vulgar", 1920 (idem, 1961c, p.206-11), tratam da degradação de uma mulata e de um mulato respectivamente, como resultado da espoliação de suas mães de ascendência negra por seus pais brancos, que não só as submetem sexualmente, mas também, no primeiro conto, se apropria de seus bens, e, no segundo, do fruto de seu trabalho, para realizar o impulso inicial de suas ascensões financeiras e sociais.

"O filho da Gabriela", 1906 (idem, 1961b, p.209-22), aborda a questão dos distúrbios de personalidade sofridos por um mulato, como resultado da repressão racista. A face dura dessa repressão se faz sentir no conto "O pecado", 1924 (idem, 1961a, p.277-90), cuja ação se passa na burocracia celestial, onde a personagem principal, apesar de suas excelsas qualidades morais, não pode entrar no céu por sua condição de negro. Distúrbios da personalidade, sob a forma do fenômeno da ambivalência, sofre agonicamente o mulato Gabriel do conto "Dentes negros e cabelos azuis", 1920, (idem, 1961c, p.222-32).

A fuga da cidade e a busca de uma vida eremita como tentativa de encontro do equilíbrio psíquico é o que caracteriza o modo de vida de três mulatos: Ernesto, o feiticeiro do conto "O feiticeiro e o deputado", 1920 (idem, 1961c, p.119-124); Hildegardo Brandão, "o desesperançado mas não desesperado" protagonista de "O único assassinato de Cazuza", 1922, (idem, 1961a, p.177-83); e o doutor Campos Bandeira, a ética e extravagante personagem do conto "Foi buscar lã...",1922, (ibidem, p.223-30).

Sob uma forma mais ou menos agressiva, os contos acima citados parecem ter sido escritos sob o signo da *desmontagem da máquina de embuste racista*, consoante definiu Lima Barreto sua militância no conto "Miss Edith e seu tio", de 1914 (idem, 1961b, p. 259-271), a ser estudado a seguir. Tal atitude desmascaradora foi elaborada com maestria no conto "O homem que sabia javanês", 1911, (ibidem, 1961b, p.237-46): Castelo, a personagem principal, é compelido, pelas agruras da fome, a arriscar um lance ousado de transformar a sua adversa cor mulata em qualidade, ao apresentar-se como professor de javanês. Exitoso no lance inicial e já bem posto na vida graças à impostura do javanês, Castelo desnuda os meandros da ascensão social e financeira no relato que faz ao amigo Castro.

"Miss Edith e seu tio" conta uma história muito simples. Um inglês, que se faz acompanhar de uma senhorita, procura hospedagem numa pensão. Apresentam-se como tio e sobrinha e são tratados por todas as personagens que ali moram como seres superiores, quer racial, quer financeira, quer moralmente, ao mesmo tempo em que os brasileiros são considerados como seres inferiores. Em oposição a essa hierarquização, dominante na fábula, atua o narrador que, no próprio ato de contar, se conduz de forma antitética, decompondo tanto as personagens perceptoras como as percebidas em aparência e essência. Um bom exemplo do processo de construção da visão das personagens perceptoras e da sua simultânea desconstrução pelo narrador é o trecho em que este relata a visão que Mme. Barbosa, a dona da pensão, tem dos ingleses, e a amplia, generalizando, para todos os brasileiros:

> Percebeu Mme. Barbosa que lidava com ingleses e, com essa descoberta, muito se alegrou porque, como todos nós, ela tinha também a imprecisa e parva admiração que os ingleses, com a sua arrogância e língua pouco compreendida, souberam nos inspirar. (ibidem, p.262)

Por um processo de supressão metodológica de certos elementos linguísticos é possível perceber no trecho acima uma construção tética que faz a apologia dos ingleses: "Percebeu Mme. Barbosa que lidava com os ingleses e, com esta descoberta, muito se alegrou porque, como todos nós, ela tinha também a [...] admiração que os ingleses [...] souberam nos inspirar". No entanto, os elementos supressos desconstroem essa visão primeira, instaurando uma visão e discurso antitéticos sob a responsabilidade do narrador. Os adjetivos "imprecisa e parva" desinflam a acepção positiva da palavra "admiração", fazendo a crítica dos perceptores, reverentes diante dos ingleses, juntamente com a expressão "com a sua arrogância e língua pouco compreendida".

Um bom exemplo, no plano das personagens percebidas, é o seguinte:

> Benevente julgava-os [os ingleses] nobres, um duque e sobrinha; tinham o ar de raça, maneiras de comando, depósito de hereditariedade secular dos seus ancestrais, começando por algum vagabundo companheiro de Guilherme da Normandia. (Barreto, 1961b, p.270)

O leitor, vendo os ingleses da perspectiva de Benevente, percebe-os como nobres, até que a ilusão é rompida pela intrusão da perspectiva do narrador que os vincula a um "vagabundo" anônimo, antítese da ilusória concepção inicial.

Seria enfadonho citar outros exemplos dessa técnica de andamento tético e antitético na elaboração do conto, usada como recurso para "desmontar as máquinas de embuste", resultantes das concepções racistas, sobretudo das fundadas nos pressupostos do darwinismo social que percorrem o conto. Convém enfatizar, porém, que é o narrador quem faz uso dela, sobretudo contra as posições racistas de Benevente: "[...] só uma inteligência mais fina, mais apta a desmontar máquinas de embuste, seria capaz de fazer reservas discretas aos méritos de Benevente" (ibidem, p.267).

Além desse desmascarante procedimento, fundado na superior capacidade intelectual do narrador, utiliza-se ele de um outro que lhe é oposto: confere a uma personagem da pensão voz e visão para revelar a verdadeira relação existente entre os dois ingleses que, em lugar de serem tio e sobrinha são, na verdade, amantes. Não é nem a nenhum branco nem a nenhum hóspede da pensão que ele delega voz e visão, permanecendo eles presos à ilusão e à aparência de conviverem com um casal aparentado. O leitor só vem a conhecer a real e verdadeira situação dos ingleses por meio de uma humilde empregada da pensão, a negra Angélica. Um dia ela

> viu a santa sair do quarto do tio em trajes de dormir. O espanto foi imenso, a sua ingenuidade dissipou-se e a verdade queimou-lhe os olhos. Deixou-a entrar no quarto e cá, no corredor, mal equilibrando a bandeja nas mãos, a deslumbrada criada murmurou entre os dentes:

– Que pouca vergonha! Vá a gente fiar-se nesses estrangeiros... Eles são como nós... (ibidem, p.271).

A delegação da voz e visão finais do conto à negra Angélica para a revelação da relação real entre os ingleses eleva a personagem humilde à condição de aliada da "inteligência mais fina e mais apta" do narrador no processo de desmascaramento dos embustes que sustentam o racismo no conto. Com isto, Angélica ganha *status* gnosiológico similar ao narrador e é, como ele, alguém que conhece a verdade, escondida atrás das mentiras, a essência por trás das aparências ideológicas, o miolo sob a casca manipuladora. Perde a ingenuidade, a ignorância, nas quais permanecem todas as personagens da pensão, ao ter os olhos biblicamente queimados pela verdade.

A estratégia formal de conceder a uma humilde e negra empregada doméstica, confinada à esfera do trabalho e marcada pelo estigma de inferioridade racial, a voz e a visão finais do texto implica ainda no mais radical repúdio às teorias racistas, veiculadas pelos hóspedes da pensão. Essa escolha não só derrui as equivocadas hierarquizações raciais, amparadas pela ciência da época, mas também restaura a essência humana comum da espécie, sintetizada na expressão "Eles são como nós...", com que Angélica encerra sua intervenção. Ao leitor restam-lhe duas alternativas: continuar a partilhar, teticamente, da "admiração beata" e cega pelos ingleses, à qual estão presos inamovivelmente todas a personagens da pensão, ou negá-la e aderir, antiteticamente, à verdade flagrada pela humilde negra, aliada do narrador, e veiculada por este, a quem não seria impróprio considerar a transfiguração ficcional do mulato Lima Barreto, dado o caráter satírico do texto, fato que aqui não será desenvolvido.

A escolha do nome Angélica para a personagem negra e o aparente paradoxo daí resultante não podem ser vistos como alguma coisa casual no conto. Pertence o nome à área semântica do religioso, do sagrado, que, como vimos atrás, constitui o pressuposto a partir do qual Lima Barreto faz a crítica dos dogmas da ciência do período. E ao conferir à negra Angélica o papel fundamental no processo de desvendamento do embuste dos ingleses, Lima Barreto nada mais faz do que ser coerente com seus pressupostos e, mais uma vez, rebelar-se contra as distorções gnosiológicas das teorias racistas e suas perversas implicações sociais:

> Há um grande mal – escreve ele – em querer os nossos estudiosos de hoje desprezar as observações dos leigos; muitas vezes é preciso estar livre de construções lógicas erguidas *a priori* para se chegar à verdade, e não há como levar em linha de conta aqueles. Isis, como todos os Deuses e Deusas, gosta muitas vezes de abrir uma frestazinha no seu véu impenetrável aos simples e aos néscios... (Barreto, 1961i, p.218)

Referências

A Bíblia de Jerusalém. São Paulo: Paulinas, 1981.

BROKSHAW, D. *Raça e cor na literatura brasileira*. Tradução de Marta Kirst. Porto Alegre: Mercado Aberto, 1983 (Série Novas Perspectivas, n.7)

GAMA, D. da. *Uma nota da América*. *Revista Brasileira*. Rio de Janeiro: v.4, n.19, p.26-34. 1.10.1895

HABERLY, D. T. Abolitionism in Brazil: anti-slavery and anti-slave. *Luso-Brazilian Review*. Madison IX, v.2, p.30-46. 1972.

LIMA Barreto, A. H. de. *Vida e morte de M. J. Gonzaga de Sá*. 2. ed. São Paulo: Brasiliense, 1961a. (Obras completas, n. IV)

_____. *Clara dos Anjos*. 2.ed. São Paulo: Brasiliense: 1961b. (Obras Completas, n. V)

_____. *Histórias e sonhos*. 2.ed. São Paulo: 1961c. (Obras completas, n. VI)

_____. *Os Bruzundangas*. 2.ed. São Paulo: Brasiliense, 1961d. (Obras completas, n. VII)

_____. *Coisas do reino do Jambom*. 2.ed. São Paulo: Brasiliense, 1961e. (Obras completas, n. VIII)

_____. *Bagatelas*. 2.ed. São Paulo: Brasiliense, 1961f. (Obras completas, n. IX)

_____. *Feiras e mafuás*. 2.ed. São Paulo: Brasiliense, 1961g. (Obras completas, n. X)

_____. *Marginália*. 2.ed. São Paulo: Brasiliense, 1961h. (Obras completas, n. XII)

_____. *Diário íntimo*. 2.ed. São Paulo: Brasiliense, 1961i (Obras completas, n. XIV)

_____. *O cemitério dos vivos*. 2.ed. São Paulo: Brasiliense, 1961j. (Obras completas, n. XV)

POLIAKOV, L. *O mito ariano*. Ensaio sobre as fontes do racismo e dos nacionalismos. Tradução de Luiz João Gaio. São Paulo: Perspectivas; EDUSP, 1974. (Estudos 34)

SKIDMORE, T.E. *Preto no branco*. Raça e nacionalidade no pensamento brasileiro. Tradução de Raul de Sá Barbosa. Rio de Janeiro: Paz e Terra, 1976. (Estudos Brasileiros, n.9)

A sátira em Lima Barreto[1]

Sobre a sátira

O traço mais significativo da literatura no século XX é sua mudança em intervenção e luta. Ela se fundamenta não mais na empatia, mas no contraditório, o qual passa a servir de base para diferentes e inovadores modelos de comunicação.

Pensando essa inovação da perspectiva do ensino, o didata da literatura Hans Kügler elabora uma concepção de exploração de leitura em conformidade estrutural com os novos textos. Denominada por ele de exploração de leitura de base dialética, essa concepção se ajusta estruturalmente aos textos com nítida função de crítica social, como a lírica política, o poema narrativo moderno, a canção de protesto, as formas de teatro épico e do absurdo, a parábola, o grotesco, a sátira, o anticonto de fadas, a paródia. O modo de construção desses textos é caracterizado por um desvio da norma literária e social, pela tendência a desintegração da ideologia, pela ruptura das formulas correntes e dos clichês petrificados nos significados padronizados e pelo desvelamento dos mecanismos de manipulações da língua e da imagem (Kügler, 1971, p.108-120; 146-169).

Pode parecer estranha, por exemplo, a inclusão da sátira num rol de textos da nova concepção da literatura contemporânea. Como todos sabem, a sátira tem uma longa tradição, com suas raízes mais remotas atingindo até Roma, onde Quintiliano a reivindica como uma invenção latina, ou mesmo ate a Grécia. Menos estranha soara a afirmação de que a sátira nunca gozou do prestigio da tríade dos gêneros tradicionais – o épico, o lírico e o dramático –, ocupando uma posição marginal, tanto nos estudos literários, quanto na própria instituição escolar.

---
[1] Ensaio inédito escrito, em 1981.

Sua marginalização nos estudos literários chegou a tal ponto que um estudioso atual (Hantsch, 1975, p.20-56) constatou a inexistência, até recentemente, de uma poética da sátira, dada a ausência de pesquisas sistemáticas e dignas de confiança. Isto atribui ele a três fatores: a temática da sátira, a atitude do satirista e a questão da forma.

A temática satírica gira em torno de temas-tabus, tratados numa linguagem chocante e mesmo obscena, não encontrável nos três gêneros elevados, reputados pela tradição como sérios. A atitude do satirista se manifesta pela eleição desses temas e dessa linguagem e, sobretudo, pela vinculação deles ao aqui e agora, isto é, ao tempo presente, submetendo-os a técnica do estranhamento e, com isso, provocando o receptor à reflexão e não à empatia. Quanto ao último aspecto, a sátira apresenta-se desligada de uma forma especifica aparecendo frequentemente em simbiose com outras formas e gêneros literários.

A marginalização da sátira no ensino se deve não só são a esses fatores, mas também a outros, intimamente ligados a eles. Assim é que na escolha dos textos literários predominou até recentemente, na escola, os padrões estéticos clássicos e seus princípios de configuração. Disso resultou a eleição privilegiada das grandes formas e gêneros literários, em que dominam as categorias da empatia, da vivência e da comoção na relação entre o leitor e o texto, excluindo-se quase que sistematicamente os textos dos tradicionais satiristas, ironistas e aforistas. Mais grave, porém, é que, quando esses textos recalcados conseguiam furar a barreira do preconceito literário e social, eram tratados não segundo solicitações de conformidade estrutural, fundada no contraditório, mas consoante as citadas categorias dominantes no ensino.

A exclusão da sátira e de outras modalidades de texto, alicerçadas no contraditório, conduziu o ensino literário ao fracasso, quando teve que se ocupar da literatura moderna, uma vez que esta impede conscientemente a identificação, conforme afirma Hans Kugler:

> [...] a identificação não é manifestamente requerida pela grande literatura do século (Kafka, Brecht, Dürrenmatt, por exemplo). Ela é até mesmo indesejada, porque conduz segundo Brecht, a uma fruição culinária da literatura, em lugar de uma percepção reflexiva. [...] Há "heróis, desprovidos de simpatia". Eles não são vistos e configurados como protótipos do ser humano, mas como personagens históricos e mutáveis, frequentemente mais provocadores de espanto do que suscitadores do "assim sou eu também". O espectador acha-se em face deles, quer racional quer afetivamente, em contradição; não se identifica com eles, crítica-os. Os novos métodos de ensino literário, a serem derivados da estrutura dessa nova literatura, que transforma a vivência em compreender critico, são impensáveis, de modo amplo, na didática tradicional. (Kügler, 1971, p. 48)

Assim, graças a essa nova concepção de literatura, estribada no contraditório, parece que chegou a hora e a vez da sátira nos estudos e pesquisas e também na sala de aula. As abordagens teóricas recentes (Hantsch, 1975) reconhecem nela, ao lado de seu desligamento de uma forma e de seu aparecimento em simbiose com formas e gêneros literários, a necessidade de se levar em conta dois fatores na tentativa de defendê-la: o nível da estrutura da intenção e o nível da representação, ou seja, o do intencionado e o do dito.

No plano da intencionalidade, a sátira se caracteriza por uma postura militante e agressiva que se origina em fenômenos extratextuais e que remete a eles. Seu objetivo é o de críticar, desnudar e mesmo destruir objetos reais e contemporâneos, considerados representantes da realidade ameaçadora referida, a qual é responsável pelos comportamentos equivocados e errados, pelas convenções petrificadas e pelos padrões estereotipados. Sua imagem do mundo é a de um universo social indigno e sem valor, cuja essência é fixada pela contraposição dessa contraimagem a um ideal positivo ou imagem ideal, existente no espírito do satirista. Nessa atitude intencional, em que está presente um forte apelo didático, o receptor é suscitado a passar do mundo de aparência para a realidade do conhecimento. Na sátira, a concepção do mundo ficcional não é a de um universo fechado hermeticamente, mas sim aponta para além de si, isto é, possui um caráter de rempetência. A sátira se configura, então, como uma estratégia intencional em que a tendência, elaborada por deformações da linguagem, remete para além da imanência do texto, tornando visível e dando a conhecer ao receptor a ameaçadora realidade empírica de um dado momento histórico.

O nível da intencionalidade determina o nível da representação ou da estilização formal. O tema externo à obra, veiculado pela comunicação, se constitui pelo conflito linguístico com uma realidade percebida negativamente, a qual se precipita como realidade interpretada ficcionalmente, no tema interno à obra. Servindo à intenção, a retórica se apresenta como uma tática discursiva de caráter manipulativo e estratégico, cuja meta é a persuasão do receptor. Nesse processo de conversão do tema externo à obra em tema interno a ela bem como nesse mecanismo de persuasão, o procedimento satírico posto em ação é a técnica de estranhamento, segundo a concepção elaborada pelo formalista russo Victor Chlovski. Para ele, só as formas violadoras e obstrutoras têm condições de romper com a percepção automatizada pelas convenções linguísticas e sociais e, por esse meio, produzir uma "nova visão", corretora do comportamento do leitor, ante o ambiente que lhe e problematizado. Essa forma violadora é inserta na fenda aberta entre o tema externo e interno à obra, requerendo por parte do receptor um esforço intelectual. Construída como obstrução estética entre o sujeito receptor e o objeto percebido, irrompe ela contra a cadeia de ligações habituais e de reações automáticas e, desse modo, o receptor é capaz de ver as coisas, em lugar de meramente reconhecê-las. Com isto, a forma estética deixa de ser um verniz e passa a servir diretamente como meio para a intenção visada.

Chega-se aqui a um ponto básico: a sátira, quando numa posição hierárquica dominante, transforma as formas e os gêneros literários em veículos de sua tendência, despojando-os assim de sua pureza, funcionalizando-os e mediatizando-os em função dos desígnios satíricos. É o que nos informam vários estudiosos recentes, como Klaus Lazarowicz, para quem a dominância satírica produz antes de tudo uma avessia das formas e gêneros literários, a qual, na verdade, não lhes toca só no contorno, mas os avessa substancialmente, como que do íntimo (Lazarowicz, 1963, p.12). No que tange ao mundo épico, Klaus Wölfel estudou as metamorfoses que nele ocorrem quando submetido à dominância satírica, apontando modificações estruturais na instancia da narração e da linguagem e da imagem do mundo (Wölfel, 1960, p.85-98). Analogamente, observou Feinberg: quando um satirista escolhe utilizar a narrativa como veículo para seus comentários, serve-se dos elementos tradicionais: o enredo, a caracterização, o diálogo; emprega, porém, esses elementos de uma maneira especial, adaptando-os livremente aos propósitos específicos de cada sátira (apud Hantsch, 1975, p.42).

A posição hierarquicamente dominante da sátira e a técnica de estranhamento, segundo o conceito de Chklovski, têm consequências importantes sobre o papel do receptor. Deste, a sátira requer uma participação ativa no funcionamento da obra, isto é, reivindica uma coparticipação atuante e reflexiva. O leitor é concebido como coprodutor da obra, pois ele compartilha da autoria com o escritor; seu trabalho é necessário para completar-lhe o significado. Não um significado aleatório, mas sim o significado visado pelo autor.

O satirista corre o risco de que o leitor possa encontrar na obra um significado distinto daquele visado por ele, por isso cuida para que haja uma decodificação ajustada a sua intenção. Mobiliza para esse fim sinais de "retradução", com nítida função de indicadores, que equivalem, segundo Hantsch, ao que na retórica é chamado de *remedium*, isto é, sinais contra o risco de eventuais equívocos, suscitados pela policamada semântica.

Após essas considerações gerais e a propósito dos níveis da estrutura da intencionalidade e da estrutura da estilização formal da sátira, vejamos como Klaus W. Hempfer e Ingrid Hantsch definem a sátira. Partindo do modelo epistemológico de Jean Piaget, da discussão do conceito de estrutura e da relação da sátira versificada francesa do século XVIII, Hempfer concebe seu modelo estrutural de sátira. Para ele, a sátira ocorre quando "a informação estética foi funcionalizada ou mediatizada para a expressão de uma tendência, a qual visa de modo negativamente depreciativo, a um real da factualidade empírico-histórica, em que esse real não está representado, mas sim meramente subentendido na mediação da tendência". Ou mais sinteticamente "a sátira é estética funcionalizada (mediatizada) para a expressão de uma tendência e visa negativa e tacitamente ao real". E explica que "o específico da sátira no sistema da escritura reside no fato de que a linguagem é usada não só para a elaboração de um estético, mas literária de que sua intencionalidade esta potenciada, na medida em que o estético por sua vez não é meta, mas função que remete para além de si" (Hempfer, 1972, p.34).

Com base em outros pressupostos e utilizando-se das categorias semióticas de George Klaus, Ingrid Hantsch constrói também um modelo estrutural da escritura satírica. Concebe a sátira "como uma elaboração semiótica sistêmica, compreensível como ato comunicativo no interior das dimensões 'intencionalidade do autor' e 'intelectualidade do ouvinte', em que a intencionalidade pragmática sobrepõe-se à informação semântica, sintática e estética, funcionaliza-a e mediatiza-a, e, por esse meio, via signos, regula subtextualmente a relação entre a realidade textual e a realidade empírico-real, de tal forma que uma energia crítica, de valor negativo, é liberada contra essa última" (Hantsch, 1975, p.55). À primeira vista terminologicamente complexo, o modelo de Hantsch não apresenta nenhuma diferença fundamental do de Hempfer, conforme ela mesma reconhece (Hantsch, 1975, p.56).

Alicerçados nessas contribuições sobre a teoria satírica e em alguns outros pontos da estrutura satírica a serem mencionados posteriormente, passemos agora a tratar da sátira em Lima Barreto.

Cinco narrativas em foco
Preliminares

Afirmar que a sátira está presente na obra de Lima Barreto é reprisar um lugar comum, cunhado pela tradição crítica existente sobre o escritor. Nasceu ele no momento em que, em 1909, Lima Barreto publicou *Recordações do escrivão Isaías Caminha* e Medeiros Albuquerque escreveu em *A Notícia* a primeira crítica sobre o livro. Os críticos posteriores, quer dessa obra limana, quer das seguintes, nada mais fizeram do que reiterar a ideia da ocorrência da sátira, inserta entre outras considerações, dando assim sua contribuição para a permanência do lugar comum. Mas o que poucos fizeram, e se o fizeram não o comprovaram, foi afirmar que Afonso Henriques de Lima Barreto, escritor carioca, nascido há um século, no dia 13 de maio de 1881 e falecido em 1 de novembro de 1922, é, antes de tudo, um satirista, isto é, um escritor de sátiras, sendo sua produção ficcional nada mais que sátiras.

Uma asserção dessa natureza significa que Lima Barreto escreveu uma obra ficcional, em que a sátira ocupa uma posição hierarquicamente dominante, fazendo ele uso de formas narrativas longas e curtas – romance e conto – como veículo da tendência satírica, e submetendo essas formas e seus componentes à intencionalidade, como fazem todos os satiristas, quando transformam formas épicas em servas dos seus desígnios.

Também como todo satirista, Lima Barreto não se declara explicitamente um autor de sátiras. Significativo desse modo de proceder é uma confissão transfigurada, estampada em 1920, em *O cemitério dos vivos*, quando rememora o começo de sua carreira no princípio do século:

> Resolvi, [...] publicar alguma cousa que atraísse sobre mim que me abrisse as portas, como se diz, que me fizessem conhecido, mas queria pôr nessa obra alguma cousa das minhas meditações, das minhas cogitações, atacar, em síntese, os inimigos das minhas ideias e ridicularizar as suas superstições e ideias feitas. Pensei em diversas formas, procurei modelos, mas me veio, ao fim dessas cogitações todas, a convicção de que o romance ou a novela seria o gênero literário mais próprio, mais acessível a exprimir e atrair leitores, amigos e inimigos. Mas o romance, como a canônica literária do Rio ou do Brasil tinha estabelecido, não me parecia próprio. (Barreto, 1961g, p.168-9)

Conforme a expectativa, Lima Barreto não se define como satirista. Apesar disso, os traços satíricos são nítidos: na postura agressiva e militante que pretende imprimir a sua primeira obra; no emprego do romance e novela como veículo de tendências críticas; na contraposição intencional aos padrões estéticos e literários dominantes no período. Além disso, o estilo do texto se caracteriza por um andamento tético/antitético, dada a frequência da adversativa 'mas' e a presença da negativa, em clara concordância com aquela constatação de Cavalcanti Proença de que "grande número dos seus conceitos sobre arte nos chega, de certo, por antonomia, através do ataque ao que julga errado" (apud Barreto, 1961f, p.12). Ora, essa postura não só defensiva, mas também ativa e ofensiva, quando se manifesta por meio de uma condução estilística antitética, constitui o traço mais extraordinário da sátira, pois, segundo Kurt Wölfel, nesse andamento, colocam-se em posição contrastante a dicção e a contradição, a máscara e a essência, o ser e o parecer, que caracterizam o discurso, a frase e a palavra na sátira (Wölfel, 1960, p.85-98).

Lembre-se ainda, a propósito disso, os contrastantes, em vários níveis, na seguinte passagem do conto "Miss Edith e seu tio":

> Essa segurança certamente inferior dava-lhe força e o impunha aos tolos e néscios; e, só uma inteligência mais fina, mais apta a desmontar máquinas de embuste, seria capaz de fazer reservas discretas aos méritos de Benevente. Na pensão, porém, onde as não havia, todos recebiam aquelas afirmações como ousadas inteligentes, sábias, e ultramodernas. (Barreto, 1961f, p.267)

Aí estão presentes novamente a conjunção adversativa, o emprego da negação e, sobretudo a contraposição da dicção, da máscara e das certezas de Benevente, a encantar os "tolos e néscios", aos comentários críticos do narrador, não só se propondo a "desmontar máquinas de embuste", mas realizando-o no transcorrer do conto pela sua contradicção, pela sua percepção da essência, mercê de sua inteligência mais fina e competente.

Passemos agora as obras de Lima Barreto.

Recordações do escrivão Isaías Caminha

Em 1909, Lima Barreto publica *Recordações do escrivão Isaías Caminha* (Barreto, 1961a), sua obra de estreia na vida literária. Por seu intermédio, busca uma inserção contrapositiva no campo intelectual do período. Essa tentativa por via de contraste se manifesta já no título da obra, ao apresentar o protagonista, não como um literato, mas sim como escrivão. Embora a leitura do livro nos faça saber que Isaías Caminha é atualmente um escrivão de coletoria na cidade de Caxambi, no Espírito Santo, essa mesma leitura confere ao termo um sentido ambíguo, sugerindo conotações para a expressão da esquadra cabralina, que escreveu a carta, dando notícias ao rei de Portugal, da descoberta do Brasil. Isaías Caminha, a maneira de seu homônimo de sobrenome, reivindica, pela sua condição de autor das recordações, o papel de escrivão, que dá notícias das experiências vividas por ele, desde que se deslocou da cidade provinciana onde nasceu para o Rio de Janeiro, aí viveu, e a abandonou para retirar-se para Caxambi, no interior de Espírito Santo. Mas, ao contrário do cronista e escrivão da descoberta do Brasil, o escrivão Isaías Caminha só tem a relatar amargas memórias do seu embate com a dura descoberta do Rio de Janeiro republicano. Nessa relação esta embutida a presença do contraditório: o escrivão Caminha da tradição histórica aparece degradado na sua atualização presente na obra, despojado da posição elevada, outrora ocupada, e reduzindo a uma posição pervertida no aqui e agora.

Pelo plano interno da obra, a presença do contraditório se exacerba. Na verdade, ela já abre sob o signo do choque entre a representação da norma e a de seu desvio. À tese, veiculada por uma revista, e que reflete a opinião disseminada na elite, de que as pessoas de ascendência negra são congenitamente carentes de qualidade intelectuais, e, portanto condenadas ao fracasso, o mulato Isaías Caminha contrapõe a asserção de que o fracasso, ocorrido inclusive com ele, se deve não a determinantes hereditários mais sim a fatores sociais. O conflito entre essas duas concepções sobre o mestiço são relevantes, se se pensar que de 1880 a 1920, justamente durante o período de vida de Lima Barreto, imperaram no Brasil as teorias racistas importadas sobre a inferioridade racial dos não brancos. Sob esse aspecto, o texto nada mais pretende do que desmascarar o preconceito racial, fundado em pretensas bases científicas, e afirmar, de modo convincente, a identidade essencial do ser humano, atribuindo-se as diferenças a fatores históricos e culturais.

No processo de desmontagem do racismo, o pseudoautor Isaías Caminha rememora outro elemento contraditório, que constitui uma espécie de motivo condutor nas diferentes obras de Lima Barreto: o desacordo entre o símbolo e a coisa simbolizada, entre a palavra e a coisa, entre o mapa e o território, entre o mundo verbal e o mundo intencional (Hayakava, 1963, p.23-5). Toda a via inicial de Isaías Caminhas, antes da sua entrada no jornal *O Globo*, é uma chocante constatação de que o mundo verbal, as representações da realidade, internalizados por meio da educação familiar, escolar e livresca não se coadunam em momento algum com o mundo estencional, com as experiências concreta, física, humana e política do Rio de Janeiro. No espaço urbano carioca, o mapa, inscrito na consciência, se lhe apresenta como um mapa falso como um antirroteiro, uma desorientação, pois todas as vezes que se socorre dele a imagem oferecida contrasta com a anti-imagem com a qual defronta. Essa antítese, esse desajuste entre o mundo verbal e estencional, tem implicações no plano de sobrevivência no meio estranho, pois os personagens, concebidos como possíveis adjuvantes afloram-lhe como oponentes. Aferidos pelos padrões e valores positivos do mundo verbal e simbólico, o Rio de Janeiro urbano e republicano vai se lhe configurando como um território pervertido, como o avesso das representações armazenadas pelo inculcamento familiar, escolar e livresco.

A indigência, resultante da ausência de aliados, leva-o a estornar o mundo verbal e os valores nele contidos, e a substituí-los por um novo mapa, ajustado a experiência concreta do Rio de Janeiro, com seus pervertidos valores. Esse processo de substituição do mundo verbal velho pelo mundo verbal novo se realiza com sua entrada no jornal *O Globo*, onde ingressa como contínuo e ascende profissionalmente. No entanto, outra contradição se instaura após a ascensão máxima no jornal: o mundo verbal velho, com seus valores autênticos, emerge do recalque a que fora submetido e atrita-se com o mundo verbal novo e seus valores inautênticos. Esse conflito entre as duas representações choca-se constantemente, resolvendo-se o embate pela decisão de Isaías Caminha de abandonar o Rio de Janeiro e refugiar-se como um mero escrivão de coletoria na cidade de Caxambi, onde o racismo motiva-o para escrever suas memórias antirracistas.

A tensão entre o verso e o reverso de Isaías Caminha, advinda do embate de dois mundos verbais antagônicos, nada mais é, no plano do mundo estencional carioca, do que o eco das contradições entre dois territórios: o do Rio de Janeiro imperial e o do Rio de Janeiro republicano, os quais são por sua vez, reflexos de uma contradição ainda mais ampla, a do momento histórico brasileiro, dilacerado entre uma realidade que vai deixando de ser rural e tolerantemente racista para se tornar cada vez mais urbana e cientificamente racista, com a aceleração do processo de modernização capitalista. São justamente essas tendências, em atrito na realidade brasileira, que Lima Barreto converte de tema externo à obra em tema interno a ela, como é típico do procedimento criador do satirista. E o faz tomando partido contra as tendências emergentes e a favor das tendências em desaparecimento, submetendo ambas as técnicas de estranhamento, visando, de acordo com sua postura satírica, não a construir um universo autônomo ou fechado em si, mais uma obra de remissão ao real histórico imediato.

Não se infira apressadamente sobre a tomada de partido na obra contra as tendências emergentes, que isto faz de Lima Barreto um conservador. Na verdade, a sátira se apresenta, na maioria dos casos, orientada por normas pretéritas. Isso lhe é uma típica implicação de decodificação, que não remete obrigatoriamente à posição política do autor, pois a decodificação requer uma norma comum entre produtor e receptor. Apresentar isto associativamente voltado para o pretérito é muito mais simples e sem risco do que tentar esboçar novidades em termos de normas e padrões de comportamentos num tempo futuro. A concepção negativa do tempo presente pode ser mais bem mostrada ao leitor, de modo contrastante, num outrora transfigurado do que uma especulação prospectiva (Hantsch, 1975, p.26). Além disso, a sátira literária, embora conservadora em face do sistema visado, nunca se constitui, em sua terapêutica, num elemento estabilizador do sistema (ibidem, p.36), tanto isso é verdade que muitos teóricos a concebem como um caminho para a Utopia, a partir da negação do presente (ibidem, 1975, p.35).

No plano da obra, o exemplo dessas tendências históricas negativas em ascensão é o jornal *O Globo*. Seu título não foi escolhido por acaso. Está em íntima correlação com o impacto satírico, pois foi cunhado, segundo um recurso técnico, preferido pelos satiristas de todos os tempos: o princípio da contração de mundo (Wölfel, 1960, p. 85-98). Com base nesse procedimento, o satirista comprime o mundo em um espaço, que representa o todo, construindo então um *"compendium orbis terrarum"*, isto é, um compêndio ou um resumo do globo terrestre. Nada melhor do que para configurar um compêndio do globo do que a título de *O Globo* dado por Lima Barreto ao jornal. Nessa miniatura não estão presentes só as tendências negativas emergentes já apontadas, mas sobretudo o agente responsável pela sua implementação: o poder totalitário. Por ser um jornal, *O Globo* é explicitamente considerado o "Quarto Poder" e o seu proprietário, doutor Ricardo Loberant, é apresentado constantemente no exercício desse poder, onde se evidenciam reiteradamente seu autoritarismo, sua ditadura, sua violência e sua prepotência. Loberant não fala, "grita" e "berra"; não fuma naturalmente, mas o faz "com força"; não entra nas salas, mas "surge como um vendaval"; não se levanta, mas "se ergue impetuosamente"; e com essa agressividade espalha um terror pânico por tudo e todos na redação, degradados objetos, submissos à vontade truculenta do ditador. É compreensível agora como esse clima autoritário contribui para que o personagem Isaías Caminha substituísse em *O Globo* o mundo verbal autêntico pelo mapa de valores inautênticos do Rio de Janeiro republicano. E o caráter emblemático de *O Globo*, como signo do poder totalitário, fica claro ainda na sua evolução no interior da obra, *O Globo*, que surge como um órgão de imprensa de oposição ao poder político, acaba por se converter em situação, participando das benesses do sistema autoritário vigente, que ele denunciara, mascarando o despotismo interno, e fazendo dessa denúncia sua força junto à opinião pública para empolgar o poder.

Assim, *Recordações do escrivão Isaías Caminha* apresenta uma clara tendência satírica, de caráter deformador, dotada de postura negativa que se arremete agressivamente contra as manifestações do totalitarismo, explícitas ou implícitas, no mundo. Essa tendência, como observou Ulrich Gaier remete no caso da sátira, a uma realidade histórica vista como ameaçadora do ser humano (apud Hantsch, 1975, p.23), que se pretende destruir, protestar contra ela ou ainda alertar contra os possíveis encaminhamentos nessa direção. No caso dessa obra, o que parece pretender-se é combater todas as modalidades de totalitarismo político ou raciais presentes no momento histórico.

Mas distintamente da tradição crítica que tem exagerado o caráter de ataque da obra ao *Correio da Manhã*, tomado como modelo para *O Globo*, vejo na obra a tendência satírica funcionando como alerta. O *Correio da Manhã*, fundado em 1901, era então um jornal jovem, que nasceu sob o signo do momento, porém com uma aguerrida posição oposicionista contra o poder político autoritário republicano. Nesse sentido, sua postura é similar à da tendência satírica da obra. O que Lima Barreto teria pretendido ao tomá-lo como modelo para *O Globo* era alertá-lo contra um possível desvio de rota, que o levasse para a adesão ao poder estabelecido como aconteceu com *O Globo*. Aliás, essa passagem de uma atitude de oposição para uma adesão plena ao poder político não era incomum na época, sobretudo por intermédio de arranjos financeiros. Antes, portanto, de ser uma crítica direta ao *Correio da Manhã*, como quer a tradição crítica, a tendência satírica, se pensada em termos de alerta, é um sinal de respeito pela atitude corajosa e combativa do jornal. Uma analogia com Isaías Caminha talvez deixe isto mais claro. Essa personagem tem sido vista como representante de Lima Barreto. Mas se é possível estabelecer alguns traços comuns com seu autor real, seu ajustamento a *O Globo* pouco teria a ver explicitamente com Lima Barreto. Ou melhor: não seria justamente esse ajustamento de Isaías um meio encontrado por Lima Barreto para exorcizar nele propensões ocultas de se curvar ao peso do autoritarismo vigente, realizando um alerta contra essa corrente negativa em si próprio?

A tendência satírica como dominante no *Recordações do escrivão Isaías Caminha* não se revela só na contraposição das manifestações de totalitarismo já mencionadas. Ela está presente também na luta contra a concepção da literatura vigente no resumo do globo terrestre. Encontra-se ainda nas investidas contra a prepotente imposição de uma linguagem purista, vigiada pela ditadura gramatical. Além disso, ele se revela na própria construção dos capítulos e nas relações dos capítulos entre si, as quais são organizadas algumas vezes, segundo a técnica de montagem, que quebra o ilusionismo da arquitetura convencional da narrativa longa. E, finalmente se evidencia no próprio recurso à paródia não só de linguagens do período, como também de obras, em especial do livro de Smiles, *O poder da vontade*. Esse livro, recebido por Isaías como presente de sua professora e tornado bússola da sua vida no Rio de Janeiro, sofre um processo de esvaziamento no contacto com o real. A entrada e ascensão de Isaías em *O Globo* significa a derrota de *O poder da vontade* pela totalitária vontade do poder.

Triste fim de Policarpo Quaresma

Publicado em folhetins do *Jornal do Comércio* entre 11 de agosto e 19 de outubro de 1911, e em livro em 1915, *Triste fim de Policarpo Quaresma* (Barreto, 1961b) traz já o contraditório entre a norma e o desvio na relação entre seu título e os títulos das obras de ficção tradicionais. Constitui procedimento comum nessas obras dissimular na denominação o desenlace e o final, escondendo, na verdade um segredo de Polichinelo, pois sua tendência é para *happy-end*. Contrariamente a esse expediente, Lima Barreto revela explicitamente no título "o triste fim" de seu protagonista, desfazendo especulações quanto ao desenlace. Essa ruptura com a norma fica mais clara se confrontar o título do livro de Lima Barreto com o de um romance de Afrânio Peixoto – *A esfinge* –, aparecido no mesmo ano de 1911 e autêntico *best-seller* no período (Broca, 1975, p.148-149). A titulação desilusionista de Lima Barreto se contrapõe ao título metafórico e enigmático dado por Afrânio Peixoto, uma das figuras mais proeminentes do campo literário. Motiva e aprofunda o senso de contraste a opinião de Lima Barreto sobre *A esfinge*:

> Ao Sr. Dr. Antonio Noronha Santos desejando que tenha na sua estante uma eloquente prova da importância do senso literário nacional e também do critério que, por este século XX, ainda se tem, entre nós, de romance, ofereço este livro, cujas virtudes opiáticas não são de desprezar. (Barbosa, 1975, p.183)

O segundo traço contraditório está inserto na epígrafe, retirada do livro *Marc-Aurèle*, de Renan, na qual evidencia o topos do "mundo às avessas", um dos elementos constituintes da escritura satírica. Nela, Lima Barreto relaciona os motivos e os objetivos dos seres humanos na vida real, a qual privilegia e premia aqueles acicatados pelo egoísmo e a rotina vulgar e castiga e pune os que são movidos pelo princípio do ideal. Sua posição é justamente a oposta. Paradigmaticamente, estão prenunciados nessa epígrafe os dois tipos de personagens da obra: as criaturas de "triste fim", pelo seu apego ao ideal, como Policarpo, Ismênia, Olga e Ricardo Coração dos Outros, tratados de uma perspectiva positiva por parte do narrador e desenganados pela vida real; e os de "ledo fim" como Albernaz e seus familiares – executando-se Ismênia Genelício Tenente Fontes, Floriano Peixoto, Dr. Armando Borges, etc., distorcidos pelo ímpeto satírico do narrador e dotados de êxito no plano da vida real.

Ao lado desse eixo paradigmático contrastivo, a leitura da obra propicia o reencontro do mencionado desacordo entre o mundo verbal e o mundo estencional, já visto no *Recordações do escrivão Isaías Caminha* e caracterizador das criaturas de "triste fim". À semelhança da trajetória inicial de Isaías Caminha, no Rio de Janeiro republicano, as aventuras de Policarpo Quaresma, nas duas primeiras partes da obra, são marcadas pela incongruência entre a imagem positiva resultante das leituras sobre o Brasil, e a antitética, originada da experiência concreta. O país dos livros não se ajusta ao país real, gerando um desacerto que põe em cheque o mundo verbal. Essa mesma incompatibilidade se repete na terceira parte da obra, quando sucede o encontro/desencontro entre Policarpo Quaresma e Floriano Peixoto. Encontros/desencontros são as relações que Olga e Ismênia estabelecem com os seus contactos afetivos como o doutor Armando Borges e o estudante de odontologia Cavalcanti, respectivamente.

Essas desarmonias entre o mundo verbal e estencional, ocorridas com os personagens, têm implicações intertextuais. A crítica ao patriotismo ornamental de Policarpo Quaresma converte *Triste fim de Policarpo Quaresma* numa paródia do livro de Afonso Celso, *Porque me ufano de meus país*. Publicado em 1901, essa "reação ingênua patriótica" (Leite, 1969, p.195) contra as teorias deterministas, pessimistas e racistas do final do século XIX e começo do século XX "tornou-se logo um clássico escolar, passando por sete edições até 1915" (Skidmore, 1976, p.117), influenciado poderosamente na formação de milhares de escolares, frutos membros da elite, com sua visão eufórica do país, de remotas raízes coloniais.

No que tange à personagem Ismênia, com sua loucura e morte por amor e sua fé cega no casamento como objetivo único da vida feminina, a obra pode ser vista como uma paródia dos romances e das heroínas de Joaquim Manuel de Macedo.

Mas não são só Afonso Celso e Joaquim Manuel de Macedo, com suas posturas românticas, são parodiados no *Triste fim de Policarpo Quaresma*. O texto paródia criticamente a credulidade do período com sua mania de correlacionar títulos acadêmicos com saber autêntico. Vítima disso é Olga Coleoni, ao decidir-se casar com Armando Borges, por crê-lo talentoso e interessado no saber, em virtude de ser um médico, e que acaba descobrindo, após o casamento, não passar ele de um medíocre simulador de talento que se utiliza desse expediente para ascender e enriquecer.

Mas a paródia mais contundente da obra é à imprensa, elaborada por radicais políticos, cujo veículo é o jornal *O Jacobino*. Durante a Revolta da Armada, em 1893, esses políticos e o jornal tornaram-se ferrenhos partidários do Marechal Floriano Peixoto, de quem elaboraram um retrato grandioso e a quem teceram as maiores loas. No caso de Floriano, porém, o *Triste fim* não se limita a ser uma paródia do legado panegírico dos inflamados aliados do Marechal, agrupados em torno de *O Jacobino*. A tendência satírica fere fundo, desnudando as características ditatoriais do seu governo, num procedimento análogo ao que fora submetido Ricardo Loberant *no Recordações do escrivão Isaías Caminha*. Mas, se enquanto no *Recordações* o desmascaramento do autoritarismo se fez mediante o recurso do *compedium orbis terrarum*, aqui a tendência satírica fere, pelo uso do grotesco do caricatural, a figura do Marechal, como símbolo da "ditadura científica", tão cara aos positivistas. Sua contundência atinge mais fundo: transforma a antonomásia que o caracteriza como "consolidador da república" em "consolidador da ditadura", ao mesmo tempo que enferruja e carcome e o seu título de "Marechal de ferro".

O centramento dos eventos nos anos iniciais da República, em especial no governo do marechal Floriano Peixoto (1891-1894) pode levar ao esquecimento de que a obra foi publicada em 1911, tendo sido escrita entre janeiro e março desse ano (Barbosa, 1975). Esse fato adquire relevância do ponto de vista satírico, pois o totalitarismo militar dos primórdios da República, ameaça recrudescer, em 1910, com a campanha e eleição de Hermes da Fonseca para Presidente da República, derrotando o candidato civilista, Rui Barbosa, de quem Lima Barreto era adepto. Assim, as invectivas contra o marechal Floriano Peixoto, e a ditadura por ele instaurada são, na verdade, contra a afluência política recente dos militares, mercê da ascensão ao poder do sobrinho do marechal Teodoro da Fonseca.

Essa preocupação em mostrar o caráter paródico do *Triste Fim de Policarpo Quaresma,* bem como sua remetência a representantes concretos do totalitarismo militar, como o Marechal Floriano Peixoto e o Marechal Hermes da Fonseca no plano real empírico, se justifica, segundo Ulrich Gaier, pelo seguinte traço fundamental da sátira: "a característica atemporal da sátira é o seu conflito com um real dado indiretamente" (apud Hempfer, 1972, p.31). Segundo essa concepção, deve-se chamar sátira a uma obra literária, "em que as referências das relações satíricas ao real desempenham o papel dominante e imprimem a relação satírica ao real em todas as formas de representação, como por exemplo no diálogo ou na narração" (apud Hempfer, 1972, p.31). Ou ainda, recordando: a sátira é "uma tendência, que visa de um modo negativamente depreciativo a um real da factualidade histórico-empírica" (ibidem, p.34).

Numa e a ninfa

Numa e a ninfa (Barreto, 1961c), a terceira sátira Lima Barreto, foi publicada inicialmente em folhetins do jornal *A Noite*, do Rio de Janeiro, de 15 de março a 26 de julho de 1915. Dessa composição resultou a feitura de um folheto, com data de 1915, que circulou somente em 1917.

O título da obra refere-se ao mito do rei romano, Numa Pompílio, sua relação com a ninfa Egéria e seu reinado pacífico, caracterizado pelo estabelecimento de leis baseadas em princípios religiosos. Renunciando ao contato com os homens. Numa Pompílio se refugia no convívio com a ninfa Egéria, que o torna um homem feliz e o instrui nas coisas divinas, orientando sabiamente sua política, cujos beneficiários são os romanos. Parte dessa versão do mito aparece na edição atual da obra sob forma de epígrafe, extraída da *Vida de Numa*, de Plutarco.

O aspecto político, presente já nesse mito, é reiterado numa outra epígrafe, retirada do *Discours sur l'histoire universelle a Monseigneur le Dauphin* [pour expliquer la suíte de la religion et les changements des Empires], de autoria de Bossuet, compostos entre 1670 e 1680. *Essa nação (o Egito) grave e séria conheceu desde o início o verdadeiro fim da política, que é o de tornar a vida cômoda e os povos felizes.* O mito da epígrafe do escritor e sacerdote Plutarco e a do político, filósofo e religioso Bossuet (1627-1704) criam, assim, uma expectativa positiva no leitor que, em *Numa e a ninfa*, a política se encontra inserta na esfera do mítico e do sagrado, conduzida por agentes pacíficos, tendo por objetivo satisfazer os interesses e as exigências da coletividade. Mas a leitura da obra, em lugar de ser uma confirmação dessa imagem positiva de sabedoria política, coloca o leitor em contato com a realidade política republicana caracterizada pela negação desses princípios.

A primeira contraposição entre as concepções instauradas pelo título e pelas epígrafes e as da realidade política ocorre nas relações entre o deputado Numa Pompílio de Castro e sua mulher Edgarda, pertencentes ao clã oligárquico Neves Cogominho. A união do casal, em lugar de ser realizada sob o signo do sagrado para beneficiar a coletividade, é marcada pela degradação da mulher no adultério, por meio do qual ela consegue do amante, intelectual desalentado e seu parente, discursos para o incompetente e ambicioso marido pronunciar na Câmara dos Deputados. Os beneficiários desse triângulo amoroso, não são a coletividade, mas Castro e a família Neves Cogominho. Além disso, o triângulo amoroso se caracteriza por uma imagem pervertida do mito romano: enquanto lá, Numa Pompílio é levado pela ninfa a manter contato com o supremo Júpiter, aqui a "sabedoria" do deputado Castro nasce da perda da honra, resultante de uma ligação degradada de que não está ausente certo ressaibo incestuoso.

Essa perversão paródica do mito original na realidade republicana não se revela só no triângulo amoroso composto por Castro, Edgarda e Benevenuto. No mito original, a figura de Júpiter se constitui numa presença fundamental, embora esta concretamente não se materialize. É do Olimpo que emana a sabedoria, a qual, pela mediação da ninfa Egéria e de Numa Pompílio, desce até a coletividade romana sob a forma de lei. Na obra, uma personagem desempenha a função de Júpiter, pelo peso de sua presença política: é o Dr. Bastos. À semelhança do deus supremo, ele é também uma presença ausente, pois só sabemos dele mediante as constantes referências, nos diálogos das personagens. Mas, em lugar do sagrado descer até o profano, como no mito, aqui se tem o caminho às avessas: toda a política é feita com o intuito de agradar ao deus supremo, pois, antes de qualquer medida ou ação, todos se perguntam "qual é a opinião de Bastos?", e buscam descobrir "seu pensamento oculto". O peso de Bastos é tal que mesmo o General Bentes, o candidato e futuro presidente da república, encena a aparência de poder, estando por trás dele essa figura onipotente.

Compreende-se essa perversão do mito e do sagrado na obra, se se pensar agora que a tendência satírica remete ao plano do real histórico. *Numa e a ninfa* é uma sátira à campanha política para a sucessão de Nilo Peçanha (1909-1970) à presidência da República, em que Lima Barreto toma partido contra a corrente militarista, chefiada pelo General Bentes/General Hermes da Fonseca (1910-1914), vista por ele, temerosamente, como um reaparecimento da ditadura florianista:

> A cidade estava apreensiva e angustiada. É que ela conhecia essa espécie de governos forte, conhecia bem essas aproximações de ditadura republicana. O florianismo dera-lhe a visão perfeita do que eram. Um esfacelamento da autoridade, um pululamento de tiranos; e, no fim, um tirano em chefe que não podia nada. A liberdade conciliada com a ditadura! Quem regulava essa conciliação, quem determinava os limites de uma e de outra? Ninguém, ou antes: a vontade do tirano, se fosse um, ou de dois mil, como era de se esperar. Os moços, os que tinham

visto os acontecimentos de 93, quando meninos, no instante da vida em que se gravam bem as dolorosas impressões, anteviam as execuções, os fuzilamentos, os encarceramentos, os homicídios legais e se horrorizavam. (Barreto, 1961a, p.78)

A possibilidade de ascensão de Hermes da Fonseca à presidência da República era assim antevista por Lima Barreto com reinstauração daquele mesmo terror, que ocorrera na época de Floriano. Fica claro agora, porque ao tratar de *Triste Fim de Policarpo Quaresma* chamamos atenção para a importância da contemporaneidade entre a data da escritura e publicação da obra e a ascensão de Hermes da Fonseca ao poder. Para Lima Barreto, prenunciava-se mais uma vez o totalitarismo militar e era necessário contrapor-se às ameaças, que ele trazia.

Atrás desse autoritarismo ostensivo do General Bentes/Hermes da Fonseca e de seus adeptos militares, encontra-se a figura suprema e decisiva do Dr. Bastos, que manipula todos os cordões da política republicana no período. O enigmático e poderoso Dr. Bastos nada mais é do que Pinheiro Machado (1851-1915), líder da maioria no Senado e elemento decisivo na eleição de Hermes da Fonseca contra a candidatura civilista de Rui Barbosa. Dr. Bastos/Pinheiro Machado é a contrafacção de Júpiter, pois o seu poder divino é empregado ditatorialmente em benefício próprio, e não "para tornar a vida cômoda e os povos felizes".

Aliás, a habilidade de Bastos/Pinheiro Machado em se utilizar do poder e do prestígio político para se beneficiar foi satirizada por Lima Barreto em "A Nova Califórnia", onde ele aprece transparentemente na personagem do farmacêutico Bastos, que engana a todos os habitantes desse *compendium orbis terrarum*, que é Tubiacanga, ao fugir com a fórmula da conversão de osso em ouro, descoberta pelo alquimista Raimundo/Nicolau Flamel. *Numa e a ninfa* é assim mais uma sátira de Lima Barreto ao totalitarismo militar que dominava, segundo ele, a República Velha. Aqui o ímpeto satírico é desencadeado pela contraposição de uma concepção da política legada pela tradição, cujas mais remotas origens estão enraizadas no mito, no sagrado e no herói pacifico, e sua perversão, no tempo presente, pelo totalitarismo, pela oligarquia, pelo militarismo e pelo uso de classe do poder.

Numa e a ninfa tem sido a obra de Lima Barreto mais maltratada pela tradição crítica. Talvez o maior responsável por isso seja João Ribeiro com suas restrições ao livro em 1917, apesar de ter dele gostado. Para João Ribeiro essa obra, bem como as demais de Lima Barreto, carecem de "razoável acabamento", "os personagens desaparecem quase subitamente" e "deveriam aparecer sob um véu mais diáfano, evitando nomes conhecidos". Isto foi no geral repetido por outros críticos a propósito dessa obra, bem como sobre as demais de Lima Barreto. Tanto João Ribeiro como os outros críticos partem do pressuposto de que Lima Barreto é um romancista (quase todos conceituam subjetivamente romance), que pretende realizar uma obra de arte autônoma, fechada em si. Se, porém, partissem do pressuposto de que Lima Barreto é um satirista, que se utiliza do romance, funcionalizando-o e mediatizando-o como veículo de ímpeto satírico, os defeitos apontados acabam por se converter em qualidades.

O que João Ribeiro entende por "razoável acabamento", é que este se coroa com a realização da "chave da abóboda", isto é, com a elaboração de um clímax, de um fim, resultado de um começo e meio logicamente encadeados. Sucede, porém, que a estrutura da construção do narrar satírico despreza esse tipo de acabamento, por ela se fazer mediante fragmentos, dispostos numa seriação aditiva. A sátira se constrói por quadros individuais, cuja seriação dá como resultado a imagem global do mundo, e seu princípio de construção é a adição. O satirista organiza uma revista do mundo (Weltrevue) para, por meio de seu exemplo, demonstrar alguma coisa. Quem quer demonstrar algo, limita os possíveis aspectos de uma coisa ao que lhe é importante. Por isso o satirista nunca permite às cenas, por ele construídas, desenvolver um movimento próprio (Wölfel, 1960, p.85-98).

O fato de "as personagens desaparecerem subitamente" é, não uma falta, mas uma outra qualidade. Por ser uma arte demonstrativa, a sátira concebe os seus personagens como exemplos. Limitados ao objetivo de demonstrar, os personagens carecem intencionalmente de amplitude temporal, apresentando-se, no geral, sem pretérito ou futuro. São trazidas para a obra, ali toma o seu lugar e desaparecem imediatamente após terem desempenhado seu papel, configuram-se como construções auxiliares, montadas pela combinação drástica de traços humanos, animais e artísticos, sendo eliminados, logo após terem expressado o conteúdo didático a ser demonstrado. Os personagens da sátira são artefatos fantasmagoricamente vivos (Wölfel, 1960, p.85-98).

Quanto à restrição acerca de pouca refundição estética e, por conseguinte excesso de transparência dos personagens, ela é insubsistente por ignorar que a obra satírica não tem a pretensão de criar um universo estético autônomo, mas sim, por meio da técnica de estranhamento, engendrar uma tendência, que se arremete negativamente contra os objetos, representantes de ameaça no mundo real. E nada mais ameaçador do que uma realidade totalitária, posta a serviço de uma oligarquia.

Vida e morte de M. J. Gonzaga de Sá

A quarta sátira de Lima Barreto é *Vida e morte de M. J. Gonzaga de Sá*, (Barreto, 1961d), publicada em 1919 pela *Revista do Brasil*. À semelhança do *Triste fim de Policarpo Quaresma*, o título da obra apresenta o mesmo traço desilusionista em relação às dissimulações do desenlace das titulações convencionais. Além disso, o cacófato nele inscrito fere, com suas conotações escatológicas, o bom gosto do leitor. As dissonâncias, instauradas no título, se prolongam em duas notas que precedem o corpo ficcional. O livro se abre com uma "Advertência", datada de abril de 1918, onde o escritor real Lima Barreto se apresenta como amigo e colega do pseudoautor Augusto Machado, que lhe remete a obra para ser publicada. Na "Advertência" Lima Barreto assume certo papel crítico, fazendo reparos à classificação de biografia dada pelo pseudoautor à obra. Segue-se à "Advertência" de 1918 uma "Explicação Necessária", datada de 8.10.1906, em que o pseudoautor explica a gênese e o gênero biográfico do livro.

A conjunção das duas datas das notas revela-se intencionalmente irônica. Dão a entender que Lima Barreto recebeu a obra para publicação presumivelmente em 1903 e, doze anos depois, ainda não havia conseguido publicá-la. O expediente tem implicações críticas, quanto às dificuldades de publicação da literatura em geral e das obras de Lima Barreto em particular, dada a carência de editoras no período e o esforço muitas vezes vão para se conseguir que as poucas existentes pusessem em circulação obras de autores não consagrados pelo campo intelectual. Lima Barreto, por exemplo, só conseguiu editar o *Recordações do escrivão Isaías Caminha* em Portugal com renúncia aos direitos autorais, financiou o *Triste fim de Policarpo Quaresma* e só agora com a *Vida e Morte* era pago pelo seu trabalho. Além disso, os reparos que Lima Barreto faz na "Advertência" à classificação que Augusto Machada deu à obra constitui uma crítica a si próprio, mas, na verdade, transcende a isto: confere, nessa encenação, uma prevalência da literatura sobre a amizade, atingindo pela ironia, no plano real, o procedimento inverso aos dos agrupamentos de elogio mútuo da época.

Mas é no texto da própria "Explicação Necessária" que se aprofunda um elemento contraditório significativo para a compreensão da obra como sátira. Augusto Machado, ao classificar sua obra como biografia, se apresenta como discípulo de dois biógrafos: Plutarco (c. 501 a.C.-c. 125 a.C.) e Pelino Guedes (1858-?). A filiação soa esdrúxula pela colisão entre Plutarco, escritor grego, consagrado na cultura ocidental pela autoria das vidas paralelas de heróis gregos e romanos, e Pelino Guedes, escritor nacional, insignificante biógrafo de ministros de Estados no início da República Velha, completamente esquecido pela tradição literária. A junção de autores tão contrastantes entre si evidencia, no plano histórico da forma biográfica, uma degradação: outrora cultivada por Plutarco e utilizada durante séculos como leitura formativa e fonte de escritores, encontra-se ela na época sendo cultivada por um medíocre para, por meio do panegírico a ministros, desprovidos de qualquer heroicidade, galgar postos na carreira burocrática.

Pelo que se sabe da biografia dos grandes gregos e latinos realizada por Plutarco e pelo que se conhece dos procedimentos postos em prática por Pelino Guedes na sua lisonja a ministros republicanos, a biografia de Manuel Joaquim Gonzaga de Sá, elaborada por Augusto Machado, constitui não uma biografia plutarquiana e muito menos uma biografia Pelinesca, mas é, na verdade, uma antibiografia.

O caráter antibiográfico da obra se patenteia já na própria eleição do biografado. A vida de Gonzaga de Sá não é de um herói, no sentido clássico do termo – marcada por ações audazes e por proezas memoráveis – e nem no sentido pelinesco de regularidade burocrática. Gonzaga de Sá é o ultimo remanescente da família Sá, cujo herói epônimo é Estácio de Sá (-1567), fundador do Rio de Janeiro (1565), e que hoje, ao contrario do seu ancestral famoso e heroico, exerce a insignificante função amanauense na Secretaria dos Cultos. Solteiro, vive com a irmã, Escolástica, numa casa antiga, repleta de reminiscência e de retratos dos seus maiores, ausentado-se do trabalho, com certa regularidade, quando, acicatado por algum interesse histórico ou estético, acerca-se dos resquícios antigos da cidade do Rio de Janeiro, uma de suas paixões. Este amor ao Rio de Janeiro antigo é complementado por intensa atividade interior, resultante do exercício constante da leitura e de reflexões, que lhe facultam expender opiniões pessoais, inusitadas e mesmo chocantes sobre assuntos variados. Sua grandeza intelectual e seu comportamento violador das normas da Secretaria dos Cultos conferem a ele a clara imagem de um antiburocrata, requerendo por conseguinte uma antibiografia para que dele se fale.

Vida e Morte de M. J. de Sá não é só uma antibiografia pela eleição do protagonista. Ela o é por ser também uma autobiografia, Nela se mistura à biografia de Gonzaga de Sá a autobiografia do narrador e personagem Augusto Machado. Jovem e mulato, ao contrário de seu mestre, o velho e sábio Gonzaga de Sá, a vida de Augusto Machado se assemelha a do seu biografado: por um lado, a mesma rejeição pela monotonia e vulgaridade da rotina do oficio de amanuense e da burocracia; por outro, o mesmo centramento em cogitações, inquietações e dilaceramentos, que se manifestam em longos monólogos ou nos diálogos com o amigo sobre a vida, as coisas e as historia nacional.

O terceiro elemento que, ao lado dessas duas vidas paralelas e entrecruzadas, caracteriza a obra como uma antibiografia é a inserção de outra antibiografia dentro das duas antibiografias de Gonzaga de Sá e Augusto Machado. Conta-se nela a história de Romualdo Araújo, um servente negro da Secretaria de Cultos, que mantém com Gonzaga de Sá uma relação de compadrio. Na sua vida descolorida num subúrbio carioca, Romualdo Araújo cuida da mulher, dos filhos e da sogra com um parco orçamento, desprovido das inquietações existenciais de seu compadre e das angústias de Augusto Machado. Seu "heroísmo" é o da luta anônima e difícil para sobreviver num mundo adverso.

A essas três vidas anti-heroicas – de um velho branco, sábio e de ascendência aristocrata; de um negro de poucas luzes e de ascendência escrava; e de um mulato jovem inquieto e aprendiz do mundo – se junta ainda uma quarta vida, entorno da qual os três personagens reúnem a maior expectativa como continuidade e permanência de todos. É a do infante Aleixo Manuel, filho de Romualdo Araújo, afilhado de Gonzaga de Sá, apresentado por este a Augusto Machado, que se maravilha e ao mesmo se inquieta com suas potencialidades intelectuais e possibilidades educacionais, oferecidas a ele pelo padrinho, após a morte do pai, ao recolhê-lo em casa e pô-lo sob sua tutela. Essa vida promissora ao mesmo tempo que encerra a obra, abre-a prospectivamente.

Mas não é ainda só pela eleição dessas quatro vidas que a obra é uma antibiografia. A conjunção entre classes sociais antagônicas e etnias distintas falam de uma harmonia, fundada na relação de compadrio e na amizade que contrasta com entraves sociais e barreiras de cor que eclodem no período sob o signo do racismo científico. Nessa relação, para além das classes e das etnias, está representada a herança positiva, que chega ao momento atual, de longo processo histórico brasileiro com a conciliação das classes, das etnias e hibridações, que nele atuaram e dele participaram.

Como esses personagens e a harmônica relação entre eles estão distante e em contradição com a concepção de herói do classicismo, de que Plutarco é um dos precursores. Durante todo classicismo o conceito oposto ao de herói é menos o de covarde do que o de "pertencente a uma classe baixa". O herói é um conceito de classe, as fronteiras sociais são consideradas como naturais e a sua violação como monstruosa (Karrer, 1977, p.79). Esse parece ser o conceito que domina ainda as biografias pelinescas dos novos heróis a classe burguesa e da oligarquia que impera na República. Nesse sentido, o *Vida e Morte de M. J. Gonzaga de Sá* é não só uma antibiografia, mas sobretudo uma paródia das biografias de Pelino Guedes e de Plutarco. Mas com uma diferença: enquanto a antibiografia de Gonzaga de Sá é uma paródia negativa das biografias anacrônicas dos ministros de Estado, ela pode ser vista com relação a Plutarco com uma paródia positiva, segundo a concepção de Karrer (1977, p.27). Neste caso, há por parte de Lima Barreto, por um lado, um respeito pelas vidas paralelas, enquanto expressão das concepções de um momento histórico pretérito, mas, por outro, a consciência de que o momento atual requer outro tipo de biografia, que não mais as de modelo plutarquiano, conforme pretendeu ter seguido Pelino Guedes. O momento histórico atual requer o anti-herói e a antibiografia e os torna o equivalente das concepções de outrora do herói e da biografia. Assim, a linha plutarquiana não se prolonga em Pelino Guedes, mas sim em Lima Barreto.

As quatro anti-heroicas e antiburocráticas vidas contrapõem-se no plano do livro ao universo burocrático, onde prevalecem justamente os valores antagônicos aos que elas exprimem, como aqueles gerados pelo processo histórico nacional. Contrastando paradigmaticamente com os quatro personagens, os representantes do universo burocrático são submetidos a um tratamento satírico nos diálogos entre Gonzaga de Sá e Augusto Machado, entre sábio e seu aprendiz. Estes procedem a um esvaziamento paródico e crítico do panegírico de Pelino Guedes ao enforcarem a Secretaria de Cultos, o ministro Barão do Rio Branco e funcionário perfeito Xisto Beldroegas. A citação do Barão do Rio Branco, no capítulo VI, não deixa dúvidas sobre o fato de que a Secretaria dos Cultos nada mais é do que o Ministério dos Negócios Exteriores, ou seja, o Itamarati. No primeiro capítulo, a ironia, como arma de desnudamento, explode contundente contra o Itamarati ao ser morosamente descrita a tramitação burocrática para se determinar com precisão o número de salvas devidas a um bispo, bem como a solução final dada. O requinte da tramitação, com as idas e vindas do processo, seu deslocamento por vários ministérios, os pareceres preciosos, põem de cabeça para baixo toda a maquinaria sem sentido e absurda que rotiniza o universo burocrático. No capítulo VI aparece o responsável por essa engrenagem diabólica: o Barão do Rio Branco, Ministro dos Negócios Exteriores da República, de 1902 até 1912, quando falece. Gonzaga de Sá de ascendência aristocrática, focaliza o Barão, a quem caracteriza de "mediocridade sumpimpa", alienado do seu tempo, autocrata, e cujo ideal político é o oposto de Bossuet: "não é fazer a vida fácil e cômoda a todos; é o aparato, a filigrama dourada, a solenidade cortesã das velhas monarquias europeias – é a figuração teatral, a imponência de um cerimonial chinês, é a observância das regras de procedências e outras vetustas tolices versalhescas" (Barreto, 1961c, p.70-71).

A postura agressiva – estranhamente em relação à norma – contra o Itamarati e Rio Branco remete a um fato significativo no plano real histórico: o Barão imprime ao Itamarati um processo de seleção de candidatos para a carreira diplomática, baseado num critério racial, excluído dela negros e mulatos, para que não se projetasse no exterior uma imagem negativa do país. Segundo Thomas S. Skidmore, o Barão do Rio Branco é, no período entre 1890 e 1914, "o mais famoso propagandista do Brasil".

> Desejava acima de tudo apresentar o Brasil como um país *culto*. Uma das maneiras de fazer isso (e ele fez) era preencher as fileiras de serviço diplomático com homens brancos que os estrangeiros pudessem considerar civilizados e refina-

dos – para reforçar a imagem de um país europeizado que se tornava mais e mais branco. (Skidmore, 1976, p.151, grifo nosso)

Nessa apresentação sumária da Secretaria dos Cultos e do Barão do Rio Branco parece claro o caráter antiético entre essas concepções fundadas implicitamente no racismo científico, importado acriticamente como suporte da política externa brasileira, e a visão harmônica presente nas relações de compadrio e amizade entre Gonzaga de Sá, Augusto Machado e Romualdo.

Além do Barão do Rio Branco, a Secretaria dos Cultos tem ainda um funcionário menor, Xisto Beldroegas, que é a imagem acabada do burocrata. Para ele o mundo só atingiria a ordem ideal, quando fosse regulado por leis, decretos. Regulamentos, portarias e avisos. Concebia a comunhão humana "como um imenso rebanho, cujos pastores se dava ao luxo de marcar, por escrito, o modo de aguilhoar suas ovelhas. E defendia uma burocrática concepção da lei, conforme se pode observar nesse diálogo com Augusto Machado sobre a "lei da hereditariedade."

– Lei! Exclamou. Isso é lei!
– Como?
– Não é. Não passa de uma sentença de algum doutor por aí... Qual o parlamento que aprovou?
Lei, no entender do colega de Gonzaga de Sá, eram duas ou três linhas impressas, numeradas ao lado, podendo ter parágrafos e devendo ser apresentadas por um deputado ou senador, às suas respectivas câmaras, aprovadas por ela e sancionadas pelo presidente da República. O que assim fosse era lei, o mais...
Bobagens! (Barreto, 1961c, p.144)

Além da sátira à política externa do Barão do Rio Branco e à absurda figura do funcionário perfeito, Xisto Belgroegas, a obra desnuda ainda outros aspectos da vida da camada dominante da República Velha. No capítulo III, Gonzaga de Sá despoja os emblemas, postos em curso pela República, de toda a investidura simbólica. No capítulo IV, intitulado Petrópolis, esse autêntico aristocrata opera uma inversão histórica, considerando que em 1989 não se instalou uma república, mas sim outro império, mercê do vezo aristocrático que se apossa da elite dominante. Que nessa ocasião, quer nos momentos já apontados, a sátira, porém, procura sempre desmascarar o caráter totalitário e burocrático, resultante da política externa do Barão do Rio Branco no Itamarati, com seu objetivo de criar uma imagem positiva e racialmente branca do país para uso externo, que se reflete, no plano nacional, por meio de um mecanismo burocrático e totalitário e nela ajustar a realidade brasileira. Essa coerção é sentida fortemente pelos grupos sociais e étnicos que escapem ao modelo de imagem e exportação.

No *Vida e morte de M. J. Gonzaga de Sá* a sátira não está somente na paródia dos modelos biográficos. Nem só na contraposição de duas visões conflitantes da realidade nacional: o bovarismo alienante e a defesa de uma concepção positiva do processo histórico, étnico e social brasileiro. Nem só ainda na agressividade do autoritarismo e da burocracia da política externa contra os elementos nacionais por ela marginalizados. A sátira se evidencia ainda no plano dos fatores estruturais da obra.

Gonzaga de Sá e Augusto Machado são a expressão de um dos modelos de protagonista que Wölfel (1960, p.85-98) diz ser característico da sátira. Segundo ele, o satirista ou escolhe para sua narrativa um "herói", que lhe serve como meio de visão e de experiência do mundo, o qual narra o que percebe como um mediador homodiegético observador (Isaías Caminha, por exemplo), ou divide o mediador narrativo em duas personagens: uma, frequentemente mais velha, possui a sabedoria do próprio satirista, observa todos os enganos do mundo e alcançou uma distância ideal com relação ao plano terreno, pelo qual não é mais seduzido. Esse personagem, frequentemente de caráter alegórico, acompanha como condutor a um segundo personagem, suporte da própria experiência narrativa. Este é quase sempre um *ignotus*, jovem e necessitado de ser conduzido. Uma característica distingue-o em especial: sua abertura tanto para as impressões do mundo como para o ensinamento do mestre. Esse par tem eventualmente uma história, que permanece completamente exterior, em cujos fios são enleadas as imagens e cenas individuais, que são vistas no seu caminhar pelo mundo. Deixando de lado pequenas diferenças acidentais e algumas especificidades da obra temos aí as imagens do par Gonzaga de Sá/Augusto Machado.

Outro elemento estrutural que caracteriza a obra como sátira é a quase ausência de ação. Essa carência constitui o ponto fraco da sátira, pois suas formas épicas fundamentais são a descrição e o diálogo, onde está inscrita a focalização, isto é, o olho, que segundo Wölfel, poderia ser considerado o emblema do satirista.

Mas o ponto que pode dar margem a ressalvas à obra é a recriação dos diálogos entre Augusto Machado e Gonzaga de Sá. Soa estranho o fato de que o pseudoescritor pudesse lembrar com exatidão as palavras do seu amigo morto, uma vez que só se pode atribuir isto à memória privilegiada, em razão da ausência de qualquer referência a outro expediente. Essa possível restrição é improcedente, se se pensar que a sátira não é regida por um caráter mimético, mas sim por traços amiméticos, constatáveis no *Vida e morte* não só nesse ponto, mas na ruptura da cronologia, na ausência de um encadeamento lógico-narrativo com começo, meio e fim, na dialética entre os esforços do narrador para traçar o retrato do biografado principal e seu fracasso, do que fica fragmentos soltos na obra. Talvez esse caráter amimético tenha na própria obra uma explicação, no conto escrito por Gonzaga de Sá, "O inventor e a aeronave", incluído por Augusto Machado no livro. O conto narra a história de um inventor, que constrói uma aeronave, segundo os mais rigorosos princípios da matemática. Mas, apesar dessa observância rígida das leis matemáticas, a aeronave, quando testada, não sobe. Augusto Machado comenta então: "o Acaso mais do que qualquer Deus é capaz de perturbar os mais sábios planos que tenhamos traçados e zombar da nossa ciência e da nossa vontade. E o acaso não tem predileções" (Barreto, 1961c, p.46).

Vida e morte de M. J. Gonzaga de Sá, e possivelmente toda a obra de Lima Barreto, é escrita sob o signo do Acaso. O Acaso determina a estrutura, o que faz dela uma "obra de arte no horizonte do provável", como as obras de vanguardas significativas do século XX, distinta e portanto em oposição à literatura tradicional. Mas não é só a obra de arte que se encontra sob o signo do Acaso. O mundo também é regido por ele, o qual se acha numa relação contraditória com todos os pseudodeuses e pseudomitos, erigidos pelo homem, como eram, na época, o cientificismo, o determinismo, o racismo, a deusa matemática do positivismo, em especial a do doutor Licínio Cardoso, lente de mecânica da Escola Politécnica, "que estudou longos anos a alta matemática para curar sua homeopatia" (Barreto, 1961c, p.30). O Acaso é a informação pela sua capacidade de "perturbar imprevistamente os mais sábios planos humanos que tenhamos traçados e zombar de nossa ciência e de nossa vontade." Sob o signo do Acaso, Lima Barreto só podia escrever sátiras e não formas narrativas longas ou breves, segundo as concepções convencionais de romance e contos. Funcionalizou-os e mediatizou-os como suporte da tendência satírica. *Vida e morte* é sua obra maior.

Clara dos Anjos

Clara dos Anjos (Barreto, 1961d) foi publicada pela primeira vez postumamente em dezesseis números da *Revista Souza Cruz*, de janeiro de 1923 a maio de 1924. A primeira edição em livro apareceu em 1948 pela Editora Mérito, baseada na versão, saída nessa revista. Lima Barreto principia a construir a obra como sátira na relação contraditória entre o título e a epígrafe, extraída da obra de João Ribeiro (1860 +1934), *História do Brasil: Alguns as desposavam (as índias); outros, quase todos, abusavam da inocência delas, como hoje das mestiças, reduzindo-as por igual a concubinas e escravas* (grifo nosso.)

O título da obra denota e conota brancura e inocência no ser feminino denominado *Clara dos Anjos*, sendo ambos os traços de sentido moral confirmados pelo texto. Já a epígrafe se contrapõe a essa noção de plano da cor, ao instaurar a ideia, reiterada no texto, de que o ente feminino a ser tratado na obra é não branco, cuja fragilidade torna-a vítima do senhor branco. Duas perspectivas também aí estão presentes: de um lado, a que eleva a mulher mestiça, e, do outro a de que a degrada à condição de escrava e concubina, ao longo do processo histórico nacional, cujo agente é o macho branco e pertencente socialmente à camada dominante.

Esse paradigma contrastivo inicial projeta-se no interior da obra, com a bipartição dos personagens em dois blocos: num situam-se Clara dos Anjos, seus familiares, dona Margarida Weber Pestana; o padrinho Marramaque, este, procurando preservar a pureza da protagonista, e sendo por isso assassinado; noutro, o sedutor Cassi Jones, seus amigos e sua mãe, que o apoia, caracterizada por seus fumos aristocráticos. A contundência da denúncia baseia-se no fato de que na realidade atual, anos já após a libertação dos escravos, se repete ainda, de modo mítico, as mesmas violências sexuais do macho branco contra as mestiças, como acontecera outrora, nas origens, entre o senhor branco e as índias, inicialmente, e, mais tarde, entre ele e as mulheres de ascendência negra. Da perspectiva da denúncia, há, pois, uma rebelião contra a emergência de um tempo recursivo que faz permanecer, no aqui e agora, estruturas e valores negativos, ultrapassados historicamente, cujo resultado é a recorrência da desumanização da mulher não branca. O ataque e agressividade não são, assim, só contra o fato atual, mas sobretudo contra a temporalidade do legado dos primórdios. Alerta e protesto inflamam o texto contra a possibilidade de nova atualização mítica no futuro.

Que a mulher de ascendência negra permanece ainda, no presente, serva da mesma visão estereotipada de origem, elaborada pela sensualidade do senhor branco já esteve evidente no *Recordações do escrivão Isaías Caminha*, num dialogo entre Isaías Caminha e Ricardo Loberant:

> Percebi que o espantava muito o dizer-lhe eu tivera mãe, que nascera num ambiente familiar e que educara. Isso, para ele era extraordinário. O que me parecia extraordinário nas minhas aventuras, ele achava natural; mas eu ter mãe que me ensinasse a comer com o garfo, isso era excepcional. Só atinei com esse seu íntimo pensamento mais tarde. Para ele, como para toda a gente mais ou menos letrada do Brasil, os homens e as mulheres do meu nascimento são todos iguais, mais iguais ainda que os cães de suas chácaras. Os homens são uns malandros, planistas, parlapatões; as mulheres (a noção aí é mais simples) são naturalmente fêmeas. (Barreto, 1961a, p.273-4)

Essa visão negativa da mulher de ascendência negra, bem como de todos os portadores de sangue negro, cunhada pela camada dominante branca, é reforçada na época, se se lembrar do que já falou: predominavam então as teorias racistas com pretensões científicas, originadas da Europa e dos Estados Unidos, e, no geral, aceitas resignadamente no Brasil. Em lugar até de o momento presente deixar vislumbrar uma superação da perspectiva da camada dominante, as tendências em desenvolvimento apontavam para um enrijecimento do racismo. Passava-se assim do preconceito de cor para o conceito de inferioridade étnica, com sérias ameaças as etnias tidas como não superiores.

Sob esse aspecto *Clara dos Anjos* nada mais é do que uma luta em três frentes contra o racismo: contra o preconceito racial legado pela tradição nacional; contra o pseudoconceito científico de raças superiores e inferiores; e contra as consequências da convergência dessas duas posturas na desumanização da mulher de ascendência negra. Em suma: contra a ditadura da tradição e contra o totalitarismo racista.

Considerações Finais

A posição hierarquicamente dominante da sátira na obra de Lima Barreto pode ser vista, nos cinco livros aqui abordados, não só nos aspectos enfocados, mas ainda em outros intimamente a eles associados ou deles decorrentes. A dominância satírica pode ser percebida também em outras obras aqui não abordadas, como em *O Cemitério dos Vivos* que traz já no título um oximoro, e, claramente, em *Os Bruzundangas*. Ainda se faz presente nos chamados contos e em muitas das denominadas crônicas, os quais, contos e crônicas, passariam por um processo de reclassificação se pensados a partir da perspectiva satírica.

Para finalizar procuraremos resumir agora o que se expôs, reiterando alguns pontos considerados relevantes sobre a sátira em geral e sobre ela em Lima Barreto:

1. A literatura do século XX caracteriza-se pela substituição da empatia pelo contraditório. O contraditório, organizado pelo autor no modo de formar do texto, suscita no receptor uma postura ativa, participante e reflexiva, tornando-o parceiro de criação no processo de comunicação literária.

2. Uma das decorrências dessa nova concepção de literatura é a valorização da sátira, que marginalizada tradicionalmente pelos estudos literários e pela escola, adquiriu o *status* acadêmico e escolar. A sátira não está ligada a uma forma, mas aparece em simbiose com formas e gêneros literários, transformando-os na sua substância, ao torná-los servos da tendência satírica. A estrutura da intencionalidade determina o nível da estrutura de estilização formal, cuja técnica básica é o contraditório, gerado pela tensão entre a representação da norma e seu desvio, do qual resulta uma tendência que requer participação ativa do receptor, e remete, de modo negativa-

mente depreciativo a objetos concretos, representantes de ameaças na factualidade histórico-empírica.

3. Lima Barreto é um satirista. Em sua obra a sátira funcionaliza e mediatiza a narrativa longa e curta, como, por exemplo, o romance, o conto, a crônica, tornando-os veículos da tendência satírica. Por meio desse procedimento, Lima Barreto, investido de uma postura agressiva e militante, procura, alertando e protestando, desnudar, desmascarar e mesmo destruir o totalitarismo político, militar e científico, positivista, racista e o legado pela tradição, presentes na realidade histórica do fim do século XIX e começo do século XX no Brasil e no Ocidente. A arremetida contra a realidade ameaçadora no plano do real impossibilita a aferição de sua ficção a partir de uma concepção autônoma e fechada da obra de arte. Uma atitude dessa ordem não mais faria do que ignorar uma dos traços fundamentais da obra satírica, "seu conflito com uma realidade ameaçadora", fato que tem sido no geral esquecido pela tradição crítica existente sobre a obra de Lima Barreto.

Referências

BARBOSA, F. *A vida de Lima Barreto*. 5 ed. Rio de Janeiro/Brasília: José Olympio: INL, 1975

BARRETO, A. H. de L. *Recordação do escrivão Isaías Caminha*. 2 ed. São Paulo: Brasiliense, 1961a.

_____. *Triste fim de Policarpo Quaresma*. 2 ed. São Paulo: Brasiliense, 1961b.

_____. *Numa e a ninfa*. 2 ed. São Paulo: Brasiliense, 1961c.

_____. *Vida e morte de M. J. Gonzaga de Sá*. 2 ed. São Paulo: Brasiliense, 1961d.

_____. *Clara dos Anjos*. 2 ed. São Paulo: Brasiliense, 1961e.

_____. *Impressões de Leitura*. 2 ed. São Paulo: Brasiliense, 1961f.

_____. *O cemitério dos vivos*. 2 ed. São Paulo: Brasiliense, 1961g.

BROCA, B. *A vida literária no Brasil – 1990*. 3 ed. Rio de Janeiro: José Olympio, 1975.

HANTSCH, I. *Semiotik des Erzählens*. München: Wilhelm Fink, 1975.

HAYAKAVA, S. I. *A linguagem no pensamento e na ação*. Tradução de Olívia Krähenblühl. São Paulo: Pioneira, 1963.

HEMPFER, K. W. *Tendez uns Ästhetik*. München: Wilhelm Fink, 1972.

KARRER, W. *Parodie, Travestie, Pastiche*. München: Wilhelm Fink, 1977.

KÜGLER, H. *Literatur und Kommunikation*. Sttutgart: Ernst Klett, 1971.

LAZAROWICZ, K. *Verkehrte Welt*. Tübingen: Max Niemeyer, 1963.

LEITE, D. M. *O caráter nacional brasileiro*. 2 ed. São Paulo: Pioneira, 1969.

SKIDMORE, T. E. *Preto no branco*. Tradução de Raul de Sá Barbosa. Rio de Janeiro: Paz e Terra, 1976.

WÖLFEL, K. Epische Welt und satirische Welt. *Wirkendes Wort*, Düsseldorf, v.10, p.85-98, 1960.

2.
Quatro autores brasileiros

Jogador corintiano morto a bala num *ready made*[1]

> *"Os dramas absurdos que antigamente a obra de ficção armava o jornal registra depois da polícia."*
> *"Porque de vez em quando tenho necessidade de um banho de palavras para refrescar a secura telegráfica de minhas letras."*
> Alcântara Machado

Cupido joga futebol

"Corinthians (2) vs Palestra (1)"[2] (Machado, 1971, p.84-90) é uma novela de Alcântara Machado que trata de modo explícito dos eventos ligados a uma partida de futebol, cuja duração se estende desde o apito do juiz, anunciando o princípio do jogo, até pouco após seu término, com a dispersão dos torcedores nos bondes.

O texto é composto por dez fragmentos justapostos, separados pelo recurso à espacialização. Tomando-se como referência a partida, os fragmentos podem ser agrupados em quatro blocos:

> 1º) formado pelos fragmentos um e dois, corresponde ao primeiro tempo do jogo, cujo resultado é (1) vs (1);
>
> 2º) constituído pelo fragmento três, detém-se no intervalo;
>
> 3º) composto pelos fragmentos quatro, cinco, seis e sete, ocupa-se do segundo tempo da partida, em que o Corinthians faz o segundo gol de pênalti e vence;
>
> 4º) compreendido pelos fragmentos restantes – os de número oito, nove e dez – tem por matéria o tempo imediatamente após a partida, com a saída dos torcedores do estádio e a tomada dos bondes.

---

[1] Publicado originalmente em: *Revista de Letras*. Assis. Separata. v.19, p.39-50, 1997.
[2] Antônio de Alcântara Machado. *Novelas paulistanas*. Rio de Janeiro, Livraria José Olympio Editora, 1961, p. 84-90. Optamos por esta primeira edição de *Novelas paulistanas* por ser mais fiel do que a terceira edição da mesma editora, incluída como volume 84 da Coleção Sagarana. Um exemplo é suficiente para justificar a escolha: na primeira edição a novela "Corinthians (2) vs Palmeiras (1)" apresenta dez fragmentos, enquanto a terceira edição reduz seu número a nove, prejudicando o texto.

Os eventos, ligados ao desenrolar da partida e narrados nos blocos 1, 2, 3 têm lugar no Parque Antártica, estádio do Palestra. Já os acontecimentos do bloco 4 ocorrem na Avenida Água Branca e nos bondes que dali partem. O Parque Antártica se divide em duas áreas: uma constituída pelo campo de jogo, onde se desenrola a partida; outra, pelas arquibancadas e gerais, onde dominam as torcidas.

Nas áreas internas e externas ao campo de futebol locomove-se grande massa de personagens, a qual pode ser agrupada em três conjuntos: o conjunto palestrino, o conjunto corintiano e o conjunto neutro. Os conjuntos palestrino e corintiano compõem-se de torcedores e jogadores das duas equipes e o conjunto neutro, responsável pela imposição do respeito às regras do jogo e às cláusulas que norteiam o comportamento e a conduta dos torcedores, é representado respectivamente pelo árbitro da partida e pela polícia.

Nos conjuntos palestrino e corintiano sobressaem da massa de torcedores e jogadores algumas personagens, cujos polo imantador é Miquelina, torcedora do Palestra. É em função de Miquelina que se individualizam Iolanda, sua amiga, Filipino, seu irmão. Por sua causa privilegiam-se também dois jogadores: Rocco, defensor palestrino, e Biagio, atacante do Corinthians. Miquelina, Rocco, defensor palestrino e Biagio formam um triângulo amoroso: os palestrinos Rocco e Miquelina são namorados e o corinthiano Biagio é ex-namorado dela.

Deste modo, o texto de Alcântara Machado, além de versar explicitamente sobre uma partida de futebol, envolve implicitamente um caso amoroso entre uma torcedora e dois jogadores de equipes e posições antagônicas. Futebol explicitamente e amor implicitamente estão assim presentes nos eventos narrados.

Na função de relatar os eventos, o narrador dinamiza os elementos dos conjuntos por meio de tomadas panorâmicas e cortes abruptos que provocam na retina do leitor a impressão de um vasto mosaico, cujos figurantes se encontram em constante movimentação tanto dentro do campo de futebol como no espaço reservado aos espectadores. Nesse mosaico, as ações dos componentes dos conjuntos litigantes se definem por duas posições opostas em face dos membros do conjunto neutro: os jogadores e simpatizantes do Corinthians se caracterizam pela aceitação das regras do jogo no campo d futebol e pela obediência às cláusulas de conduta na área reservada à torcida; os torcedores e jogadores palestrinos definem-se pela infração aos códigos de futebol e de conduta.

A principal rebelde no conjunto palestrino é Miquelina. Por sua condição de protagonista do conto e do caso amoroso, o narrador lhe concede um tratamento especial no que concerne à focalização. Operando uma restrição de campo na visão panorâmica do estádio, ele subordina parte do relato dos eventos que se desenrolam no gramado à percepção de Miquelina, ao longo dos quatro blocos. Dir-se-ia com maior precisão, que o sujeito da enunciação alterna a narração dos acontecimentos da partida com a informação das reações de Miquelina perante eles. Desta última opção decorre um acesso perspectivado em segundo grau ao universo diegético.

Miquelina possui como traço básico a agressividade. Quando é trazida pela primeira vez ao primeiro plano, "crava as unhas no braço gordo de Iolanda" (Fr. 1.). No primeiro gol do Corinthians, "ficou abobada, com o olhar parado. Arquejando. Achando aquilo um desaforo, um absurdo". "Fechou os olhos de ódio", "tapou os ouvidos" (Fr. 1) à comemoração dos corintianos e disse:

"– Já me estou deixando ficar com a raiva." (Fr. 1)

Sua relação com os torcedores contrários ao Palestra é tensa:

"– O Palestra não dá pro pulo.
– Fecha essa latrina seu burro." (Fr. 2)

Sua posição perante um dos elementos do conjunto neutro, o árbitro da partida, não é menos tensa:

"– Juiz ladrão, indecente. Larga o apito, gatuno!

À marcação do juiz de um impedimento do ataque do Palestra reage:

– Vendido! Bandido! Assassino!" (Fr. 4)

Embora mais atenuado, idêntico é seu posicionamento em face de um outro elemento do conjunto neutro: o policial. Solidariza-se com um palestrino, preso por um sargento durante uma "turumbamba" nas arquibancadas, através de protesto:

"– Nem torcer a gente pode mais! Nunca!" (Fr. 4)

Sua "bruta paixão" por Rocco leva-a a procurar interferir no comportamento do zagueiro e namorado, incitando-o à violação das regras do jogo:

"– O Rocco é que está garantindo o Palestra. Aí Rocco!
– Quebra eles sem dó!" (Fr. 2)

No intervalo, manda-lhe recado através de Filipino, seu irmão, na mesma clave:

"– Diga pra ele quebrar o Biagio que é o perigo do Corinthians." (Fr. 3)

Em razão dessa participação apaixonada nos lances da partida, Miquelina vai se comprometer com o resultado final. Nos minutos terminais do jogo, Rocco, na busca desesperada de proteger o conjunto palestrino contra uma arremetida do atacante Biagio, comete infração máxima dentro da área, punida pelo representante do conjunto neutro com um pênalti. O ex-namorado, Biagio, bate e converte.

Pelas atitudes de Miquelina, pela infração de Rocco e pela prisão de um torcedor palestrino por um sargento confirma-se, pois, que a hostilidade é o traço que sobressai como característica do conjunto palestrino. Na conduta dos elementos mencionados revela-se um nítido projeto de negar tanto as regras do futebol como as normas de comportamento social, resultando daí sua punição quer no campo, quer no espaço das torcidas. Imbuídos de pretensão de instaurar novos códigos, cujo único beneficiário seja o conjunto palestrino, são forçados pelos elementos do conjunto neutro a humilhar-se coma derrota e a prisão.

E Miquelina reflete a face desse conjunto, ou melhor, é sua encarnação mais completa, sofrendo indiretamente com a prisão ocorrida e diretamente com a derrota do Palestra.

Após a conversão da infração em gol, a agressividade e rebeldia de Miquelina, em lugar de arrefecerem, permanecem e se intensificam, passando, porém, da exteriorização em palavras e gestos para a clausura do pensamento. Sua penúltima explosão contra Biagio ocorre pouco antes de este bater o pênalti:

"– Quem é que vai bater, Iolanda?

– O Biagio mesmo.

– Desgraçado."

A partir do término da partida, o narrador continua com o olho voltado para Miquelina. "que murchou dentro de sua tristeza" (Fr. 8). Utilizando-se da focalização onisciente, penetra na personagem para a narrar, por meio de um processo gradativo, a disforia que a marca e que quase a robotiza na sua fixação na dor, contrapondo ao seu estado de depressão a euforia que a circunda, criada pelas manifestações festivas dos elementos do conjunto corintiano. Contrapontisticamente assim relata:

> – Que é – que é? É jacaré? Não é!
> Miquelina nem sentia os empurrões.
> – Que é? Que é? É tubarão? Não é!
> Miquelina não sentia nada.
> – Então que é? Corinthians!
> Miquelina não vivia. (Fr. 8)

O contraponto prossegue no fragmento 9, onde uma ladainha canta alegremente a triste sorte do Palestra. Um corte na ladainha com a introdução de um torcedor palestrino, imputa a culpa pela derrota a seu namorado:

"Ao lado de Miquelina o gordo de lenço no pescoço desabafou:

– Tudo culpa daquela besta do Rocco!" (Fr. 9)

Mas a Rocco não cabe sozinho a conversão da busca hipertrofiada de defesa do Palestra em aliança indesejada com o antagonista. Miquelina é também responsável em razão de tê-lo incitado ao emprego da violência. O desabafo do torcedor ressoa profundamente nela:

"Ouviu não, Miquelina? Você ouviu?" (Fr. 9)

Dois outros cortes na paradoxal ladainha corintiana são muito significativos: um, por sua eficácia, cuja emissão cabe a Iolanda, que procura consolar a amiga; outro, pelo seu caráter enigmático, e que arremata o fragmento e a clausura em que Miquelina se encontra:

– Não liga pra esses trouxas, Miquelina.
Como não liga?
– O Palestra levou na testa!
Cretinos.
– Ora pro nobis!
– Só a tiro. (Fr. 9)

O que significa essa expressão "só a tiro" no contexto da novela? Será que ela abre uma sequência vinculada a um projeto de Miquelina? Seria este projeto o de vingar-se da derrota sofrida? Se for este projeto, contra quem pretende ela atirar?

Todas essas questões e outras correlatas a elas não encontram respostas no fragmento final (Fr. 10). Aqui Miquelina sai do seu mutismo para fazer perguntas a Iolanda acerca da diversão noturna:

– Diga uma cousa, Iolanda. Você vai hoje na Sociedade?
– Vou com meu irmão.
– Então passa por casa que eu também vou.
– Não!
– Que bruta admiração! Porque não
– E o Biagio?
– Não é da sua conta. (Fr. 10)

E em seguida termina a novela sem que se encontre explicação para a expressão "só a tiro":

"– Os pingentes mexiam com as moças de braço dado nas calçadas." (Fr. 10)

Acostumado com a realização de sua expectativa, o leitor, perplexo, se pergunta: haveria alguma relação entre o enigmático "só a tiro" e a ida de Miquelina à "Sociedade Beneficente e Recreativa do Bexiga"? O próprio texto informara anteriormente que só "porque ele [Biagio] era frequentador dos bailes dominicais [Miquelina] não mais pôs os pés lá". Aliás, o espanto de Iolanda é justamente motivado pelo conhecimento dessa interdição, que Miquelina se impôs logo após "dar o fora" em Biagio e começar a namorar o Rocco. Iolanda, porém, não sabe daquele "só a tiro", que, contido no silêncio do pensar, só o leitor o conhece, juntamente com Miquelina e o narrador onisciente.

Não seria talvez impossível por um certo esforço argumentativo tentar mostrar que Miquelina realiza um projeto de vingança. Neste caso, ter-se-ia que ampliar o número de blocos da novela. Ao lado dos quatro blocos já assinalados ter-se-ia que acrescentar um quinto, criado por sugestão, e cujo espaço é a sociedade Beneficente e Recreativa do Bexiga, onde se realizam os bailes dominicais do bairro. Biagio é frequentador habitual. Miquelina se propõe a voltar a frequentá-lo. E ali ela o assassinaria "a tiro".

Este desenlace possui uma série de motivações no texto: a agressividade como traço básico da personalidade de Miquelina; sua aversão pelo ex-namorado; sua paixão por Rocco; sua responsabilidade no lance do penal. Além desses elementos diretos, dois outros de caráter indireto poderiam ser mencionados: a prisão de um torcedor palestrino pela polícia e a punição de Rocco no lance do pênalti. Essas ações se caracterizam por um caráter antecipatório do destino final de Miquelina: presa pela polícia e punida pelo juiz. Mas onde no texto os dados que confirmam esse exercício de imaginação leitora?

A morte no clichê

No capítulo sobre "voz" em sua obra *Discurso da Narrativa* (Genette, 1972, p.65-267), Gérard Genette trata da instância narrativa, do tempo da narração, das pessoas participantes da comunicação narrativa e – o que nos interessa – dos níveis da narrativa.

Para ele, pode ocorrer numa narrativa a inserção de uma outra, resultando daí dois níveis narrativos. À narrativa primeira denomina narrativa de primeiro grau e à segunda, enclavada naquela, narrativa de segundo grau. Ao narrador da narrativa de primeiro grau rotula de narrador extradiegético e ao da de segundo grau de narrador intradiegético, adquirindo ambos esses qualificativos por definição. À história contada na narrativa de primeiro grau reserva-lhe o nome de diegese e à relatada na de segundo grau o de metadiegese. Entre os níveis narrativos estabelecem-se diferentes tipos de relação, cujo nexo deve ser buscado ou no liame entre diegese e metadiegese, ou no próprio ato narrativo que desempenha uma função na diegese independente do conteúdo metadiegético.

Suspendendo este último caso, as relações entre diegese e metadiegese podem ser ou de causalidade direta entre os acontecimentos de ambos os níveis, o que confere à narrativa segunda uma função explicativa no que tange ao seu nexo com a primeira; ou puramente temática, não implicando, neste caso, nenhuma causalidade direta entre os dois níveis. Este último tipo de relação se biparte em relação de contraste e de analogia. A relação de causalidade direta apresenta-se, em certos casos, como "uma simples variante da analepse explicativa" (ibidem, p.242). Se Genette admite a ocorrência de uma função explicativa por meio de um retrocesso no tempo (analepse), inserido na narrativa primeira, não menciona a possibilidade da ocorrência de uma narrativa segunda, que, quebrando a ordem temporal do primeiro nível, encaixe-se como antecipação, como fechamento, como epílogo e desenlace da diegese.

Após tratar das várias formas que podem ser assumidas pela narração extradiegética, Genette trata daquelas que são produzidas na narração intradiegética: a narrativa oral, o texto escrito (obra dentro da obra); a narrativa interior, como sucede nos sonhos e nas lembranças; e a representação não verbal, que o narrador, e mais raramente a personagem, converte em narrativa, mediante a verbalização do não verbal.

Aqui Genette não aborda a possibilidade de que a narração intradiegética seja uma narrativa-clichê de caráter ficcional ou não ficcional. Neste caso, a narrativa seria constituída, por exemplo, por um "*ready made*" linguístico, conceituado por Haroldo de Campos, a partir da formulação de Marcel Duchamp, como "frase pré-moldada do repertório coloquial ou da prateleira literária, dos rituais quotidianos, dos anúncios, da cultura codificada em almanaques" (Campos, 1966, p.26). A narrativa metadiegética se enclavaria, então, na diegese mediante a "incorporação ao texto de trechos provenientes de outras fontes"[3] (Carone Netto, 1974, p.101).

Normalmente, escreve Genette, a passagem de um nível a outro é assegurada pela narração, "ato que consiste precisamente em introduzir em uma situação, por meio de um discurso, o conhecimento de uma outra situação" (Genette,1972, p.243). A infração deste princípio tem lugar quando ocorre uma metalepse, isto é, a passagem de um nível a outro não por meio da narração. Entre as várias possibilidades levantadas por Genette, nenhuma, no entanto, abre-se para acolher o "*ready made*", pois, para que tal acontecesse, seria necessário que se previsse o caso de uma narrativa segunda que se incrustasse numa narrativa primeira, marcando sua diferença por uma disjunção de linguagem.

Narrativa metadiegética, constituída por um "*ready made*" linguístico com função de prolepse completiva, cujo caráter metaléptico é marcado por um estilo estereotipado, é o que se tem nessa parentética passagem da novela de Alcântara Machado, a qual responde às perguntas elaboradas anteriormente:

---

[3] O texto integral é o seguinte: "Outro fenômeno conhecido como montagem em literatura é a incorporação no texto de trechos provenientes de outras fontes – citações que passam a agir no corpo mesmo do poema, ora como foco de contrastes, ora como fator de sustentação semântica, ora realizando simultaneamente os dois desempenhos". A esta espécie do gênero montagem dará o autor o nome de colagem.

> Deu [Miquelina] o fora no Biagio (o jovem e esperançoso esportista Biagio Panaiocchi, diligente auxiliar da firma desta praça G. Gasparoni & Filhos e denodado meia direita do S.C. Corinthians Paulista, campeão do centenário só por causa dele [Rocco]. (Fr. 2)

Ali, naquela altura do fragmento dois, o leitor, empolgado pela movimentação que o narrador dá aos conjuntos dentro e fora do campo de futebol, quase ignora essa notação parentética. No seu estilo discursivo, reduplicador, adjetivoso, em oposição clara à concisão, rapidez e síntese da linguagem do narrador, essa notícia de jornal anuncia o passamento de Biagio. Necrológio que "o gesto gratuito do artista, pelo simples fato de escolher o objeto anônimo converte em obra de arte" (Paz, 1973, p.33), o *"ready made"* linguístico tem sua carga funesta prefigurada numa das possíveis leituras que permite a proposição "[*Miquelina*] *deu o fora no Biagio* [...] *só por causa dele* [*Rocco*]". Em primeira instância, essa proposição refere-se a ruptura do pacto amoroso entre ela e Biagio e a instauração de um contrato da mesma natureza entre ela e Rocco, ocorridos antes da partida de futebol. Já, numa outra clave, o sintagma "deu o fora" remete a atuação de Miquelina, não mais como agente no plano amoroso, mas sim no plano do crime, em que é responsável por uma ação, cujo resultado é a eliminação física do oponente Biagio, na Sociedade Beneficente e Recreativa do Bexiga. Assim, entre a proposição acima e o *"ready made"* linguístico, colocado entre parênteses no seu corpo, ocorre um processo interativo que conecta os semas de exclusão de seu predicado verbal com o espírito "trágico" que o clichê enuncia.

Com o necrológio fecha-se, assim, a sequência aberta no final da novela com o enigmático "só a tiro", e torna-se evidente que o projeto de Miquelina se concretizou nos salões da Sociedade Beneficente do Bexiga. A morte de Biagio reitera a agressividade de Miquelina, que transborda no estádio do Parque Antártica para o espaço do clube recreativo. E a mesma atmosfera de alegria e tristeza que domina no aberto campo de jogo, paira no ambiente fechado da Sociedade Beneficente. Local de diversão como o estádio do Palestra, o espaço da Sociedade é cenário de um infausto acontecimento. Os pares antônimos euforia/disforia conectam os dois sítios, porém, com uma diferença qualitativa: enquanto no Parque Antártica a disputa lúdica tem como resultado a derrota e a vitória clubísticas, aqui a peleja entre os antagonistas se satura na oposição entre a vida e a morte.

Pan: bala e bola

Tomando-se em consideração a díade euforia/disforia que une os dois espaços, é possível perceber na novela efeitos que, ao perpassá-la, confirmam essa díade como presença constante no texto. Um desses efeitos, o mais óbvio, revela-se na alternância, das jogadas com explosões de festividade nos lances de comemoração dos gols, que tem sua contraparte no silêncio dos que os sofrem. Já a realização mais contundente ocorre no peripético lance do pênalti e na ladainha puxada ao final do jogo.

O chute do pênalti é indicado por um onomatopaico "Pan", que se, por um lado, ribomba o "tiro" com que Biagio converte a infração em gol, por outro lado, ecoa o mesmo tiro com que Miquelina o fulmina. Biagio, vitorioso por maio de uma onomatopeia, é, ao mesmo tempo, vítima dela. Miquelina, derrotada por uma onomatopeia no campo de futebol, encontra nela o meio para uma vitória pessoal em sua alucinação.

O mesmo esquema, invertido no plano dos agentes, tem lugar na ladainha. O coro corintiano, ao responder à fala do mulato celebrante – "O Palestra levou na testa!" – com um "ora pro nobis", para comemorar a derrota palestrina antecipa involuntariamente o luto que cobrirá o conjunto corinthiano com a morte de Biagio. Este, por uma correspondência estrutural, deve ter sido atingido na testa pelo tiro de Miquelina.

Essa estrutura, cujos predicados de base permanecem imutáveis, somente invertendo a posição dos agentes, é que dá o movimento fundante do texto, conferindo-lhe aquela mistura de dor e contentamento. E o próprio resultado da partida, tal como é indicado no título da novela, parece refletir essa dubiedade, porque, se por um lado anuncia objetivamente a vitória do Corinthians, por outro, suspende-a com sua sintomática colocação entre parêntesis: "(2) VS (1)". Aliás, o próprio título da novela – "Corinthians (2) VS (1)" – não refoge a condição de *ready made* linguístico, retirado que é do lugar comum do noticiário futebolístico para ser enclavado no plano da ficção, com as modificações já apontadas. Nele estaria prenunciado, tal como se configura, uma homologia com o texto, naquele ponto em que se embute parenteticamente o necrológio, após o sintagma verbal "deu o fora no Biagio".

Não é também sem ambiguidade que se instaura a relação entre as duas narrativas: a da partida de futebol e a da morte de Biagio. Do ponto de vista de uma leitura superficial, a narrativa de primeiro grau é a principal e a de segundo grau é subordinada. Da perspectiva de uma leitura radical e forma das duas histórias, porém, a hierarquia se inverte: a narrativa da morte de Biagio está efetivamente no primeiro plano, recalcando a narrativa lúdica à condição de subordinada. Para além disso, no entanto, os aspectos "trágico" e "cômico" se fundem e se interpenetram para organizar o sentido último da novela, refletido numa linguagem de dupla face: uma, nova, concisa, rápida, sintética e fragmentária, pela qual é responsável o narrador, e que fala do lúdico e da vida; outra, velha, ultrapassada, discursiva, estereotipada, pela qual responde o recorte de jornal, e que fala da morte. Esta última linguagem, porém, se integra naquela e aquela nesta pelo emprego do "*ready made*". Disto decorre o fato de o velho tornar-se novo pela operacionalização da matéria bruta do jornal com o recurso à colagem, superando, com isto, a diversidade na unidade da invenção.

Referências

CAMPOS, A. de. Uma poética da realidade. In: ANDRADE, O. *Poesias reunidas O. Andrade*. São Paulo: Difel, 1966.

GENETTE, G. Discours du récit. In: _____. *Figures* III. Paris: Éditions Du Seuil, 1972. p.65-267

MACHADO, A. de A. *Novelas paulistas*. Rio de Janeiro: José Olympio, 1961.

CARONE NETTO, Modesto. *Metáfora e montagem*. São Paulo, 1974.

PAZ, O. *Apariencia desnuda*. México: Ediciones Ara, 1973.

Um Riobaldo: três amores[1]

"(Love) cannot be satisfied because a thing of mixture never can be so: true satisfaction is only for what has its plenitude in its own being; where craving is due to an inborn deficiency, there may be satisfaction at some given moment but it does not last."
(Plotino)

Em literatura há obras que, pela quantidade de problemas postos, pelas perspectivas oferecidas, parecem sintetizar todo o universo e por isso serão sempre objeto de estudos, em qualquer tempo e lugar. Atingiram quase o âmago dos problemas do cosmos, quer do grande quer do pequeno, e desafiam, deste modo, a argúcia dos críticos que sobre elas se debruçam.

Dentro da literatura brasileira, salvo pequenas exceções, carecíamos de obra de semelhante quilate que lhe fizesse convergir o interesse do mundo português, e mesmo ocidental. Todavia, parece-nos que isto aconteceu há uma década atrás, pois com *Grande Sertão: Veredas* de João Guimarães Rosa despertamos para o consenso universal.

Obra publicada em 1956, está desafiando a sensibilidade dos críticos e a possibilidade dos tradutores, desejosos estes de levá-la para os seus países, pois no seu revolucionar da linguagem portuguesa no Brasil, muito inovou e modificou, quase limitando sua integral fruição a nós brasileiros. É de um brasileirismo universal. Dada a sua polissemia e a riqueza da cosmogonia criada pode-se enfocá-la sobre múltiplos ângulos. Nós, porém, nos restringiremos ao problema amoroso.

---
[1] Trabalho originalmente realizado para o curso do 4º ano, ministrado em 1964 pela Cadeira de Literatura Brasileira. Publicado em: *Revista de Letras*. Assis, v.7, 1966. p.9-30.

Riobaldo, o ex-jagunço narrador, voltado para as rezas, fala-nos de um tríplice amor que lhe marcou a vida, fazendo-o correr de um para o outro, na procura, dentre os três, daquele que seria o único e real, necessário e suficiente à sua realização de "homem humano".

> Digo: afora esses dois (Diadorim e Otacília) – e aquela mocinha Nhorinhá, da Aroeirinha, filha de Ana Duzuza – eu nunca supri outro amor, nenhum.[2]

DIADORIM

> "Diadorim me pôs o rastro dele para sempre em todas essas quesquilhas da natureza." (p.29)

Esse amor foi o desabrochar da atração sentida no singular encontro no Rio de Janeiro, quando eram ambos desconhecidos e adolescentes. Pelo fato de ter Diadorim uma ordem de atributos físicos e exteriores de que Riobaldo é carente, criou-se uma situação em que os fatores de maior força solicitadora, investidos em Diadorim, conduziram Riobaldo até ele. Ocorre esse primeiro encontro dentro de um ambiente de encantamento, onde os menores gestos estão carregados de uma carga significativa. Conforme o contacto vai durando, novos contrastes entre as duas naturezas vão sobressaindo, prendendo paulatinamente Riobaldo àquele "Menino" de "mão bonita, macia e quente" (p.99), em quem "tudo era segurança em si" (p.100). E faz notar: "...fui eu que vim para perto dele" (p.98).

A adesão de Riobaldo àquele "menino bonito, claro, com [...] os olhos, aos grandes, verdes" (p.98), atinge tal intensidade e saliência que todas as fracas qualidades, "haventes" em si antes e nos primeiros momentos da aproximação, quase desaparecem integralmente, para ceder lugar a um estado indescritível, uma vez que a "muita coisa importante falta nome" (p.105). Ele próprio confessa:

> "...eu não sentia nada. Só uma transformação pesável." (p.105)

Toda a importância dessa pequena convivência está caracterizada pela já citada modificação, proveniente da influência do "Menino" sobre ele. Aqueles olhos, aquela beleza, aquela independência relativamente ao tio, aquelas "finas feições", aquela "voz mesma, muito leve, muito aprazível" (p.99) provocam no seu espírito forte comoção, que Riobaldo deixa transparecer na individualização que faz, quando o designa por "menino", grafado maiusculamente, excluindo-o dos demais. O contato se encerra ao chegar sua mãe: a Bigri. Todavia, a sedução jamais findará. O cativar se

---

[2] Todas as citações ao correr do trabalho, que se acham entre parênteses, referem-se a: ROSA, João Guimarães. *Grande Sertão: Veredas*. 3. ed. Rio de Janeiro: José Olympio, 1963.

deu intensivamente, como se um fluxo magnético o imantasse. "Dele (Menino) nunca me esqueci, depois, tantos anos todos." (p.105). É sua contaminação para sempre, pois uma vez próximos, não mais se separam. Ambos assim o sentem, afastando-se sem se despedirem. "Ele acenou com a mão, eu respondi." (p.105), simplesmente.

Com o Menino no espírito, segue sua vida junto à mãe, que morre pouco depois. Não lembraríamos o fato, se não tivesse papel de marco na vida do filho de Selorico Mendes. Ele isto acha, ao confessar: "Ela morreu, como a minha vida mudou para uma segunda parte" (p.106). Da perda materna advém-lhe uma constante instabilidade. Espírito inquieto, está mudando frequentemente de um lugar para outro, como se procurasse um norte para sua vida.

São Gregório, Curralinho com seus amores, Zé Bebelo, o alemão Wuspes atraem-no momentaneamente, mas de nenhum modo o prendem. Até que esse vagamundo se detém tendo "um susto de coração alto, parecia a maior alegria" (p.132). É o reencontro do MENINO de quem "nem sabia o nome" (p.105), vindo a saber, então: "ele se chamava o Reinaldo" (p.133). Toda uma atmosfera de perturbação envolve os dois seres no reencontro. O "Menino" continua imutável. "Os olhos verdes, semelhantes grandes, o lembrável das compridas pestanas, a boca melhor bonita, o nariz fino, afiladinho" (p.132). E "os olhos nossos donos de nós dois." (p.132). Tudo é abandonado, até a casual "fogueirinha de nada" da filha de Malinácio, para só começar a conviver com o "reachado" Reinaldo. A imagem inesquecível, em sua mente, depara-se com o corpo inspirador. "E desde que ele apareceu, moço e igual, no portal da porta, eu não podia mais, por meu próprio querer, ir me separar da companhia dele, por lei nenhuma" (p.134; grifo nosso).

Assim, a força de Reinaldo sobre Riobaldo é de tal ordem que os vínculos atadores fazem supor a existência de poderes incontroláveis pela vontade deste – conforme sublinhamos – como se desse uma destinada simbiose. Dão eles par como seus nomes. De seu trato diário com Riobaldo, advém o aprimoramento de sua sensibilidade para a beleza da vida, guiado sempre por aquela suave pessoa. Até no seu cuidado pessoal ele interfere, infundindo-lhe certo refinamento. Daqui começa a nascer-lhe, então, uma chocante interrogação no espírito: o ser contraditório que Reinaldo é, pois não entende a sensibilidade para a beleza, "a macieza da voz, [...], o caprichado ser [...] num homem d'armas, brabo bem jagunço..." (p. 137).

E a amizade que os une, começa a mudar para um estado "equívoco que costuma ser a ponte para o amor" (Ingenieros apud Andrade, 1956, p.25). A evolução para um sentimento novo já é sensível pouco tempo após a reunião de ambos, quando Riobaldo fala de "um bem-querer que vinha do ar de meu nariz e do sonho de minhas noites." (p.143).

Esse amor, gérmen pequeno no início, começa a se desenvolver pouco a pouco, mercê de fatos que o vão incrementando. Ao eleger Riobaldo para ser o conhecedor de seu real nome, Reinaldo cria aquela atmosfera particular, bipessoal, impenetrável que une os enamorados:

"Reinaldo, Diadorim, me dizendo que este era real o nome dele..."

Outros elementos para fermentar o amor de Riobaldo são os sempre presentes atributos físicos de Diadorim. A beleza dele, sua fisionomia, "suas feições finas caprichadas" (p. 152), "suas miúdas feições" (p.292), "a respiração [...] remissa e delicada" (p.187), a branca pele do corpo "que era um escondido" (p.297), o "cheiro dele [...] o morno que a mão dele passava para a minha mão" (p.460); tudo seiva contínua fortalecendo o amor.

Com a crescente afeição, duas forças se embaralham no espírito de Riobaldo. Uma de caráter exterior, enraizada em Reinaldo, representada pela contínua influência que passa a ter no espírito de Riobaldo, "governando-o com inteligência" nas suas várias atitudes. Ele "tomou conta de mim" já que "as vontades de minha pessoa estavam entregues" a ele (p.37). A outra, segunda, e de aspecto centrífugo, partindo de Riobaldo em direção a Diadorim, patenteada pelo desejo de possuí-lo, perceptível nas alusões físicas ao seu corpo e na sua declaração: "Meu corpo gostava de Diadorim" (p.173).

É então que irrompe no interior dele uma grande tensão entre o sentimento e interdito, dado Diadorim aparecer-lhe homem como ele próprio. Estabelece-se o estado de conflito entre o desejo e a repugnância. Nessa angustiante situação desenvolve-se toda a vida de jagunço de Riobaldo, agravada pela vontade de uma maior ousadia, nunca executada. "Estendi a mão, para suas formas (de Diadorim); mas, quando ia, bobamente, ele me olhou – os olhos dele não me deixaram" (p.173). Toda aproximação mais íntima não vai além da intenção, chegando quando muito a esboçar-se, porém, sempre totalmente truncada pelo menor gesto ou atitude do amado.

A mais audaz ação de Riobaldo deu-se, quando ele a medo ousou: "minha mão, por si, pegou a mão de Diadorim, eu nem virei a cara, aquela mão é que merecia todo entendimento" (p.314).

E a forte emoção haurida nesse desvirginal contato, cessa com a reação de Diadorim, ao retirar a mão "quase num repelão de repugno" (p.340), recriminando-o ainda com "olhos riscados, sombrio em sano de velhas raivas..." (p.341).

E a hipótese da fruição carnal de Diadorim continua impossível. Primeiramente por "travestir-se" de masculino – e assim parecer a Riobaldo – pois se "ele fosse uma mulher, e à-alta e desprezador que sendo, eu me encorajava: no dizer paixão e no fazer –

pegava, diminuía: ela no meio de meus braços!" (p.542). A fantasia desaparece para dar lugar à razão. "Mas dois guerreiros, como é, como iam poder se gostar, mesmo em singela conversação – por detrás de tantos brios e armas?" (p.543). Então se vê Riobaldo ficar naquela constante ânsia que nunca se transformará em ato. Amor e medo. O temor da audácia suplantando o amor angustiante. Posse? Só na sua imaginação.

Se possuísse um pouco do experiente cinismo do Arlequim, de Menotti Del Picchia –

> Ousa tudo (no amor) porque todo homem enamorado,
> Se arrepende, afinal, de não ter tudo ousado. (Picchia, 1964, p.90)

– talvez Diadorim não lhe pregasse a grande surpresa ao morrer, nem vivera ele no opressivo anseio e muito menos tornar-se-ia depois um lamentador.

A Diadorim cabe grande culpa pelo amor ser um constante impossível, já que, em nenhum momento, incentiva ação mais audaciosa de Riobaldo, conservando-se em todo tempo misterioso. Se se revelasse, teria posto fim à tênue infinita distância que os separa. O medo de Riobaldo, também, é das consequências que resultariam de um seu maior arrojo: talvez o afastamento de Diadorim, e o fim da sua convivência com ele. O seu medo parece-nos conservador, sendo o grande responsável pela esterilidade de sua coragem, e pela sua manutenção na "sofrente" dúvida.

Nem mesmo uma interpretação aberracional do seu amor ele nos permite, eliminando de nosso espírito essa conjectura ao frisar: "...homem muito homem que fui, e homem por mulheres – nunca tive vocação para os vícios desencontrados" (p.140). Enquanto para Riobaldo o amor é de natureza híbrida: fusão de sentimento e instinto, para Diadorim ele é só afeição. O primeiro ama humanamente. O segundo, angelicamente, assexuando-se no hermafroditismo.

Ao gostar de Riobaldo "com alma" (p.151), sublimando sua real natureza, Diadorim nos choca a princípio, pela inumanidade da afeição. Mas ao correr da "travessia", vai-se percebendo todo um compromisso dele com forças que estão além do seu querer, e que o vão condicionando para a assexualidade. A predestinação expressa no seu batistério impede-lhe o exercício da livre escolha:

> De Maria Deodorina da Fé Bettancourt Marins – que nasceu para o dever de guerrear e nunca ter medo, e *mais para muito amar, sem gozo de amor...* (p.568; grifo nosso)

E tem ela consciência dessa castração que lhe fazem, e da virtude belicosa que lhe impõem, quando no encontro, às margens do de Janeiro, diz:

> Sou diferente de todo mundo. Meu pai disse que eu careço de ser diferente, muito diferente... (p.105)

Assim, se tem em Diadorim aquela criatura feminina, que tenta suprimir totalmente o sexo, mercê de uma missão, que tem a desempenhar, esforçando-se por ser masculino, mas deixando transparecer, através de seus predicados físicos, e de certos gestos espontâneos e subconscientes, seu verdadeiro modo de ser. São essas franjas que acirram a "vexável afeição" de Riobaldo. Mas, não obstante, segue como sacerdotisa – fielmente – a travessia imposta, pois "tenho meus fados" (p.149), diz-nos.

A fraqueza do barro, todavia, em alguns momentos, transparece, mostrando certos laivos de repulsa contra a vida que "nem é da gente..." (p.149). Há já quase revolta contra a sua escrava condição ao revelar:

> Por vingar a morte de Joca Ramiro, vou, e vou e faço, consoante devo. Só, e *Deus que me passe por esta, que indo vou não com meu coração que bate agora presente, mas com o coração de tempo passado...* (p.502; grifo nosso)

Do tempo em que dizia: "Só tenho Deus, Joca Ramiro... e você, Riobaldo..." (p.173). Agora – parece-nos – Riobaldo já não está mais em terceiro lugar; a carne para Diadorim é um peso difícil de carregar.

Consoante o fim da luta vem se aproximando, mais Diadorim anela humanizar-se e desfruir do amor do homem. Entretanto o seu destino proíbe-o de fazê-lo, dando-lhe morte no combate contra o Hermógenes. E a prefiguração do batistério é cumprida ironicamente, ao mostrar a Riobaldo que "Diadorim era o corpo de uma mulher, moça perfeita..." (p.563). Só mesmo a morte poderia tolhê-los em sua união, após a derrota do Hermógenes. Tem-se como consequência que a mesma luta desenvolvida no espírito de Riobaldo acontece no de Diadorim. Este, por seus dons – por que não dizer divinos? – consegue neutralizar mais facilmente os chamamentos do corpo. Os apelos são sufocados do mesmo modo que ele mantém o desejado corpo envolvido sempre no inaperto jaleco, que o esconde proibitivamente dos olhos cobiçosos de Riobaldo.

Se, todavia, tudo que se levantou até aqui não bastasse para caracterizar a condição de Diadorim, poder-se-ia apelar para o nome que lhe deram – Maria Deodorina – simplesmente significando "a amargura de ser um dom de Deus" (S. Tiago I, 17)[3] e acrescentemos – por que não? – entre os homens.

E Riobaldo?

---
[3] Diadorim é dádiva que veio de Deus e foi dada a Deus. Sua origem divina vemos em São Tiago:
"Toda a dádiva excelente e todo o dom perfeito vem do alto e descende do Pai das luzes, no qual não há nem doença, nem sombra de vicissitude." (S. Tiago I, 17)

Impossibilitado de possuir Diadorim, os seus apetites sexuais se exacerbam em devaneios luxuriosos, onde a posse virtual e o estreitamento físico ocorrem, tornando pior a tensão de que está possuído.

> Mas, com minha mente, eu abraçava com meu corpo aquele Diadorim – que não eram de verdade. (p.275)

À mesma página, ainda:

> O nome de Diadorim, que eu tinha falado, permaneceu em mim. Me abracei com ele. (p.275)

Toda a sua conturbação tem necessidade de extravazar-se, para não levá-lo a um clímax neurótico. É então, nesse instante de quase obsessão, que Riobaldo atreve-se a atos, que são como compensadores, aliviando parcialmente sua tensão interior.

Naquele estado de "enamoramiento" em que "La amada posee una presencia ubicua y constante" (Ortega, 1957, p.95) e a atenção converge só para ela, Riobaldo visualiza Diadorim, que

> se levantou, ia em alguma parte. Guardei os olhos, meio momento, na beleza dele, guapo tão aposto – surgido sempre com o jaleco que ele tirava nunca, e com calças de vaqueiro, em couro de veado macho, curtido com aroeira-brava e campestre. De repente, uma coisa eu necessitei de fazer. Fiz: *fui e me deitei no mesmo dito pelego, na cama que ele Diadorim marcava no capim,* minha cara posta no próprio lugar. Nem me fiz caso do Garanço (um amigo de ambos), só com o violeiro somei. À zangarra daquela viola. Por não querer meu pensamento somente em Diadorim, forcejei. *Eu já não presenciava nada, nem escutava possuído – fiquei sonhejando: o ir do ar, meus confins.* (Rosa, 1963, p.167; grifo nosso)

Pode-se sentir todo o tormento do jagunço torturado pela libido irrealizável, e procurando adolescentemente uma fruição revulsiva e virtual do amado, sonhando toda uma realidade inatingível. *Mutatis mutandis* afigura-se-nos ele aquele Werther visto por José Ingenieros, que vive "a inquietação de amar sem a certeza de ser correspondido" (Ingenieros apud Ingenieros; Andrade, 1956, p.22). "E o medo de não ser amado o faz ineficaz na ação; fracassa por falta de fé em si mesmo" (ibidem, p.22). O mesmo Ingenieros diz ainda: "A Werther só lhe falta um gesto que complete a sua intenção" (ibidem, p.25). A Riobaldo também. Se num gesto audacioso abrisse o interdito jaleco, teria Riobaldo a revelação da realidade talvez intuída e sempre sonhada. Mas a insignificante distância é abissal. E foi sempre até a morte. Diadorim mesmo tem algo de Carlota em seu estilo de amar. Esta "diz que não e age em contrário" (ibidem, p.24). Diadorim age também, e age negando-se, quando consciente, quando racionaliza. Mas escapam-lhe às vezes, arremetidas espontâneas, expressões irrefletidas que denúnciam sua real natureza e certa comoção de que, em dados instantes, está possuído. Seus segredos mesmos são achas que alimentam o fogo de amor de Riobaldo. Ao cabo da travessia, ao ver Riobaldo voltar-se frequentemente para Otacília, diz-lhe enigmático como sempre:

> – ...Riobaldo, o cumprir de nossa vingança vem perto... Daí, quando tudo estiver repago e refeito, um segredo, uma coisa, vou contar a você... (Rosa, 1963, p.480)

tentando talvez preservá-lo para si quando a luta findasse, embora anteriormente já quase abençoasse a união Riobaldo-Otacília, conforme veremos ainda.

Em consequência do amor de Riobaldo perverter-se na só imaginação e sonho, vai ele então dar vazão ao seu sexo frustrado numa exacerbada atividade sexual, saciando insuficientemente o seu desejo de posse contida, nas mulheres-derivativos, que o satisfazem aquém do ideal de gozo que lateja em si. E nesses triviais contactos sexuais adquire certa predileção pelas prostitutas, talvez pelo seu "muito traquejo" tangenciar o já mencionado ideal. É dentre elas, então, que vai encontrar uma que deixa indelével marca no seu espírito: NHORINHÁ.

NHORINHÁ

> Quando recebi a carta, vi que estava gostando dela, de grande amor em lavaredas; mas gostando de todo tempo, até daquele tempo pequeno em que com ela estive, na Aroeirinha, e conheci, concernente amor. Nhorinhá, gosto bom ficado em meus olhos e minha boca. (p.96)

O conhecimento de Nhorinhá seria um fato corriqueiro, se Riobaldo não acentuasse enfaticamente todos os pormenores ocorridos desde a sua eleição por ela, dentre os muitos homens de Medeiro Vaz. Impressiona-o, por primeiro, a sua beleza. "Tão bonita, só" (p.33). E sempre que dela se lembra, faz menção esse atributo, gravando-se-lhe na mente como a formosura de Diadorim. Depois, as sóbrias bebidas, ofertadas – "tomei um café coado por mão de mulher, tomei refresco, limonada de pera-do-campo" (p.33) – adquirem um valor especial, pela raridade delas na vida de jagunço, principalmente preparadas por "mão de mulher". Todo esse introito se coroa com a posse, ao receber ela o carinho "no cetim do pelo" (p.33) e com "alegria que foi, feito casamento, esponsal" (p.33).

Aí, "a linguagem da carne muda e ardida/unia/a conversa das almas, das consciências" (Andrade, 1960, p.122) numa Comunhão, atingindo o ato sexual talvez aquela sublimidade de que nos fala Rilke (1961, p.38),[4] ou mesmo identificando-se com aquele usufruto supremo, dormente em si, e que Diadorim propiciaria.

Deve-se atentar ainda para um quase instante matrimonial descrito nesse primeiro encontro e as alusões diretas feitas ao casamento, refletindo a vontade impossível dessa união com Diadorim. Não encontramos ali o seguinte: o marido Riobaldo chegando cansado de longa viagem e sendo saciado sexual e estomacalmente pela mulher e companheira (Rosa, 1960, p.380).

Um dos aspectos extraordinários da obra é a íntima correlação entre o papel das personagens e os seus nomes, verdadeiras sínteses de seus desempenhos, realçantes de atributos peculiares de suas atuações. Guimarães Rosa reabilita a nomeação, tirando-lhe o caráter arbitrário, e usando-a como os antigos: para "a caracterização do indivíduo, para a expressão da íntima essência ou de um atributo, de uma função do portador" (Bittencourt, 1956, p.61).

Muito pouco ou nada de novidade em se dizer que Deodorina nada mais significa que "dom de Deus, ou dádiva de Deus". Se isto não bastasse, o autor coloca na boca da mulher do Hermógenes as seguintes palavras: "A Deus dada" (Rosa, 1963, p.563), ao vê-la morta. Isto nada mais é do que a decomposição do nome de Diadorim.

Todavia, está Deodorina no batistério; Diadorim é um sentimento de Riobaldo, e o nome através do qual ela camufla sua real natureza. "Dindirinh" (p.533) é a mutação que o rude Quipes opera no nome de Diadorim, quando Riobaldo deixa escapar o segredo deles, "que nunca nenhum outro tinha ouvido" (p.533). Isto tudo não teria consequências maiores, se não houvesse uma doce recordação de Riobaldo chamada – Nhorinhá, filha de Ana Duzuza, cigana que "naquele sertão [...] dispôs de muita virtude" (p.4). Descende, pois, de gente errante, nômade que vive num sertão, onde as mutações fonéticas são as mais esdrúxulas, e hipoteticamente possíveis, mercê dos ouvidos broncos das pessoas, principalmente.

Suponhamos uma garotinha, filha predileta de uma cigana, a vagar pelo sertão. Chama-se ela Dora. Mais afetivo, Dorinha. Um deslocamento de acento não choca ninguém, principalmente nos apelativos quando feitos em altos gritos, à distância. Dorinhá, Dorinha são bastante próximos.

Mas, Nhorinhá?

Ora, é bastante conhecida a proximidade fonética do D e do N. São "oclusivas, sonoras, linguodentais". Mas o N é nasal. Melhor, o N é o D nasalizado; logo Nho-

---

[4] "A volúpia é uma experiência dos sentidos, análoga ao simples olhar ou à simples sensação com que um belo fruto enche a língua. É uma grande experiência sem fim que nos é dada; um conhecimento do mundo; a plenitude e o esplendor de todo o saber."

rinhá. E a palatalização inicial é decorrência lógica, fortalecida ainda pela força do grupo nasal final NH, que forma com a vogal A, acentuada oxitonamente, parte integrante da sílaba tônica do vocábulo. "Nhorinhá" é bem mais amoldável à linguagem rude dos homens que a possuem, e com ela estão em contato.

Tudo isso vem ao encontro de uma afirmação que faremos, já esboçada nas múltiplas ideias até recentemente levantadas: Nhorinhá é o corpo misterioso de Diadorim. O corpo prazentivo, desnudo, descoberto, visível, palpável, fruível, aperfeiçoado na arte de amar. É a realidade sonhada, e aspiração concretizada num vago e transitório momento. É a sublime complementação, o dom, a dádiva corrompida, não findada, e traquejada não em direção a Deus, mas na do animal. No entanto, apesar de toda a corrupção, o aspecto divino não se dilui totalmente, deixando vestígio na carne exercitada. Enquanto Deodorina escapa ao apetite humano, escondendo o corpo atrás do jaleco, neutralizando-o sob o nome Diadorim, a filha de Ana Duzuza descobre-o, nuamente, acentuando a carne com o feminino A do seu nome para dar prazer aos homens, "porfiados [que]gostavam de gozar com essa melhora de inocência" (p.488).

Diadorim essencializa-se no angélico, fugindo ao humano pela abstração da carne, Nhorinhá existencializa-se na carne, pela negação do espírito. Sopro e pó. Essência e matéria. Castidade e volúpia. Mas não totalmente. Pois, por sob a aparente polarização, jaz tanto em uma como em outra um vestígio do polo oposto. Diadorim, por trás de sua assexualidade aparente, exprime certo desejo de se entregar a Riobaldo, conforme vimos. Nhorinhá tem algo além do carnal, que a coloca acima do bruto, exteriorizando ainda certa aptidão para o casamento. Ambas, contudo, falseiam a natureza humana que não é bipolar, e que não deve extremar em polos, paralelos e independentes.

E as duas tangenciam Riobaldo e não o completam, porque ele é ambas as coisas ao mesmo tempo. É então que o vemos como balança desequilibrada ser atraído para a sublimidade com Diadorim e puxado para a sexualidade zoológica com Nhorinhá. Refletindo aquilo que Drummond diz do "homem humano":

> essa ânsia de ir para o céu
> E de pecar mais na terra. (Andrade, C.,1959, p.48).[5]

---

[5] Esta dicotomia repete-se constantemente em literatura. Em Goethe temos: "Albergo dentro dois espíritos, dois; forcejam ambos por se fugir: um deles, voluptuoso, abraça a terra; os órgãos o secundam; o arraigam nela; o outro, desdenhando este mundo, este pó, se evade em busca das regiões que nossos pais habitam".
Wolfgang Goethe, *Fausto*. Trad. Antônio Feliciano de Castilho, Rio, W. M. Jackson, s.d,1949, p. 72.
Na Antiguidade, também o problema se põe.
Em Salústio:
"Nuestro vigor y facultades consistem todas em el ánimo y el cuerpo: de este usamos más para El servicio, de aquel nos valemos para el mando: em lo uno somos iguales a los Diuses, em lo outro a los brutos."

E esse dois amores o marcam durante a luta no Sertão, quando a guerra é feroz, os sentimentos mais impulsivos e mais refreados. Quando ele, como se estivesse sobre as águas do Urucuia, fluentes, está impossibilitado de permanecer imóvel sobre o leito, atraído sempre nessa travessia pelas duas margens que lhe acenam com enganosas seduções. Embora mais seduzido não é ali que se realiza, pois sua natureza de "homem humano" é compósita: o binômio alma-corpo, sopro-pó, essência-matéria acham-se substancialmente ligados formando um cerne entitativo indestrutível. Passada já essa grande tensão é que o boneco pode ansiar por manter-se sobre a "terceira margem do rio" podendo evitar aí os "puxões contrários e desordenados que nos puxam para cá e para lá, na direção das boas ou más ações determinadas pelos nossos desejos" (Platão apud Coomaraswamy, 1961, p.65).

Observaremos, então, que Riobaldo após estar em "grande guerra" naquela que "libra El hombre contra sus enemigos interiores" (Cirlot, 1958, p.226) chega a um estado de relativa paz, calma, uma espécie de "lei comum" de que fala Platão, perceptível na última fala sua em *Grande Sertão: Veredas*:

>Agora estou aqui, *quase* barranqueiro.
>Para a velhice vou, com ordem e trabalho. (p.571, grifo nosso)

Ora, barranqueiro era aquele "remador, um menino também, da laia da gente..." (p.100) que conduziu a canoa na travessia do Rio-do-Chico, quando Riobaldo "devia de estar com uns quatorze anos, se" (p.97), no primeiro encontro entre ele e Diadorim. Naquele instante de polaridade, entre a coragem de Reinaldo e o medo de Riobaldo, representa ele a completa superação desses estados, pela sua constante experiência naquelas águas tenebrosas, domiciliando-se com elas. Aniquilou por isso o medo e a coragem e está num estado para além deles. Incontaminável.

>As remadas que se escutavam, do canoeiro, a gente podia contar, por duvidar senão satisfaziam têmo. – "Ah, tu: tem medo não nenhum?" – ao canoeiro o menino perguntou. Com tom. – "Sou barranqueiro!" – o canoeirinho tresdisse, repontando de seu orgulho. (p.102)

É para esse estado de barranqueiro que Riobaldo quer se encaminhar, depois da luta contra Hermógenes, após o conflito entre sua consciência moral e seu instinto e viver como o despreocupado remadorzinho.

>Tem de tudo neste mundo, pessoas engraçadas: o remadorzinho estava dormindo, espichado dentro a canoa, com os seus mosquitos por cima e a camisa empapada de suor de sol. (p.105)

Parece-nos que ele chega a um estado de libertação do terror e do perigo: o "Caminho do Meio" onde "se evita ser contaminado por um extremo ou outro" (Coomaraswamy, 1961, p.65).

Nessa próxima equidistância dos polos, ou melhor, nessa procura constante da debilitação das polaridades, está Riobaldo, sedentário, ao lado de seu terceiro amor. Otacília.

OTACÍLIA

> Disse mais o Senhor Deus: Não é bom que o homem esteja só, façamos-lhe um adjutório semelhante a ele.
> (Gen 2, 18)

De tipo sedentário – ao contrário de Diadorim e Nhorinhá – é filha única de um proprietário de terras, agricultor, "nas searas dos gerais, Buritis Altos, nascente de vereda, Fazenda Santa Catarina" (p.179). Aí Riobaldo a conheceu.

Desde os primeiros contatos com o local, a vida campestre o cativa provocando-lhe, à semelhança de um encantamento: as ações, as atitudes, o trabalho rural, as simples "xicrinhas" de café, a "tiração de leite", a natureza, o céu azul "com as nuvens que não se removem" (p.179), as flores, o campo, mesmo "os finos ventos maiozinhos" (p.180), a fauna etc., e mais o sinestésico "canto da fogo-apagou que tem um cheiro de folhas de assa-peixe" (p.180). Tal é a emoção de que é possuído, que descreve a tudo com uma altirressonância poética, quase de écloga pastoril.

Essa atitude bucólica, contudo, não nos estranha, pois, desde o seu reencontro com Diadorim, e seu conseguinte amor impossível, uma constante ânsia de fuga de "tantas guerras", para a vida sedentária de paz e descanso, onde pudesse ser "dono de seu chão", é alentada, em seu espírito. Os sonhos que pensava "era que nós dois (Diadorim e eu) saíssemos sobrados com vida, desses todos combates, acabasse a guerra, nós dois largávamos a jagunçada, íamos embora, para os altos Gerais tão ditos, viver em grande persistência" (p.198). E descreve sua vidinha de agricultor.

Enquanto aqui a ideia de abandonar o cangaço se coloca numa perspectiva futura – após findar a guerra – já, em outros momentos, o desejo é imediato, principalmente quando a vida se torna mais áspera, a guerra mais viril, os combates mais acirrados, o medo crescente, como se vê na seguinte fala:

> ...eu queria poder sair depressa dali (do combate), para terras que não sei, aonde não houvesse sufocaço em incerteza, terras que não fossem aqueles campos tristonhos. Eu levava Diadorim... (p.371)

Avizinhando-se o combate com Hermógenes, a vontade transforma-se em convicção, marcando a largada para logo que "tudo tivesse [...] um razoável fim..." (p.540).

Mas voltemos à Fazenda Santa Catarina.

Todas as comoções despertadas em si pelo local são coroadas por uma maior síntese delas todas, estimuladas pela "graça de carinha e riso e boca, e os compridos cabelos / vislumbrados/ num enquadro de janela, por o mal aceso de uma lamparina" (p.179).

Depois de uma viagem dura, em que "tudo o que era corpo era bom cansaço" (p.179), a fazenda Santa Catarina, com aquela "moça risonha e descritiva de bonita" (p.180), afigurou-se-lhe um oásis. E este oásis, com aquela paz, tranquilidade, singeleza, encantamento, materializou a "Pasárgada" sonhada para o "repouso do guerreiro". E nela está uma mulher, porquanto "desse dia desde, sempre uma parte de mim ficou lá, com Otacília" (p.188). Ela "o deslumbra, ela é o outro lado da vida, a doçura que não conhecia" (Proença, 1959, p.183), "o remanso de rio, a curva onde ele se acolhe, onde a correnteza do destino puxa menos" (ibidem, p.183). E mais: ela é "gozo e sentimento". Temeroso de perder a realidade frequentada, compromete-se com Otacília, para depois do tempo que "pudesse vir com jus" (Rosa, 1963, p.188).

Sabemos que pode causar surpresa o não abandono do cangaço, imediatamente, por parte de Riobaldo, ao encontrar o seu sonho realizado. Contudo, não se pode esquecer que Diadorim é vivo. E "Diadorim, por onde queria, me levava" (p.188), diz-nos ele pouco após seu compromisso com a neta de Nhô Anselmo. Entretanto, desse seu contato com Otacília, origina-se um contínuo conflito, entre sua atração por ela e aquele "gostar de Diadorim mais do que, a claro, de um amigo se pertence gostar" (p.36). Dessa concorrência advém uma sucessiva superposição dos dois amados seres, um tentando apagar a figura do outro. Pouco após o conhecimento de Otacília fala-nos ele:

> Eu tinha dó de Diadorim, eu ia com meu pensamento para Otacília. (p.186)

Nesse momento a imagem recém-captada – Otacília – ocupa sua atenção, enquanto o cotidiano Diadorim domina os seus sentimentos. E já pouco depois, a imagem de Diadorim irrompe, desfocando Otacília.

> Eu aí gostava dele. Não fosse um, como eu disse, a Deus que esse ente eu abraçava e beijava. (p.187)

A mais bela e significativa polifonia de imagens ocorre, quando Riobaldo ouve uns versos:

> Buriti, minha palmeira
> Lá na vereda de lá;
> Casinha da banda esquerda,
> Olhos de onda de mar...

Desde esses versos "a saudade se susteve curta" (p.51), em Otacília, porque "os olhos verdes sendo os de Diadorim" (p.51) veio tirar aquela do primeiro plano. Há, pois, uma constante ascensão e queda das imagens, revezando-se elas no espírito de Riobaldo. A coexistência das duas manifesta-se por oposição, não podendo uma alçar sem que a outra não lhe venha no encalço. Essa alternância Diadorim-Otacília nada mais revela do que a contínua repetição do escuro e do claro. Otacília – a luz – evidentemente feminina, com seus predicados de "moça mansa, branca e delicada", entremostra, "o corpo [...] todo formoso, que era de se ver e logo decorar exato" (p.460). "Ela eu conheci em conjuntos suaves, tudo dado e clareado, suspendendo, se diz: quando os anjos e o voo em volta, quase, quase" (p.134). Diadorim – o escuro – aparentemente masculino, enigmático, incógnita incessante de sua vida, decifrável quando permaneceu "mais impossivelmente" (p.563). Morto/morta.

Após o episódio do pacto com o Diabo, afirma Riobaldo o seu Eu – "eu estava bêbado de meu" (p.398) – debilitando um pouco a preponderância de Diadorim sobre si, como consciência moral (Cuvillier, 1961, p.29)[6] sem, contudo, afetar a atração sentida por ele, mas reconhecendo que "Diadorim pertencia a sina diferente" (p.403). Resulta daí também a escolha de Otacília para futura esposa do herói. Se essa eleição só agora se põe no espírito de Riobaldo, Diadorim já a previra, antes do pacto, ao rejeitar a "pedra de safira" que ele lhe oferecia, pedindo-lhe encaminhá-la como presente de noivado a Otacília, acrescentando: "cês dois assentam bem, como se combinam..." (p.355). E mais:

> Vocês vão casar, sei de mim, se sei; ela é bonita, reconheço, gentil moça pagã, peço a Deus que ela tenha sempre muito amor...

Ao repassar "carinho nesta fala", parece-nos que Diadorim está a dar sua bênção ao amor de Riobaldo-Otacília.

Conforme o tempo passa, Riobaldo vai mais e mais se afastando da influência de Diadorim, sem contudo conturbar o amor que lhe devota. Ele sente:

---

[6] Le Senne: "A aprovação e a reprovação eis a essência bipolar da consciência moral" (Cuvillier, 1961, p.29).

> Diadorim – ele ia para uma banda, eu para outra, diferente; que nem brejos dos Gerais, sai uma vereda para o nascente e outra para o poente, riachinhos que se apartam de vez... (p.513)

Nessas percepções de riobaldo, notam-se os primeiros tonos da sua futura e irreparável separação de Diadorim. É nesse período de pré-sensação subconsciente, da ruptura próxima que tem lugar as maiores ousadias dele, inflamadas pelo desejo de posse. Numa prosa lírica

> ...meu bem, estivesse dia claro, e eu pudesse espiar a cor de seus olhos... (p.543)

Revela descuidadamente todo o amor de que está possuído, coisa que fora dada a conhecer até então. Todavia, ao menor arrepio de Diadorim – "O senhor não fala sério!" (p.543) – ele quebra a espontaneidade e se redime furioso de sua fraqueza: "Não te ofendo, mano. Sei que tu é corajoso..." (p.543).

Como resultante do seu temor e talvez exacerbado respeito, perde a grande oportunidade de se declarar ao ente amado. E, então, sonha uma acomodação da sua vida futura, já que não pode viver sem Diadorim, colocando-o ao lado seu e de Otacília, quando se casar.

> Mas, porém, quando isto tudo findar, Diá, Di, então, quando eu casar tu deve de vir viver em companhia com a gente, numa fazenda, em boa beira do Urucúia... (p.553)

Contrariando a expectativa e o final da obra, diremos que Diadorim realizou esse desejo de Riobaldo. Ao morrer, Diadorim se desmaterializa, tornando-se realidade abstrata. Como tal habita as faculdades de Riobaldo. Vive nele, com ele talqualmente um espírito que nele penetrasse e nele permanecesse. Mesmo após a morte de Diadorim cumpre-se o decreto:

> Que você em sua vida toda por diante, tem de ficar para mim, Riobaldo, pegado em mim, sempre!... (p.273)

que ele um dia apanhou em forma de "silêncio dum sentimento" da Guararavacã do Guaicuí. É Diá – Di – deus – um espírito que se incrustou na matéria de sua memória, pela travessia realizada juntos, pois "eu estava todo o tempo quase com Diadorim" (p. 29). Criados os laços ao viver "em par a par, por altos e baixos, amarguras e perigo" (p.182) não mais podem ser desatados. E Diadorim não se acha somente em Riobaldo. Permanece no campo, no sertão, na vida, na natureza, na poesia, na ternura, no amor, no ódio até, pois em tudo deixou rastros. Principalmente nas belezas que a Riobaldo ensinou a apreciar (Saint-Exupéry, 1963, p.70).[7] Este é então aquela soma poética de Vinícius de Morais: "eu sou mais você e eu". E temos que a presença de Diadorim em si exacerba-se com a morte dela, pois a realidade sonhada – virtualidade incessante – patenteou-se naquele momento, como tal, por sua vacilação. O prurido poderia ter-se findado numa intrepidez maior de sua parte. Com a figuração da mulher nua "a dor não pode mais do que a surpresa" (p.563). "Ah, Diadorim... e tantos anos já se passaram" (p.182).

Posto que Otacília o complete sentimental e instintivamente, conforme sempre ansiara, não é ela Diadorim. Ouso afirmar, contudo, que ele ama Otacília, e que se ela não é suficiente, é bastante necessária na sua vida de "quase barranqueiro". É ela o seu "amor de prata".

Torna-se agora mais evidente a compreensão daquele "quase" angustiante e tangencial, que precede a palavra "barranqueiro". Diadorim é a limitação do encontro de paz, de harmonia, de tranquilidade do sedentário Riobaldo, pois "às vezes conheci que a saudade dele não desse repouso; nem o nele imaginar" (p.569). Riobaldo quer nos enganar, ou despistar a contínua lembrança que sente com aquele eventual "às vezes" e com renitentes declarações de amor extremado à esposa. Mas, conforme arrolamos, ele camufla acanhadamente. Seu "amor de ouro" é vital, porquanto "essa moça /Diadorim/.../ que era um destino e uma surda esperança..." (p.182) foi um impossível. E Otacília é só a companhia humana, matrimonial e social não lhe dando a plena felicidade. Mas esta, sendo a "única coisa que o homem deseja realmente" (Goldschmidt, 1963, p.28) não pode ser feita com relatividade, nem com sucedâneos, tem que ser integral, pois, "quando se trata das coisas boas, ninguém se contenta em possuir bens aparentes; ao contrário, são os bens reais que todo mundo procura, sem dar nenhum valor, nesse domínio, à aparência" (ibidem, p.23).

Riobaldo, conhecendo os dois extremos do amor: o angélico e o carnal, e tendo-os na sua plenitude, não pode de modo nenhum satisfazer-se *in toto* com a imagem, enfraquecida pelo hibridismo configurado na mulher humana, Otacília. Para ele que experimentou o néctar, a ambrosia em dois vasos – Diadorim e Nhorinhá – o

---

[7] "Mas a raposa voltou à sua ideia. [...] o trigo para mim é inútil. Os campos de trigo não me lembram coisa alguma. E isso é tudo! Mas tu tens cabelos cor de ouro. Então será maravilhoso quando me tiveres cativado. O trigo, que é dourado, fará lembrar-me de ti. E amarei o barulho do vento no trigo...". O fato que se dá aqui tem identidade com aquele de que falamos ao correr do trabalho.

único meio de realização é um ser, em que os dois atributos, unidos, estejam na sua intensidade maior. Um ser carnal e espiritualmente plenos. Uma *Dinhorinhá* ou *Diánhorinhá*. Assim, num único ser alcançaria o objeto almejado e a união "sonhejada". Contudo, isto é humanamente impossível. Só o fora talvez realizável em um tempo anterior à Queda quando o homem usufruía – sem heresia – angelicamente dos instintos, isto é, em toda a sua inteireza. E dessa harmonia irrecuperavelmente perdida, parece-nos que Riobaldo tem reminiscência ao nos dizer:

> E tudo neste mundo podia ser beleza, mas Diadorim escolhida era o ódio. Por isso era que eu gostava dele em paz? No não: *gostava por destino, fosse do antigo ser, donde vem a conta dos prazeres e sofrimentos. Igual gostava de Nhorinhá...* (p.356, grifo nosso)

E esse "antigo ser" um dia perdeu a inocência, através da Queda, do pecado. Desde aí iniciou-se a dissociação entre as coisas. E "o homem e a mulher ficaram conscientes de si mesmos e cada um do outro, tiveram a consciência de que eram separados, de sua diferença, tanto quanto se pertencerem a diferentes sexos" (Fromm, 1964, p.26-7).

Com a dissociação veio a perda da unidade e o consequente embaralhamento das coisas, a oscilação descontínua dos prazeres e sofrimentos, a relatividade em tudo o que é humano. Isto, embora seja do homem, é o predicado mais contrário à sua natureza, porquanto sua inquietante aspiração é o Absoluto.

Procurou-se demonstrar, no decorrer do trabalho, o tríplice amor que marcou a vida do "homem humano" Riobaldo, nas duas fases preponderantes de sua vida; a nômade e a sedentária, aquela, um interregno entre o sedentarismo ao lado da mãe, e ao lado de Otacília.

Seus três amores – Diadorim, Nhorinhá, Otacília – caracterizam-se por atributos peculiares e diferentes, suscitando, por conseguinte, intensidade amorosa díspar no híbrido Riobaldo. Diadorim é sempre amor. Incessantemente. Nhorinhá, só o "trivial do momento"; porém é o prazer na sua acepção mais ampla: "a consciência de uma harmonia vital" (França, 1946, p.159). Otacília, nem um extremo, nem outro; de dois infinitos o meio termo. Temporalmente, então, a primeira é o eterno; a segunda, a eternidade no seu átomo de um instante; a terceira, a fusão debilitada de ambas. Diadorim e Nhorinhá são amores extremos, que saciam polarmente a natureza compósita de Riobaldo. Daí fazê-lo dissociadamente, visto que a natureza humana não pode se deter nos extremos. "Se trocamos um lado da balança, trocamos também o outro" (Pascal, 1961, p.64-5) como consequência de uma lei de oscilação que nos rege. Ao se polarizarem, tornam-se, então, seres simples e puros, como tal captados na grandeza e perfeição da unicidade. Ora, Riobaldo frui-os – os dois seres – assim. Daí, sua natureza composita não se satisfazer com um ser híbrido, como ele: Otacília. Contudo, aqueles amores puros mitigam-no unilateralmente. Diadorim: o sumo amor anímico. Nhorinhá: a suprema volúpia. A humana Otacília, ambos, porém enfraquecida pelo hibridismo.

Comparemos.

"Dizem que a água no vinho faz de duas bebidas excelentes uma péssima" (Alencar, [s.d.], p.155). Ora, o ser humano, que beber a água e o vinho separados, tem-nos na sua plenitude, e de modo algum pode agora lhe saber mistura inferior de ambos, exceto se essa associação não fosse inferior e sim mantivesse a pureza e a gostosura das substâncias simples. Esta seria a fruição total do composto no uno. A harmonia dos contrários. Todavia, a aviltada Otacília não possui essa pureza. A perene inspiração de Riobaldo é conseguir isto. Sua ardente comichão: um ser que fosse a fusão das purezas, sem maculá-las. Como já disse: a *Diánhorinhá*. Mas, a aglutinação entitativa Diadorim-Nhorinhá, na sua plenitude, pureza, simpleza, sem repulsão, sem antipatia é o supremo objeto do amor. É o objeto ordenado, restabelecido, regido da harmonia primitiva. Só pode amá-lo um ser igual, já que "ao impuro não é possível atingir o puro" (França, 1946, p.172). Ao ter por amor tal objeto se alçaria até ele; teria de ser-lhe da mesma natureza. Ora, é a redenção do que o homem Riobaldo quer, conseguida através do amor, restabelecendo a harmonia pré-humana do Paraíso, quando o homem e a mulher eram "dois numa só carne", identificando-se, talvez, àquele andrógino de que nos fala Aristófanes no Banquete. Mais miticamente ainda: o retorno da costela ao seu lugar, na mais íntima unidade dos dois seres.

E não é essa senão a suprema e ardente aspiração do homem humano, depois que conheceu "a árvore da ciência do bem e do mal", aviltando-se na desarmônica configuração composita.

Referências

ALENCAR, J. de. *Senhora*. [s.l.]. Instituto de Divulgação Cultural, [s.d.].

ANDRADE, C. D. de. *Poemas*. Rio de Janeiro: Olympio, 1959.

ANDRADE, M. *Obra imatura*. São Paulo: Martins, [s.d], 1960.

BITTENCOURT, E., dom. *Para entender o Antigo Testamento*. Rio de Janeiro: Agir, 1956.

CIRLOT, J, E. *Diccionario de símbolos tradicionales*. Barcelona: Luis Miracle, 1958.

CUVILLIER, A. *Pequeno Dicionário da Língua Filosófica*. Tradução e adaptação de Lólio Lourenço de Oliveira e J. B. Damasco Penna. São Paulo: Editora Nacional, [s.d.], 1961.

FRANÇA, L., padre, S.J. *A psicologia da fé*. 5. ed. Rio de Janeiro: Agir, [s.d.], 1946.

FROMM, E. *A arte de amar*. Tradução de Milton Amado. 3.ed. Belo Horizonte: Itatiaia, [s.d.], 1964.

GOLDSCHMIDT, V. *A religião de Platão*. Tradução de Ieda e Oswaldo Porchat Pereira. São Paulo: Difusão Europeia do Livro, [s.d.], 1963.

INGENIEROS, J.; ANDRADE, M. de. *O medo de amar e direito de amar*. Salvador: Livr. Progresso, 1956.

MANCHETE. Rio de Janeiro. 14 nov.,1964. n.656. p.90.

ORTEGA, J. y G. *Estúdios sobre el Amor*. 10. Ed. *Revista de Occidente*, [s.d.]. Madrid: [s.n.], 1957.

PASCAL. *Pensamentos*. Tradução de Sérgio Milliet. 2. ed. São Paulo: Difusão Europeia do Livro, 1961.

PICCHIA, Menotti Dell. *Manchete*, n. 656, , p. 90, Rio de Janeiro, 14 nov. 1964.

COOMARASWAMY, A. *O pensamento vivo de Buda*. São Paulo: Martins, [s.d.],1961.

PROENÇA, M.C. *Augusto dos Anjos e outros*. Rio de Janeiro: José Olympio, 1959.

RILKE, R. M. *Cartas a um jovem poeta e A canção do Porta-Estandarte Cristóvão Rilke*. Tradução de Paulo Rónai e Cecília Meireles. Porto Alegre: Globo, [s.d.], 1961.

ROSA, J. G. *Grande Sertão: veredas*. 3.ed.Rio de Janeiro: José Olympio, 1963.

_____. *Corpo de Baile*. 2.ed. Rio de Janeiro: José Olympio, 1960.

SAINT-EXUPÉRY. *O pequeno príncipe*. Tradução de D. Marcos Barbosa. 10. ed. Rio de Janeiro: Agir, 1963.

SALUSTIO J. *La conjurácion de Catilina*. Buenos Aires: Editorial Del Instituto americano de Investigaciones Sociales y Económicas, [s.d.].

O eclipse e o imaginário[1]

O eclipse de seis de abril de 648 a.C. entrou para a história da arte graças a um poeta grego, que viu nele uma manifestação de que o impossível tornava-se uma possibilidade estética. Para Arquíloco (712-664 a.C.), esse acontecimento natural levou-o a pensar que, daí por diante, nada mais era impossível, pois Zeus obscurecera o Sol. "Não admiraria – escreve ele, no fragmento 74 – se os animais do campo trocassem o seu alimento com os golfinhos." Estava criado o "adynaton", forma especial de perífrase, que descreve um conceito por meio de uma impossibilidade natural, cujo exemplo mais conhecido é a definição da palavra "nunca", realizada na Bíblia, quando se diz que "é mais fácil um camelo passar pelo fundo de uma agulha do que um rico entrar no reino do céu".

Essas informações podem ser colhidas na importante obra de Ernst Robert Curtius, *Literatura europeia e Idade Média latina*, (1957) que traz, além disso, outros dados sobre a caracterização dessa figura de linguagem. Para Curtius, o princípio formal básico do "adynaton" ou "impossibilia" é a "seriação de coisas impossíveis". Tal procedimento, fundado na violação da ordem natural, foi empregado na Antiguidade Clássica e na Idade Média para exprimir tanto o paroxismo dos sentimentos que habita o poeta na poesia lírica, quanto a poesia crítica do artista ante o tempo presente, censurando e lamentando os costumes da época e queixando-se contra eles.

Desse recurso lírico ou satírico origina-se o *topos* do "mundo às avessas", cuja ocorrência, no plano da sátira, se dá, geralmente, nos momentos de transição geracional, como na batalha dos antigos e modernos. Mas é possível depreender-se da leitura de Curtius que o essencial não é o antagonismo de gerações, mas sim o caráter de transição do momento histórico. O "mundo às avessas" – diz ele – caracteriza as

---
[1] Publicado originalmente em: *Revista Letras*, São Paulo, v.22, p.21-25, 1982.

épocas movimentadas, não só as que se encontram "sob o signo da primavera em flor", mas também as que estão "sob o signo do outono em declínio".

Essas considerações a propósito do "adynaton" e do "mundo às avessas" têm um endereço preciso: a 1ª edição do livro de Ignácio de Loyola Brandão, *Cadeiras Proibidas* (1976). Compõe-se a obra de 24 contos, recolhidos quase todos de sua coluna diária no *Última Hora* paulista. O título do livro é retirado do conto que abre o volume, o qual fornece a chave para a compreensão da obra da perspectiva apontada.

Para bem entender o sentido do conto de abertura, convém partir das condições que geraram o fragmento de Arquíloco, citado no início. Ali é possível perceber uma nítida relação de causa e efeito: "porque Zeus obscureceu o Sol, nada mais seria impossível". Nela subjaz um implícito processo de proibição, oriundo da vontade do soberano do Olimpo: sua vontade interdita a luz e instaura a sombra, privando a natureza da ordem gerada pelo Sol e, por conseguinte, estabelecendo seu transtorno ou perversão. Assim, há, por um lado, uma íntima correlação entre luz solar e ordem natural e, por outro, entre a suspensão da luz e o transtorno dessa mesma ordem.

O parágrafo de abertura do conto-título – "Cadeiras Proibidas" – corresponde estruturalmente aos fatores determinantes do fragmento do Arquíloco:

> Os homens não bateram, porque há muito naquela cidade ou país, a polícia não precisava bater para entrar.
> Não traziam mandados judiciais, porque há muito os mandados tinham perdido a razão de ser. Não havia o estado de direito. Havia o estado, não o direito. (Brandão, 1976, s.p.)

Se em Arquíloco a onipotência de Zeus interdita a luz solar, gerando, como consequência, o transtorno da ordem natural, aqui a olímpica vontade do "estado" na sua forma repressiva, proíbe o "estado de direito", tendo como resultado o transtorno ou perversão da ordem jurídica. Deste modo, a onipotência de Zeus equivale à onipotência do "estado", e o transtorno ou perversão da ordem natural se correlaciona com o transtorno ou perversão da ordem jurídica. Ao eclipse natural da luz solar, corresponde, por conseguinte, o eclipse social da ordem jurídica.

É nesse contexto histórico e social obscuro, gerado pela suspensão da ordem jurídica, que começam a surgir os "adynata" nos eventos da vida, como o não bater para entrar e a ausência de mandados judiciais para buscas e apreensões. E o diálogo entre o policial e o Chefe de Família retrata – para usar um prefixo orwelliano – a "novi-normalidade", que vem caracterizar o mundo às avessas instaurando: "– Inspeção de rotina, comunicou o dono da casa, voltando para terminar a sopa, indiferente à súbita invasão", o qual vai crescendo de intensidade em absurdo, à medida que o leitor vai acompanhando o desenrolar do conto. O contraste entre as nações, que colidem por natureza, e o impossível instaurado, nascido dos princípios contrários ao possível, brotam a cada passo do inusitado diálogo entre o chefe dos homens e o "dono da casa", como no momento em que este é intimado a comparecer ao distrito policial.

– Está bem. Me dê a notificação.
– Que notificação?
– De que os senhores estiveram aqui.
– Mas não estivemos aqui.
– Não estiveram? Ainda estão.
– Não estamos. O senhor nunca nos viu.

E o proprietário da casa tenta entender a "novi-lógica":

– E se eu não me apresentar?
– Voltaremos aqui.
– E então?
– Ou melhor, viremos aqui, mas não estaremos aqui.
– Não sei se o senhor compreende.
– Compreendo bem. É assim: eu estou livre, mas não estou. Não é?
– Perfeito. Se todos fossem como o senhor, a nossa atividade seria bem mais fácil. Não temos encontrado entendimento. Sabe o que me disse um homem do andar de baixo? Isto não tem lógica. Vocês não podem estar, estando. Aí, eu disse: pois estou, e não estou.

Vendo na familiaridade da confidência uma possibilidade de aproximação, o proprietário da casa tenta democratizar a "novi-lógica":

– Vamos ver se entendo melhor. O senhor fez, mas não fez.
– Exatamente.
– E se aplicasse o mesmo critério a esta cadeira? Ela existe, mas não existe. Não existindo, não estou incorrendo em nenhuma falta grave. Existe, mas não existe uma proibição para se usar cadeiras, não é?

Colocado perante as consequências democráticas da "novi-lógica", o seu guardião desvenda o mecanismo binário, exclusivo do funcionamento do "novi-sistema":

– A proibição de usar cadeiras existe. As cadeiras é que não podem existir. O sim é para nós, o não para vocês. Nós somos o positivo, o povo o negativo.

Nesse processo unilateral de divisão dos morfemas positivo e negativo da língua evidencia-se a relação opressora do "estado" em face da sociedade civil. E à "novi--lógica" corresponde uma "novi-língua", ou melhor, esta é a expressão daquela.

A apropriação exclusiva do morfema positivo da língua por parte do "estado" confere a este a condição de sujeito, reduzindo o "outro", pela violência, à mera condição de objeto. Da perspectiva do "estado", a ele cabe o papel de agente impositor e ao "outro" só lhe resta o papel único de cumpridor de suas determinações, como paciente de sua proscrevendo-se com isto qualquer possibilidade de interação dinâmica entre os parceiros do contrato social. A hipertrofia do sujeito tem como correlato a atrofia do "outro" nessa "novi-realidade" em que a "confusão" e "ausência de clareza" funcionam eficazmente ao desorganizar os pontos de referência, com a supressão do "estado de direito":

– Quer dizer que não posso alegar que vocês não estiveram aqui?
– Não, porque entre nós sabemos que estivemos. Isto é o que conta.
– Estou confuso.
– E é para ficar, não queremos nada claro.

É evidente que o sujeito da enunciação – o narrador – ao organizar o "mundo às avessas" não o faz, conforme já mostrou certa vez Émile Benveniste com objetividade. Aqui sua postura é a de um denúnciador, de um censurador da "novi-situação", conforme atestam reiteradas intervenções no curso do relato. A uma possível crítica que pudesse sofrer o dono da casa, quando recebe com "indiferença" a inspeção de rotina (em termos do direito abolido, uma violação de domicílio), o narrador corrige: "É que a indiferença significava apenas impotência".

Nesse sentido, pode-se dizer que a narrativa "Cadeiras Proibidas" (Brandão, 1976) caracteriza-se, no plano do enunciado, pela instauração de um "mundo às avessas" mediante "adynata", onde prevalece o "novi", e, no plano da enunciação, pela denúncia dos responsáveis por esse "mundo perverso", denúncia esta que coexiste com a simpatia pelas vítimas impotentes da supressão do "estado de direito".

Essa atitude do narrador poderia ser apodada de simpatia, na medida em que se fundamenta em dois princípios rígidos: a censura do "estado" e a defesa do "estado de direito". Sucede, porém, que o narrador não se pode dar ao luxo de matizar um universo, cujo plano do enunciado se escora num estreito maniqueísmo, com a distribuição marcada dos morfemas positivo e negativo da língua. Para empenhar--se contra o binarismo do plano do enunciado só resta ao narrador atuar, no plano da enunciação, com a inversão das categorias dominantes no "mundo às avessas".

Assim, ao binarismo da "novi-ordem", o narrador responde com um binarismo de sinais trocados de sua militância em prol do "estado de direito".

Definida a leitura do conto "Cadeiras Proibidas", é possível afirmar que os outros contos constantes do volume constituem, no geral, variações das invariantes desse texto de abertura. Sob o signo do "estado", que aboliu "o estado de direito", as personagens das 23 narrativas restantes degradam-se à condição de "homens", cuja natureza ou consciência se encolhe com adjunção de mecânico atributo. Esse encolhimento da essência humana pela aderência de um predicado constitui o principal traço desse "mundo perverso", de que cada conto constitui um fragmento. A materialização disto tem-se nos títulos dos contos.

Com exceção do conto que dá título ao volume, a composição dos títulos dos outros 23 contos é constituída pelo substantivo "Homem", ao qual se agrega uma oração subordinada adjetiva. Da óptica normal da língua, isto é, do ângulo do "estado de direito", tal procedimento poderia ser resumido na fórmula: substantivo + adjetivo. Do ponto de vista semântico normal, isto significa que a substância sofre ligeira alteração com a junção do adjetivo, que, por sua natureza de mero atributo acidental, acrescenta ao substantivo uma qualidade restrita, porém, transitória e contingente.

Mas a leitura dos contos contraria essa expectativa. Os textos não são regidos pela ordem do "estado de direito", mas sim pela "novi-ordem", isto é, pela avessia e pelo "mundo perverso". Assim, da perspectiva da "novi-ordem", o adjetivo perde sua natureza de elemento modificante circunstancial para se inocular na própria substância do "homem", tornando-os, pela negação, seres obsessivamente tomados pelo qualificativo, inscrito inerentemente pela opressão. E a diferença que havia no plano normal da língua entre substantivo e adjetivo é também negada, abolindo-se deste o seu caráter restritivo, restando-lhe como único traço o caráter "explicativo", que denota a "novi-substância" inoculada pela pressão.

Nesse sentido os 23 contos são um desfile, uma galeria de autômatos, endemoniados na armadura da "novi-substância". No universo da obra não há mais "homens" pura e simplesmente. Há, isto sim, os "novi-homens", reduzidos nos títulos: Os homens que contavam; Os homens que se transformavam em barbantes; O homem que queria informações; O homem que devia entregar a carta; O homem que espalhou o deserto; O homem e as pedras que gritavam; O homem que viu os postes se dobrarem; O homem que queria eliminar a memória; O homem que telefonou para ele mesmo; o homem que perdeu as letras do livro; O homem cuja orelha cresceu; O homem que dissolvia xícaras; O homem que atravessava portas de vidro; O homem que decidiu investigar; O homem que observou a reunião; o homem que as meninas idolatravam; o homem que viu o lagarto comer seu filho; o homem que resolveu contar apenas mentiras; O homem que compreendeu; O homem que liquidou; O homem que descobriu o dia da negação; o homem que procurava a máquina; Os homens que receberam visitas.

Mas será que o livro de contos de Ignácio de Loyola Brandão (1976) não faculta uma clave de leitura mais ampla que, sem abolir o signo do unilateral direito do "estado", incorpore-o e leve a obra para uma instância mais abrangente de visão contundente do real?

Num dos ensaios de seu livro, *Literatura e mudança,* Dieter Wellerrshoff (1969, p.33-45) escreve que a esfera do privado é o depósito de lixo da racionalidade tecnológica. A vida individual, continua ela, que não pode ser colocada a serviço do processo de produção organizado com objetivos racionais, ou que possa perturbá-lo, é atirada num espaço extraterritorial, onde ela pode diferenciar-se em compensações quaisquer e inconsequentes.

Nos textos de Loyola não há lugar para a "privaticidade", pois os "novi-homens" procedem como autômatos, como se fossem produtos finais de uma transtornada produção em série, marcada por uma racionalidade binária pervertida.

Desprovidos de qualquer possibilidade de opção, desnaturados no papel que lhes foi imposto, esses "novi-homens" carecem de qualquer individualidade, de qualquer liberdade, e trilham o caminho de sua obsessão, introjetada pela onipotência do direito unilateral do "estado" pretensamente racional.

Conforme já disse, tanto o "adynaton" quanto o "topos" do mundo às avessas tendem a ocorrer em épocas historicamente perturbadas. Em razão disso, pode-se afirmar que não é por acaso que a obra foi publicada em 1976, quando se definiu melhor o "outono em declínio" do processo de arbítrio com pretensões tecnocratizantes, de cuja crise não se abriram ainda todas as possibilidades para uma "primavera em flor".

Referências

BRANDÃO, I. de L. *Cadeiras proibidas*. São Paulo, Símbolo, 1976.

CURTIUS, E. R. O mundo às avessas. In: _____. *Literatura europeia e Idade Média latina*. Trad. de Teodoro Cabral e Paulo Rónai. Rio de Janeiro. Instituto Nacional do Livro, 1957.

WELLERSHOFF, D. *Zu privat/Über eine Kategorie der Verdrändgerung*. Köln: Kiepenheuer & Witsch, 1969. p. 33-45

O feijão e a publicidade[1]

Uma das vertentes mais significativas da literatura moderna é constituída por um conjunto de textos literários com nítida função de crítica social, como a lírica política, o poema narrativo moderno, a canção de protesto, as formas do teatro épico e do absurdo, a parábola, o grotesco, a sátira, a paródia, o anticonto de fábulas. Sua forma de expressão é caracterizada por um desvio da norma literária ou social, pela tendência à desintegração da ideologia dominante, pela ruptura com as convenções petrificadas e os clichês correntes, visando ao desvelamento dos mecanismos de manipulação da língua e da imagem.

Essas modalidades de textos literários instauram um novo modelo de comunicação, solicitando do receptor não uma postura empática e afetivamente identificadora com o texto, mas uma atitude atuante e interveniente no ato da leitura. Resulta essa nova atitude receptora da contradição em que se fulcra o texto, organizada conscientemente pelo autor no modo de formar a obra.

Estudando as características dessas modalidades de textos da perspectiva do ensino literário, Hans Kügler elaborou em sua obra *Literatur und Kommunikation* um modo de exploração da leitura, cujo traço de base é o da conformidade estrutural entre o modo de formar e o modo de recepção. A esse modo de exploração de leitura denominou modo de exploração de leitura de base dialética (Kügler, 1971, p.146-169; 1975, p.150-173).

Sem pretender dar uma visão integral do modo de exploração de leitura de base dialética bem como de suas implicações no ensino, tal como o fez Kügler, convém salientar, das propostas desse autor, que a nova estrutura da comunicação, estatuída pelos textos com função de crítica social, apresenta como elemento mais signifi-

---
[1] Publicado originalmente em: Revista *Letras*, São Paulo, v.23, p.49-62, 1983.

cativo a função dialética, caracterizada pela atividade do receptor no processo de comunicação. Sua atividade é estimulada para o contraditório por meio do modo de representação e pelo conteúdo do representado, os quais fazem com que ele, graças a sua atitude interveniente e crítica, aprenda e, ao mesmo tempo como aprendiz, se torne um "parceiro de reflexão" do autor. Tal atitude interveniente e crítica resulta do processo dialético da aprendizagem, que Kügler, repensando as considerações de Bertolt Brecht sobre o efeito de estranhamento, resume em três fases.

Na primeira fase, segundo Kügler, a atenção do receptor é dirigida para a coisa imediatamente existente, isto é, para o objeto da representação, o qual aparece como algo conhecido, comum, cotidiano, apresentando-se no seu modo de ser habitual. Na segunda fase, o objeto da representação aparece num segundo momento de representação, surgindo ante o receptor tão estranhado, como algo "incompreensível", contrapondo-se, portanto, ao seu modo de ser habitual e cotidiano. Esse contraste com seu modo de ser habitual pode ser produzido de diversas maneiras: pela simples mudança de contexto (deslocamento de contexto) ou pelo aparecimento do objeto sob uma nova forma de focalização (procedimento de mudança de perspectiva); pela mudança rápida de posição do objeto no contexto rotineiro; pela mudança de função do objeto, como, por exemplo, o desvio de seu uso normal para outro uso. A terceira fase é caracterizada pelo processo de reflexão do receptor, resultante do desvio do objeto de suas representações rotineiras, e se realiza sob a forma de proposição e contraproposição, a qual dura até que o desvio da norma representado pareça necessário e significativo, isto é, em um contexto engendrado por meio do esforço do pensamento. O objeto, estranhado por meio da reflexão do receptor, recebe um significado desconhecido até então e pode ser submetido a uma explicação fundada teoricamente.

Vistas as três fases dialéticas do processo da aprendizagem faremos agora uma tentativa da aplicação ao estudo da letra de uma canção de protesto da música popular brasileira, buscando evidenciar seu caráter de texto com função de crítica social no quadro da sociedade brasileira.

De autoria de Luís Gonzaga Jr., Gonzaguinha, "O preto que satisfaz" (1978) pertence, em sua versão original, ao *long-playing* "Gonzaguinha da vida/você se lembra daquela maluca que desfilou nua pelas ruas de Madureira?" Sexta faixa do lado 1, tornou-se popular depois que, em gravação de As frenéticas, constitui-se em abertura da telenovela de Bráulio Pedroso, *Feijão Maravilha*, da Rede Globo de Televisão.

O texto é seguinte:

Dez entre dez brasileiros
Preferem feijão

5	Esse sabor bem Brasil
	Verdadeiro fator de união da família
	Esse sabor de aventura
	O famoso pretão maravilha
	Faz mais feliz
	A mamãe, o papai, o filhinho e a filha
	Dez entre dez brasileiros
10	Elegem feijão
	Puro, com pão, com arroz, com farinha, ou com macarrão
	E nessas horas esquecem dos seus preconceitos
	Gritam que esse crioulo
	É um velho amigo do peito
15	Feijão tem gosto de festa
	É melhor e mal não faz
	Ontem, hoje e sempre
	Feijão, feijão, feijão
	O preto que satisfaz

(Gonzaga Junior, 1978)

Como vimos, o modo de recepção de base dialética compreende um processo de aprendizagem que se desenvolve em três fases: o apoio à atenção do receptor para a coisa diretamente existente, em seu modo de ser habitual, que é o objeto da representação; o estranhamento desse objeto representado; e reflexão do receptor.

No texto de Gonzaguinha, há dois elementos, para os quais é chamada, desde as primeiras audições da música, a atenção do receptor: um é o "feijão", de que se falará inicialmente; o outro será denominado e caracterizado após o enfoque do "feijão".

A concepção familiar, que se tem de "feijão", é a de que ele se tem constituído tradicionalmente na base da alimentação do homem brasileiro, sobretudo das camadas populares do país. Sua presença indispensável e obrigatória, pelo menos historicamente, na mesa diária das camadas sociais desprivilegiadas pode ser confirmada, por exemplo, em algumas frases feitas como:

- "pôr mais água no feijão", que significa: aumentar a comida, quando se recebe visita inesperada, que acaba ficando para o almoço ou jantar;
- "ser feijão com carne-seca ou feijão com arroz", com o sentido de "coisa trivial, de todo dia". (O feijão com carne-seca ou com arroz é ou foi a comida diária do povo brasileiro);
- "o feijão está caro": aviso a quem comunica noivado. (Nascentes, 1966, p.126)

Nessas frases feitas fica claro que, ao lado da acepção historicamente dominante de comida, de alimento de nutrição básica, o "feijão", por isso mesmo, tem sentido de coisa banal, corriqueira, habitual, cotidiana, o que lhe confere o significado de coisa não percebida conscientemente, apreendida automaticamente e desfrutada mecanicamente.

Com a eleição do "feijão" como objeto ou assunto da música, chama-se atenção para esse alimento na sua acepção normal no código da língua portuguesa no Brasil e no universo da cultura nacional. Desse modo, se realiza a primeira fase do processo dialético da aprendizagem.

Isoladas as acepções normais e familiares, passemos agora a segunda fase, quando o objeto da representação aparece no segundo momento, isto e, quando ele passa pelo efeito de estranhamento. Nesse segundo momento, ele é posto ante o receptor pelo modo de formar do texto como algo "incompreensível", em oposição ao seu modo de ser habitual. Essa oposição já abre para a terceira fase: o choque entre a norma linguística e cultural e o uso no texto, que engendra a reflexão no receptor.

O processo de estranhamento do "feijão" se dá por meio de um discurso instaurado pelo texto, que se materializa em um elenco de expressões, as quais atribuem a "feijão" uma série de traços. Tais traços consideram-no um produto alimentar:

– de preferência total e absoluta no espaço nacional (Dez entre dez brasileiros preferem/elegem feijão – vv.1, 2 - 9,10);

– enraizado no gosto nacional, como algo telúrico (Esse sabor bem Brasil – v.3);

– de integração familiar (Verdadeiro fator de união da família – v.4);

– de caráter "maravilhoso" – heroico (Esse sabor de aventura famoso pretão maravilha – vv.5,6);

– onipresente na dieta nacional por seu consumo solitário, ou em combinação com outros produtos alimentares (Puro, com pão, com arroz, com farinha ou com macarrão – v.11);

– que desencadeia a euforia, a festa (Feijão tem gosto de festa – v.15);

– dotado de qualidade salutífera, como diria Rocha Pita (É melhor e mal não faz – v.16);

– dotado de uma dimensão atemporal ou melhor trans-histórica (Ontem, hoje e sempre/Feijão, feijão, feijão – vv.17-18);

– que elimina a carência e instaura a abundância (Feijão/O preto que satisfaz – v.19).

Examinados os traços até aqui isolados, é possível perceber que eles podem ser agrupados em função de alguns elementos mais gerais: o "feijão" como alimento, uma espécie de invariante; o "feijão" como elo da família e do país; e o "feijão" como desencadeador de um estado de euforia, de entusiasmo, o qual é caracterizado pela integração plena e total dos indivíduos, da família e da nacionalidade numa solidariedade festiva e fruitiva. Assim, a presença do alimento feijão como invariante funciona como uma espécie de eixo concreto em torno do qual gira a plenitude alimentar e a solidariedade entre os homens.

Além dessa dimensão utópica, alicerçada concretamente na eliminação da fome pela fartura do alimento do alimento de nutrição básica, o texto explora ainda um outro aspecto do "feijão" com nítidas implicações étnicas e sociais. Essas implicações se assentam na escolha do feijão-preto. A cor "preta" é, no plano do texto, não só um mero qualificante de uma variedade de feijão: é sobretudo a expressão da etnia que constituiu outrora, no dizer de Antonil, "os pés e as mãos do senhor de engenho" e hoje forma talvez o maior contingente de nossas camadas populares e proletárias. Embora historicamente o emblema do trabalho na cultura brasileira, a etnia negra sofreu ao longo de nossa evolução não só uma opressão de ordem econômico-social, mas também de ordem racial, expressa no preconceito de cor. Em razão desses fatores, resultou um ostensivo ou latente recalque dessa cor e dos componentes étnico-sociais e a ela ligados, no plano da cultura nacional, com um esboço de redenção só se dando a partir do Modernismo, sem que isto se tenha alcançado de modo satisfatório. Do ponto de vista social os resultados são ainda mais desalentadores.

Ora, a exploração pelo texto da acepção étnico-social da palavra "preto" – (v.6 – "O famoso pretão maravilha"; v.12-14 – "E nessas horas esquecem dos seus preconceitos / – Gritam que esse crioulo/ É um velho amigo do peito"; v. 18 – "O preto que satisfaz") – redime esse traço recalcado da nacionalidade, integrando-o na dimensão festiva e solidária, fundada pela invariante alimentar. Aí estão ausentes a fome, as barreiras de raça e de classe e presentes a abundância e a união da comunidade nacional.

Do ponto de vista do mecanismo de reflexão, desencadeado pelo texto, torna-se claro que há um efeito de contraste, de choque entre as concepções habituais existentes sobre o alimento – feijão – e sobre o elemento étnico-social – preto – e as concepções estranhantes de ambos. Essa contradição é produzida pelo desvio do alimento e da cor de suas representações rotineiras, as quais recebem um significado insólito pela interação entre o modo de formar do texto e o esforço de pensamento do receptor, estimulado por aquele. Com isto estamos em plena terceira fase do processo de aprendizagem: o receptor se converte em parceiro de reflexão do emissor, indispensável para que seja realizado o significado do texto.

Ao discurso centrado no alimento e na cor, que parte da concepção habitual desses elementos, passa pelo estranhamento de ambos e gera a contradição, estimulando a reflexão do receptor, convém dar o nome de panegírico concreto, pois ele faz o louvor e a exaltação de elementos palpáveis e indispensáveis na nutrição e na esfera do trabalho, quer historicamente, quer no momento atual brasileiro. Esse panegírico concreto, que faz a apologia do preto – feijão e cor – elabora um mundo que atinge, como já se viu, uma dimensão utópica.

Talvez fosse conveniente precisá-lo melhor. Por seu centramento no gozo, na fruição e no usofruto de um prazer pleno, resultante do saciar da fome, esse mundo instaurado parece próximo de um país de conto de fadas, ou melhor, daquele País das Delícias ou País da Cocanha que os alemães chamam de "Schlaraffenland". É interessante que essa dimensão fabulística, instaurada pelo panegírico concreto, encontra respaldo na acepção ampla da palavra feijão na língua portuguesa do Brasil, conforme assinala Aurélio Buarque de Holanda em seu dicionário. Como acepção ampla de feijão registra ele: "O alimento; o pão; o pão de cada dia", e cita como exemplo a frase: "Graças a Deus, lá em casa nunca falta feijão" (Holanda, [s.d.], s.p). Nesse sentido amplo e simbólico, o "feijão" substitui, no plano da cultura nacional, o elemento nutritivo e simbólico da cultura ocidental, a que pertencemos, a saber, o bíblico trigo.

Da perspectiva da dialética do local e do cosmopolita, que segundo Antonio Candido rege nossa evolução espiritual (Candido, 1973, p.109-38), o feijão se apresenta, então, como a expressão da particularidade brasileira no nível alimentar, no quadro geral da cultura ocidental. Em síntese, ele é um traço localista, o elemento diferenciador, a variedade que nos caracteriza no âmbito da cultura geral, do ponto de vista da nutrição.

Já do ponto de vista étnico-social, o preto, por sua condição histórica de emblema do trabalho e por suas contribuições relevantes no âmbito da cultura popular e da nutrição, constitui também uma expressão do dado localista, uma espécie de tempero diferenciador não europeu de nossa cultura no plano da cultura ocidental, a qual estamos placentariamente ligados.

Assim, quando dissemos que o panegírico concreto elabora do Brasil uma visão de País das Delícias ou da Cocanha alicerçado no feijão-preto, estávamos querendo dizer que a sua plasmação se caracteriza por um enraizamento em elementos típicos do país em termos de nutrição e dos componentes étnicos-sociais. Mas essa recuperação, ou talvez melhor, essa redenção desses dados localistas diferenciadores se dá justamente pela incorporação de um modo de formar e de um modo de provocar o receptor, elaborado na vertente cosmopolita da cultura geral a que estamos ligados, em especial às teorias e às realizações do poeta e dramaturgo alemão Bertolt Brecht.

Resumindo, podemos dizer que o panegírico concreto, enquanto discurso e enquanto visão, se estriba, do lado temático no dado local, e do lado da expressão, no dado cosmopolita, resultando dessa dialética a fundamentação para a criação de uma dimensão fabulística do país – o País das Delícias ou da Cocanha –, farto e satisfeito alimentarmente, integrado e solidário étnica e socialmente.

Mas as expressões, de cujos traços isolamos os elementos para definir o discurso e a visão panegericais concretas, em que se conduzem o feijão-preto e a cor preta à apoteose, merecem ser observadas mais cuidadosamente, pois elas nos levarão a conhecer e configurar adequadamente o segundo elemento do texto, que ganha realce, e para o qual é também chamada a atenção do receptor logo nas primeiras audições da música.

Para se chegar a esse segundo elemento, é necessário que o receptor parta do processo de estranhamento do "feijão" e da "cor preta", instaurado pelo modo de formar do texto.

Retomemos algumas das expressões:

– vv.1.2.9.10
   Dez entre dez brasileiros
   Preferem/elegem feijão
– v.3   Esse sabor bem Brasil
– v.5   Esse sabor de aventura
– v.11   Puro, com pão, com arroz,
         com farinha ou com macarrão
– v.15   Feijão tem gosto de festa
– v.16   É melhor e mal não faz
– v.19   O preto que satisfaz

Essas expressões, o receptor as recebe como mais ou menos familiares, habituais, ou rotineiras, mas não como qualificadoras do "feijão-preto". Ligadas a esse produto alimentar, elas lhe parecem deslocadas no texto, violentadas nas suas relações semântico-sintáticas, inadequadas para essa coisa trivial e cotidiana.

Nesse sentido, o texto nada mais faz do que provocar a reflexão do receptor e estimular-lhe a atividade de compreensão. A constatação da estranheza conduz o receptor à busca do texto original, ao qual elas pertencem, visando a restaurar-lhes a familiaridade, inexistente na ocorrência no texto musical. Esse processo, desencadeado pelo texto musical, nada mais é do que o estímulo para que o receptor reencontre as antíteses implícitas no discurso que chamamos de panegírico concreto. Explicando melhor: o traço dominante desse processo, estimulado pelo texto, é a "provocação semântica", que põe em ação a capacidade intelectiva do receptor, conduzindo-o a reconhecer, em cada expressão estranhada do panegírico concreto, a expressão antitética implícita, no seu quadro de referência original, isto é, no seu texto original.

Os vv.1, 2, e 9, 10 (Dez entre dez brasileiros/Preferem/Elegem feijão) são por exemplo a modificação mínima, mas significativa, do *slogan* publicitário, bastante difundido, que tem por objeto habitual o sabonete Lux – "Nove entre dez estrelas do cinema usam Lux" –, cujo intuito é desencadear a compra daquele produto de higiene e "beleza", fabricado pela Indústria Gessy-Lever.

Os versos 3, 4 e 14 (Esse sabor bem Brasil/Esse sabor de aventura; O preto que satisfaz) apontam para os *slogans* publicitários de três marcas de cigarros: "Continental, sabor bem Brasil"; "Arizona, sabor de aventura"; "Chanceler, o fino que satisfaz", rotineiros nos veículos de massa. As três marcas de cigarro são produzidas por empresas multinacionais: a Souza Cruz e a Philips Morris, aliás como o é também a Gessy-Lever.

Já o verso "Puro, com pão, com arroz, com farinha ou com macarrão" remete aos *slogans* publicitários de bebidas do tipo Campari, Steinhäger, Underberg ou uísque, que induzem à fruição desses aguardentes sob a forma pura ou combinada: "com gelo", "com soda", "com limão", "com seu refrigerante preferido" ou outros ingredientes. A mera enunciação das marcas e dos produtos já diz de sua origem estrangeira e indicam também os grupos empresariais que os produzem: as multinacionais.

Mas não são só os produtos de higiene e "beleza", nem só o proveniente do tabaco, nem ainda as bebidas, todos produzidos por empresas estrangeiras e objetos de intensa publicidade, que vão sendo reconhecidos nas antíteses das expressões que caracterizam o discurso que exalta o "feijão preto". A esse conjunto pertencem ainda: um produto situado na chamada esfera dos alimentos enlatados, o corante de leite Nescau – "Nescau tem gosto de festa" –; um produto farmacêutico, "Melhoral é melhor e não faz mal". Ambos produzidos respectivamente por uma multinacional suíça, Nestlé, e pela indústria farmacêutica, majoritariamente de extração estrangeira.

Outros *slogans* publicitários podem também ser incluídos nesse conjunto. Os versos 4 e 5 – "Verdadeiro fator de união da família/Faz mais feliz a mamãe, o papai, o filhinho e a filha" – remetem respectivamente às chamadas religiões eletrônicas e ao altruísmo eventual que em certas ocasiões invadem os meios de comunicação de massa. No primeiro caso "Verdadeiro fator de união da família" – o receptor reconhece implicitamente o leme "Família que reza unida permanece unida". O segundo – "Faz mais feliz o papai, a mamãe, o filhinho e a filha" – é reencontrável nas campanhas natalinas ou nas chamadas campanhas de solidariedade, cuja pretensão é minorar a situação dos que são rotulados fatalisticamente de "desprotegidos da sorte" ou de "menos afortunados". Os *slogans* publicitários dessas campanhas, ligadas em muitos casos aos interesses comerciais, são em geral do tipo "Faça uma criança (o papai, a mamãe) feliz (sorrir) (nesse Natal, no dia das mães, dos pais)", calcados em modelos publicitários externos e/ou promovidos por frações dos grupos dominantes nacionais.

E, finalmente, completa esse conjunto, ao lado de sabonetes, cigarros, bebidas, do altruísmo eventual e convencional das campanhas das ditas religiões eletrônicas, um *slogan* publicitário, engendrado pelo poder político autoritário, dominante no Brasil há mais de três lustros. É o "Ontem, hoje e sempre: Brasil", elaborado pela Assessoria Especial de Relações Públicas, órgão do Poder Executivo. A inclusão dessa divisa governamental, no conjunto das mercadorias materiais e espirituais, vincula intimamente o poder político e o regime autoritário brasileiros a elas e aos seus produtores, convertendo-os em aliados solidários num mesmo projeto. A isso chega o receptor por meio da "provocação semântica" instaurada pelo texto, ao levar ao reconhecimento, no estranhamento em que se alicerçou a apoteose do feijão-preto, das antíteses latentes nas expressões que lhe servem de suporte.

Mas a reflexão do receptor, parceiro do emissor no processo de deslindamento da significação do texto, uma vez posta em ação pode ser remetida a instâncias mais profundas de compreensão do texto original, onde as expressões estranhadas no texto musical se inserem com familiaridade. Isto é conseguido por meio da caracterização da linguagem publicitária, cujos traços veiculam os reais interesses da aliança entre os grupos multinacionais, a "bela alma" dos grupos dominantes e o poder político nacionais.

Entende-se por propaganda ou publicidade[2] a comunicação persuasiva que, por meio de um conjunto de técnicas e atividades de informação e persuasão, destina-se a influenciar as opiniões, os sentimentos e as atitudes do público num determinado sentido. É uma ação planejada, desenvolvida através de veículos de comunicação para a divulgação das vantagens, das qualidades e da superioridade de um produto material ou espiritual, como sabonetes, cigarros, bebidas, no primeiro caso, e ideias, crenças, instituições, doutrinas, no segundo caso. Tanto no que tange aos produtos materiais, quanto no que se refere aos produtos espirituais o objetivo da publicidade é claro: ela pretende vendê-los.

As técnicas de persuasão e o objetivo de venda da publicidade se inserem no mecanismo geral da oferta e da procura (da produção e consumo), onde ela procura não só despertar necessidades, mas também satisfazê-las. Por isso, os produtores procuram, por meio de marcas, tornar as mercadorias capazes de concorrência no mercado, no geral saturado e em mãos de grandes grupos econômicos, e aptas para serem aceitas socialmente. As mercadorias possuem um duplo valor: um valor de troca para o produtor, isto é, o produtor quer trocá-la por dinheiro; e um valor de uso para o consumidor, isto é, o consumidor deseja por meio da mercadoria satisfazer suas necessidades.

---

[2] Sigo aqui as formulações de Wolfgang Fritz Haug em sua obra *Kritik der Warenästhetik* (Haug 5), resumidas por Fridolin Haugg (Berger et al.), dos quais dou aqui uma tradução livre.

Para converter a mercadoria em dinheiro, o produtor lança mão da publicidade, a qual por sua vez, trabalha-a para torná-la aceitável no mercado e na sociedade. A forma mais difundida para lograr esse objetivo é a chamada "estética da mercadoria" (Warenästhetik). A estética da mercadoria promove o embelezamento, a maquilagem e cosmeticização da mercadoria por meio de palavras e imagens. Sua função é ocultar a perspectiva do produtor, voltada para o valor de troca, e dar realce à perspectiva do consumidor. Esse realce é buscado na medida em que a estética da mercadoria carrega enfaticamente, não no valor de uso em si, mas sim nas promessas do valor de uso da mercadoria. As promessas do valor de uso do produto se fulcram na construção da "imagem" do produto material ou espiritual. Mas quem determina a imagem da mercadoria é o produtor, o qual define o que deve ser considerado belo e desejável para o consumidor.

Todo esse sistema, que vincula o embelezamento da mercadoria aos reais interesses do produtor, tende a se cristalizar sinteticamente na frase medular da linguagem publicitária: o *slogan* publicitário, o qual enlaça fortemente a mercadoria a uma frase feita que, pela reiteração, deve ser memorizada pelo consumidor e desencadear o ato de compra dos produtos materiais ou a identificação e aceitação dos bens espirituais. A estratégia da publicidade pode ser resumida na sigla *AIDA*, em que *AI* significa despertar atenção e interesse; *D* criar o desejo; *A* desencadear a ação de compra.

Da perspectiva da estética da mercadoria, que atua segundo a estratégia da sigla *AIDA*, para construir a "imagem" da mercadoria e ocultar o valor de troca, o ser humano não é concebido como um ser dotado de consciência crítica (pensamento), por meio do qual é capaz de conduzir normalmente e com acerto a sua vida, mas sim é concebido como um mero consumidor. Tal fato foi com muita felicidade sintetizado por Wolfgang Fritz Haug (1977), ao reescrever a famosa frase de Descartes – Penso, logo existo – nos seguintes termos: "Consumo, logo existo".

Na medida em que a publicidade concebe o ser humano descentralizando-lhe a razão, procura movê-lo ao consumo por meio da manipulação de padrões de identificação. Essa redução do ser humano a sentimentos, à "irracionalidade" tem reflexos sobre o próprio processo de comunicação dos anúncios publicitários. A comunicação torna-se artificial, pois o que se pretende não é uma comunicação humanizadora e crítica com o receptor, mas sim que este compre a mercadoria. Com isto, a mercadoria passa a primeiro plano do processo de comunicação, isto é, a mercadoria é a mensagem, pois no cerne do contacto lá está ela lançando seus olhares sedutores para o receptor/consumidor. A comunicação torna-se, assim, reificada.

Essas rápidas informações sobre a publicidade e sua linguagem permitem agora que retornemos ao ponto em que paramos. Qual é, segundo o texto, o projeto, para a comunidade nacional, do conjunto formado por empresas multinacionais, pelo altruísmo circunstancial dos grupos dominantes, pela "espiritualidade verbal" das ditas religiões eletrônicas e dos comerciantes e pelo poder político autoritário?

Parece claro agora que o projeto desse conjunto visa a camuflar os seus reais interesses de classe – o valor de troca; suas concretas vantagens materiais ou não materiais – por meio de uma imagem cosmeticizada e imposta como desejável, cristalizada nas promessas de valor de uso. Como consequência dessa atitude, decorre uma visão da comunidade nacional como um conjunto de seres humanos reduzidos a uma caixa de ressonância emocional que emite os sons de uma máquina registradora de supermercado, e como tal é apodada por eles mesmos, os donos do poder, como seres caracterizados pela menoridade, aquém da idade da razão, incompetentes para definir um projeto próprio, "não preparados" para exercer suas funções de cidadãos. E uma vez que assim é, segundo eles, cabe a eles, a elite desempenhar essas tarefas e exercer esses direitos. Mas, ao mesmo tempo em que o conjunto formado pela aliança de elementos alienígenas e nacionais buscam por meio desses procedimentos preservar seus reais interesses, julgando-se livres da reificação, esta acaba por envolvê-los, sem que eles disso tenham ou possam ter consciência, o que significaria no limite ultrapassar sua consciência de classe, com a consequente desestruturação deles próprios como grupos hegemônicos.

Antes de prosseguir, façamos uma breve recapitulação. Para chegar a este ponto do estudo do modo de recepção de base dialética, no texto "O preto que satisfaz", partimos de dois elementos, para os quais é chamada a atenção do receptor logo nas primeiras audições da música: o feijão preto e os produtos materiais e não materiais veiculados pela publicidade. O feijão preto foi visto inicialmente no seu uso normal como elemento nutritivo e a sua cor preta foi observada em função de aspectos étnico-sociais. A seguir, verificou-se o seu estranhamento alimentar e étnico-social no plano do texto musical, para, finalmente, se apreender a reflexão no receptor, desencadeado pelo contraste entre a norma e o estranhamento. Nesse processo de reflexão, desvendou-se a presença de um discurso que se chamou de panegírico concreto, o qual cria uma concepção do Brasil como um País das Delícias ou País da Cocanha, onde se integram festivamente os membros da comunidade nacional na fartura alimentar.

Já os produtos, objetos da publicidade, foram reconhecidos a partir das expressões que caracterizam o panegírico concreto, por intermédio da antítese por elas desencadeada, as quais conduziram à reintegração das expressões, estranhadas no texto musical, aos familiares *slogans* publicitários de origem, onde elas qualificam produtos materiais e espirituais, originários de empresas multinacionais, dos grupos dominantes e do poder político autoritário. Entre as expressões insertas nos familiares *slogans* publicitários e a sua ocorrência no panegírico concreto salta uma contradição, pois as expressões, aplicadas em sua gênese para maquilar produtos e mercadorias marcadas pelo valor de troca e pelas promessas de valor de uso, são deslocadas para predicação de um produto caracterizado por um autêntico valor de uso: o elemento nutriente básico, feijão. A partir desse resumo é possível determinar, então, uma série de outras contradições, que se evidenciam ao se porem em relação à linguagem do texto musical e a linguagem da publicidade.

Há, por exemplo, um contraste marcante entre a concepção do receptor, segundo o observamos da ótica da linguagem do texto musical ou da perspectiva da linguagem publicitária. Para a publicidade, o receptor, e por conseguinte o ser humano, é concebido como um consumidor que se pode mover por meios exclusivamente emocionais, ou melhor, por padrões afetivos e apelativos, para que realize a compra da mercadoria e assim satisfaça menos as suas necessidades do que as necessidades de valor de troca do produtor. Já a linguagem do texto musical entende o receptor, e por conseguinte o ser humano, de uma perspectiva racional, sem menosprezar o elemento afetivo, pois, como diz Robert Musil, ambos desempenham uma função fraterna no ato de pensar. Mas é indubitável que a linguagem do texto musical reconhece, no parceiro da comunicação, sobretudo um ser humano dotado de consciência crítica e razão, as quais se dirigem para transformá-los num companheiro do processo de reflexão e de criação do significado do texto. Assim, enquanto aqui há a procura de uma relação mútua e paritária de dois sujeitos, na linguagem publicitária há a intenção clara de se instaurar uma relação de subordinação, em que o produtor da mercadoria se pretende sujeito e o "outro" é visto como uma coisa sentimental, cuja única função é a de ser conduzido a devorar as promessas do valor de uso, para gáudio do valor de troca. Deste modo, no nível do processo de comunicação de um modo mais geral, a linguagem publicitária se caracteriza por sua condição dissimuladora, uma vez que está centrada na mercadoria. A linguagem do texto musical, por outro lado, busca uma comunicação inter-humana, uma vez que tem por propósito tornar o "outro" um parceiro de reflexão, irmanando emissor e receptor num objetivo de humanização conjunta. Lá o fulcro da comunicação é a mercadoria, aqui, o ser humano.

No que tange aos produtos, a linguagem publicitária visa, por meio da estética da mercadoria, às promessas do valor de uso, determinado pelos reais interesses do produtor. Nesse sentido, a publicidade e a estética da mercadoria se configuram como servas da aliança entre o poder econômico, social e político.

A publicidade instaura também um tipo de discurso e de visão, que se poderia chamar de panegírico, o qual é elaborado pela convergência dos princípios da estética da mercadoria e pelos da estratégia abreviada na fórmula *AIDA*. As mercadorias, submetidas às suas prescrições, remetem também a um País das Delícias ou da Cocanha, para os que os compram, a fim de satisfazer às suas necessidades de valor de uso. Mas pelos implícitos comprometimentos de classe, pelo peso da ideologia dominante em sua elaboração, esse discurso panegirical sobre as mercadorias se funda em falsas bases, caracterizando-se pelo seu caráter abstrato. Nele são louvados os produtos que se inscrevem no âmbito do supérfluo ou do consumo conspícuo, como sabonetes, bebidas, cigarros, enlatados dispensáveis de produtos essenciais e paliativos medicinais, fruídos pela "classe ociosa" (Veblen, 1965) e prometidos a toda a sociedade.

Em oposição a esse discurso da linguagem publicitária, que poderíamos chamar de panegírico abstrato, o panegírico concreto do texto musical exalta um produto de nutrição básica, e uma etnia de enraizamento popular. Aliás, convém acrescentar que a etnia negra está praticamente ausente dos textos publicitários, e quando ocorre é quase sempre em posições sociais subalternas, e, no caso da mulher negra, explora-se o estereótipo de sua sensualidade, de remota raiz escravagista.

Assim, enquanto o panegírico abstrato se caracteriza por ser um discurso ideológico, ligado, portanto, à visão das camadas dominantes, o panegírico concreto se apresenta como um discurso contraideológico, vinculado à visão das camadas populares. Disto decorre uma nítida oposição entre os dois discursos e respectivas visões, configurando-se, por exemplo, o discurso panegirical abstrato e a visão que ele suporta, bem como o País das Delícias ou da Cocanha que ele elabora, pela sua perversidade, quando visto da ótica do panegírico concreto e suas implicações.

Mas não são só esses discursos e visões que estão presentes no texto, implícita e explicitamente. Nele está presente ainda um outro discurso e visão contraideológicos, estribados nas mesmas expressões, que instituem o panegírico concreto: é o discurso paródico[3] e a visão satírica.

A paródia e a sátira se apoiam nos procedimentos sintáticos com que são estranhadas as expressões do panegírico abstrato da linguagem publicitária, cujos traços marcantes são as alterações operadas nas expressões estratificadas dos *slogans* publicitários pelo texto musical, acompanhadas pelo deslocamento de contexto. Exemplifiquemos:

O *slogan* publicitário reza: "Nove entre dez estrelas do cinema usam Lux", o que dá ao enunciado estatístico, de caráter aforístico e sentencioso, o pretenso aspecto de informação e de verdade axiomáticas, dignas de confiança, pois não se menciona aí uma discutível unanimidade, embora a preferência seja de noventa por cento. O texto musical, por outro, diz respectivamente: "Dez entre dez brasileiros/Preferem feijão" (vv. 1, 2); "Dez entre dez brasileiros/Elegem feijão" (vv. 9, 10), referindo-se não só no *slogan* publicitário do sabonete, mas inclusive, se quisermos aprofundar a questão, a outro *slogan* publicitário, o dos cigarros Continental – "Continental, pre-

---

[3] Sobre a paródia ver a obra de KARRER, Wolfgang. *Parodie, Travestie, Pastiche*. München: Wilhelm Fink Verlag, 1977.

ferência nacional". Restringindo-se o enfoque ao sabonete, tais enunciados do texto musical adquirem um valor absoluto, exprimem unanimidade e uma porcentagem máxima, o que equivaleria dizer, em termos convencionais: todos os brasileiros preferem/elegem feijão, ou por similaridade paródica ao *slogan* do Continental: "Feijão, preferência nacional".

Tanto as frases da publicidade quanto as frases do texto musical parecem identificar-se. As proposições soam necessariamente verdadeiras em virtude de uma evidência imediata ou de uma demonstração estatística, que se dá como realizada. Mas essa identificação é só aparente, ou seja, é uma pseudoidentificação, pois entre as frases da publicidade e as frases do texto musical há uma diferença decisiva: nas frases da publicidade o caráter apodítico e estatístico da asserção é impreciso, pois não são fornecidos os elementos comprobatórios concretos em que ela se apoia, indispensáveis por se tratar da afirmação sobre mercadorias, sujeitas à concorrência no mercado, incluída na categoria de bens de consumo supérfluos ou conspícuos, marcadas pelo valor de troca. Nas frases do texto musical, por outro lado, a asserção é claramente apodítica, dispensando qualquer comprovação, tanto por ser uma verdade sedimentada no curso da história nacional, quanto por ser sobre uma mercadoria de consumo vital, marcada pelo valor de uso. Tal fato é óbvio: o feijão não é uma mercadoria sujeita à concorrência no mercado, que necessite ser objeto da publicidade, para ser ofertada com promessas de valor de uso. Além disso, sua procura é bem maior do que a oferta, conforme atestam as crises de abastecimento, com suas tentativas fracassadas de solução via importação.

Todo esse desnudamento da aparência de identidade entre os *slogans* publicitários e as frases do texto musical é obtido pela mera mudança do sintagma "nove entre dez" do *slogan* publicitário para "dez entre dez" das frases do texto musical, complementada pelo deslocamento do texto original das expressões que vão constituir o texto da música. É isto que vai definir o discurso paródico e a visão satírica.

Assim, as alterações dos *slogans* publicitários e o deslocamento das expressões do texto original, que fundamentam o panegírico abstrato da linguagem publicitária, constituem a base dos procedimentos sintático-semânticos da paródia e da sátira. Em termos gerais, talvez se possa dizer, então, que o panegírico abstrato da linguagem publicitária sofre no texto musical, em primeira instância, um desmascaramento por meio da paródia e da sátira, que lhe desvelam a carga ideológica de discurso da classe dominante, pondo a nu não só as promessas de valor de uso, que disfarçam o interesse monetário do produtor, mas também a visão nele embutida. Mas os procedimentos sintático-semânticos da paródia e da sátira, ao mesmo tempo que desestruturam e destroem o discurso e a visão panegirical abstrata, servem como elemento de estruturação e construção do discurso e da visão panegiricais concretas, funcionando, assim, como elemento mediador, que, simultaneamente, nega o mundo artificial e reificado, criado pela publicidade, e abre as possibilidades para a instauração do contraideológico mundo autêntico, alicerçado nas delícias e na fruição, originadas da superação da fome e das barreiras de classe e de cor.

Assim, há no texto três tipos de discurso nos quais se embutem três visões: o panegírico e a visão abstrata; o panegírico e a visão concreta; e o discurso paródico e a visão satírica. Esses três discursos e visões caracterizam-se por um movimento ternário que vai do polo abstrato, passando por uma mediação paródico-satírica até atingir o polo concreto. No polo abstrato situa-se o panegírico e a visão abstrata da linguagem publicitária, com vinculação à classe dominante, que pressupõe como resolvido o problema vital da fome,[4] detendo-se, por conseguinte, num sibaritismo comesticizante e consumista de mercadorias supérfluas e conspícuas, como sabonete, bebidas, cigarros, paliativos medicinais e corantes alimentares; na transfiguração maquiladora de mercadorias espirituais como o altruísmo eventual; e na tintura ufanista e acobertadora das mazelas do subdesenvolvimento.

---

[4] Em todos estes casos [o alimento na poesia do civilizado], como é notório não há vestígio da dimensão fisiológica. Inversamente, o aspecto estético ou simbólico, neles presente, não ocorre na poesia do primitivo, ou pelo menos não ocorre separado do aspecto fisiológico, pois para o primitivo a emoção orgânica da nutrição pode manifestar-se livre e diretamente no plano da arte, sem necessidade de numerosas mediações que o civilizado estabelece entre ambas. Observa-se, ainda, que há uma diferença de função nos dois casos. Para o primitivo, o alimento pode desempenhar um papel genérico de "inspirador", de motor de outras emoções – papel que, para o civilizado, é atribuído a outras realidades, como o amor, a natureza, Deus. E mais ainda: enquanto para o primitivo a emoção é condicionada por uma referência aos alimentos básicos (o leite, no caso dos nuer), nós pudemos ver que para o civilizado estes só se vinculam ao universo da emoção estética se passarem por um processo de perda da sua realidade nutritiva. E em geral o escritor prefere, em tais casos, alimentos simbólicos (leite, pão, vinho), ou que não sendo básicos, e tendo um aspecto ornamental, como as frutas, podem ter a qualidade nutritiva relegada facilmente para segundo plano.
Quando, porém, não se trata de criar emoção lírica, nem de penetrar no universo do símbolo, o alimento aparece com toda a sua força de comida. É o que acontece principalmente na ficção realista (de que foram apontados, há pouco, alguns exemplos), em que ele é uma componente do mundo e uma das manifestações da condição econômica. Nesta chave se enquadram as alusões e descrições abundantíssimas da fome, que encontra na obra clássica de Knut Hansum um dos tratamentos mais conhecidos na literatura moderna.
É curioso observar que no tempo em que a hierarquia dos gêneros literários impunha normas severas, fome e comida só apareciam com a sua realidade própria, nos gêneros secundários, que focalizavam as classes baixas, frequentemente com intenção grotesca e de qualquer modo sem as conotações mais prezadas do lírico e do trágico. Lembremos a sequência do escudeiro pobre no *Lazarillo de Tormes*, ou a do internato na *Vida Del Buscón*, de Quevedo.
Nestes casos, ele pode tornar-se um verdadeiro Caliban das substâncias e readquirir às avessas o cunho metafórico e simbólico, servindo como elemento realista e mesmo grotesco, de contraste entre o ideal e a vulgaridade. O pão com cebola que Sancho Pança vai comendo, enquanto o seu amo tresvaria, é comida, sem dúvida, mas é também signo como são, no *Uruguai*, o presunto e os paios do Irmão Patusca, mediante os quais Basílio da Gama desejou caricaturar a grosseria e a avidez que atribuiu aos Jesuítas.
Mas onde encontrar, na literatura dos povos civilizados, a comida celebrada fisiologicamente como fonte de lirismo e introdução estética à expressão das emoções mais intensas como vimos no comovente poema nuer? Os grupos que produzem literatura, entre nós, vivem num meio que resolveu teoricamente o problema do abastecimento regular, e adotam modelos sugeridos pela ideologia de classes que não participam diretamente do processo de obtenção dos meios de vida. Por isso, apenas nas obras de cunho realista ou grotesco o alimento aparece na sua realidade básica de comida. Nas obras de expressão lírica e timbre emocional elevado, só se manifesta despido da sua natureza específica e reformulado em função dos valores estéticos da civilização (Candido, 1973, p. 67-69).

No polo oposto, isto é, no extremo concreto, se coloca o panegírico e a visão concretos, que acenam com as possibilidades reais da contraideologia, apontando para um tempo e espaço fabulístico – o País das Delícias e da Cocanha – caracterizado pela fartura do "preto que satisfaz", base da integração solidária de todos os seres da comunidade nacional numa realidade sem barreiras de raça e classe. E como elemento de mediação estão a sátira e a paródia. Do ponto de vista da dialética do local e do cosmopolita, o penegírico abstrato se define pela exacerbação do dado cosmopolita, numa espécie de transferência impositiva dos padrões e modelos externos para a realidade nacional, executada pela aliança de grupos econômicos multinacionais com os grupos dominantes brasileiros, com a consequente alienação dos suscitamentos locais no plano étnico-social e no plano da nutrição, isto é, dos problemas reais do subdesenvolvimento.

Por outro lado, a paródia, a sátira e o panegírico concreto, em lugar da opção por um dos polos da dialética, enfocam ambos os componentes simultaneamente. Seu senso do real faz com que a paródia e a sátira deglutam antropofagicamente o discurso panegírico e abstrato da linguagem publicitária para, por um lado, denunciá-lo e desestruturá-lo críticamente, e, por outro, construir com esse mesmo material, quase à maneira de um *bricoleur,* a fundamentação para a redenção dos componentes recalcadas da realidade nacional, no plano étnico-social e nutricional. Mas não é só: esse mesmo senso do real conecta-o com tendências inovadoras no plano da expressão artística, que lhe são fornecidas pelo arsenal de experimentação da cultura ocidental. Assim, nele se cruzam e se interpenetram os dois componentes fundamentais da citada dialética.

A caminho do fim, talvez se possa dizer que o texto de Gonzaguinha seja regido pela dialética da ideologia e da contraideologia, cuja tensão só será superada pela instauração concreta do País das Delícias ou País da Cocanha. Mas, enquanto esse mundo de fartura e de solidariedade jaz no ventre do futuro, permanece o choque entre as duas componentes acima.

As duas forças em embate se acham resumidas sinteticamente no explícito título da música: de um lado, o contraideológico "(Feijão), o preto que satisfaz", marcado pelo valor de uso; de outro, o ideológico *slogan* publicitário referente a cigarros – "Chanceler, o fino que satisfaz" – caracterizado pelo valor de troca. Para quem quiser entender melhor este último, recomendo a pesquisa das acepções das palavras "fino", "chanceler" e cognatos em dicionários, as quais podem ser complementadas, no caso do último, por uma leitura do verbete numa enciclopédia. Haverá surpresas interessantes sobre as relações entre as promessas de valor de uso e a história ocidental.

São a esses resultados que parece conduzir o estudo da música de Gonzaguinha da perspectiva do modo de recepção de base dialética, centrado numa conexão e interação entre o texto, produzido pelo artista, e a estimulada participação da instância receptora. Seria interessante agora, por exemplo, estabelecer um confronto entre a gravação original de Gonzaguinha e a gravação realizada por As Frenéticas. Para isso, falta-me competência musical. Mereciam ainda estudos as relações entre a gravação de As Frenéticas e a ilustração palatável a ela dada pela rede Globo, como abertura da novela de Bráulio Pedroso, *Feijão Maravilha*.

Para finalizar, direi apenas que é tarefa urgente uma reflexão sobre o ensino literário para que ele acolha, junto à tradicional estética da poesia, a estética da mercadoria, se ele pretende ser um ensino contemporâneo do momento em que vivemos, onde a estética da mercadoria impregna o tecido social de uma maneira onipresente. Isto propiciaria um confronto crítico, participante, ativo e criativo entre as duas estéticas, resultando daí talvez a consciência concreta de que o único caminho para a emancipação do homem, em direção ao valor de uso, aprisionando hoje no valor de troca, passa necessariamente pela literatura, pela poesia e pela arte e não por seus sucedâneos. Com isto superaríamos o recalcamento atual desta verdade.

Referências

BERGER, N. *et alii*. *Deutschvorbereitung für das Abitur*. München: Modern Verlag, 1975.

CÂNDIDO, A. Literatura e cultura de 1900 a 1945. In: _____. *Literatura e sociedade*. 3. ed. São Paulo: Nacional, 1973a.

_____. Estímulos da criação literária. In:_____. *Literatura e sociedade*. 3. ed. São Paulo: Nacional, 1973b.

GONZAGA, JR., L. *Gonzaguinha da vida*. Você se lembra daquela nega maluca que desfilou nua pelas ruas de Madureira? Emi-Odeon 064422841 D. 1978.

HAUG, W.F. *Kritik der Warenasthetik*. 6. ed. Frankfurt am Main: Suhrkamp Verlag, 1977.

HOLANDA, A. B. *Novo dicionário da língua portuguesa*. Rio de Janeiro: Nova Fronteira, s.d.

KARRER, W. *Parodie, Travestie, Pastiche*. München: Wilhelm Fink Verlag, 1977.

KÜGLER, H. *Literatur und Kommunikation*. Stuttgart, Ernst Klett Verlag, 1971.

_____. *Literatur und Kommunikation*. 2. ed. retrab. e ampl. Stuttgart: Ernst Klett Verlag, 1975.

NASCENTE, A. *Tesouro da fraseologia brasileira*. 2 ed. Rio de Janeiro: Livraria Freitas Bastos, 1966.

VEBLEN, T. *A teoria da classe ociosa*. Tradução de Olívia Krähenbühl. São Paulo: Pioneira, 1965.

3.
Questões de teoria e história literária

Aspecto da literatura brasileira: o ritmo estético[1]

Durante os anos em que fui professor de Literatura Brasileira procurei fornecer aos alunos uma concepção da literatura nacional segundo formulação realizada por Antonio Candido não em uma única obra, mas num conjunto de textos publicados entre 1953/5 e 1997. Anotados e atualizados os dados para as aulas conforme as obras e os ensaios do autor eram publicados, foram eles organizados em função de três aspectos, tratados pelo autor ao longo dos seus processos de formação e desenvolvimento. Os aspectos são o sistema literário, o ritmo estético e o ritmo histórico e social, enfocados e explicitados em ensaios anteriores à *Formação da literatura brasileira*, de 1959, mas nela examinados de forma orgânica e inter-relacionada e, depois dela, abordados em diferentes ensaios até quase o fim do século passado.

Balizado pelos limites do evento acadêmico, procurarei nesta palestra mostrar um único dos aspectos dessa concepção da literatura brasileira construída por Antonio Candido – o ritmo estético – conduzido pela dialética do local e do cosmopolita, e que, deste ângulo, vê a concepção nacionalista de nossa literatura, de raízes românticas, como um aporte antagônico e equivocado. Se houvesse tempo, seria o caso de tratar também o outro aspecto já mencionado: o ritmo histórico e social da literatura nacional, que se caracteriza por três momentos de um processo que vai da "literatura de incorporação" com sua função imperialista e onívora em nossa cultura, passando pela "literatura de cooperação", cujo marco inicial é a publicação de *Os sertões*, em 1902, e de que resulta a afirmação do "ensaio" como forma de expressão nacional, até a "literatura de depuração", que data de 1945 caminha em direção a um centramento na "literatura literária" (Candido, 1965, p.156-165). E, finalmente – só para deixar assinalado, pois é impossível ser hoje enfocado –, tem-se o terceiro as-

---
[1] Texto publicado originalmente na revista *Itinerários*, Araraquara, n.30, p.31-47, jan./jun. 2010.

pecto da concepção plasmada por Antonio Candido acerca da literatura nacional: a noção de "literatura como sistema", título do primeiro capítulo da "Introdução" da *Formação da Literatura Brasileira*.

A formulação e emprego de sistema literário pelo autor antecedem o ano de 1959, mas é a partir dessa data, a da publicação da *Formação*, onde funciona como pressuposto geral da obra, que provoca reações, inclusive adversas, sendo talvez a mais marcante a que se deu quando do seu 30º aniversário, em 1989, comemorado às avessas, espécie de contracumprimento ou anticongratulações, enviado no título ambíguo, dado por crítico, poeta e também jurista a sua publicação. Nele condensa intencionalmente suas especialidades e qualidades de artesão da linguagem, e, ao mesmo tempo, assume a condição de militante formalista, pondo-se nitidamente em tensão no campo intelectual, postura, aliás, coerente com a do movimento ao qual se filiava e de que é um dos fundadores: a Poesia Concreta. Refiro-me ao livro de Haroldo de Campos *O sequestro do Barroco na formação da literatura brasileira. O caso Gregório de Mattos*. (Fundação Casa de Jorge Amado, 1989, p.123).

Abandonando, assim, de vez a exposição sobre a noção de "literatura como sistema" e a de "ritmo histórico e social" da literatura nacional, retomemos a concepção de "ritmo estético da literatura brasileira", como o único aspecto tratado aqui. Comecemos pela recordação da gênese da expressão "ritmo estético" em Antonio Candido e busquemos compreendê-la melhor

O ensaio VI do livro *Literatura e sociedade*, de 1965, intitulado "Literatura e cultura de 1900 a 1945 (Panorama para estrangeiros)" (Candido, 1965, p.129-165), apresenta atualmente cinco partes numeradas. As quatro primeiras parecem ter constituído, na origem, um texto independente, com título próprio, "Die Literatur als Ausdruck der Kultur im Zeitgenössischen Brasiliens" (Dantas, 2002, p.89)[A literatura como expressão da cultura no Brasil contemporâneo], publicado em 1953. Merece ser reconhecido como o primeiro ensaio de interpretação sobre o significado do modernismo para a literatura e cultura do Brasil, elaborado por um não modernista, pioneirismo que me parece não ter sido apontado suficientemente até hoje pela historiografia literária brasileira. A quinta parte saiu originalmente dois anos depois, em 1955, com o título "Soziologische Betrachtungen über die moderne Literatur Brasiliens" (Dantas, 2002, p.93) [Considerações sociológicas sobre a moderna literatura do Brasil], também como um texto independente.

É na versão de 1965 que as duas composições parecem ter sido conjuntadas num só texto de cinco partes sob um único e novo título, o atual: "Literatura e cultura de 1900 a 1945". Ao realizar a fusão, Antonio Candido operou também liames entre as duas peças originais, sendo um deles o de designar, concisamente, pela expressão "ritmo estético", fenômeno da literatura brasileira que "parece desenvolver-se conforme a dialética do local e cosmopolita", exposto no primeiro texto – as atuais quatro primeiras partes do ensaio onde é abordada nossa literatura entre 1900 e 1945. A formulação concisa "ritmo estético", ao fazer a conexão entre os dois textos para serem publicados em *Literatura e sociedade*, ganha explicitação, generalização e amplificação na abertura do ensaio, nos seguintes termos:

> Se fosse possível estabelecer uma lei de evolução da nossa vida espiritual, poderíamos talvez dizer que toda ela se rege pela dialética do localismo e do cosmopolitismo, manifestada pelos modos mais diversos. Ora a afirmação premeditada e por vezes violenta do nacionalismo literário, com veleidades de criar até uma língua diversa; ora o declarado conformismo, a imitação consciente dos padrões europeus. Isto se dá no plano dos programas, porque no plano psicológico profundo, que rege com maior eficácia a produção das obras, vemos quase sempre um âmbito menor de oscilação, definindo afastamento mais reduzido entre os extremos. E para além da intenção ostensiva, a obra resulta num compromisso mais ou menos feliz da expressão com o padrão universal. O que temos realizado de mais perfeito como obra e como personalidade literária (um Gonçalves Dias, um Machado de Assis, um Joaquim Nabuco, um Mário de Andrade), representa os momentos de equilíbrio ideal entre as duas tendências.
>
> Pode-se chamar dialético a este processo porque ele tem realmente consistido numa integração progressiva de experiência literária e espiritual, por meio da tensão entre o dado local (que se apresenta como substância da expressão) e os moldes herdados da tradição europeia (que se apresenta como forma de expressão). A nossa literatura, tomado o termo tanto no sentido restrito quanto amplo, tem, sob este aspecto, consistido numa superação constante de obstáculos, entre os quais o sentimento de inferioridade que um país novo, tropical e largamente mestiçado, desenvolve em face de velhos países de composição étnica estabilizada, com uma civilização elaborada em condições geográficas bastante diferentes. O intelectual brasileiro, procurando identificar-se a esta civilização, se encontra todavia ante particularidades de meio, raça e história, nem sempre correspondentes aos padrões europeus que a educação lhe propõe, e que por vezes se elevam em face deles como divergentes, aberrantes.
>
> A referida dialética e, portanto, grande parte da nossa dinâmica espiritual, se nutre deste dilaceramento, que observamos desde Gregório de Matos no século XVII, ou Cláudio Manuel da Costa no século XVIII, até o sociologicamente expressivo *Grito imperioso de brancura em mim* de Mário de Andrade – que exprime, sob a forma de um desabafo individual, uma ânsia coletiva de afirmar componentes europeus da nossa formação. (Candido,1965, p.132)

Todas as questões da vida espiritual brasileira, relativas às tensões nas formas de expressão da literatura nacional, nos nossos intelectuais neoclássicos e românticos e na cultura brasileira, vão ser abordadas de forma expandida na *Formação*, não sendo por acaso que o primeiro parágrafo do seu primeiro capítulo, "Literatura como sistema", na "Introdução", seja justamente sobre o "ritmo estético":

> Este livro procura estudar a formação da literatura brasileira como síntese de tendências universalistas e particularistas. Embora elas não ocorram isoladas, mas se combinem de modo vário a cada passo desde as primeiras manifestações, aquelas parecem dominar nas concepções neoclássicas, estas nas românticas – o que convida [...] a dar realce aos respectivos períodos. (idem,1964, p.25)

Em 1961, Antonio Candido publica – como capítulo da obra coletiva dirigida por Sérgio Buarque de Holanda, *História Geral da Civilização Brasileira*, vol. 1, tomo 2 (São Paulo: Difusão Europeia do Livro, 1961) – um ensaio que recebeu, em *Literatura e sociedade*, em 1965, o título definitivo de "Letras e ideias no período colonial"(Candido, 1965, p.105-28), tendo como observação entre parênteses a expressão: "exposição didática". A natureza do texto, exteriorizada nessa expressão, é inscrita fortemente já na diagramação do ensaio em sua primeira edição e mantida em 1965 em *Literatura e sociedade*, quando o fluxo do discurso é entrecortado com 21 subtítulos, compondo cada um deles um tópico, com exceção de dois, sem titulação, resultando um total de 23 tópicos, o que faculta várias entradas ao texto e facilita o reconhecimento dos assuntos abordados em cada tópico. A diagramação original foi substituída nas edições posteriores à terceira, de 1973, quando a matéria foi agrupada em cinco partes, sem títulos, e acrescida de uma conclusão separada por asterisco, procedimento conservado da primeira edição. O texto se abre com a apresentação clara e didática das duas visões de literatura brasileira: a do autor e a que lhe é antagônica – a de origem romântica –, exposta como abertura:

> Os primeiros estudiosos da nossa literatura, no tempo do Romantismo, se preocuparam em determinar como ela surgiu aqui, já que o relativismo então reinante ensinara que as instituições da cultura radicam nas condições do meio, variando segundo elas. E como a época era de exigente nacionalismo, consideravam que lutara dois séculos para se formar, a partir do nada, como expressão de uma realidade local própria, descobrindo aos poucos o verdadeiro caminho, isto é, a descrição dos elementos diferenciais, notadamente a natureza e o índio. [...]
> Daí, a concepção passou à crítica naturalista, e dela aos nossos dias, levando a conceber a literatura como processo retilíneo de abrasileiramento, por descoberta da realidade da terra ou recuperação de uma posição idealmente pré-portuguesa (107-8), quando não antiportuguesa. Resultaria uma espécie de espectrograma em que a mesma cor fosse passando das tonalidades esmaecidas para as mais den-

samente carregadas, até o nacionalismo triunfal dos indianistas românticos. (Candido, 1965, p.107-8)

Prosseguindo na sua explanação da posição romântica, mostra seu afastamento em relação a ela e a vinculação da perspectiva moderna, que é como considera a sua, ao Neoclassicismo/Ilustração da segunda metade do século XVIII e início do XIX:

> Esse ponto de vista [o romântico] é historicamente compreensível como elemento de tomada de consciência da jovem nação, tanto mais quanto os letrados brasileiros, a certa altura do século XVIII, [os árcades e ilustrados] passaram conscientemente a querer fundar ou criar uma literatura nossa, embora sem as aspirações separatistas dos românticos. O ponto de vista moderno tenderia mais aos deles, pois o que realmente interessa é investigar como se formou aqui uma literatura, concebida menos como apoteose de cambucás e morubixabas, de sertanejos e cachoeiras, do que como manifestação dos grandes problemas do homem do Ocidente nas novas condições de existência. Do ponto de vista histórico, interessa averiguar como se manifestou uma literatura enquanto sistema orgânico, articulado, de escritores, obras e leitores ou auditores, reciprocamente atuantes, dando lugar ao fenômeno capital de uma tradição literária. (Candido, 1965, p.108)

E fecha sua argumentação com a questão do ritmo estético:

> Historicamente considerado, o problema da ocorrência de uma literatura no Brasil se apresenta ligado de modo indissolúvel ao ajustamento de uma tradição literária já provada há séculos – a portuguesa – às novas condições de vida no trópico. (Candido 1965, p.108-9)

Publicado em versão final em 1987 com o título "Literatura de dois gumes", no livro *A Educação pela noite e outros ensaios* (Candido, 1987, p. 163-180), este escrito foi lido, no seu nascimento público, por Celso Lafer, na Universidade de Cornell, em março de 1966 e impresso, com alguns cortes e o título "Literature and the Rise of Brasilian Self-Identity", tradução de Charles Eastlack, na *Luso-Brasilian Review*, v.1, Wisconsin, 1968, saindo, em português, no *Suplemento Literário do Minas Gerais*, IV, 196, 1969, com o título "Literatura e consciência nacional". O ensaio veio a lume junto a um público estrangeiro, "para mostrar qual foi o papel da literatura no processo de formação nacional do Brasil" (Candido, 1987, p.179-80). Nele, reitera mais uma vez, para ouvintes e leitores tão diferentes, sua divergência com relação aos teóricos românticos, em especial no tópico quatro – "O geral e o particular nas formas de expressão" – e principia o tópico 1, chave dos demais – "Imposição e adaptação cultural" –, introduzindo concretamente a atitude de espírito básica do ensaio, o "sentimento dos contrários" (Candido 1987, p.164), inserta no campo da história, concebida como dialética entre o geral e particular:

> Para o historiador, o aspecto mais interessante da literatura nos países da América é a adaptação dos padrões estéticos e intelectuais da Europa às condições físicas e sociais do Novo Mundo por intermédio do processo colonizador, de que é um episódio. (ibidem, p.164)

Lançado em português em 1973, no primeiro número da revista *Argumento*, e só recolhido, em livro no Brasil em 1987, no *A educação pela noite e outros ensaios*, "Literatura e subdesenvolvimento" (Candido, 1987, p.140-62) é possivelmente o escrito de Antonio Candido que mais tenha sido traduzido para as mais diferentes línguas do Planeta conforme descrição pormenorizada das edições realizada por Vinicius Dantas (2002, p.121). Aqui também está revivida a questão do ritmo estético centrado na dialética do local e do cosmopolita e reproposta agora como um processo que vai da dependência passando para a interdependência [4ª *De la dependencia a la interdependencia*, p.344], conforme é rotulado o subtópico 4ª da edição espanhola (Candido, 1972, p.335-53). Após tratar do ritmo estético evocando nosso "vinculo placentário" com a Europa, acicata mais uma vez a posição nacionalista como ideológica para concluir categoricamente sobre as formas de expressão:

> O simples fato de a questão nunca ter sido proposta [a da rejeição das formas de expressão pelo nacionalismo e nativismo] revela que, nas camadas profundas da elaboração criadora [as que envolvem a escolha dos instrumentos expressivos], sempre reconhecemos como natural a nossa inevitável dependência. Aliás, vista assim ela deixa de o ser, para tornar-se forma de participação e contribuição a um universo cultural a que pertencemos, que transborda as nações e os continentes, permitindo a reversibilidade das experiências e a circulação dos valores. (Candido, 1987, p.152)

E arremata, peremptório:

> Sabemos, pois, que somos parte de uma cultura mais ampla, da qual participamos como variedade cultural. E que, ao contrário do que supunham por vezes ingenuamente os nossos avós, é uma ilusão falar em supressão de contactos e influências. Mesmo porque, num momento em que a lei do mundo é a inter-relação e a interação, as utopias da originalidade isolacionista não subsistem mais no sentido de atitude patriótica, compreensível numa fase de formação nacional recente, que condicionava uma posição provinciana e umbilical. (Candido, 1987, p.154)

Em 1982, Antonio Candido faz em Caracas, na Venezuela, uma intervenção na primeira reunião preparatória para discutir o projeto de uma "Historia de la literatura latinoamericana", cuja transcrição tem o título "Literatura e história na América Latina (do ângulo brasileiro)", que se encontra no volume organizado por Ana Pizarro, *Hacia una historia de la literatura latinomericana*,[1] conforme informa em rodapé Vinicius Dantas em *Textos de intervenção* (Candido, 2002, p.98). Dantas preserva para o texto a classificação espanhola de *ponencia,* isto é, uma proposta que se faz para o debate numa reunião, que se materializa na expressão de uma ou várias frases curtas, seguida de algumas páginas de fundamentação. É como um trabalho de investigação, mas com alguma conclusão ou proposta, que seria a *ponencia* propriamente dita, a qual poderia situar-se no princípio ou ao fim, informam diferentes fontes espanholas aqui fundidas. Composto de onze pontos numerados, o texto dissertativo expõe a concepção de história da literatura elaborada por Antonio Candido, merecendo destaque o ponto de número três, por ser o local onde teria posto sua *ponencia,* como proposta de estudo da literatura na América Latina enquanto "constituição de uma linguagem culta" (ibidem, p.98), cujo estudo pode "gerar dois tipos de teorias e metodologias. Ambos são válidos e não devem ser considerados mutuamente exclusivos; e sim correspondentes a dois "momentos" dialéticos do processo global: a) a literatura como prolongamento das literaturas metropolitanas – e b) como ruptura em relação a elas." (Candido, 2002, p.99.). Após explicar o sentido histórico do termo "prolongamento" e o estético da "ruptura" aproveita para contradizer o que seriam os equívocos de uma *ponencia* nacionalista, em nossos dias, sobre o mesmo tema, que, "levado ao extremo, torna inexplicável o processo literário na América Latina, na sua dialética de prolongamento e ruptura" (Candido, 2002, p.100).

O último texto – o sétimo da coletânea até aqui percorrida – é datado de 1997, tem como título *Iniciação à literatura brasileira* e contém, como sua complementação, entre parêntesis, a indicação "Resumo para principiantes". Na "Nota prévia" datada de 1996, Antonio Candido explica: "o que se segue é um resumo da Literatura brasileira, escrito em 1987 para leitores estrangeiros, como capítulo de uma obra coletiva sobre o Brasil a ser editada na Itália no quadro das comemorações do 5º Centenário do descobrimento da América [...]" (Candido, 1997, p.7). O livro acabou não saindo, e quase dez anos depois decide "não a fazer dele um pequeno livro regularmente editado [...], mas publicá-lo como texto interno da nossa Faculdade de Filosofia, Letras e Ciências Humanas da Universidade de São Paulo" com o objetivo de "oferecer aos jovens da Casa uma espécie de *aide mémoire* [sic], que esclareça o

---

[1] Cidade do México, El Colegio de Mexico/Caracas, Universidad Simón Bolívar, 1987.

desenho geral da literatura brasileira e sirva de complemento a textos mais substanciosos" (ibidem, p.7). Nele, lê-se, em essência, mais uma vez sua concepção do ritmo estético da literatura brasileira que, iniciada com a afirmação "A literatura do Brasil faz parte das literaturas do Ocidente da Europa", termina assim:

> De certo modo, poderíamos dizer, como um escritor italiano, que a literatura brasileira "é a imagem profunda de um mundo que em vão chamamos *terceiro*, pois na verdade é a *segunda Europa*". (Ruggero Jacobbi). (Candido, 1997, p.9-10)

Os textos examinados até aqui, além de apresentar a visão do autor sobre o ritmo estético da literatura brasileira e sua crítica à visão nacionalista, revelam ainda outro ângulo também constante na percepção que Antonio Candido tinha do processo literário brasileiro: a de definir, caracterizar e precisar as etapas do ritmo estético, percorridas desde o período colonial, passando pela independência política como nação, até o momento atual de integração transnacional do país, ou seja, desde a dependência até a presente interdependência. Antonio Candido considera três etapas decisivas nesse processo: 1ª) a dependência inevitável, ocorrida durante o período colonial, que vai esteticamente até o surgimento do Romantismo em 1836; 2ª) a transferência da dependência, assinalada por dois momentos estéticos marcantes: o Romantismo e o Modernismo (1836-1945); e 3ª) a interdependência que, vinda de antes, tem como marco o ano de 1945, início das chamadas tendências estéticas contemporâneas, atingindo nossos dias e mesmo se projetando para além deles.

Deixando de lado certos matizes que tingem com maior ou menor força a caracterização de cada etapa do ritmo estético, nos diferentes textos escritos entre 1953/5 e 1997, explicáveis por fatores variados, sobretudo pelos de fundo contextual, aos quais Antonio Candido sempre se mostra sensível, buscaremos complementar, a partir de agora, o delineamento de seus principais traços.

Na primeira etapa da dialética do local e do cosmopolita – período colonial –, impera o *duplo processo de imposição e adaptação cultural*, cuja caracterização bifronte é feita de forma rigorosa e progressiva, tanto no plano temporal como no nível de complexidade das obras, no primeiro tópico do já citado ensaio "Literatura de dois gumes", que tem, justamente no título, a condensação do processo a ser descrito: a imposição do geral – a cultura e as formas de expressão da Europa por meio da ação ao mesmo tempo pacífica e violenta da Igreja e do Estado portugueses – e sua adaptação ao particular brasileiro – as condições físicas, sociais e humanas (os povos indígenas e, pouco depois do descobrimento, os africanos) existentes na Colônia – para exprimi-lo. Aqui, no período colonial, é que é gerado o *"vínculo placentário"* com a Europa, a nossa dependência inevitável, de que já se falou, ou seja, a chamada "segunda Europa".

Nesse mesmo ensaio – "Literatura de dois gumes" –, Antonio Candido trata da segunda etapa iniciada com o Romantismo em 1836, afirmando que a ruptura estética entre os dois períodos, o Neoclassicismo e o Romantismo,

> não significa ruptura histórica, pois o Romantismo continuou orientado pela mesma tendência, isto é, o duplo processo de integração e diferenciação, de incorporação do geral (no caso, a mentalidade e as normas da Europa) para obter a expressão do particular, isto é, os aspectos novos que iam surgindo no processo de amadurecimento do País. Esta circunstância dá continuidade e unidade à nossa literatura, como elemento de formação da consciência nacional, do século XVI, ou pelo menos do século XVII, até o século XIX. (Candido, 1987, p.179)

Já o longo processo que se inicia com o Romantismo em 1836 e alcança o término no Modernismo em 1945, Antonio Candido trata-o no texto de 1953, mais tarde, 1965, chamado "Literatura e cultura de 1900 a 1945", quando confronta os dois movimentos literários nesses termos:

> Na literatura brasileira, há dois momentos decisivos, que mudam os rumos e vitalizam toda a inteligência: o Romantismo no século XIX (1836-1870) e o ainda chamado Modernismo, no presente século [XX] (1922-1945). Ambos representam fases culminantes de particularismo literário na dialética do local e do cosmopolita; ambos se inspiram não obstante, no exemplo europeu. Mas, enquanto o primeiro procura superar a influência portuguesa e afirmar contra ela a peculiaridade do Brasil, o segundo já desconhece Portugal, pura e simplesmente: o diálogo perdera o mordente e não ia além da conversa de salão. Um fato capital se torna deste modo claro na história da nossa cultura; a velha mãe pátria deixara de existir para nós como termo a ser enfrentado e superado. O particularismo se afirma agora contra todo academismo, inclusive o de casa, que se consolidara no primeiro quartel do século XX, quando chegaram ao máximo o amaciamento do diálogo e a consequente atenuação da rebeldia. (Candido, 1965, p.134)

Esse confronto entre os dois movimentos permanece como elemento fundamental na composição do ensaio, sobretudo na do notável terceiro tópico em que é realçada a importância e o significado do movimento modernista da perspectiva do ritmo estético. Após comparar temática e formalmente os dois movimentos, Antonio Candido consegue, no melhor estilo modernista transposto para a linguagem do historiador e crítico, comprimir, isomorficamente, numa justaposição sintática, o novo momento da dialética do local e do cosmopolita, instaurado pelo movimento literário, ao abrir um parágrafo por meio da montagem dos dois elementos que a constituem, a saber: *"Desrecalque localista; assimilação da vanguarda europeia"* (Candido, 1965, p.145, grifo nosso).

Essa criativa formulação conteria implicitamente, como anterioridade e antítese, um outro *slogan* da mesma dialética, lá no Romantismo, que o Modernismo de 1922 pôs abaixo: *"recalque localista; imitação europeia"*, com suas manifestações de idealização e complexo de inferioridade, no plano temático, e ambivalência – cópia e rejeição –, no plano formal, descrito com clareza e elucidado com pormenores, em 1970, no tópico cinco, dedicado à análise deste último fenômeno, no ensaio "Literatura e subdesenvolvimento" (Candido, 1987, p. 156-7).

Nesse mesmo ensaio, trata ainda da questão da originalidade nas literaturas latino-americanas, começando por mostrar que

> [...] nos momentos em que influímos de volta nos europeus, no plano das obras realizadas por nós, (não no das sugestões temáticas que o nosso continente oferece para eles elaborarem como formas mais ou menos acentuadas de exotismo), em tais momentos, o que devolvemos não foram invenções, mas um afinamento dos instrumentos recebidos. Isto ocorreu com Rubén Dario em relação ao "Modernismo" (no sentido hispânico); com Jorge Amado, José Lins do Rego, Graciliano Ramos em relação ao Neorrealismo português. (Candido, 1987, p.152)

E acrescenta:

> Um estágio fundamental na superação da dependência é a capacidade de produzir obras de primeira ordem, influenciada, não por modelos estrangeiros imediatos, mas por exemplos nacionais anteriores. Isto significa o estabelecimento do que se poderia chamar um pouco mecanicamente de causalidade interna, que torna inclusive mais fecundos os empréstimos tomados às outras culturas. (Candido, 1987, p.153)

Ainda em "Literatura e subdesenvolvimento", inventaria alguns acontecimentos que, a partir da década de 1920, apontam para a passagem da dependência para a interdependência cultural:

> A partir dos movimentos estéticos do decênio de 1920; da intensa consciência estético-social dos anos 1930-1940; da crise (p.154-5) de desenvolvimento econômico e do experimentalismo técnico dos anos recentes, começamos a sentir que a dependência se encaminha para uma interdependência cultural [...]. Isto

não apenas dará aos escritores da América Latina a consciência da sua unidade na diversidade, mas favorecerá obras de teor maduro e original, que serão lentamente assimiladas pelos outros povos, inclusive os dos países metropolitanos e imperialistas. O caminho da reflexão sobre o desenvolvimento conduz, no terreno da cultura, ao da integração transnacional, pois o que era imitação vai cada vez mais virando assimilação recíproca. (Candido, 1987, p.154-5)

Tais fatos provocam repercussões no ritmo estético da literatura, dando-lhe uma nova configuração:

> [...] Não há imitação nem reprodução mecânica. Há participação nos recursos que se tornaram bem comum através do estado de dependência, contribuindo para fazer deste uma interdependência.
>
> A consciência destes fatos parece integrada no modo de ver dos escritores da América Latina; e um dos mais originais, Júlio Cortázar, escreve coisas interessantes sobre o novo aspecto que apresentam fidelidade local e mobilidade mundial, numa entrevista à revista *Life* (v. 33, n.7). E a propósito das influências estrangeiras nos escritores recentes, Rodriguez Monegal assume [...] atitude que se poderia chamar de justificação crítica da assimilação. (Candido, 1987, p.155-6)

Entre as duas formulações, aquela que melhor parece captar as duas tendências que regem, nessa nova etapa, o ritmo estético da literatura dos países da "segunda Europa" é a fórmula cortazariana: "fidelidade local e mobilidade mundial".

Vinte cinco anos depois do ensaio "Literatura e subdesenvolvimento", isto é, no ano de 1995, Antonio Candido continua a se ocupar do ritmo estético da literatura da "segunda Europa", porém, com uma diferença: se, em 1970 movia-o um ânimo retrospectivo que o levava buscar os sinais da interdependência no passado, atingindo os mais remotos indícios na década de 1920 do século XX, impulsiona-o, agora, um ímpeto prospectivo que tenta captar os sintomas que apontam para a nova configuração da interdependência que está se processando, conforme se pode ler no notável ensaio "Literatura, espelho da América?", publicado na *Luso-Brazilian Review*[2] e, em 1999, republicado em *Antonio Candido: Remate de Males* (1999, p.105-13). Antonio Candido principia por traçar as linhas gerais do contexto:

> Nos nossos dias [...] há por toda parte a tendência à cosmopolitização com a superação dos particularismos e até eventualmente das nações como [sic] a formação de blocos supranacionais. O contacto de todas as partes do mundo pela TV, a universalização de usos e costumes, a possibilidade de saber imediatamente o que

---
[2] v.32, n.2, p.15-22. Madison: University of Wisconsin, 1995.

acontece no mundo – significam uma nova era e, na literatura, a superação dos particularismos. Com isso a América Latina tende a assumir linguagens mais ou menos desligadas do projeto nacional, parecendo renunciar cada vez mais a um dos seus timbres tradicionais, que foi o culto do traço local, inclusive sob a forma de regionalismo. (Candido, 1999, p.109)

Após assinalar as modificações contextuais de tipo geral, propõe a seguinte indagação de cunho particularista:

> E aí surge um problema: dado o império dessas tendências é possível pôr de lado os "temas" de caráter particularista em países como os da América Latina, que ainda não foram homogeneizados sobre a base dos padrões urbanos avançados: países nos quais subsistem áreas consideráveis de particularismo essencial nos costumes, na fala, nas crenças? Isto estabelece uma tensão cuja solução está pendente. A fim de dar corpo às considerações feitas até aqui, abordarei a questão da narrativa regionalista na literatura brasileira. (Candido, 1999, p.109-10)

Na resposta, analisa, primeiramente, o regionalismo pitoresco do Romantismo e o problemático do Modernismo, aborda, em seguida, o super-regionalismo de Guimarães Rosa e conclui, ao final, sobre o problema proposto lá no início:

> [...] *há uma relação necessária entre a organização interna da obra (concebida como texto) e algo exterior que lhe fornece a matéria, o elemento constitutivo, que é o seu tema e representa a sua âncora na realidade do mundo, da personalidade, das ideias.* Nos países da América Latina há uma equação constante entre a gratuidade e o empenho, bem clara na persistência do regionalismo em sucessivas modalidades, mesmo quando as literaturas que servem de modelo (europeias, norte-americanas) já não o praticam mais em obras de alta qualidade. *E essa reflexão leva a confiar na perenidade da literatura, porque ela corresponde a necessidades profundas e é capaz de assimilar a inovação sem perder a capacidade de representar as particularidades do contexto onde funciona.* (Candido, 1999, p.113, grifos nossos)

A conclusão do ensaio elucida, assim, a questão lançada sobre a narrativa regionalista latino-americana em geral e a de Guimarães Rosa em particular. Mas, ela não se restringe a isso: dá, também, uma resposta mais depurada – ("depuração" é uma palavra prezada por Antonio Candido, desde 1955, e merece um estudo por indicar em sua obra um estágio quase último e final – o limite – de um processo) – à tensão entre mobilidade mundial e fidelidade local. Mais importante ainda: ela também responde a um possível outro momento do ritmo estético das literaturas nacionais, posto em termos de conjetura, lançado como que despretensiosamente no fim do primeiro tópico do ensaio. Fazendo uma analogia entre a origem e a evolução da tragédia na Grécia e a novela de televisão mexicana e brasileira, Antonio Candido antevê:

> Posso apenas conjeturar, imaginando, por exemplo, que talvez a mídia atual seja, em nosso mundo tumultuoso, uma forma tosca de manifestação estética que ainda ensaia os primeiros passos para se tornar algo mais elaborado no futuro. É possível, por exemplo, que a novela de TV, tão importante em países como o Brasil e o México, seja um gênero capaz de transformar-se em algo de real qualidade estética, representando uma grande contribuição da América Latina à literatura dramática do próximo século, como a tragédia grega saiu do carro de Tespis. Isto equivale a dizer que dos meios atuais de comunicação de massa poderiam sair um dia os Brechts e Pirandellos, os Borges e Machados de Assis, os Eliots e Maiakovskis – isto é, os dramaturgos, ficcionistas e poetas da modernidade, ajustando o espírito do tempo à alta qualidade da produção por meio dos recursos técnicos atuais e futuros. (Candido, 1999, p.106)

Nessa especulação que invoca o futuro, Antonio Candido parece já não mais manejar o ritmo estético regido pela dialética do geral e do particular das literaturas da "segunda Europa", que já apresentar-se-iam em uma etapa de superação, por ter chegado próximo de um momento limítrofe, que caminharia para o império de uma literatura universal, fulcrada na mídia e entendida, à semelhança de toda literatura, como um processo de configuração dotado de dupla face: uma, dirigida para o texto, a cujas estruturas internas compete a assimilação da inovação; e outra, orientada para um contexto, em vias de extinção de particularismos, contexto este que ela representa e onde funciona, ou, talvez melhor, para o *Zeitgeist*, do qual deriva e para o qual retorna dialeticamente, onde a América Latina teria a oferecer uma inovadora forma de expressão: a telenovela.

Entrando agora na parte final dessa exposição, convém principiar lembrando que é possível distinguir na posição crítica de Antonio Candido diante da concepção romântica da literatura brasileira dois aspectos: um de compreensão, outro de refutação ou desmascaramento. Mostra-se ele compreensivo quando a vê no quadro do Romantismo, entre 1836 e 1881, e no contexto que se instaura com a Independência a partir de 1822, conforme se pode ler em "Letras e ideias no período colonial", quando fecha a exposição da posição romântica com o enunciado de que "(e)ste ponto de vista é historicamente compreensível como elemento de tomada de consciência da jovem nação [...]" (Candido, 1965, p.108).

A refutação da posição nacionalista se manifesta em razão de ter ela extrapolado o quadro e o contexto de origem e ter chegado, por meio do Naturalismo e do Modernismo, até a segunda metade do século XX, como a concepção dominante no modo de conceber e interpretar a nossa literatura, justamente quando Antonio Candido principia a difundir sua visão da literatura brasileira. Nesse momento, encontra a tradição nacionalista de ver a literatura brasileira como hegemônica, e isso o obriga a referir-se a ela quer para aceitá-la ou rejeitá-la, como condição para sua inserção no sistema literário. Ele a rejeita e o faz não só em nome da sua concepção do ritmo estético da literatura brasileira, mas também sob a égide de uma nova consciência do país: a consciência catastrófica do subdesenvolvimento. Instaurada após a Segunda Guerra Mundial, sua posição diante da situação de carências do país em todos os níveis, inclusive no plano cultural, é a de proceder a uma revisão radical da consciência amena do atraso até aí dominante por meio do seguinte procedimento:

> Vista de hoje a situação de ontem parece diversa da ilusão que então reinava, pois hoje podemos analisá-la mais objetivamente, devido à ação reguladora do tempo e ao nosso próprio esforço de desmascaramento. (Candido, 1987, p.148)

Esse posicionamento ou tendência crítico-analítica diante da visão de extração romântica, acoplado ao empenho de expansão de sua concepção de literatura brasileira, difunde-os em duas frentes opostas e complementares – uma externa e outra interna. A frente externa é constituída pelas principais línguas e países do Ocidente, isto é, tanto da Europa propriamente dita quanto "da segunda Europa", a saber, da América, fora, portanto, do universo da língua portuguesa. Caracteriza-a a difusão, em primeira apresentação, impressão e edição dos escritos, nas línguas europeias de prestígio e penetração, como o alemão, o inglês, o francês e o espanhol, dirigidas quer para um público acadêmico restrito, mas influente e mesmo decisivo, quer para um público amplo, em geral em formação e de repertório cultural em elaboração. Dessa perspectiva – do público para quem difunde sua pioneira interpretação sobre a relevância do movimento modernista para a literatura e cultura brasileiras – surge compreensível que "Literatura e cultura de 1900 a 1945" – o primeiro ensaio a tratar da nova concepção de literatura brasileira com base na dialética do local e do cosmopolita, datado de 1953-55 – tenha tido sua edição inicial em alemão, com tradução de Rudulf Peschke e Anatol Rosenfeld, para o *Staden-Jahrbuch* do Instituto Hans Staden de São Paulo, e tenha sido caracterizado como "panorama para estrangeiros".

Embora não receba o mesmo atributo explicitamente, "Literatura e consciência nacional" ou "Literatura de dois gumes" tem um certo viés de *"panorama para estrangeiros"*, pois o estudo cobre a ligação entre a literatura e "aspectos fundamentais da organização social, da mentalidade e da cultura brasileira em vários momentos de sua formação" (Candido, 1987, p.163) e trata a questão "sem obedecer à sequência cronológica estrita, mas descendo e subindo entre os séculos XVI e XIX, que viram o País adquirir fisionomia própria" (Candido, 1987, p.164). O ensaio surge primeiro em inglês, nos Estados Unidos, lido em 1966 na Universidade de Cornell, é publicado pela de Wisconsin, em 1968, na *Luso-Brasilian Review*, e só depois, no ano seguinte, 1969, sai no Brasil, numa publicação jornalística voltada para o público acadêmico brasileiro, o *Suplemento Literário do Minas Gerais*.

A mesma tendência panorâmica assinala "Literatura e subdesenvolvimento", perceptível na longa temporalidade que o ensaio abrange com sua periodização da visão do país em dois momentos: o da consciência amena do atraso e o da consciência catastrófica do subdesenvolvimento, cujo marco final da primeira e inicial da segunda é o ano de 1945, com uma pré-consciência da segunda, a partir de 1930. Lançado originalmente, em 1970, em francês, o é, em 1972, em espanhol e só em 1973 em português na revista *Argumento*, tendo, antes ainda sido reproduzido, em 1972, em larga escala, nas edições em várias línguas da revista *Correio* da Unesco. Já o berço de "Literatura, espelho da América?" foi a *Luso-Brasilian Review*,[3] só quatro anos depois publicado no Brasil.

A tendência interna, focada na língua portuguesa, tem, é claro, por meta o mesmo objetivo da frente externa: arrostar o predomínio das equivocadas concepções de origem romântica na literatura e cultura brasileiras e propugnar pela sua substituição por um enfoque adequado. Antonio Candido articula aqui também a produção e divulgação dos textos em função de dois tipos de públicos: um restrito, mas qualitativamente relevante, constituído pelos leitores de extração acadêmica, que se comprazem na fruição da *Formação*; outro, amplo, em processo de formação intelectual, para os quais escreve uma "exposição didática", como "Letras e ideias no período colonial" de 1965, que, mesmo reformulado em 1973, como se viu, não perdeu o caráter de obra voltada para o leitor universitário iniciante na história nacional, conforme era a marca do leitor original visado pela *História geral da civilização brasileira*, dirigida por Sérgio Buarque de Holanda, onde o texto figurava em 1961 com o título de "Letras e ideias no Brasil colonial".

Reforça o rol de textos da frente interna a tradução para o português dos textos da frente externa. Alguns desses textos apresentam grau maior de complexidade no tratamento das questões da literatura nacional, conforme a concebe o autor, requerendo, por isso, um leitor mais culto, similar ao da *Formação*, como sucede, por exemplo, com os quatro ensaios, rememorados com suas datas de primeira edição lá fora e aqui: o de 1953-55–1965 ("Literatura e cultura de 1900 a 1945"), o de1968-

---

[3] v.32, n.2, p.15-22. Madison: University of Wisconsin, 1995.

87 ("Literatura de dois gumes") e o 1970-87 ("Literatura e subdesenvolvimento") e o de 1995-99 ("Literatura, espelho da América?"), que, voltados para o público acadêmico internacional, apresentam certo traço concessivo, direcionado para um publico médio, com o seu enfoque "panorâmico". Num nível de forte ajustamento, visando primordialmente ao público em processo de formação intelectual, quer internacional quer nacional, está o texto de 1997, *Iniciação à literatura brasileira*. Concebido como um resumo da literatura brasileira para leitores estrangeiros, a ser editado "na Itália no quadro das comemorações do 5º Centenário do descobrimento da América", tornou-se, na publicação brasileira, um "resumo para principiantes", "uma espécie de *aide memoire*"(sic), o que pode ser compreendido como uma ajuda para a memorização oferecida ao acadêmico principiante sobre a literatura do país.

O mesmo intuito de atingir por meio do texto propedêutico um público amplo, conferindo-lhe um potencial mais largo de penetração, informa também a composição da obra escrita agora em espanhol, publicada pela Monte Ávila de Caracas, em 1968, com o título *Introducción a la literatura de Brasil*. Na quarta capa desse pequeno livro afirma desejar dar a conhecer, num primeiro contacto, "*la médula substancial de la creación literária del Brasil*" (Candido, 1968, p.9)

Num movimento inverso dir-se-ia que as traduções dos ensaios e obras de Antonio Candido sobre a história da literatura brasileira para outras línguas, sobretudo as de prestígio no mundo ocidental, reforça a difusão, na frente externa, da sua atitude: defesa de sua posição e desnudamento da tendência à qual se contrapõe.

Para finalizar, poder-se-ia dizer que a elaboração de uma concepção de literatura brasileira por Antonio Candido e sua tensão com a visão nacionalista, bem como a estratégia de difusão externa e interna de suas ideias para distintos públicos e a produção consciente de textos propedêuticos, como poucos intelectuais brasileiros, está em sintonia com sua visão de mundo, que poderia ser mostrada em momentos de seus textos, em que opera permanentemente a análise objetiva e metódica de um objeto de investigação, acompanhada do esforço de desmascaramento quando solicitado. Sua visão de mundo aparece, ainda, explicitamente, em momentos de esclarecimento, como o fez, por exemplo, no *Discurso do intelectual do ano,* de 2008, ao receber o prêmio Juca Pato, quando a deixou impressa, claramente, nesses termos:

> Devo ser de fato tão antiquado, que venho sendo definido em algumas instâncias como "ilustrado", devidamente entre aspas, e como alguém preso a uma visão de tipo teleológico da história e do pensamento. Devo esclarecer que, ao contrário do que se poderia pensar, considero esta restrição um elogio. Ela quer dizer que me mantenho fiel à tradição do humanismo ocidental definida a partir

do século XVIII, segundo a qual o homem é um ser capaz de aperfeiçoamento, e que a sociedade pode e deve definir metas para melhorar as condições sociais e econômicas, tendo como horizonte a conquista do máximo possível de igualdade social e econômica e de harmonia nas relações. O tempo presente parece duvidar e mesmo negar essa possibilidade, e há em geral pouca fé nas utopias. Mas o que importa não é que os alvos ideais sejam ou não atingíveis concretamente na sua sonhada integridade. O essencial é que nos disponhamos a agir como se pudéssemos alcançá-los, porque isso pode impedir ou ao menos atenuar o afloramento do que há de pior em nós e em nossa sociedade. E é o que favorece a introdução, mesmo parcial, mesmo insatisfatória, de medidas humanizadoras em meio a recuos e malogros. Do contrário, poderíamos cair nas concepções negativistas, segundo as quais a existência é uma agitação aleatória em meio a trevas sem alvorada.

Referências

CANDIDO, A. *Formação da literatura brasileira*: momentos decisivos. 2.ed. rev. e ampl. São Paulo: Martins, 1964. [1.ed. 1959]

_____. *Literatura e sociedade*: estudos de teoria e história literária. São Paulo: Nacional, 1965.

_____. *Educação pela noite e outros ensaios*. São Paulo: Ática, 1987.

_____. *Introdução à literatura brasileira* (Resumo para principiantes). São Paulo: Humanitas, 1997.

_____. Literatura, espelho da América? In: _____. *Remate de males*, n. esp. Campinas: Unicamp, 1999. p.105-13.

_____. *Textos de intervenção*. Seleção, apresentação e notas de Vinicius Dantas. São Paulo: Duas Cidades: Ed. 34, 2002

_____. *Discurso do intelectual do ano*: discurso do crítico literário Antonio Candido, 90 anos, ao receber prêmio Juca Pato de Intelectual do Ano, concedido pela União Brasileira de Escritores (UBE), no Salão Nobre da Faculdade de Direito do Largo São Francisco, em São Paulo, na noite de 20 de agosto de 2008. p.9-11

_____. *Introducción a la literatura de Brasil*. Caracas: Monte Ávila, 1968

_____. Literatura y subdesarrollo. In: MORENO, C. F. (coord.) *América Latina en su literatura*. México: Siglo XXI; Paris: UNESCO, 1972. p.335-53

DANTAS, V. *Bibliografia de Antonio Candido*. São Paulo: Duas Cidades: Ed. 34, 2002.

Contribuição à teoria e ao ensino da sátira[1]

Esta comunicação tem por objetivo tecer algumas considerações sobre a sátira. Consta de duas partes: uma, que trata da natureza e das características do fenômeno satírico; outra, que aborda o seu ensino. Para realizar esses dois enfoques, trabalharemos com bibliografias alemãs e brasileiras, dando quase exclusividade à primeira pela carência quase total, aqui, de trabalhos teóricos sobre o assunto. Na bibliografia alemã, o texto teórico mais importante é o de Klaus Gerth (1977), seguido do de Bernd Ballmann e Hartmut Loeffel (1981), ambos fundados nas reflexões teóricas de Juergen Brumack, aos quais se juntam as obras de Ingrid Hantsch (1975) e de outros germanistas. No caso brasileiro, a bibliografia sobre a sátira é constituída prevalentemente de antologias, desde a pioneira de Afrânio Peixoto (1936), cuja primeira edição é de 1932, passando pela de Idel Becker (1961), e a de R. Magalhães Júnior, revista e atualizada, em sua segunda edição de 1962. Aparece, no geral, na companhia do humor, tratado já em 1923 por Sud Menucci. A primeira tentativa de uma história da sátira na literatura brasileira fracassa em 1945, quando Oswald de Andrade realiza uma improvisada conferência sobre o assunto. Enfoque temático da sátira brasileira produzida entre o final de 1950 e início de 1980 realiza o americano Malcolm Silverman (1987), com parcimoniosas pinceladas sobre sua natureza e seus traços estilísticos fundamentais. Desconhecemos bibliografia brasileira sobre a sátira no ensino e propostas para sua introdução.

A crítica e a pesquisa literária e artística sobre a sátira parecem não ter no Ocidente uma longa tradição. Inexiste quase até nossos dias uma poética da sátira, aparecendo, só a partir de 1940, pesquisas sistemáticas, em geral, negligenciadas, e emergindo interesse e pesquisas teóricas mais consistentes nas últimas décadas (Hantsch, 1975, p.20).

---

[1] Publicado originalmente em: *Anais da VIII Semana de Letras*. Departamento de Letras, Universidade Estadual de Maringá, Maringá, 1995.

Os fatores responsáveis por essa preocupação insatisfatória com o fenômeno satírico são de ordem diversa. O primeiro reside no fato de a sátira não estar ligada a uma forma específica, apresentando-se sempre em "simbiose com outras formas e gêneros, cuja orientação interna passa a determinar" (Hantsch, 1975, p.21). Distinta, assim, dos três grandes gêneros tradicionais – o lírico, o épico e o dramático – a sátira pode manifestar-se sob a forma de peça de teatro, poema, narrativa, entrevista ficcional ou discurso imaginário. O conceito "sátira" atravessa os gêneros e os diferentes tipos de textos, sejam eles ficcionais ou não (Gerth, 1977, p.8), "tomando-os como veículos" (Hodgarth, 1969, p.12).

O segundo fator deve ser buscado na atitude básica que informa a sátira, atitude que parece excluí-la da categoria de obra literária ou artística. Tematicamente ela se caracteriza como um texto que incorpora temas-tabus, ignorados pelos gêneros artísticos tidos como elevados, fazendo, nesse caso, uso de um vocabulário que choca ao alcançar até mesmo o nível do obsceno, interdito no universo dos três grandes gêneros tradicionais. Esses fatores responsáveis pelo desprestígio da sátira, de um modo geral, podem ser também aplicados, de modo particular, à arte e à literatura brasileiras, aos quais se junta a ausência de estudos teóricos, históricos e pedagógicos, excetuando-se os trabalhos já mencionados e os de cunho monográfico, de extração mais recente.

Juergen Brummack diz que a sátira exige três indissociáveis elementos para que se constitua: o ataque agressivo, a norma e a indireta (apud Gerth, 1977, p.8). O ataque agressivo deve aqui ser entendido como uma ação baseada numa motivação psicoindividual, resultante da irritação, ódio, raiva ou agressividade provocados no sujeito por certos objetos (Ballmann; Loefel, 1981, p.4) como a vilania, a vileza, a covardia, a hipocrisia, o vício, a falsidade, que enfermam o indivíduo e a sociedade. Tais objetos são vistos pelo satirista como constitutivos de uma realidade ameaçadora, contra a qual dirige seu ataque agressivo.

A segunda característica da sátira é a norma, entendida como um ideal positivo contraposto à ameaçadora realidade negativa. Essa relação já se encontra no famoso ensaio de Schiller, de 1795, *Poesia ingênua e sentimental*, quando escreve: "na sátira, a realidade enquanto carência é contraposta ao ideal, enquanto a mais elevada realidade" (apud Gerth, 1977, p.8). Nesse sentido, Helmut Arntzen considera a sátira "uma utopia *ex negativo*".

> A sátira cessa com a superação de si mesma. Ela quer mais do que substituir a composição elogiosa pela composição punitiva, o idílio pela destruição [...]; ela quer a utopia. Mas, na medida em que satiriza também aquelas concepções que entendem a utopia como uma reviravolta súbita do mal no bem, deixa claro

> que a utopia é uma tarefa infinita e própria do ser humano [...]. Nenhuma obra de arte literária fala de forma mais indireta da utopia do que a sátira. E também nenhuma, com mais urgência. Ela fala, pois, contra o aqui e agora, para que este se corrija. A sátira é utopia *ex negativo*. (apud Hantsch, 1975, p.35)

Seria um equívoco, se se compreendesse a norma somente como valor absoluto, atemporal ou como uma norma geral. Inserem-se também no conceito de norma concepções de valores ligados a grupos sociais, que se modificam ao longo da história. Quando há concordância entre o autor e o público sobre o que é a norma, temos o que Joerg Schonert denomina "situação satírica" (apud Gerth, 1977, p.9). Só quem representa uma norma aceita pelo menos por um grupo possui, perante esse grupo, autoridade para realizar um ataque agressivo. Tal fato não constitui problema nos períodos históricos estáveis e consolidados, quando a sátira ataca desvios das normas admitidas por toda a sociedade. Mas nos momentos históricos de ruptura e turbulência, quando novos valores põem em questão os velhos valores, e estes se postam satiricamente contra as ameaças daqueles, fica mais difícil haver concordância sobre normas. Isso não é menos válido para sociedades pluralistas como as de nosso tempo.

Para que possamos entender a sátira de épocas passadas é necessário ter presente seus sistemas de normas, as normas ultrapassadas pelo desenvolvimento social e o partido tomado pelo autor. Essas condições dificultam a compreensão de sátira. Por outro lado, convém observar que as sátiras que atingiram uma dimensão universal podem nos agradar sem necessidade de se recorrer às solicitações históricas.

A indireta é a terceira característica da sátira e refere-se à forma como o satirista faz seu ataque agressivo. Duas coisas estão em jogo aí: uma, a sátira *supera* o ataque agressivo direto por meio de um discurso fictício ou ficcional; outra, o conteúdo é sulcado pelo cômico. Ao se compor uma sátira, por exemplo, sob a forma de reportagem, não se escreve, na verdade, uma reportagem, mas sim esta é imitada, dando-se a entender ao leitor, por meio de diversos sinais, que não deve lê-la como uma informação real. O autor do texto fala com voz dissimulada, oblíqua, disfarçada. Seus mais importantes recursos são os contrastes cômicos em todas as suas modalidades, quer se trate da ironia, da caricatura, da paródia, do travesti ou do grotesco, quer do inflar do pequeno e do fútil, quer da redução do sublime ao comum (Gerth, 1977, p.9). Por isso, Klaus Lazarowicz propôs, como critério decisivo para a caracterização da sátira, a categoria do "mundo às avessas" (apud Silverman, 1987, p.312).

Quer "mundo às avessas", quer "visão fantástica do mundo transformado" (Hodgarth, 1969, p.13), temos sempre na sátira a ruptura em um ataque agressivo direto por meio de procedimentos estéticos como o cômico e a superação da situação discursiva real. Assim, explica-se também o fenômeno paradoxal de que a sátira ataca os elementos desagradáveis, recorrendo a um modo agradável ao leitor, fato que não deixa de ter relação também com a situação política que constrange o satirista a manifestar-se de modo esteticamente indireto.

Convém salientar que a ironia, a paródia, o travesti, embora recursos usados pela sátira, podem ocorrer independentes dela e serem fruídos como jogo artístico marcado pela dissonância cômica.

Recorrendo mais uma vez ao ensaio de Klaus Gerth (1977), agora quanto à didática da sátira, é possível dizer que ela se fundamenta num ensino literário que propugna por uma leitura crítica. Quem vê a realidade com os olhos dela, distancia-se e percebe as carências e fragilidades do real. Em razão disso, deve, de modo simultaneamente necessário e paradoxal, identificar-se com a perspectiva crítica do autor. Não se dá conta, porém, de que essa leitura crítica pode limitar a visão, sem falar no fato de que a distância e a negação crítica isoladas não são suficientes para a formação e o ensino.

A sátira não pode reivindicar o direito de dominante no ensino literário. Deve permanecer um texto como os outros, mesmo quando desejável e necessária. Isto por várias razões, dentre elas, por dois fatos: primeiro, mostra de maneira clara que a literatura possui uma função junto à consciência pública; segundo, é um campo para o exercício exemplar da compreensão histórica. Quem quiser compreender a sátira deve familiarizar-se com o período em que surgiu e com as normas então vigentes.

Justamente essa compreensão literária propiciada pela sátira suscita problemas, dos quais não nos podemos esquivar. Construir um horizonte, distanciar-se da identificação com uma perspectiva crítica, capacitar-se para ler formas do discurso figurado, como a ironia, a paródia, o "mundo às avessas" pressupõem exercício, maturidade e conhecimento. Não é por acaso que as instruções curriculares recomendam a sátira só a partir do 2º grau, vendo alguns didatas ainda perigo nisso. "A sátira – escreve Trautmann – fortalece preconceitos estereotipados [...] quando há carência de conhecimentos", principalmente porque os jovens se encontram "em uma fase de crítica radical da cultura, simultânea a um rigorismo ético com preponderância de um irracional engajamento negador ou afirmador" (apud Gerth, 1977, p.10).

Se tais premissas forem aceitas, a sátira deve ser excluída do ensino do 1º grau, em especial dos anos iniciais. A questão é saber se esses pressupostos são corretos. Só poderemos discutir o lado problemático da psicologia do desenvolvimento, se realizarmos pesquisas empíricas. Mas enquanto não as fizermos, podemos talvez falar da sátira, apontando para o fato de que os didatas e os currículos olharam até agora só para as formas literárias elevadas do satírico, negligenciando, por exemplo, o libelo, a invectiva, as cantigas de escárnio, as faceias e os contos burlescos, formas que poderiam ter uma função propedêutica ao estudo posterior da sátira.

A sátira, como nenhum outro tipo de texto, corre o risco de ter um tratamento exclusivamente ideológico, isto é, só conteudístico, ignorando-se sua linguagem. Por isso, é necessário que o ensino da sátira indague sobre as razões de a crítica satírica provocar prazer e sobre os recursos estéticos que utiliza para alcançá-lo. Com isso, recupera-se a indireta, essa camada estética essencial da sátira.

Segundo Klaus Gerth (1977), os objetivos gerais a serem concretizados e especificados no estudo do texto satírico são os seguintes: 1) ver com o olho crítico da sátira as carências e fragilidades do real; 2) capacitar-se para também ler críticamente a sátira; 3) compreender a sátira como um caso exemplar sobre o efeito intencional da literatura e de ação recíproca entre ela e a realidade; 4) reconhecer a necessidade de compreensão histórica e exercitá-la; 5) conhecer a natureza e as características da sátira (ataque agressivo, norma e indireta) e capacitar-se para diferenciá-la de outros tipos de texto; 6) compreender e conhecer os recursos artísticos usados na representação da realidade, como o cômico, a ironia, a paródia, o travesti, a caricatura, a hipérbole e o grotesco, entre outros; 7) sentir prazer na fruição da sátira (Gerth, 1977, p.11).

Referências

ANDRADE, O. A sátira na literatura brasileira. *Boletim bibliográfico*. abr., maio, jun., p.39-52. 1945.

BALLMANN, B.; LÖEFFEL, H. *Satire in Text und Bild*. Stuttgart: Ernst Klett, 1981.

BECKER, I. *Humor e humorismo*. São Paulo: Brasiliense, 1961.

GERTH, K. Satire. *Praxis Deutsch*. Seelze, 22: 8-11, 1977.

HANTSCH, I. *Semiotik des Erzaehlens*. Muenchen: Wilhelm Fink, 1975.

HODGARTH, M. *La sátira*. Trad. Angel Guillén, Madrid: Guadarrama,1969.

LAZAROWICZ, K. *Verkehrte Welt*. Tuebingen: Max Niemeyer, 1963.

MAGALHÃES JR., R. *Antologia do humorismo e sátira*. 2. ed. Ver. Rio de Janeiro: Bloch, 1962.

MENNUCCI, S. *Humor*. São Paulo: Monteiro Lobato, 1923.

PEIXOTO, A. *"Humour"*: ensaio de breviário nacional de humorismo. 2. ed. São Paulo: Nacional, 1936.

SILVERMAN, M. *Moderna sátira brasileira*. Tradução de Richard Goodman. Rio de Janeiro: Nova Fronteira, 1987.

Contribuição para uma concepção ampla de literatura[1]

Até a década de 1950 entendia-se por texto literário na área do ensino da língua e da literatura, os textos de prosa e de poesia, bem como os textos, que embora não especificamente do tipo dos citados, apresentassem pretensões e características do literário, como, por exemplo, as produções dos juristas, dos gramáticos, dos médicos.

Uma explicação para essa concepção um pouco elástica do literário pode ser encontrada em Antonio Candido, quando trata da importância tradicional da literatura como meio de interpretação do Brasil. Dada a carência de uma tradição histórica e sociológica e mesmo filosófica e científica em nosso país até mais ou menos 1930, a literatura incorporou não só os trabalhos dessas áreas como também forneceu o modelo de expressão para os eventuais estudos que apareceram nesses campos. Assim, até esse momento, a literatura se caracteriza pelo fato de constituir-se em um elemento incorporador não só de visão do Brasil, mas também em padrão linguístico para qualquer modelo de escrita. Essa concepção do literário, embora em crise desde o modernismo, permanece no âmbito do ensino até os anos 1950, sobretudo no então chamado ensino médio.

Outro traço das obras, voltadas para o ensino da língua e literatura, até a década de 1950, era a pacífica convivência de autores brasileiros e portugueses nas antologias e livros didáticos. Os autores de além-mar, ao lado dos nacionais, eram apresentados como modelos de expressão escrita e se impunham aos alunos através do ensino. Em termos de períodos literários, no Brasil, o máximo de alcance recente era então a produção próxima de 1922, a fase epigonal do realismo-naturalismo na prosa de ficção e o neoparnasianismo na poesia, surgindo só eventualmente um autor pré-modernista

---

[1] Escrito em 24 de abril de 1979. Inédito.

como Lima Barreto. O modernismo, se constava dos livros didáticos e antologias, era apresentado como algo pitoresco e sua produção não era, no geral, abordada em classe.

Quanto ao estudo dos textos, predominava ainda, no plano do enfoque linguístico, o tratamento gramatical, sobretudo a análise sintática. Os textos eram lidos para serem decompostos em sujeito, predicado, objeto, adjunto, oração coordenada, subordinada e assim por diante. A escolha dos trechos parecia obedecer ao seguinte critério: quanto mais sintaticamente arrevesado, mais adequado ao ensino. No plano dos estudos literários, primava a dissociação entre texto e historia da literatura, com a ênfase recaindo, sobretudo, sobre esta última, entendida como um rol de datas e algumas características do período literário, decorados pelos alunos. A abordagem imanente do texto praticamente inexistia.

Na década de 1960, os textos a serem utilizados no ensino da língua e da literatura começam a diferenciar-se agudamente daqueles até então dominantes. O *corpus* de textos dos livros didáticos e antologias principia a se compor de trechos de obras exclusivamente literárias, expurgando-se aquelas produções dos textos pretensamente literários e reduzindo a ocorrência de obras e autores das fases epigonais dos movimentos literários.

Tal incidência depuradora na esfera do ensino é contemporânea de, e mesmo antecipada por igual tendência no âmbito da criação literária, da Poesia Concreta. Os novos estudos linguísticos e literários, que começam a aportar no Brasil, contribuem também de maneira acentuada para que essa nova diretriz vá ganhando terreno. O critério que passa a predominar no processo de seleção e abordagem das obras para o ensino tende a ser principalmente de ordem estética. Com isto o movimento modernista ganha um destaque que até então não tivera nos livros didáticos e antologias, contribuindo para isto sobretudo o crescimento de cursos que sobre ele passam a ser ministrados na Universidade.

Paralelamente a essa vertente modernizadora desenvolve uma outra: a nacionalização das antologias e livros didáticos. Os autores nacionais de prosa e ficção e de poesia começam a ser dominantes nessas publicações em detrimento dos autores portugueses, quando não são editados em obras só de literatura brasileira e portuguesa respectivamente. A ênfase na literatura portuguesa é superada e as obras voltadas para o ensino principiam a abrasileirar-se.

Além dos já apontados, uma série de outros fatores contribuiu para essa tendência modernizadora e nacionalizante: aquilo que Antonio Candido chamou de consciência catastrófica do subdesenvolvimento acerca da realidade nacional começa a se espraiar pela Universidade e, por meio dela, para os outros graus de ensino, acompanhado dos influxos de ordem social e política que marcavam a vida brasileira de então, cuja abordagem esta concisa análise não pode realizar.

Convém observar, porém, a outra face da medalha dessas vertentes novas na esfera do ensino. Em razão do avanço dos estudos linguísticos e literários a "literatura literária" – os textos de prosa de ficção, de poesia e de teatro – (O termo literatura literária é de Antonio Candido) passa a ser definida como uma espécie de um código dentro do código linguístico. Esse refinamento da visão estética, correlato da acentuada depuração do literário, que se inicia nos anos 1960, põe em questão a concepção trazida de há muito de que a "literatura literária" pudesse continuar a ser oferecida ao aprendiz. Com isto a "literatura literária" perdeu seu lugar de modelo de expressão da língua culta escrita e permaneceu no ensino na condição de arte da palavra e como tal abordada.

As antologias que são elaboradas a partir desse momento definem com precisão o público visado pelos textos da "literatura literária": os alunos do antigo clássico e científico, os do recente 2º grau, os pré-universitários, os estudantes dos anos iniciais do curso de Letras e eventualmente todos aqueles que se interessem por prosa de ficção e por poesia.

Tal constatação leva a conclusão de que as propostas novas de modernização e nacionalização no âmbito do ensino tiveram, em termos de divulgação e penetração, por meio de livros didáticos e antologias, um alcance limitado, mormente se se comparar o momento atual com o anterior. Em síntese, pode-se dizer que essas tendências novas não iam até a base do ensino, o 1º grau atual. É claro que podem ter existido tentativas de levá-las até lá, mas no âmbito de produção de antologias e de livros didáticos, em especial da primeira, essas experiências são, do ponto de vista de divulgação e difusão, quantitativamente menos relevantes do que aqueles endereçados aos alunos do 2º grau e aos estudantes do 3º grau de Letras.

Com isto criou-se um relativo vazio no âmbito do ensino do 1º grau, em especial nas seis primeiras séries. Em decorrência têm-se hoje aí, no geral, parcas inovações e a permanência ainda, na esfera do trabalho com os textos, das velhas experiências anteriores à década de 1960, pelo menos no interior.

Dentre os fatores, responsáveis por essa carência de produções voltadas para essa população escolar, convém salientar um de ordem econômico-financeira, que aflige discentes e docentes: o baixo poder aquisitivo. A clientela do primeiro grau é majoritariamente oriunda das camadas populares da sociedade, cujo salário real tem sofrido redução significativa desde meados da década de 1960. O mesmo se deu com o salário dos professores, do que resultou a baixa competitividade da profissão de professor de nível I no mercado de trabalho. Disto resultou, em parte, a crise do antigo curso normal que, de fornecedor majoritário dos quadros do magistério de 1º e mesmo 2º graus, passou a condição de curso quase em extinção.

Ora, no momento mesmo em que se esboçavam e se definiam novas tendências no campo do ensino, com propensões modernizantes e nacionalizantes, o curso normal iniciava sua crise e se despreparava para absorver os ventos inovadores. E, convém acrescentar, a Universidade muito pouco fazia para preencher o vazio que, com os estertores do curso normal, se criava.

Com a crise do modelo de expressão escrita fornecida pela literatura de incorporação até a década de 1950 no âmbito do ensino, iniciou-se a partir dos anos 1960 – quando se passou a reconhecer a "literatura literária" como um código dentro do código linguístico – a busca, mais sistemática, na década atual, de um novo modelo de expressão para a língua culta escrita.

Em 1977, a Secretaria de Estado da Educação de São Paulo publicou uma pequena obra – Língua Portuguesa 5ª a 8ª séries – 1º grau – que principia com um extrato do Relatório do Grupo de Trabalho nomeado pelo MEC (Portaria 18/76). Esse GT, após fazer uma análise dos fatores determinantes de decadência do ensino e da aprendizagem do português nas escolas brasileiras, propõe uma série de medidas. Entre estas encontra-se a recomendação de

> que, no ensino de 1º grau, especialmente da 5ª a 8ª séries, os textos incluídos nos compêndios ilustrem os dois tipos de língua culta (escrita) seguintes, dando ênfase ao primeiro:
> – linguagem dos jornais, das grandes revistas brasileiras, da crônica, assim como da correspondência espontânea dos nossos escritores;
> – linguagem literária em prosa e verso;

– e mais –

> que, enquanto não se estabelecer objetivamente a norma culta, seja a língua do primeiro tipo, especificado no item precedente o modelo de expressão para os exercícios de classe.

Essas recomendações do GT constituem um avanço no processo de estabelecimento de um modelo de expressão para a língua culta escrita no que diz respeito às séries apontadas, podendo ser estendidas ao segundo grau.

Mas se se examinarem bem essas recomendações ver-se-á que elas pecam por timidez. No que tange aos veículos propostos – jornal, grandes revistas e livros – creio que talvez se pudessem incluir outros, cujo tratamento dado e o modelo linguístico proposto não diferem dos indicados, sendo ainda mais acessíveis dos que os privilegiados, impregnando por conseguinte muito mais o aluno urbano ou em vias de se urbanizar. Refiro-me ao rádio, à TV, ao cinema, às histórias em quadrinhos, às fotonovelas, à publicidade, aos romances policiais de entretenimento, em síntese, à polimorfa produção textual de nossos dias. Se todos esses textos fossem reconhecidos como modelos de expressão da língua culta escrita poderiam eles ser tratados nas salas de aulas e, com isto, criar-se-iam condições para superar os preconceitos e pré-juízos que os cercam. Por outro lado, dar-se-ia um passo importante para a integração entre a vida e a escola, entre o ser humano e seu ambiente, entre o que o aluno conhece pela experiência e o que o ensino trata. Aliás, o divórcio entre a escola e a vida é um dos problemas mais sérios de nossos dias.

Com o reconhecimento do estatuto de objeto de ensino desses textos marginalizados, mas que estão presentes intensamente na nossa vida diária, seria possível à escola desenvolver a tarefa de mostrar ao aprendiz as suas peculiaridades e características, ao lado dos textos da "literatura literária", com vistas a capacitar o aluno para diferençá-los, hierarquizá-los e julgá-los criticamente. Isto, porém, deve ser conduzido sem aprimorismos, traço marcante do ensino existente, que procura salvar a "literatura literária" e seu suporte, o livro, não pelo confronto com outros veículos e outras modalidades de texto, mas pela imposição. Tal imposição, em lugar de atrair os alunos, provoca neles, no geral, rejeição e repúdio. Saturado e massado de ouvir falar das qualidades excelsas da "literatura literária" e de seu suporte, o livro, na sala de aula, o aluno vai procurar fora dela, de modo acrítico, em outros veículos não escolares, matéria para sua recreação e para a satisfação daquela "necessidade universal de ficção e fantasia que de certo modo é coextensiva ao homem" (Candido, [s.d.], s.p.) e que o livro tradicionalmente preencheu.

Além dos textos da chamada Cultura Industrial, deveriam também fazer parte do *corpus* do ensino da língua e de literatura os múltiplos jargões ou linguagens com que somos obrigados a nos defrontar, como a linguagem da política, da advocacia, da burocracia ou administração, das ciências humanas e das ciências naturais. A experiência com a polimorfa produção de textos de nossos dias alerta-nos para o fato de que o conhecimento do modelo de expressão da língua culta escrita não nos fornece com frequência a chave para entrar nesses verdadeiros jargões esotéricos. O aprendiz escolar terá que fatalmente entrar em contato com essas linguagens no decorrer de sua vida, e mesmo durante os anos de aprendizagem, quando estuda as diferentes disciplinas que compõem o currículo. Mas a consciência de que a linguagem das ciências naturais e humanas, por exemplo, constitui, com seu rol de termos técnicos, uma certa modalidade de uso de código linguístico não é fornecida ao aluno. Cultiva-se inconsciente, mesmo em certos meios mais avançados culturalmente, a crença ingênua de que saber ler e escrever, isto é, ser alfabetizado, é condição necessária e suficiente para decodificar todas as modalidades de linguagem que o código linguístico faculta elaborar. E quando a escola envereda para o ensino de um jargão, como por exemplo o burocrático ou administrativo, através da capacitação do aluno para a elaboração de ofício, de requerimento, etc., o que se objetiva é a memorização de uma forma e não o conhecimento crítico das características dessa linguagem, aliás, uma das mais conservadoras e autoritárias existentes.

Resumindo, creio poder dizer que é urgente ampliar ao máximo o *corpus* dos textos que se devem considerar como modelo de expressão da língua escrita, ou melhor, se isto chocar os ouvidos dos elitistas, dos textos que devem ser objetos do ensino da língua e da literatura. Essa ampliação permitirá colocar o aluno em contato com todos os textos produzidos em nossos dias, em sua condição de modalidade de linguagem dentro do código linguístico, sob o influxo dos veículos que os suportam e atrelados às áreas, às quais pertencem. E não só, e nem menos relevante: sob a influência das intenções do emissor, do publico visado e, mormente, da situação histórica (econômica, social, política e espiritual) em que ele se originou, tudo isto materializado no seu modo de formar.

No que tange ao 2º grau o opúsculo da Secretária da Educação recomenda "que os textos das séries do 2º grau ilustrem todas as fases das literaturas brasileira e portuguesa, ressaltando os estilos de época e a evolução dos gêneros literários".

A primeira crítica que se pode fazer a essa recomendação dos membros da GT do MEC é a de que eles equiparam duas literaturas que, para nós brasileiros, têm que ser diferençadas, pela óbvia razão de que a literatura brasileira é a literatura nacional e a literatura portuguesa é, de há muito, uma literatura não nacional.

Se se tiver de ensinar uma "linguagem literária" no 2º grau que seja a literatura brasileira, entrando a portuguesa somente quando o texto da "literatura literária" brasileira a requerer. Isso poderia ocorrer no estudo das produções artísticas ou não das manifestações literárias do período colonial, nos textos artísticos do romantismo e mesmo nos textos artísticos do realismo e simbolismo. Mas não no tratamento das obras artísticas do modernismo e das tendências contemporâneas, pois, como muito bem já assinalou Antonio Candido, a partir do século XX cessou o nosso "diálogo com Portugal" como meio de tomarmos consciência de nos mesmos. Que se reserve o estudo particular da literatura lusa para o 3º grau de Letras. Isto não exclui, é claro, que em uma antologia de textos da "literatura literária" por temas, por exemplo, não se possam incluir autores portugueses, como se poderia fazer com os de qualquer "literatura literária", inclusive os das literaturas latino-americanas. Não é possível avançar mais nessa incursão rápida sobre a literatura portuguesa, pois este é um tema muito candente que pode desviar da discussão essencial. Observo, porém, o problema não é de lusofilia ou lusofobia, mas sim de ordem meramente histórica.

Não me parece também feliz a recomendação de que os textos das séries do 2º grau ilustrem todas as fases da literatura brasileira, ressaltando os estilos de época e a evolução dos gêneros. Penso que tal recomendação seria justa para os que optassem no 2º grau pela área voltada para um futuro estudo das Letras ou de cursos de humanas. Mas não vejo muito sentido para as outras áreas, para as quais se deveriam prescrever textos artísticos a partir do modernismo, como um meio de sensibilizar os alunos para a "literatura literária" brasileira do século XX. É claro que se poderiam incluir autores anteriores desde que tivessem esse potencial de atração.

Uma coisa, porém, deve ficar clara: não é conveniente que os textos do 2º grau se limitem aos textos da "literatura literária". As outras modalidades de linguagem facultadas pelo código linguístico e pelos diferentes veículos deveriam continuar a ser estudados no 2º grau, com um tipo de enfoque mais verticalizado do que no 1º grau, concomitantemente com os textos de "literatura literária" e de preferência em confronto com estas.

Não resta a menor dúvida de que as parcas críticas até aqui feitas às propostas do GT do MEC devem ter alguns pressupostos. Esses pressupostos existem e já foram parcialmente expostos. Dizem respeito a uma concepção de texto literário decorrente de uma concepção de literatura, e finalmente de uma concepção de educação que dá as diretrizes para as considerações feitas,

A teoria da literatura distingue em princípio dois conceitos de literatura: um, de caráter restrito, marcado hoje por certo tradicionalismo; outro, de caráter amplo, caracterizado por recente atualidade. Este último é o de que literatura são todos os textos – indiferentemente se produzido por poetas, romancistas, dramaturgos, cientistas, burocratas, literados de carregação, telenovelistas, legisladores etc.; se escritos ou gravados em fitas ou discos; se filmados ou elaborados para a televisão ou rádio – enfim todos os textos transmitidos por quaisquer veículos ou mídia ou meio de comunicação.

Este conceito tão abrangente de literatura tem a vantagem de não considerar tabu nada do que é produzido por meio da língua e colocá-lo na condição de objeto para os teóricos da literatura, para os linguistas e também para o ensino. Por outro lado, apresenta a desvantagem de ampliar demasiadamente a área literária.

Já o conceito restrito, hoje tradicional, compreende só os textos da "literatura literária" (prosa, poesia e teatro). A teoria e o ensino da literatura ortodoxos partem dessa definição. Este conceito apresenta a vantagem de circunscrever, dentre as manifestações linguísticas, uma área bastante limitada, como objeto da teoria é do ensino da literatura. Por outro lado, tem a desvantagem de ignorar justamente aqueles textos com os quais os alunos e estudantes mais estão em contato, excluindo-os da condição de objetos do ensino.

Além disso, coloca-se ainda uma questão não resolvida de modo satisfatório até hoje: quais textos são realmente "literários" para se tornarem objetos do ensino e da teoria da literatura?

Como se sabe, os critérios mudam de uma geração para outra e não são iguais em diferentes sociedades. Em razão disto, parece ser a primeira definição de literatura a mais adequada para o ensino. Tal fato não significa de modo algum a defesa de um relativismo de valor, pois existe evidentemente uma grande diferença entre um poema de Carlos Drummond de Andrade e um texto de administração; uma narrativa de Guimarães Rosa ou de Machado de Assis possui uma força poética muito maior do que um contrato de compra e venda... Tais escolhas ou eleições, porém, devem ser não um ponto de partida para os alunos, mas sim o resultado do ensino da literatura, no sentido amplo do termo.

Com essa acepção ampla de literatura teríamos, então, todos os textos reconhecidos como objeto do ensino e de reflexão de linguistas, teóricos da literatura, professores e alunos.

Para tratar dessa abundante e polimorfa produção textual é indispensável que se proponham procedimentos de trabalho adequados a cobri-la. Esses procedimentos talvez se encontrem numa concepção de leitura e numa concepção de comunicação literária tal como esta é definida pela Teoria da Comunicação.

Parece-me que um dos traços da realidade atual é a onipresente solicitação de nossa capacidade de decodificação auditiva e visual, isto é, de nossa capacidade de leitura de textos literários no sentido amplo do termo. O atual ambiente artificial e simbólico criado pelo homem está a exigir a cada momento o exercício dessa capacidade, em razão da massa verbal e não verbal que nos atinge por todos os lados, batizada por alguns de poluição verbal. Nesse ambiente o peso do código escrito é grande. No plano do ensino, em lugar de se dar ênfase ao processo de leitura para capacitar o aluno a decodificar as informações, o que se observa, principalmente como critério de avaliação do desempenho escolar, é o privilégio concedido aos fatores produção e codificação.

Um exemplo de como esse critério último prima sobre a decodificação é a manifestação de escândalo que eclode nos jornais e revistas, após a correção das provas de redação dos vestibulares. Enquanto se publicam com estardalhaço as infelicidades perpetradas por nossos vestibulandos nas redações, quase não se vê matéria na imprensa sobre as leituras equivocadas realizadas pelos candidatos à Universidade. Esse dado aparentemente comezinho, que evidencia a atenção dada a codificação, radica no equivocado pressuposto de que os pré-universitários sabem ler, mas não sabem escrever. Não seria justamente o contrário: nossos alunos mal sabem ler e por isso falam e escrevem de modo inadequado. A comparação que me ocorre é a de que a sociedade tem uma concepção formada de que os estudantes teriam sido, como computadores, bem alimentados, mas um enigmático samba do crioulo doido baixou-se-lhes no ato de redigir conturbando a resposta. Não estaria na ausência de uma alimentação adequada do computador e dos estudantes a deficiência de quase todo o ensino? Penso que um grão de verdade se esconde por trás do *slogan* publicitário das editoras que reproduzo aqui com algumas modificações: "quem mal sabe ler/ mal fala/ mal ouve/ mal vê/ mal sabe escrever".

Pesquisas sobre o ensino da leitura mostram que a capacidade de ler, ao contrário do que se supõe ingenuamente, não é uma capacidade geral. Trata-se, isto sim, de capacidades diferentes e particulares, que se imbricam uma na outra, mas que devem ser incrementadas individualmente. Segundo essas pesquisas, pertencem a essa competência as seguintes capacidades: 1. Extrair informações; 2. Distinguir informações estéticas; 3. Tirar conclusões; 4. Ler críticamente; 5. Ler criativamente; 6. Ler interpretativamente.

A cada uma dessas capacidades particulares correspondem capacidades ainda mais restritas, adequadas a resolver questões práticas e correntes com que cada leitor se defronta no contato e na convivência diários. No âmbito da capacidade de extrair informações, situam-se as capacidades de pinçar num texto informações particulares; de reconhecer relações factuais, lógicas, temporais; de apreender a ideia central; as quais são utilizáveis na leitura de qualquer tipo de texto. A capacidade de distinguir informações estéticas não é importante só pra discriminar textos da "literatura literária". Seu aprendizado encontra grande aplicabilidade na vida diária, na medida em que fornece um instrumento útil para desvendar as manipulações linguísticas da publicidade e da propaganda, que utilizam a função poética da linguagem como meio retórico. Sensibilizar os alunos, por meio do tratamento desses textos, para suas influências consumistas deve ser tarefa do ensino.

Tirar conclusões e inferências é outra capacidade em que se deve executar o aluno, para que ele possa ler, armando de instrumental adequado, textos, como, por exemplo, os da capciosa área da administração. Constatou-se através de pesquisas que muitos alunos, embora dominassem muito bem as operações matemáticas, apresentavam aproveitamento sofrível por faltar-lhes a capacidade de tirar conclusão.

Numa época de manipulação econômica e política como a atual a criticidade deve constituir uma das virtudes fundamentais do seu humano. Trata-se no caso da capacidade de observar fatos e aceitá-los ou refutá-los com argumentos. Um dos meios mais adequados para capacitar o aluno para a leitura crítica é desenvolver nele a atitude comparativa, que pode ser exercitada pelo confronto entre a informação e a realidade e, internamente no próprio texto, entre as relações lógicas que propõem, ou ainda entre intenção explícita e implícita nele presente.

A leitura criativa pode ser vista sob diferentes aspectos, segundo a definição que se dê de criatividade. Leitura criativa pode significar que: 1. O aluno é capaz de e está apto a distinguir e detectar a problemática de um texto; 2. O aluno deixa-se motivar por um texto para escrever seu próprio texto; 3. O aluno é impulsionado por textos a desenvolver um pensamento emancipador; 4. O aluno é estimulado por textos a dar asas a sua imaginação, a pensar livremente em direções diferentes e a chegar, no plano do pensamento, a resultados novos.

A capacidade da leitura interpretativa compreende e engloba as capacidades precedentes. Seu aspecto marcante, porém, é capacitar o aluno para reconhecer a historicidade de qualquer texto. No limite, o aluno deve não só distinguir as determinações históricas e sociais que deram origem ao texto, mas também precisar a interpretação do mundo e da sociedade transmitida por ele. Coroa essa capacidade a tomada de posição do aprendiz perante a visão de mundo fornecida pelo texto.

Dentro dessa linha de raciocínio, não se podem ignorar as contribuições da Teoria da Comunicação. Segundo a Teoria da Comunicação, a comunicação literária envolve cinco componentes: o emissor, a informação, o sistema de signos (língua), o veículo, e o receptor. Esses componentes não são estáticos e isolados, mas sim dinâmicos e reciprocamente atuantes. Em lugar de comentar todos vou ater-me só ao emissor.

O emissor, isto é, aquele que escreve, que fala, tem em geral uma comunicação a fazer. O que comunica e como o faz, depende de fatores diversos: a intenção; o domínio do sistema de signos. O assunto da mensagem; o veículo que utiliza; o público visado; tudo isso, sendo por sua vez, influenciado pelos diversos níveis da situação histórica em que se dá a comunicação literária. Todos os outros componentes estão sujeitos aos mesmos influxos no plano interno do processo de comunicação e no plano externo das condicionantes históricas. Complementa ainda os componentes da comunicação literária um outro, que desempenha importante papel hoje: a comunicação de retorno ou *feedback*, uma das maiores expectações dos centros de decisão em todos os níveis da sociedade atual.

Deve ser tarefa do ensino no âmbito da comunicação literária capacitar o aluno para reconhecer os componentes desse processo de comunicação; os influxos recíprocos de um sobre os outros; a importância disto na configuração da mensagem; as determinações de ordem históricas que atuam sobre cada componente em particular e no processo como um todo. Mas o trabalho não se encerrará, enquanto não se capacitar o aluno para tomar posição perante os textos que estão sendo submetidos ao crivo do processo de comunicação literária.

Essas concepções de texto, de leitura e de comunicação literária perderão muito de sua eficácia se não houver, para embasá-las e orientá-las, uma concepção de educação que enforme todo o ensino. Essa concepção deve existir e se chama educação emancipadora. Entende-se por educação emancipadora a educação que tem como o mais alto objetivo capacitar o ser humano para distinguir os fatores sociais estranhos a ele e que o determinam e, com base nesse conhecimento julgar e agir de modo independente e consciente, assumindo sua própria responsabilidade. O que essa educação visa é, no limite, capacitar o aprendiz para o exercício de uma atitude crítica, do espírito crítico.

Para começar a terminar devo dizer que estou consciente das decorrências no plano do ensino dos três graus das propostas aqui levantadas. Lembro que essas concepções, sobretudo as que dizem respeito ao *corpus* da literatura, estão vinculadas muito mais a uma realidade urbana e industrial do que a rural. No caso da aplicação ao meio rural, por exemplo, faz-se necessário uma adaptação, se não quisermos que ele as rejeite.

Finalizando convém dizer que a visão aqui exposta, embora em certos pontos enfática, pretende, antes de tudo, trazer contribuições para a discussão do trabalho com o texto do que apresentar soluções acabadas.

Referências

CANDIDO, Antonio. Literatura e cultura de 1900 a 1945. In: _____. *Literatura e sociedade*. São Paulo: Nacional, 1965. p.131-165.

_____. A literatura e a formação do homem. *Ciência e cultura*, 24 set. 1972. p.803-809.

_____. Literatura e subdesenvolvimento. *Argumento*, 1: Paz e Terra, [s.d.]. p.7-24.

KÜGLER, Hans. *Literatur und Kommunikation*. Stuttgart: Ernst Klett Verlag, 1971.

MÜLER, Erhard P. *Textbuch 7* (Handreichung für den Lehrer). München: R. Oldenbourg Verlag, 1972.

MÜLER, Erhard P. et al. *Textbuch 8*. München: R. Oldenburg Verlag, 1973.

4.
Linguagem e ideologia

Sobre o discurso político[1]

As primeiras tentativas de abordagem do discurso político na Alemanha Ocidental sofreram a influência da longa tradição dos estudos de germanística que se ocupavam exclusivamente do uso literário da língua, mais especificamente de certo padrão de obras incluídas na categoria de obras-primas. O analista, formado para abordar esta modalidade de obras, tendia a procurar nos textos políticos sua realidade estética, medindo-os, assim, por um aferidor incompatível com sua natureza.

A partir da crise europeia de 1968 e durante os anos 1970, os estudos de germanística deixaram de privilegiar as obras da "literatura literária" e se abriram para as múltiplas variedades de textos que convivem em harmonia e tensão na sociedade industrial, como os textos da literatura de entretenimento e os da linguagem dos jornais, da publicidade, do rádio, da televisão, do discurso político. Esses novos objetos passaram a solicitar modificações nos métodos de investigação e de abordagem, como é o caso do discurso político, que requer um enfoque segundo a tradição da antiga retórica, ao colocar para o seu analista a seguinte questão: qual é o objetivo do discurso e quais são os recursos mediante os quais o orador pretende alcançar esse objetivo?

Procurando entender e definir a natureza do discurso político e esforçando-se para ajustar-se a ele por meio de métodos que lhe fossem compatíveis, os germanistas produziram um conjunto significativo de textos teóricos e analíticos que só tenderam a crescer desde fins dos anos 1960. Sua produção foi também estimulada por modificações significativas no ensino alemão de primeiro e segundo graus, que, desde meados daquela mesma década, passaram a incluir, nos programas de língua alemã do segundo grau, tópicos sobre aspectos da linguagem política, como a aná-

---

[1] Publicado originalmente em *Alfa*, São Paulo, v.34, p.1-10, 1990.

lise de discursos parlamentares, a linguagem do nacional-socialismo, a relação entre linguagem e ideologia e o desenvolvimento específico da língua materna nas duas Alemanhas.

A entrada dos estudos de discurso político no ensino de segundo grau contou, nos anos 1970, com o apoio de forças significativas. No âmbito das produções impressas voltadas para o ensino, a revista *Der Deutschunterricht* publicou, desde o início da década, artigos, ensaios e números especiais cujo tema era o discurso político. No campo das propostas de renovação do ensino literário, contribuíram para seu estudo concepções aguerridas, como a "didática da literatura orientada para o conteúdo" (Kuegler,1975, p.58-78) ou "para as condições da socialização do aluno e para os conteúdos socialmente relevantes" (Schoeber,1977, p.153-206), elaborado, por exemplo, pelo *Projekt Deutschunterricht*.[2]

Apesar de um intenso trabalho investigativo e aplicado, os resultados no ensino de segundo grau não foram muito auspiciosos, se se tomar como referência pesquisa feita com 200 calouros que entraram entre 1977-78 no curso de germanística da Universidade de Colônia. O questionário respondido pelos alunos mostrou que "menos de 30%" (Bachem,1979, p.5) tiveram contato com aqueles temas do discurso político atrás mencionados e típicos do programa de língua e literatura alemã. Mas é interessante anotar que tais informações encontram-se justamente no prefácio de um manual de 1979, escrito por Rolf Bachem (1979), que se propõe a fornecer uma introdução à análise do discurso político...

As pesquisas desenvolvidas na década de 1970 apresentaram algumas contribuições importantes para a compreensão da natureza da linguagem política, tanto do discurso parlamentar quanto da linguagem técnica. Tais contribuições foram resumidas no recém-citado livro de Bachem e vão aqui livremente traduzidas.

Para os estudiosos, a linguagem da política não é simplesmente uma linguagem técnica que se possa caracterizar univocamente. Como a própria política, ela é plurissignificativa, penetra todas as esferas da vida social e se ajusta às diferentes tarefas requeridas por ela. Já o politicólogo, como cientista, pretende empregar uma linguagem técnica pura na política, dotando-a de conteúdos verbais unívocos, definidos com exatidão, destinados exclusivamente à informação objetiva e desprovidos de valores emotivos. Semelhante empenho pode ser encontrado também nas definições dadas aos elementos que compõem a organização política, como "assembleia", "congresso", "líder de partido", ou naquelas dadas às instituições e programas partidários.

---

[2] Uma bibliografia sobre o ensino, com bom acervo sobre o assunto, é a seleção realizada por D. Bonecke e outros: *Bibliographice Deutschunterricht. Ein Auswahlverzeichnis*, publicada em Paderborn, estando, em 1978, na 3. ed. e incluída como nº 230 da UTB (UNI – Taschenbuecher) (Guenther 5, p.112).

A política tem a ver com as esferas da administração e suas linguagens técnicas, como as linguagens da Economia, das Finanças, da Tecnologia, do Direito e outras, usadas pelo Estado para regulamentar os fundamentos da coexistência social em todas as áreas. Tais linguagens técnicas são utilizadas também na cúpula da economia mundial dos países industrializados avançados e não podem ser compreendidas sem que se tenha conhecimento técnico e domínio do vocabulário específico, inacessíveis ao leigo, mesmo quando veiculadas pelo noticiário dos meios de comunicação de massa. Sua presença ocorre ainda nas conversas de gabinetes e nas discussões entre especialistas sobre relevantes decisões governamentais.

Quando se pensa, porém, nas exposições e intervenções realizadas no Parlamento, onde os discursos devem ser acompanhados pela maioria da opinião pública, tais falas são, no geral, formuladas pelo emissor de forma distinta. Seu intuito agora é informar, conquistar o apoio para seu partido e procurar derruir a influência do opositor sobre essa mesma opinião pública. Refletindo justamente sobre esse tipo de discurso, Juergen Frese concebe a política "como um processo polêmico, como luta pelo poder, como luta pela própria autoafirmação, visando ao domínio dos seres humanos em uma consentida unidade política, e como luta pela imposição e legitimação de um anseio de domínio" (Frese, 1972, p.102-3). Conclui, a seguir, que a tensão política numa sociedade pluralista deve ser compreendida como "luta pelo direito no campo da língua" (ibidem, p.105), com os diferentes grupos procurando influir na permanente mudança das normas jurídicas existentes, trazer para suas concepções a maioria parlamentar e, com isso, impor o seu próprio curso às coisas públicas.

Nesse sentido, os políticos diferem dos juízes e burocratas. Enquanto estes estão submetidos às normas legais vigentes e interpretam-nas, servindo-se de linguagens técnicas, os partidos e os grupos de interesse formulam, de forma contundente ou atenuada, suas contribuições para discussão das normas imperantes, utilizando-se de comunicados governamentais, dos programas eleitorais e de propostas constitucionais. O que resulta disso pode ser um texto informativo com dados meramente técnicos ou um texto persuasivo, propaganda e representação, neste caso, dos valores ideológicos e dos interesses reais de um grupo e de sua doutrina ideológica. Isto, porém, só se pode reconhecer a partir do caráter do todo textual, independente do uso de termos técnicos e de dados quantitativos.

É nesse quadro de reflexões alemãs sobre a linguagem política que se inserem os trabalhos desenvolvidos por Hans Dieter Zimmermann, de quem se pretende aqui veicular algumas ideias como achegas teóricas ao estudo do discurso político.

Hans Zimmermann publicou, entre 1969 e 1972, três trabalhos diretamente ligados às questões do discurso político. O primeiro, *Die politische Rede*, livro de

1969, enfoca o assunto teoricamente e analisa o uso que fazem da língua os políticos de Bonn. O segundo, "Element zeitgenoessischer Rhetorik", de 1971, publicado no número quatro da revista *Diskussion Deutsch*, trata da retórica na atualidade e foi incluído por Schafarschik (1981) e Guenther (1980) na categoria de trabalho didático. O terceiro, de 1972 (Zimmermann, 1972), que servirá de principal fonte para este artigo, é um ensaio sobre um discurso do líder da União Democrática Cristã, Rainer Banzel, pronunciado no dia 27 de janeiro de 1970 no Parlamento alemão, quando seu partido se encontrava na oposição ao governo social-democrata de Willy Brandt.

Tanto na obra de 1969 quanto no artigo de 1972, Zimmermann compõe

> um catálogo das figuras retóricas, originárias da Antiguidade, organizando-as, não segundo critérios estilísticos, mas conforme as seguintes perspectivas funcionais: superestimação, subestimação e conciliação. Se se conseguir determinar [...] a função que tomam os esquemas retóricos de expressão no texto, pode-se descobrir, como decorrência, a intenção do orador e o interesse que o orienta. (Berger et al., 1978, p.149)

Tratando também das propostas de Zimmermann, Bachem resume-as assim:

> Três tendências são frequentemente verificáveis na concretização linguística da imagem da realidade desenvolvida por um orador político: a superestimação, a subestimação e a conciliação. Esses conceitos constituem um útil modelo de análise (que se interpenetra parcialmente com outros). (Bachem, 1979, p.93)

E o próprio Zimmermann apresenta sua proposta de investigação do discurso dos políticos nos seguintes termos:

> No discurso político é necessário principiar observando, desde o primeiro momento, as características estilísticas sob o ângulo do objetivo do discurso, a saber: o que quer e o que pode o orador com ele alcançar? Por isso, é útil começar a trabalhar com um esquema que permita já, desde o início, uma divisão segundo as seguintes perspectivas: superestimação, subestimação e conciliação. Esta é uma visão simples, mas adequada, que pergunta sempre sobre o objetivo retórico do discurso. (Zimmermann, 1972, p.126)

Por superestimação entende Zimmermann "a construção da posição do orador e respectivamente de seu grupo. O orador procura apresentar sua posição de uma maneira tão favorável que lhe assegure a adesão de seu ouvinte" (ibidem, p.126). A superestimação se constrói por meio de um conjunto de figuras retóricas, cujas mais importantes são as seguintes:

1. salientar o lado favorável e amenizar ou ocultar o desfavorável;
2. atribuir características positivas para o próprio grupo;
3. empregar um campo verbal dinâmico para o próprio grupo;
4. associar a própria posição com valores positivos;
5. fazer generalização positiva com base em dois ou três exemplos concretos;
6. apresentar objetivos interesseiros como desinteressados;
7. supervalorizar os próprios méritos: "única garantia para...";
8. transferir os próprios erros para outros ou para as circunstâncias ("o destino inevitável");
9. concitar o ouvinte para identificar-se com o próprio grupo;
10. deslocar para posição contrária quem tiver outra opinião;
11. evocar testemunhas inofensivas.

Por subestimação entende Zimmermann "a destruição da posição contrária. O opositor é apresentado de maneira tão negativa que os ouvintes devem rejeitá-lo" (ibidem, p.126). Os recursos retóricos usados para a subestimação da perspectiva contrária são os seguintes:

1. salientar o lado desfavorável, amenizar ou ocultar o favorável;
2. cumular o opositor de características negativas;
3. associar o opositor a valores negativos;
4. fazer generalização negativa com base em dois ou três exemplos concretos;
5. apresentar os objetivos desinteressados do opositor como interesseiros;
6. ampliar desmedidamente os erros do opositor;
7. transferir para o opositor os erros de terceiros; negar-lhe êxito;
8. deformar os argumentos oposicionistas: levá-los ao absurdo;
9. distorcer as citações oposicionistas para poder refutá-las mais facilmente;
10. apresentar o opositor como traidor de seus próprios princípios: o opositor já foi refutado há muito pela história;
11. reconhecer parcialmente as reivindicações oposicionistas; mas apontar para o fato de terem sido elas, há muito tempo, atendidas pelo nosso grupo e já, respectivamente, apresentadas por este diante do opositor;
12. difamar por meio de associação;
13. apresentar nova definição dos slogans oposicionistas;
14. dividir o opositor: atrair parte dele para o próprio lado;
15. associar o opositor político interno com o inimigo externo;
16. evocar testemunhas inofensivas.

Conciliação é, para Zimmermann,

> uma compensação de interesses realizada por recursos verbais. Diferentes grupos, dotados de distintos interesses, são apresentados pelo orador através de formulações

tão vagas que acabam por aderir a ele, vendo-o como representante de seus interesses contraditórios. (ibidem, p.126-7)

A conciliação é uma tendência que se exterioriza no discurso político por meio das seguintes figuras retóricas:

1. manifestar compreensão;
2. remeter à comunidade: "somos todos uma família";
3. fazer-se, como representante de um grupo, em porta-voz de outro: papel de mediador;
4. reconhecer todos os interesses como justos e calar as contradições;
5. remeter ao "destino inexorável";
6. enunciar verdades genéricas: "errar é humano";
7. apresentar formulações que permaneçam abertas para qualquer interpretação;
8. se um grupo é prejudicado em seus interesses, "todos devem suportar o prejuízo" e "servir ao bem comum";
9. tabuizar problemas, de tal forma que sua discussão se torne impossível.

Em lugar de arrolar cada uma das figuras retóricas que caracterizam os três pontos de vista elaborados por Zimmermann para a análise do discurso político, Rolf Bachem (1979) prefere fornecer uma compacta conceituação. Para ele, a superestimação significa a apreciação altamente positiva das ações, práticas, instituições, funções e objetivos do próprio lado (*nosso grupo*) por meio de correspondentes qualificações (frequentemente mediante *palavras altamente valorativas*) ou de procedimentos mais complexos. O próprio grupo é apresentado, no geral, como desinteressado, associado a valores positivos, como Liberdade e Justiça, e seus partidários são nomeados sempre num contexto superestimativo.

Já a subestimação refere-se, segundo ele, ao lado contrário, caracterizado por palavras, independente da respectiva escolha informativa, com conotações negativas ou até mesmo com termos de baixo calão. A "difamação por associação" se dá mediante o procedimento de nomear o opositor, relacionando-o com valores negativos ou moralmente ofensivos, como na propaganda nacional-socialista: os judeus (personificados de modo apocalíptico como o inimigo: "Judeu") estão associados com incesto e prostituição. "A pesquisa da configuração linguística e do recheio conteudístico da imagem do inimigo é um recurso importante para a caracterização do discurso" (Bachem, 1979, p.93-4), conclui.

Por conciliação entende, por exemplo, a referência à comunidade (somos todos uma família) e ao *destino inexorável*: a tática de aparentemente, por meio de vagas formulações, vir ao encontro de muitos interesses, calar as contradições e banalizar, dissimular, abstrair o desagradável e o ameaçador. Conciliação significa aqui apaziguamento do receptor, atenuação de seus temores e objeções para movê-lo à adesão, inclusive pelo elogio e promessas.

Na sua obra *Argumente und Parolen,* com o subtítulo "Propaganda no século XX", Wolfgang Guenther (1980) retoma as três tendências retóricas elaboradas por Zimmermann para a análise do discurso político, acrescentando-lhes algumas observações. Para ele, se as propostas de Zimmermann, originalmente, se aplicavam ao discurso político, seu emprego pode, ainda, ser estendido à ampla esfera da propaganda. Nesse sentido, realiza algumas pequenas alterações nas formulações originais das figuras retóricas, como a substituição da expressão "nosso grupo" por "grupo do emissor", e dá nova redação à primeira figura retórica da superestimação: "Atribuição de características positivas ao grupo do emissor" (Guenther, 1980, p.97). Sobre os recursos retóricos que caracterizam a subestimação imposta à perspectiva oposicionista, observa que seu mecanismo "se processa pela inversão das figuras retóricas empregadas na superestimação" (ibidem, p.98). Confessando ser muito rara a presença da conciliação nos 27 textos que compõem sua antologia sobre o discurso político alemão entre 1914 e 1974, caracteriza esta perspectiva como marcada por recursos que, entre outros, se distinguem pela "referência à unidade de toda a comunidade, pela manifestação da compreensão e pelo silêncio sobre as contradições" (ibidem, p.98).

Além dessas modificações, Wolfgang Guenther exemplifica, com textos retirados de sua antologia, que cobre 60 anos de propaganda política alemã no século 1920, as figuras retóricas das três perspectivas. As "técnicas linguísticas formais" (Ammon,1977, p.120) da superestimação do próprio ponto de vista, acompanhadas agora de exemplos, passam, segundo Guenther (1980, p.97-8), a ser as seguintes:

1. atribuição de características positivas ao grupo do emissor: "O Partido Nacional-Socialista do Trabalhador Alemão e Adolf Hitler fizeram os mais inauditos sacrifícios e esforços, estiveram sempre sob o signo de uma grande crença e triunfaram em 1933" (A. Rosenberg, 1933. *Os fundamentos do Terceiro Reich*);
2. ênfase positiva no próprio lado: "O governo federal quer assegurar o emprego dos trabalhadores e manter os preços num quadro razoável, realizou importantes reformas e segue o caminho correto" (Willy Brandt, 1973/4. "Caros cidadãos e cidadãs");
3. emprego de palavras dinâmicas para a própria posição: "Rufar as fanfarras, pôr a juventude em marcha e desfraldar as bandeiras" (B. V. Schirach, por volta de 1933: "Nossa Bandeira");
4. supervalorização dos próprios méritos: "Todo o êxito da campanha polonesa são méritos de Hitler e devem ser só a ele creditados" (O. Dietrich, 1939: "Hitler e a Polônia");

5. associação do próprio ponto de vista com valores positivos: "Hitler bate-se por liberdade e pão, combate agiotas e exploradores e é homem do povo" (Adolf Hitler, por volta de 1932);
6. erros são atribuídos a outros ou às circunstâncias: "O levante popular de 17 de junho de 1953 foi urdido por elementos fascistas e reacionários, por provocadores e espiões" (Comunicado de 17 de junho de 1953: Governo da República Democrática Alemã);
7. objetivos próprios são generalizados positivamente com base em poucos exemplos concretos: "O jornal *Allgemeine Zeitung* separa notícia e informação e serve a causa da paz" (F. S. Parks, 1945: Introdução ao primeiro número do jornal em língua alemã, escrito pelo comandante americano da Zona de Ocupação em Berlim);
8. objetivos interesseiros são apresentados como desinteressados: "O Comitê Nacional para uma Alemanha Livre exige a capitulação, a fim de que a vida dos soldados não seja posta em jogo, de forma absurda" (Ultimato. Comitê Nacional para uma Alemanha Livre, 1943. Criado sob a influência soviética);
9. testemunhas inofensivas são evocadas para confirmar o próprio ponto de vista: na "Breve Alocução a todos os Alemães" de 1946, o Partido da Unidade Socialista da Alemanha (SED), resultante da fusão do Partido Comunista da Alemanha e do Partido Socialista da Alemanha, faz citações de Friedrich Schiller (1759-1805) e Ulrich Von Hutten (1488-1523) para fundamentar sua proposta política;
10. o leitor é exortado à identificação: "Quem pode mudar a situação? Vós, proletários! Despertai e escolhei os comunistas" (Ao povo trabalhador. Partido Comunista da Alemanha, 1919).

Como exemplos de figuras retóricas a serviço da subestimação da perspectiva oposicionista da superestimação, só dois casos:

1. atribuição de característica negativa ao opositor: "Adolf Hitler se assemelha a um gordo rato venenoso e conduz a guerra com cega cobiça e arrogância" ("A canção do rato". Propaganda antinazista de extração soviética).
2. ênfase no lado negativo: "os opositores da política soviética são imperialistas e perseguem objetivos militaristas" (Acordo de paz com a Alemanha. Partido Comunista da Alemanha, 1952).

Retornando às ideias de Hans Dieter Zimmermann, convém relembrar que, no artigo de 1972, base deste trabalho, ele, além de repisar o esquema que permite organizar o discurso dos políticos segundo as três perspectivas elaboradas em 1969, tece outras considerações que serão aqui retomadas para completar sua visão sobre o assunto.

Os discursos políticos – escreve ele – devem ser vistos em um triplo contexto: 1) o próprio contexto do discurso, dado que o significado das palavras e das frases resulta do contexto textual; 2) a situação discursiva: quem fala? onde o faz? em que circunstâncias? com que objetivo? 3) a situação político-social, que torna claro por que alguns conceitos são tão importantes, e outros, tão plurissignificativos. (1972, p.119).

Afirma, pouco depois, que "os três aspectos do contexto se complementam. O significado de uma palavra só pode ser julgado no contexto do discurso, este, só numa determinada situação da fala, e esta, só na relação com o processo de desenvolvimento político" (ibidem, p.120). A importância disso para a interpretação exemplifica, com detalhes, na análise de três elementos linguísticos, as palavras-chave, os dêiticos e as fórmulas vazias. Complementa as instruções de análise, chamando a atenção para o fato de que o discurso é um sistema de signos, ao qual pertencem não só o desempenho linguístico, mas também a aparência, o comportamento, o modo de falar e a entonação do orador. Resgatando a tradição dos estudos de germanística, enfatiza que "na interpretação de um texto político deve-se dar atenção aos mesmos pormenores observados na interpretação de um texto literário" (ibidem, p.126).

Após abordar as instruções de análise e as três tendências do discurso político, ressalta que, neste, o estilo "é menos expressão de uma personalidade, isto é, do orador, do que a expressão de uma atitude coletiva, que leva todos os oradores ao mesmo uso da língua. Naturalmente há diferenças individuais, mas a fronteira entre estilo individual e estilo coletivo é fluida" (Zimmermann, 1972, p.127). E termina:

> O sistema de signos do discurso político pode ser descrito como codificação reiterada de um código. Como primeiro código, apontaríamos o desempenho linguístico, isto é, as regras da planificação verbal, segundo as quais o indivíduo forma as frases a partir dos traços linguísticos preexistentes. O discurso tem, então, uma segunda planificação, segundo a qual, entre estas regras, novamente algumas são preferidas e outras, rejeitadas. Essa segunda planificação é determinada pelo objetivo político do orador em uma situação histórica. (ibidem, p.127)

Ao escrever seus trabalhos entre 1969 e 1972, Hans Dieter Zimmermann foi movido por uma intenção muito clara, conforme já se viu inicialmente e convém aqui reiterar: contribuir para modificar os estudos de germanística, para que eles pudessem desempenhar também um papel social. Tal intuito se evidencia, mais uma vez, quando distingue entre a especificidade da linguagem política e de sua análise e suas relações com a linguagem da "literatura literária" e de seu estudo:

> políticos utilizam a linguagem para justificar sua própria atividade política e pôr em questão a do seu opositor. Para isso, todo recurso lhes é moralmente justo. Os oradores políticos não são nenhum escritor que versifica e tem em mira um estilo

elegante. Pode-se lamentar tal fato. Mas o lamento não conduz o analista muito longe, enquanto ele não se interrogar sobre os motivos do "mau" estilo. (ibidem, p.118)

E convém terminar com sua manifesta crença na educação, quando define o papel a ser desempenhado pelos estudos sobre a análise do discurso político no ensino:

> Os discursos no Parlamento, as publicações nos jornais, rádios e televisão, que retomam mais ou menos esses discursos, os artigos dos comentaristas políticos, que empregam a mesma linguagem – isto tudo são, na maioria dos casos, tentativas propagandistas de se justificar perante a opinião pública. Essa opinião pública, trabalhada por uma longa série de medidas disciplinadoras, está posta, de modo relativamente desamparada, à influência da propaganda. Ela não toma quase nunca por verdadeiro o que lhe é dado como tal, mas sua desconfiança não possui apoio para a crítica. Este ponto pode ser fornecido pela germanística, na escola e na universidade, a fim de que se possa constituir uma opinião pública crítica. As tentativas de justificação devem ser, como tais, percebidas, e os mecanismos de persuasão, como tais, mostrados. Não se trata de lamentar a falta de beleza da forma, mas de tornar acessível à crítica a ideologia nela contida. (ibidem, p.118)

Referências

AMMON, U. *Probleme der Soziolinguistik*. 2. ed. rev. e aum. Tübingen: Max Niemeyer, 1977. (Germanistische Arbeitshefte, 15)

BACHEM, R. *Einführung in die Analyse polistischer Texte*. München: R. Oldenbourg, 1979. (Analysen zur deutschen Sprache und Literatur)

BERGER, N.; HAUGG, F.; MIGNER, K. *Deutschvorbereitung für das Abitur*. 3 ed. ref. e ampl. Muenchen: Moderne, 1978.

FRESE, J. Politisches Sprechen. Thesen über einige Rahmenbedingungen. In: RUCKTAESCHEL, A. M. (org.). *Sprache und Gesellschaft,* München: Wilhelm Fink, 1972. p. 102-114. (UTB 131)

GÜNTHER, W. *Argument und Parole*. Stuttgart: Phillip Reclam. jun., 1980. (Arbeitstexte fuer den Unterricht)

KÜGLER, H. *Literatur und Kommunikation*. 2. Ed. ref. e ampl. Stuttgart: Ernst Klett, 1975.

SCHAFARSCHIK, W. *Herrschaft durch Sprache*. Politische Reden. Stuttgart: Philipp Reclam jun, 1981. (Arbeitstexte für den Unterricht)

SCHÖBER, O. *Studienbuch Literaturdidaktik*. Kronberg/Ts, Scriptor, 1977.

ZIMMERMANN, H. D. Der Allgemeine Barzel. Zum politischen Sprachgebrauch. In: RÜCKTÄSCHEL, A. M. *Sprache und Gesellschaft*. München: Wilhelm fink, 1972. p.115-138. (UTB 131)

Nota sobre a herança colonial-barroca na cultura brasileira[1]

O Barroco que imperou nas artes brasileiras por volta de dois séculos, impõe aos estudiosos dois ângulos distintos de interpretação: um que o vê como ideologia da Contrarreforma e filosofia de ação colonizadora e o caracteriza como "dogmático, fechado, rígido, conservador, absolutista (Ávila, 1978, p.23); outro, que o enfoca como qualidade de estilo de vida e de forma estética e o considera como "válvula de escape da contenção religiosa", restabelecendo-lhe a "flexibilidade ritual" e a "maleabilidade criadora" (ibidem, p.23).

Sem reconhecer esta tendência renovadora e revisionista dos estudos sobre o barroco, procuro filiar-me à primeira interpretação, abordando aqui certas determinantes sociais dos traços constitutivos da herança colonial-barroca já arrolados por alguns críticos, como, por exemplo. Alfredo Bosi:

> Nas esferas ética e cultural está ainda por fazer-se o inventário da herança colonial-barroca em toda a América latina. Entre os caracteres mais ostensivos lembrem-se: o "meufanismo" verbal, com toda a sequela de discursos familiares e acadêmicos; anarquia individualista que acaba convivendo muito bem com o mais cego despotismo; a religiosidade dos dias de festa; a displicência em matéria de moral; o vício do genealógico e do haráldico nos conservadores; o culto da aparência e do medalhão; o vezo dos títulos; a educação bacharelesca das elites; os surtos de antiquarismo a que não escapam nem mesmo espíritos superiores. (Bosi, 1970, p.58)

Explica a seguir:

---

[1] Publicado originalmente em: *Anuário Brasileño de Estudios Hispánicos*. Brasília: Consejería de Educación de la Embajada de España, 1992. p.279-286.

Esses traços não se transmitem pela raça nem se herdam no sangue; na verdade, eles se desenvolvem com as estruturas sociais que presidiram à formação de nossas elites e têm reaparecido sempre que o processo de modernização se interrompe ou ceda à força da inércia. (ibidem, p.58)

Alguns dos traços ostensivos inventariados acima e outros que se lhes podia ajuntar parecem ter como denominador comum o caráter hierarquizante, cerne estrutural da sociedade espanhola na época do barroco. Com o objetivo de demonstrar este caráter hierarquizante, procurarei fazer ver as estruturas sociais que lhe deram origem na Península Ibérica, mostrar sua persistência na cultura brasileira e dar a conhecer sua conversão posterior em objeto de crítica por parte de intelectuais brasileiros, situados em oposição à tradição colonial-barroca.

Governaram a Espanha a partir de 1519, os Habsburgos que a levaram ao apogeu nos reinados dos três Felipes, sobressaindo dentre eles a figura de Felipe II que imperou de 1556 a 1598 e a quem se seguiram Felipe III (1598-1621) e Felipe IV (1621-1665). Felipe II promoveu a união ibérica com anexação de Portugal em 1580, derrotou os mouros assenhorando-se do Mediterrâneo, disputou a supremacia do Atlântico e do Pacífico com a Holanda e a Inglaterra e converteu a Espanha primeira potência da Europa e do mundo.

O poder dominante no Estado e na Igreja era exercido por uma elite composta quase exclusivamente pelos ocupantes dos mais altos cargos da nobreza. "A época áurea da Espanha foi, em muitos aspectos, também a época áurea de sua aristocracia, que viveu seu apogeu sob o absolutismo dos Habsburgos", escreveu Henry Kamen (1980, p.52), cuja análise da supremacia espanhola na época do barroco estou aqui seguindo.

Essa elite constituía uma minoria capaz dentro de uma grande maioria de nobres incompetentes, que defendiam, com base na sua condição de aristocratas – de fidalgos –, o privilégio de viver no ócio. O exemplo dado pela maioria aristocrata sem atividades era imitado por um outro grupo amplo e improdutivo – os licenciados –, graduados, no geral em Teologia e Direito. Seu destino, quando passíveis de assimilação, era o corpo eclesiástico ou a inchada máquina burocrática, ou, em caso contrário, a massa de vagabundos que perambulava pela capital do reino.

Ameaçada pelo ônus de excesso de burocratas e pela pauperização, a máquina estatal vislumbrava como única saída a criação e venda de novos cargos administrativos, para os quais acorriam os componentes da frágil classe média, por meio da aquisição de títulos de nobreza, transferindo, com isso, o capital dos investimentos econômicos produtivos e ampliando ainda mais a faixa dos ociosos.

Na base dessa sociedade aristocrática, fidalga e hierarquizante jazia a ampla camada dos camponeses, suportes da economia espanhola, e cuja situação só piorou desde meados do século XVI até meados do século XVII. Em síntese: "faltava à sociedade espanhola a forte classe média burguesa, que já ganhava influência em outros países. Cristalizou-se, porém, em uma rígida hierarquia, com os ricos ficando cada vez mais ricos e os pobres, cada vez mais pobres" (ibidem, p.31).

A sociedade espanhola era ainda marcada por outro traço que reforçava seu caráter hierarquizante: era uma sociedade de castas, fundada na pureza do sangue, concepção oriunda das lutas contra os judeus no século XV e contra os mouros durante a Reconquista e desta até a expulsão final deles em 1609.

À semelhança dos judeus, os mouros também foram convertidos ao estoicismo pela força e deveriam abandonar, desde então, a própria língua e os costumes tradicionais. Com isso, as autoridades procuravam retirar-lhes a identidade, atribuindo ainda ao caráter muçulmano a impossibilidade de assimilação pela comunidade cristã.

As tensões entre os espanhóis e judeus e entre aqueles e mouros, após a conversão forçada, foram descritas em duas versões por um estudioso das questões raciais. Por darem um quadro adequado da situação merecem ser elas aqui transcritas. Na primeira versão escreve:

> A unificação religiosa da Espanha desde 1492 fizera surgir o problema dos convertidos, respectivamente "mouriscos" e "marranos", isto é, descendentes dos muçulmanos e dos judeus, mais ou menos bem batizados no decorrer do século XV. Os espanhóis de todas as camadas invocaram então sua origem mais autenticamente "cristã", proclamaram-se "velhos cristãos" impuseram contra os malfadados "novos cristãos" uma legislação discriminatória – os "estatutos de pureza de sangue" – que colocava estes últimos embaixo da escala social. A doutrina correspondente especificava que a ortodoxia ou a infelicidade dos antepassados, no entanto, eles também provenientes de Adão e Eva, havia maculado o sangue dos descendentes, assim hereditariamente viciados. (Poliakov,1974, p.111-2)

Noutra, reconta:

> Nos termos de uma teologia elaborada por teólogos espanhóis, a falsa crença dos mouros e dos judeus tinha maculado outrora seu sangue, e esta mácula ou "nota" tinha sido transmitida hereditariamente até seus remotos descendentes, relegados na casta quase intocável dos cristãos novos ou "conversos". Assim, desprezando o dogma da virtude regeneradora do batismo, um racismo institucionalizado se manifestava, pela primeira vez, na história europeia. (ibidem, p.5)

É essa sociedade, imbuída de foros aristocráticos e castiços, que será transplantada para o Novo Mundo por meio do processo colonizador que se seguiu à descoberta e à conquista. Com ele virá o vezo do genealógico, acompanhado de uma avaliação oposta de índios e negros. As posturas antagônicas diante das duas etnias podem ser flagradas no primeiro livro publicado em 1516 sobre a América, *De orbe novo*, de Pedro Anghera:

> [Nele] se esboça uma discriminação [...] sob a forma de um contraste entre índios "brancos" e etíopes "negros", como na primeira tentativa de uma classificação racial [...], na qual os índios eram vinculados à raça branca; discriminação que ainda encontra seu reflexo em todas as línguas europeias, já que os contactos entre a Europa e os outros continentes deram origem, no caso dos Índios, ao termo mestiço, nada pejorativo em si, enquanto mulato vem de mula: portanto, os mulatos são bastardos que, até o século XIX, de boa vontade se concordava em considerar estéreis, isto é, impotentes e castrados. (ibidem, p.110)

De uma forma mais ou menos clara infere-se do que se expôs que a hierarquizante religião católica desempenhou um papel significativo, no quadro da sociedade espanhola, sobretudo na época do Barroco. Isto deveu-se ao fato de que a Igreja Católica, moldada pelo espírito do Concílio de Trento (1545-1563), pela militância dos soldados da Companhia de Jesus, fundada em 1534, e pela ampliação do poder autoritário e censório da Inquisição, era "a mais importante instituição" (Kamen, 1980, p.52) da Espanha unificada. Sua influência na vida diária do rei aos camponeses, tendo por meta a criação de uma monarquia universal. Na vida econômica e social, o clero usufruía de uma posição de hegemonia. Seus nomes mais significativos, como Ignácio de Loyola, Francisco Xavier, Pedro Claver e Teresa de Ávila eram os "símbolos de uma sociedade em que toda atividade se originava da religião e dos valores religiosos, de tal modo que se pode afirmar, com razão, que a grandeza da Espanha se fundamentava em sua fidelidade inabalável à fé católica" (ibidem, p.52).

A esse lado luminoso da religião contrapunha-se o peso obscurantista da Inquisição. Introduzida por Fernando e Isabel como uma arma contra os judeus convertidos ao catolicismo, teve ela seu poder fortalecido por Felipe II, que lhe deu as incumbências da censura e controle dos livros, das publicações e dos estudos universitários, impedindo inclusive que fossem estes feitos fora da Espanha, com exceção de alguns poucos centros superiores italianos.

Essa religião contrarreformista marcou intensamente o processo de formação da América Ibérica, deixando sua influência em vários níveis. Segundo um dos estudiosos da nossa literatura, no Brasil ela "foi a grande diretriz ideológica, justificando a conquista, a catequese, a defesa contra o estrangeiro, a própria cultura intelectual. Era a ideia e princípio político, era forma de vida e padrão administrativo: não espanta que fosse igualmente princípio estético e filosófico" (Candido, 1973, p.92).

E, no plano literário, constata o mesmo autor: "as manifestações literárias ou de tipo literário, se realizaram no Brasil até a segunda metade do século XVIII, sob o signo da religião e da transfiguração" (ibidem, p.91).

Agentes fundamentais no processo de colonização e de catequese, as elites ibéricas vinculadas ao Estado e à Igreja, desobrigadas do trabalho por terem a posse da terra e implantado a escravidão, vão exercer nas colônias os privilégios de sua fidalguia e a defesa de sua pureza de sangue, justificando tudo com os princípios do catolicismo. Seus valores entrarão, mais tarde, em conflito com os ideais modernos de igualdade.

A tensão que se instaurará posteriormente entre as concepções sociais hierarquizantes tradicionais e as noções inovadoras de igualdade pode ser vista no estudo do antropólogo Roberto Da Matta, quando analisa a ocorrência e o significado da expressão "Você sabe com quem está falando?", nas relações sociais brasileiras:

> Tudo leva a crer, então, que as relações entre a nossa "modernidade" – que se faz certamente dentro da égide da ideologia igualitária e individualista – e a nossa moralidade (que parte hierarquizante, complementar e "holística") são complexas e tendem a aparar um jogo circular. Reforçando-se o eixo da igualdade, nosso esqueleto hierarquizante não desaparece automaticamente, mas se reforça e reage, inventando e descobrindo novas formas de manter-se. (Da Matta, 1979, p.156)

Uma das formas de manifestações desse arcabouço hierarquizante da tradição colonial-barroca reside no uso da já mencionada expressão "Você sabe com quem está falando?", cuja antiguidade (Da Matta) remonta ao início do século, logo após a Abolição da escravatura em duas obras de Lima Barreto (1881-1922) *Recordações do escrivão Isaías Caminha* (1909) e *Os Bruzundangas* (1923). Nelas o satirista carioca desvela

> a sofreguidão do uso e abuso dos títulos e formas hierarquizantes e de como os heróis se movem dentro desse sistema contraditório, avesso à crítica honesta, ao estudo sério e à impessoalidade das regras universais, sempre distorcidas em nome de uma relação pessoal importante. (ibidem, p.156)

Fascina-o ainda no mesmo ficcionista a acuidade com que percebe e desmascara as presunções aristocratizantes das camadas dominantes brasileiras, transpostas na República dos Estados Unidos da Bruzundanga:

> Lima Barreto viu ainda um traço formidável das camadas dominantes de Bruzundanga: dois tipos de nobreza, a doutoral e a de palpite. Na doutoral estavam os doutores em engenharia, direito e medicina. Na de palpite, os comerciantes

que eram ricos mas não tinham títulos de nobreza nem universitário, nem militar. (ibidem, p.157)

Confronta Da Matta, a seguir, o Brasil com a Europa e os Estados Unidos para salientar a diferença específica de nossa persistente tradição hierarquizante:

> Como temos colocado, não basta apenas a posição no mundo dos negócios – diríamos hoje, no mundo empresarial. Isto será suficiente na França e nos Estados Unidos. No Brasil, é preciso traduzir e legitimar o poderio econômico do idioma hierarquizante do sistema. E esse idioma revela as linhas das classificações fundadas na pessoa, na intelectualidade e na consideração por uma rede de relações pessoais. (ibidem, p.157)[2]

Outra modalidade de manifestação desse caráter hierarquizante é o vezo do genealógico, no qual se misturam o culto da aparência e do medalhão e o apego aos títulos. Sua presença em nossa cultura tem sido abordada por Antonio Candido (1973) desde 1961, quando estudou a função histórica e social do *Caramuru* (1781) de Santa Rita Durão (1722-1784). Fixou então, a origem do que chamou tendência genealógica nos linhagistas do século XVIII, que procuravam enraizar os membros dos grupos dominantes já estabilizada na Colônia em uma alta prosápia e resolviam o problema evidente da mestiçagem com a concessão de títulos de nobreza aos principais das tribos indígenas, ignorando, em contraparte, a disseminada miscigenação com o negro. O procedimento adotado por esse linhagistas tem continuidade no século seguinte, quando não só as famílias importantes, mas toda a Nação "passou a ver no autóctone uma espécie de antepassado mítico, de herói epônimo" (Candido, 1987, p.174). O resultado final foi a elevação do índio a símbolo nacional, mas o que se escondia por trás disso era claro: a elaboração mitológica do índio serviu de pretexto para dissimular o problema do negro e manter o preconceito contra este.

Em lugar de arrefecer-se com a Abolição, o preconceito contra o afro-brasileiro cresceu com intensidade, sobretudo, com a influência das ideias racistas, transpostas mecanicamente para a interpretação do contexto brasileiro (Skidmore, 1976). A resposta elaborada aqui para o igualitarismo jurídico de negros e brancos fica bem caracterizada ao confrontá-la com a maneira franca com que os norte-americanos enfrentaram a mesma questão:

---

[2] Da Matta analisa ainda os traços hierarquizantes do sistema brasileiro no conto satírico *Teoria do Medalhão* de Machado de Assis (8, 157-9) e em *A volta do gato preto* de Érico Veríssimo (8, 159-68).

> [...] reagimos de modo radicalmente diverso dos americanos diante da esmagadora igualdade jurídica que veio com a Abolição da escravidão em ambos os países. Lá criou-se imediatamente um contrassistema legal para estabelecer as diferenças que haviam sido legalmente abolidas: era o racismo em ideologia, prática social e constituição jurídica (cf. as leis Jim Crow). Estabelece-se, pois, um sistema igualitário que Gunnar Myrdal chamou de "defesa" do próprio "credo americano" [...] Aqui, porém, a esfera onde as diferenças se manifestaram foi na área das relações pessoais, um domínio certamente ambíguo porque permitia hierarquizar na base do "Você sabe com quem está falando?" e deixava os flancos abertos para escolhas pessoais e múltiplas classificações. (Da Matta, 1980, p.155)

Continuando a comparação entre Brasil e Estados Unidos diante da questão negra, observa ainda o mesmo autor:

> Sendo assim, não fizemos qualquer contralegislação que definisse um sistema de relações raciais fechado e segregacionista, baseado no princípio do "iguais, mas separados" (como foi o caso americano). Preferimos utilizar o domínio das relações pessoais – essa área não atingida pelas leis – como privilegiado para o preconceito, que, entre nós, como tem observado muitos pesquisadores tem um forte componente estático (ou moral) e nunca legal. (ibidem, p.155)

E conclui sobre os resultados finais de nosso procedimento:

> Sendo assim, nunca chegamos a temer realmente o negro livre, pois nosso sistema de relações raciais fechado e segregacionista, baseado no princípio do "iguais, mas separados" (como foi o caso americano). Preferimos utilizar o domínio das relações pessoais – essa área não atingida pelas leis – como privilegiado para o preconceito, que, entre nós, como têm observado muitos pesquisadores tem um forte componente estático (ou moral) e nunca legal. (ibidem, p.155)

E conclui sobre os resultados finais de nosso procedimento: "Sendo assim, nunca chegamos a temer realmente o negro livre, pois o nosso sistema de relações sociais estava fortemente hierarquizado" (ibidem, p.155).

Nos processos de desmascaramento da persistência do vezo genealógico com seu traço hierarquizante na cultura brasileira desempenharam papéis fundamentais dois ficcionistas mulatos: Machado de Assis (1839-1908) e Lima Barreto. Lembre-se do primeiro, por exemplo, o conto "O Dicionário", que trata inicialmente da ascensão política ao trono do tanoeiro Bernardino. Após empolgar o Poder, uma das primeiras medidas do novo monarca foi, além de mudar o nome para Bernardão, a de encomendar uma genealogia a um grande doutor dessas matérias, que em pouco mais de uma hora o entroncou a uma tal ou qual general romano do século IV, Bernardus Tonoarius; nome que deu lugar à controvérsia, que ainda dura, querendo uns que o rei Bernardão tivesse sido tanoeiro, e outros que isto não passa de uma confusão deplorável com o nome do fundador da família. (Assis,1959, p.363).

De Lima Barreto rememora-se o episódio de *Os Bruzundangas* que trata do enobrecimento do cidadão Ricardo Silva da Conceição:

Durante a meninice e a adolescência foi conhecido assim em todos os assentamentos oficiais. Um belo dia, mete-se em especulações felizes e enriquece. Não sendo doutor, julgou o seu nome muito vulgar. Cogita mudá-lo de modo aparecer mais nobre. Muda o nome para chamar-se Ricardo Silva de La Concepción. Publica o anúncio no *Jornal do Comércio* local e está o homem mais satisfeito da vida. Vai para a Europa e, por lá, encontra por toda a parte príncipes, duques, condes, marquesa da Birmânia, do Afeganistão e do Tibete. Diabo! Pensa o homem. Todos são nobres e titulares eu não sou nada disso.

E continua o relato do arrivismo genealógico da personagem:

Começa a pensar muito no problema e acaba lendo em um romance folhetim de A. Carrilo – nos *Cavalheiros do Amor*, por exemplo – um título espanhol qualquer. Suponhamos que seja: Príncipe de Luna Y Ortega. O homem diz lá consigo: "Eu me chamo Concepción, esse nome é espanhol, não há dúvida que eu sou nobre"; e conclui logo que é descendente do tal Príncipe de Luna y Ortega. Manda fazer cartões com a coroa fechada de príncipe, acaba convencido de que é mesmo príncipe e convencendo os seus amigos de sua prosa-elevada. (Barreto, 1961, p.62-3)

Tocadas as estruturas sociais que presidiam à formação de nossas elites com suas marcas hierarquizantes e castiças, justificadas pela religião católica, na época do barroco metropolitano e colonial, e apontando seu embate conservador, mais tarde, com tendências contrárias aos valores da herança colonial-barroca, seria agora o caso de se retomarem mais traços ostensivos recolhidos por Alfredo Bosi, como, por exemplo, a educação bacharelesca das elites, ou outros, por ele não arrolados, como a "longa soberania da literatura [...] no Brasil" (Candido, 1973, p.131), ou ainda "a tradição de auditório" (ibidem, p.84) e em nossas letras, para, submetendo-se a mesma trajetória histórica, vê-los em suas origens ibéricas, observá-los no processo de imposição metropolitana e ajustamento ao meio brasileiro, até chegarem a sofrer críticas por parte de correntes opostas ao legado colonial-barroco. Mas isto não se fará aqui.

Referências

ÁVILA, A. O barroco e uma linha de tradição criativa. In: _____. *O poeta e a consciência crítica*. 2. ed. rev. e ampl. São Paulo: Summus, 1978. p.15-24.

BARRETO, A. H. de L. *Os Bruzundungas*. 2. ed. São Paulo, Brasiliense, 1961.

BOSI, A. *História concisa da literatura brasileira*. São Paulo: Cultrix, 1970.

CÂNDIDO, A. O escritor e o público. In: _____. *Literatura e sociedade*. 3. ed. rev. São Paulo: Nacional, 1973.

_____. Letras e ideias no período colonial. In: _____. *Literatura e sociedade*. 3. ed. rev. São Paulo: Nacional, 1973. p.89-107.

_____. Literatura e cultura de 1900 a 1945. In: _____. *Literatura e sociedade*. 3. ed. rev. São Paulo: Nacional, 1973. p.109-138.

_____. Estrutura literária e função histórica. In: _____. *Literatura e sociedade*. 3. ed. rev. São Paulo: Nacional, 1973. p.169.

_____. Literatura de dois gumes. In: _____. *A educação pela noite e outros ensaios*. São Paulo: Ática, 1987. p.163-180.

DA MATTA, R. Você sabe com quem está falando Um ensaio sobre a distinção entre indivíduo e pessoa no Brasil. In: _____. *Carnavais, malandros e heróis*. Rio de Janeiro: Jahar, 1979. p.139-193.

KAMEN, H. Die Herrachaft Spaniens. In: TREVOR-ROPER: Hugh (org.). *Die Zeit des Barock*. Tradução do inglês: Margarete Bormann. Müchen/Zürich, Droemer Knaur. 1980. p. 31-60.

MACHADO DE ASSIS, J. M. O dicionário. In: _____. *Obra completa*. Rio de Janeiro: Aguilar, 1959. v.2. p.563-5.

POLIAKOV, L. *O mito ariano*. Tradução: Luiz João Gaio. São Paulo: Perspectiva/Universidade de São Paulo, 1974.

SKIDMORE, T. E. *Preto e branco*. Tradução: Raul de Sá Barbosa. São Paulo: Paz e Terra, 1976.

Os filhos do Brasil na Europa[1]

Só uma visão ingênua do real confere gratuidade às comemorações festivas. Em geral, tais eventos estão impregnados de ideologia, em especial da ideologia dominante. Por isso sempre é aconselhável estudar esses momentos de euforia para tentar captar o sistema de valores veiculados nessas ocasiões. As duas primeiras décadas deste século no Brasil constituem um período privilegiado para uma pesquisa nessa área, sobretudo acerca de uma forma especial de comemoração: a recepção apoteótica a filhos do Brasil que teriam obtido sucesso na Europa. Quatro manifestações festivas podem ser lembradas: as recepções ao Barão do Rio Branco, a Santos Dumont, a Rui Barbosa e a Epitácio Pessoa.

Dentre essas acolhidas, elegeremos a realizada em homenagem a Santos Dumont. Sua escolha deve-se ao fato de que dela ficou uma composição popular, que foi um grande sucesso então e gerou formas de expressão da ideologia dominante que permanecem até hoje de modo explícito ou implícito. Para estudar essa modinha popular procederemos inicialmente a sua inserção no ato comemorativo e na situação em que foi gerada, para, a seguir, buscar as expressões da ideologia dominante que dela derivaram.

Em 7 de setembro de 1903, o compositor carioca. Eduardo das Neves (1874-1919) cria uma modinha popular, "A conquista do ar", transcrita aqui do livro de Raimundo de Menezes, *Bastos Tigre e La Belle Époque* ([s.n.t.]):

> A Europa curvou-se ante o Brasil
> E aclamou parabéns em meigo tom:
> Brilhou lá no céu mais uma estrela

---

[1]Publicado originalmente no Suplemento cultural de *O Estado de S. Paulo*, de 6 e maio de 1979.

> E apareceu Santos Dumont.
> Salve Brasil
> Terra adorada,
> A mais falada,
> No mundo inteiro!
> Guarda teus filhos,
> Lá nessa altura,
> Mostra a bravura
> De um brasileiro!
> Assinalou pr'a sempre o século vinte,
> O herói que assombrou o mundo inteiro.
> Mais alto do que as nuvens, quase Deus,
> É Santos Dumont, um Brasileiro.

Nessa mesma obra conseguimos ainda uma série de dados sobre a modinha e os eventos que lhe deram origem. Seu autor é um preto retinto, ex-guarda-freio da Central do Brasil, ex-palhaço de circo, ex-praça do Corpo de Bombeiros, que goza a fama de príncipe dos cantadores de modinhas. O acicate para a criação é a recepção a Santos Dumont, que, em 1903, na comemoração do dia da Pátria, desembarca no Rio de Janeiro. A composição é, portanto, motivada, ligada a um evento. Não é a única. Segundo o irreverente Lima Barreto, em artigo de 1911 – "Que fim levou?" –, a chegada do inventor desencadeia um "movimento literário", tal o número de formas de composição, retiradas do baú da poética, para louvá-lo. Mas – observa – a modinha de Eduardo das Neves é a única que superou o momento e é ainda cantada em 1911, dada muitas vezes como anônima. Não menor o seu êxito em 1903: a Livraria Quaresma, editora de cunho popular e popularesco, a imprime pouco depois, dela vendendo alguns milhares de exemplares.

Quais os fatores que levaram essa modinha popular ao sucesso então e a sua permanência para além das contingências em que foi produzida, vencendo as outras composições na luta pela consagração?

Comecemos lembrando que a modinha de Eduardo das Neves surge quase um ano após a posse de Rodrigues Alves na presidência da República, ocorrida em 15 de novembro de 1902. No seu período governamental tem lugar o processo de modernização da capital federal. Três figuras realizaram a empresa: Lauro Mueller, ministro da Viação, enceta as obras do Porto; Pereira Passos, prefeito do Distrito Federal, abre a Avenida Central e embeleza a cidade; Osvaldo Cruz responde pelo saneamento. Desses empreendimentos vai surgir a nova Rio de Janeiro, republicana e remodelada, em contraste com a antiga e acanhada capital imperial.

A expectativa gerada por essas realizações se manifesta sob a forma de um estado de euforia, que domina parcela significativa dos grupos dominantes do poder. A frase de Figueiredo Pimentel, "O Rio civiliza-se", sintetiza esse estado. Na coluna social "Binóculo" criada em 1907, na *Gazeta de Notícias*, o mesmo Figueiredo Pimentel ecoará e influenciará esse entusiasmo com suas orientações sobre modas, seus comentários sobre bailes e recepções, entrelaçando-os com notícias de conferências e livros de verso.

Coincide com o trabalho de remodelação do Rio de Janeiro o Tratado de Petrópolis (17 de setembro de 1903), assinado entre o Brasil e a Bolívia, incorporando o Acre ao território Nacional. Da compra do Acre ter-se-ia originado o dito "Dinheiro haja", frase escandalizada e constante do diplomata Pecegueiro do Amaral, do gabinete do Rio Branco. R. Magalhães Júnior, de cuja obra, *A vida vertiginosa de João do Rio*, é extraída essa última informação, explica ainda: "A frase era na verdade – Dinheiro haja, Senhor Barão – e não se aplicava simplesmente à indenização paga a Bolívia, mas ao suborno à imprensa praticado abertamente por Rio Branco, quer no Brasil, quer no Exterior, sem dar a menor satisfação ao Tribunal de Contas da União". O quadro que se define nesse momento é, assim, semelhante a um desses "milagres brasileiros", tão nossos conhecidos, em que a burilada imagem de modernização tenta velar canhestramente a miséria inatacada.

É então que Santos Dumont desembarca, no dia da comemoração da Independência, no cais Pharoux e o poeta popular, pertencente aos grupos sociais desprivilegiados, cria sua modinha. O texto compõe-se de quatro estrofes. À primeira seguem-se duas outras que constituem o refrão, para ser cantado em coro, o qual retorna após a quarta estrofe. Inserta no âmbito de uma comemoração festiva, a modinha tem por objetivo louvar. Quem o texto louva? Por meio de vinculações evidentes os objetos de louvor do Príncipe dos Cantadores de Modinhas são o homenageado recém-chegado, a homenageada do dia, a Pátria, e os filhos da Pátria, os brasileiros.

Mercê desse feliz achado de ligar no texto a recepção a Santos Dumont à comemoração da Independência, o poeta popular celebra ao mesmo tempo o feito individual do inventor e o chamado berço onde nascera. O elemento mediador entre a proeza individual e a façanha coletiva evocada é a condição de brasileiro. Com isso, abole-se também a oposição entre o sujeito-criador e os objetos de louvor, pois o primeiro, na sua condição de brasileiro, de filho da Pátria, converte-se em homenageado. Esse senso de coletividade patenteia-se já no primeiro verso do poema, síntese do texto todo, o qual não só alude a um acatamento aplaudente da Europa ante o prodígio individual, mas louva sobretudo sua reverência aclamatória diante da realização heroica de um país.

Considerados o contexto histórico em que a modinha foi engendrada e as observações até aqui feitas sobre o texto, não é difícil surpreender uma correlação entre a celebração da proeza individual e a data nacional e o estado de euforia presente no período inicial de remodelação do Rio de Janeiro. A modinha de Eduardo das Neves é um discurso de gala, como de gala é a situação ocasional e histórica que lhe dá origem. De gala está também o poeta popular que, sensibilizado pelo sistema de valores dominantes, consagra-os na letra apoteótica. Na consciência dos grupos dominantes, a posição respeitosa da Europa ante o Brasil implica não só o reconhecimento da façanha individual e coletiva celebradas, mas também um sintoma de virtual legitimação ante o olhar do mundo da remodelação citadina em andamento. Cremos que essa afirmação deve ser tratada mais pormenorizadamente.

No seu livro *Literatura europeia e Idade Média latina*, Ernst R. Curtius (1957) estuda sobretudo topoi anteriores ao descobrimento da América. Dentre os topoi aborda o que chama de "topos de elogio", registrando sob tal rubrica uma série de afirmativas e esquemas, como o "topos panegírico da exageração" e o "topos todos o enaltecem". O primeiro topos está disperso no texto da modinha pelo cantar hiperbólico da façanha, não sendo difícil o seu reconhecimento. Por meio do segundo topos – observa Curtius – o que se pretende é fazer saber que todos participam da admiração do objeto. A arte do autor – sublinha – mostrar-se-á na especificação e desenvolvimento do conceito "todos". No texto, tal conceito aparece na primeira estrofe do refrão: "Salve Brasil,/ Terra adorada,/ A mais falada,/No mundo inteiro". Há ainda, segundo Curtius, uma outra forma de topos, derivada deste em questão e utilizada pelos autores medievais. É o "topos da Índia", que serve para *"pars pro toto"* ao globo terrestre inteiro. "Ser conhecido na Índia é evidentemente o máximo da glória. A Índia, ainda ajoujada a Tule, é na verdade a parte mais remota do mundo" (Curtius, 1957, s.p.).

Contrariamente ao "topos da Índia", no texto de Eduardo das Neves, temos um reconhecimento não na região mais remota do mundo, mais sim na região mais conhecida e mais próxima e imediata espiritualmente da realidade brasileira do período. A Europa era então a obsessão dos grupos dominantes, seduzidos pelo que consideravam ser a "civilização". Ser conhecido, na época, era ser conhecido pela "civilização", pelo espaço, onde imperava o refinamento de costumes, dominava a etiqueta e predominava o progresso material. Para a consciência dos grupos dominantes brasileiros a Europa era o "'ápice da civilização' e fora dela o indivíduo refinado sentia-se exilado". Não era, porém, a Europa como um todo que seduzia a camada dominante. Desde que Guizot propagou por meio de seus escritos o primado da França no progresso civilizatório, Paris adquiriu, então, e aqui em especial, foros de centro da civilização mundial. Ora, o experimento real de Santos Dumont teve lugar em Paris, que o poeta popular, servindo-se de outra sinédoque, "*totum pro parte*", transfigurou no texto em Europa. Nessa conjunção de Paris, Europa e "civilização" prestando reverência ao Brasil, o seresteiro cria uma das formas dos "topoi do elogio", por meio da qual os grupos dominantes de um país de extração colonial elaboram os sentimentos nacionais pela exaltação da realidade. É o "topos da Europa", forma modelar de um esquema de pensamento convencional, de que servem para indicar que o "globo terrestre inteiro" participa da admiração de algo nacional, privilegiado por eles.

Retornando ao texto, é possível afirmar que já no primeiro verso da primeira estrofe se introduz esse poderoso fator ideológico. Ampliando-se sua referência e a do texto para o contexto acaba-se por encontrar ao cabo o *slogan* "O Rio civiliza-se", com que Figueiredo Pimentel saúda euforicamente o processo de remodelação do centro da capital brasileira. E está aí presente, de modo implícito, a ideia de que a civilizada Europa/Paris curva-se reverente ante o Brasil/Rio.

Com base nesses dados, tornam-se claras as razões do êxito da canção popular no dia 7 de setembro de 1903 e seu posterior sucesso editorial de execução. Nela estão cristalizados alguns dos mitos que a classe dominante elabora e cultiva no início do quatriênio de Rodrigues Alves e que se prolongam a partir de então. E dentre esses mitos está a ilusão de tornar o Rio de Janeiro a primeira cidade da América do Sul, tomando o lugar de Buenos Aires, que a reduzia à mera condição de porto de parada para viajantes estrangeiros a caminho da capital Argentina. Dessa perspectiva, a façanha de Santos Dumont prenuncia o sucesso trabalhado em termos de "imagem" positiva do Brasil pelos esforços pecuniários do Itamarati, que se rebelava, por exemplo, ante a palavra "macaquitos", com que os argentinos se referiam depreciativamente aos brasileiros.

Sobre o que aqui se chamou "topos da Europa", convém ainda tecer algumas considerações, enfocando-o sucintamente da perspectiva da dependência. No "topos da Europa" há por parte dos grupos dominantes o reconhecimento de que a Europa, Paris, e mais recentemente os Estados Unidos, constituem respeitáveis instâncias de consagração e legitimação de pessoas, coisas e objetos nacionais. Essa delegação a países estrangeiros avançados da capacidade de avaliação reflete, em última instância, simultaneamente, uma servidão judicativa e, no plano cultural, uma sujeição. Transvestida de aparente domínio, essa submissão pode ser surpreendida em vários níveis da vida nacional até hoje. Na imprensa de outrora e nos meios de comunicação de massa de agora, por exemplo, não é difícil encontrar essa forma de elogio, de hipérbole retórica, como um meio de impor à admiração nacional algo que, ignorado aqui, foi sacramentado lá fora. Na sua forma mais simplória e extremada, essa postura submissa se manifesta na reverência basbaque ante uma suposta aura adquirida pelo objeto em plagas alienígenas, que o coloca acima de qualquer suspeita, isentando-o por conseguinte, de qualquer restrição.

Seria interessante estudar as diferentes formas sob as quais se tem manifestado o "topos da Europa" ao longo da evolução espiritual brasileira, tanto na fase anterior à criação do texto de Eduardo das Neves, como na fase posterior à sua elaboração. Tal estudo conduziria a um elenco de formas de expressão da ideologia dominante no Brasil, no que ela tem significado de abdicação e transferência para os centros do sistema de dominação da capacidade avaliatória. Do lado oposto, talvez não seja menos grosseira a manifestação da dependência exteriorizada sob a forma do que os alemães chamam "Geflügelte Worte" [palavras aladas] (1959), cunhada a partir da mesma modinha. Entende-se por "palavras aladas" as citações de autores e os ditos de personalidades famosas que vivem oralmente em todas as bocas e são adequadas para inúmeras situações. Opõem-se elas aos provérbios, pelo fato de que estes não são passíveis de terem seus autores identificados. Os franceses as denominavam "citações que se converteram em provérbios". Exemplo: "Ao vencedor, as batatas", de Machado de Assis.

Há uma expressão que virou "palavras aladas", extraída da modinha de Eduardo das Neves, a qual é constituída pelo primeiro verso da primeira estrofe: "A Europa curvou-se ante o Brasil". No seu curso oral essas "palavras aladas" têm sofrido alguns estropiamentos e é muitas vezes ouvida em tom irônico, que denota um outro aspecto ideológico distinto do que estamos examinando. As "palavras aladas" – "A Europa curvou-se ante o Brasil" – exprimem, em sua autonomia, uma radicalidade, ausente do texto original. No contexto da modinha, este verso-oração, coordenado ao subsequente, remete, como já vimos, a uma reverência acompanhada de aplauso. Já sua configuração sob a forma de "citação que se converteu em provérbio" enfatiza uma dimensão de poder e de domínio por parte do Brasil, que exprime uma inversão do processo histórico de um país de extração colonial. Enquanto no período colonial, o Brasil constituiu-se num objeto manipulado pelos interesses da metrópole europeia, no momento em que essas "palavras aladas" são atualizadas, aflui a noção de que o sujeito do processo histórico é a antiga colônia a qual impõe à Europa uma posição subalterna e humilhante. Por conseguinte, a semântica dessas "palavras aladas" cai bem como expressão de uma forma de nacionalismo exacerbado, que, em lugar de reconhecer objetivamente as condições de nossa ainda carente base material, se satisfaz num mero exercício retórico de afirmação nacional. Tal fato é mais comum do que se imagina, como, por exemplo, no âmbito dos sucessos esportivos e artísticos, com seu "complexo de épico", para usarmos de uma feliz expressão do compositor Tom Zé, a propósito de outro assunto.

"Considerados os topos da Europa" e a "citação convertida em provérbio" da perspectiva da dependência, podemos talvez afirmar que eles são manifestações retóricas ambivalentes da ideologia dos grupos dominantes. Exprimem impulsos de submissão e afirmação nacionais que, por se extremarem em atitudes polares, carecem de qualquer dinâmica. Privadas de uma consciência clara das reais bases materiais e culturais da nação, essas posições se estiolam, num polo, sob a forma de uma cópia servil, e, no outro, sob a configuração de um patriotismo que Lima Barreto chamaria de "espingardeiro e cantativo".

Conviria agora pesquisar a outra face dessa visão aparentemente contraditória do Brasil, no período em surgiu a modinha de Eduardo das Neves. O reverso da medalha estaria, por exemplo, no Motim dos Quebra-Lampiões que estourou no dia 10 de novembro de 1904, ainda no quadriênio de Rodrigues Alves. Sua eclosão provocou o adiamento para o ano seguinte da inauguração da simbólica Avenida Central, da qual diz João do Rio: "A civilização do Brasil divide-se em duas épocas: antes e depois da Avenida Central". Estaria também nas disposições reflexivas de Lima Barreto, que desmascara com precisão essas duas maneiras panegíricas de ver o Brasil.

Como dado complementar, salientemos que nem sempre o que é criado por um poeta popular é expressão dos grupos populares. A capacidade da ideologia dominante de penetrar na consciência dos estratos sociais desprivilegiados não pode ser ignorada. Eduardo das Neves exemplifica-o muito bem.

Referências

BÜCHMANN, Georg. *Geflügelte Worte*. München: Knaur, 1959.

CURTIUS, Ernst R. *Literatura europeia e Idade Média latina*. Trad. Teodoro Cabral e Paulo Ronai. Rio de Janeiro: Instituto Nacional do Livro, 1957.

MAGALHÃES JUNIOR, R. *A vida vertiginosa de João do Rio*. [s.n.t.].

_____. *Bastos Tigre e La Belle Époque*. [s.n.t.].

A visão eufórica do Brasil[1]

Considerações preliminares

Temos por objetivo neste ensaio expor as possíveis correlações entre a instância de produção e a consciência nacional, levando sempre em consideração a instância de recepção. A ênfase do presente estudo será dispensada a um tipo de consciência do país: a visão eufórica ou apologética da realidade nacional, em outros termos, a visão panegirista e grandiloquente de nossa realidade natural e humana.

O primado conferido à visão eufórica tem uma razão metodológica: ela é a primeira maneira de ver o Brasil a se constituir em nossa história, sendo seus produtores a camada dominante e dirigente portuguesa. Como visão oposta estrutura-se, mais tarde, a visão crítica. Esta é entendida aqui como as várias modalidades de ver o Brasil ao longo de sua história, caracterizadas por uma posição de contraposição, de resistência à visão eufórica nacional. Em outros termos, poder-se-ia dizer que a articulação primeira da visão eufórica confere a ela traços de norma, de interdição e de proibição, em relação aos quais a visão crítica apresenta as marcas de violação, de infração e negação, por ser uma articulação segunda.

A visão eufórica, apoteótica ou utópica da realidade nacional, produzida pelos grupos sociais dominantes no poder, será tratada aqui no seu processo de formação e desenvolvimento, bem como em alguns de seus traços significativos. Sua manifestação será ilustrada com textos ficcionais e não ficcionais. A escolha de dois tipos de textos pressupõe a aceitação de uma concepção ampla de literatura, a qual englobe qualquer tipo de texto e os distintos veículos que lhes sirva de suporte, como o livro, o rádio, a televisão e o disco.

---
[1] Ensaio escrito em 1984 e publicado em: *Guavira letras*. Três Lagoas: n.5, p.116-138, 2007. (Revista eletrônica do programa de pós-graduação em letras da Universidade Federal de Mato Grosso do Sul).

Para localizar esses textos ao longo da história literária, usaremos como referência os diferentes movimentos literários, que passam a ser os períodos literários da concepção ampla da literatura. Assim, a literatura no Brasil – no sentido amplo do termo – passa a contar com os seguintes movimentos literários: Barroco (1600-1768); Arcadismo/Ilustração (1768-1836); Romantismo (1836-1880); Realismo – Naturalismo e Parnasianismo (1880-1922); Modernismo (1922-1945) e Tendências Contemporâneas (1945-1980). Ainda com relação aos movimentos literários convém dizer que, para nós, a visão eufórica manifesta-se no Barroco, no Romantismo e na fase final do Realismo – Naturalismo e Parnasianismo e ainda no início do Modernismo, enquanto a visão crítica o faz no Arcadismo/Ilustração, na fase inicial do Realismo – Naturalismo e nas Tendências Contemporâneas. Com isso, estaremos dando ênfase, no primeiro caso, à dominante "oficial" e, no segundo caso, à dominante da resistência, sem nos determos na complexidade de cada movimento literário.

Dentro da linha escolhida aqui para a abordagem da visão eufórica ou apoteótica serão relevantes os seguintes fatores: os momentos em que ela se manifestou de modo mais ostensivo em nossa história; a já mencionada importância da instância receptora; e o papel da visão crítica.

Consideramos os seguintes momentos políticos importantes na manifestação ostensiva da visão eufórica: na Colônia, o período que vai do século XVI até meados do século XVIII; no Império, o período entre 1840 e 1870; na República Velha, o período entre 1894 e 1914; na Segunda República, o Estado Novo entre 1937 e 1945; e, mais recentemente, o período entre 1968 e 1974.

No que tange à instância de recepção, tem-se como significativa a seguinte observação de Antonio Candido:

> Quando consideramos a literatura no Brasil, vemos que a sua orientação dependeu em parte dos públicos disponíveis nas várias fases, a começar pelos catecúmenos dos autos de Anchieta, a eles ajustados e sobre eles atuando como lição de vida e concepção de mundo. Vemos em seguida que durante cerca de dois séculos, pouco mais ou menos, os públicos normais da literatura foram aqui os auditórios – de igreja, academia, comemoração. (Candido, 1973, p.77-8)

Nesse trecho interessa-nos sobremaneira a expressão "públicos normais", com seu traço de "auditório", afeito, portanto, à oralidade. A condição de auditório dos "públicos normais" não se restringe só ao período colonial. Ela vai ser a gênese de uma "tradição de auditório", a qual me parece prolongar-se até nossos dias. A formação e a permanência dessa "tradição de auditório" se devem ao analfabetismo, que constitui o traço básico do subdesenvolvimento no terreno cultural. Analfabetos, letrados de poucas letras e de parcas leituras compõem os "públicos normais", aos quais a literatura teve que se dirigir no Brasil, do que resultou a importância da palavra oral, isto é, do escrito para ser ouvido em lugar do escrito para ser lido.

Reconhecendo a importância básica da "tradição de auditório", procuraremos mostrar os meios e os modos, por meio dos quais a camada dirigente buscou transmitir a visão eufórica, elaborada por ela, ajustando-se a essa realidade dos "públicos normais". Com relação à visão crítica, ela será tratada aqui mais em função da visão apoteótica do que em si mesma. Seria interessante, por exemplo, examinar a posição da visão crítica ante as formas de ajustamento encontradas pela visão apoteótica para se adaptar aos "públicos normais", bem como as formas elaboradas pela visão crítica para se dirigir à condição de "auditório" do público. Parece-me uma hipótese cativante, por exemplo, investigar como se deu a visão crítica no Realismo literário – Machado de Assis, em especial procurou, em lugar de se ajustar aos "públicos normais", denunciar a "tradição de auditório" por meio de textos escritos não para serem ouvidos, mas para serem lidos. Essa postura crítica que, por um lado, fere na raiz o analfabetismo e a estrutura de poder que o sustenta, por outro, cria barreiras para o acesso dos "públicos normais" à visão desmascarante.

Se procurarmos agora recolocar a proposição deste ensaio, talvez possamos dizer que ela objetiva mostrar a correlação, ao longo de nossa história, entre traços da visão eufórica, produzida pela camada dirigente no poder, e os veículos utilizados para difundi-la à massa dos "públicos normais" do país.

E para finalizar estas considerações preliminares, convém observar que este é, antes de tudo, um trabalho de reflexão sobre conceitos, categorias e ideias desenvolvidas por Antonio Candido e Alfredo Bosi sobre a literatura e as culturas brasileiras. A presença desses autores pode ser constatada de modo explícito nas citações constantes de trechos de suas obras referidas na bibliografia. Ocorre ela também de modo implícito em certos momentos do texto, o que talvez fosse impossível evitar, pela convivência com as obras dos dois autores. Se alguma originalidade contiver este trabalho, reside ela na tentativa do desdobramento das concepções desses autores e na aplicação ao século XX.

A visão eufórica no período colonial (1500-1822)

O Brasil, bem como todo o continente americano, nasceu sob o signo da visão eufórica ou apoteótica, que cobre a terra descoberta de panegíricos, louvores e mitos sobre as excelências paradisíacas de sua realidade natural e humana.

No caso do Brasil, as instâncias produtoras dessa publicidade são então o Estado português e a Igreja Católica que, por aqui desde meados do século XVI, "foram dilatando a Fé, o Império". Nesse processo de expansão ultramarina, os donos do poder em Portugal procuram dissimular ou ocultar o intuito de obter o real valor de troca, ditados pelos desígnios da política mercantilista, por meio da exaltação das qualidades positivas da mercadoria-Brasil, tornando-a atraente à população crédula e analfabeta, impregnada de uma visão de mundo marcadamente medieval e oral. Essa situação vai se enrijecer, pouco mais de quarenta anos após a descoberta, com a política contrarreformista da igreja Católica, que sofrera, a partir de 1517, o cisma da Reforma.

Na sua gênese, a exaltação das qualidades positivas da mercadoria-Brasil pode ser observada já na Carta que Pero Vaz de Caminha envia à coroa lusa, comunicando a descoberta. Sua leitura mostra, ao lado dos aspectos informativos, outro, que um satirista atual chamou de "valorização do troço" (Lopes, 1980, p.12), com a louvação da terra, dos índios e das índias... Dos cronistas do século XVI, aquele que parece espelhar melhor os interesses dos grupos dominantes é Pero de Magalhães Gândavo, em suas obras *Tratado da Terra do Brasil* e *História da província de Santa Cruz a que vulgarmente chamamos Brasil* (1576). Ambos os textos são, no dizer de Capistrano de Abreu, "'uma propaganda da imigração', pois cifram-se em arrolar os bens e o clima da colônia, encarecendo a possibilidade de os reinóis ('especialmente aqueles que vivem em pobreza') virem a desfrutá-la" (apud Bosi, 1970, p.18).

A "propaganda da imigração" adequa-se aos propósitos do poder metropolitano, com sua necessidade de promover o deslocamento de contingentes populacionais para ocupar e explorar a terra, segundo os ditames do mercantilismo. Ajusta-se ainda às intenções da Igreja da Contrarreforma, com sua política econômica e religiosa de expandir a fé. No mesmo movimento que incentiva a imigração, as camadas dominantes metropolitanas procuram articular, desde meados do século XVI, procedimentos que assegurem os liames entre a Colônia e Portugal. Começam a surgir intuitos de controle social, expressos

> pelas atividades culturais da Igreja e do Estado, ao promoverem manifestações literárias para comemorar as festas religiosas, as datas ligadas à Família Real, os movimentos das altas autoridades os acontecimentos políticos e militares. Tais eram os pretextos principais para jornadas de sermões, representações teatrais, composição e recital de poemas. Proliferam na correspondência dos governadores das capitanias as ordens aos professores, para promoverem tais atividades. (Candido, 1964, p.132)

Nas manifestações literárias – sermões, representações teatrais e recital de poemas – evidencia-se com muita nitidez o caráter oral dessas realizações, indicando o hábil ajustamento do poder metropolitano aos "públicos normais" da Colônia, conforme já vimos, e convém repetir uma vez mais:

> [...] durante cerca de dois séculos, pouco mais ou menos, os públicos normais da literatura foram aqui os auditórios – de igreja, academia, comemorações. O escritor não existia enquanto papel social definido; vicejava como atividade marginal ao lado de outras mais requeridas pela sociedade pouco diferenciada: sacerdote, jurista, administrador. (Candido, 1973, p.78)

O quadro que se desenha nesse período é, assim, uma forte presença do poder metropolitano. Sob sua capa, vai se formando o público, ao participar das cerimônias religiosas e das comemorações públicas, e o escritor vai eventualmente perpetrando alguns textos de circunstância, nos quais deve necessariamente enaltecer a ação do Estado e da Igreja, por sua condição objetiva de funcionário. É nessas circunstâncias que ressoa na Colônia, do século XVII até meados do século XIX, o Barroco, movimento artístico imperante nos países europeus ligados à Contrarreforma, em especial na Espanha, à qual nosso destino, bem como o de Portugal, esteve ligado de 1580 a 1640. Entre 1600 e 1768, o estilo barroco foi uma linguagem providencial para exprimir a visão apoteótica da realidade natural e humana da Colônia, graças aos recursos retóricos e estilísticos colocados à disposição dos escritores. A correspondência e o ajustamento entre a moda literária e a visão apoteótica podem ser vistos nesta observação de Antonio Candido:

> No Brasil, sobretudo nos séculos 17 e 18, esse estilo equivalia a uma visão, graças à qual foi possível ampliar o domínio do espírito sobre a realidade, atribuindo sentido alegórico à flora, magia à fauna, grandeza sobre-humana aos atos. Poderoso fator ideológico, ele compensa de certo modo a modéstia dos recursos e das realizações, e ao dar transcendência às pessoas transpôs a realidade à escala dos sonhos. (Candido, 1964, p.133)

Retomando a afirmação inicial de que o Brasil nasceu sob o signo da visão apoteótica, parece claro agora que não há ruptura, mas sim continuidade entre os séculos XVI, XVII e XVIII quanto à maneira de ver a Colônia. Essa continuidade de visão, bem como suas implicações econômicas, sociais e políticas, foi com muita acuidade apontada por Sérgio Buarque de Holanda, citado por Antonio Candido em suas análises:

> No admirável *Visão do Paraíso* [...], Sérgio Buarque de Holanda esmiúça o mecanismo das imagens ideais sobre a beleza, as riquezas, as propriedades miraculosas do continente americano, como acicate do processo colonizador. Esse movimento

da imaginação pode também ser considerado uma forma de orientar inconscientemente a realização da conquista, pois permitiu não apenas estimular a exploração dos recursos naturais, mas, indiretamente penetrar na vastidão desconhecida para submetê-la às normas e à cultura da metrópole. (Candido, 1968, p.135)

Um exemplo dessa vinculação entre o poder metropolitano, a visão apoteótica da realidade e o ajustamento aos "públicos normais" na Colônia pode ser encontrado nas Academias Barrocas. Criadas sob a inspiração e a influência do Estado português, as Academias dos Esquecidos (1724-1726) e dos Renascidos (1759-1760), na Bahia, produzem, entre muitos poemas, um tipo de historiografia que pesquisa a realidade natural e humana da Colônia, enfocando-a, por um lado, de uma perspectiva informativa, com seus catálogos de bispos e governadores, e, de outro, da perspectiva da apoteose da realidade, em que não falta também a exaltação da ação política metropolitana. A *História da América Portuguesa*, do coronel Sebastião da Rocha Pita (1660-1738), de 1730, constitui o modelo mais expressivo das tendências que Aderaldo Castelo chama de "nativismo áulico", ao "nos considerar como Estado da monarquia portuguesa, cuja política é exaltada, enquanto os nossos valores são reconhecidos como portugueses" (Candido; Castello, 1964, p.14). Na introdução do livro de Rocha Pita, encontram-se quase todos os recursos linguísticos que servem de base para a visão eufórica ou paradisíaca da Colônia:

> 1. Introdução – Do novo mundo, [...] é a melhor porção o Brasil; vastíssima Região, felicíssimo terreno, em cuja superfície tudo são tesouros em cujas montanhas e costas tudo são aromas; tributando os seus campos o mais útil alimento, as suas minas o mais fino ouro, os seus troncos o mais suave bálsamo, os seus mares o âmbar mais seleto.[...].
> 2. Em nenhuma outra região se mostra o Céu mais sereno, nem madruga mais bela Aurora: o Sol em nenhum outro Hemisfério tem os raios tão dourados, nem os reflexos noturnos tão brilhantes: as Estrelas são as mais benignas, e se mostram sempre alegres: os horizontes, ou nasça o Sol, ou se sepulte, estão sempre claros: as águas, o se tomem nas fontes pelos campos, ou dentro das Povoações nos aquedutos, são as mais puras: e enfim o Brasil Terreal Paraíso descoberto onde tem nascimento e curso os maiores rios; domina salutífero clima: influem benignos Astros, e respiram auras suavíssimas que, o fazem fértil, e povoado de inumeráveis habitadores [...] (Candido; Castello, 1964, p.95-96).

Observada, até o século XVIII, a vinculação entre os interesses reais da camada dirigente metropolitana e a visão apoteótica da realidade natural e humana da Colônia, é necessário agora ver como o processo colonizador ia, de maneira inevitável, gerando sua própria contradição, ao modificar-se para se adaptar e ao consolar as classes dominantes no Novo Mundo. No século XVIII, os interesses dos grupos dominantes da Colônia começam, em certos momentos, a manifestar suas novas posições e sentimentos por meio da literatura (Candido 1973, p.37). A mesma obra do coronel Sebastião da Rocha Pita que acabamos de citar pode, por exemplo, ser vista de uma perspectiva divergente e mesmo contrária, pois também exprime os anseios dos grupos dominantes coloniais, que já se sentem então distintos dos da metrópole, ao se reconhecerem numa realidade marcada por coordenadas espaciais e temporais diferentes. Nesse sentido, a obra exprime, ao lado de seu aulicismo, uma consciência incipiente do afastamento eventual dos grupos dominantes coloniais das camadas sociais que monopolizam o poder na Metrópole.

Esse sentimento de diferença corresponde a um estágio da formação dos grupos dominantes na Colônia e exterioriza-se na necessidade de elaborar uma ideologia própria que os justifique como tais. Desempenham, nesse sentido, um papel relevante os genealogistas do século XVIII, como Borges da Fonseca (1718-1786) em Pernambuco, Jaboatão (1695-1764?) na Bahia e Pedro Taques (1714-1777) em São Paulo, que elaboraram um tipo de história, por meio de avaliação especial da mestiçagem e do encontro de cultura, que resulta depois, após a Independência política, numa exacerbada idealização do índio.

Visando a dar tradição aristocrática às famílias importantes da Colônia, os genealogistas do século XVIII procedem à criação e invenção de um tipo de história, por meio do entroncamento das famílias das classes dominantes e de seus varões ilustres a discutíveis estratos superiores das tribos indígenas, aos quais concedem, segundo padrões europeus, foros de nobreza. A intenção apoteótica orienta essa "tendência genealógica" ao conferir traços aristocráticos às famílias ilustres e reflete-se na linguagem laudatória que enforma a mistificação.

Assim, no decisivo século XVIII, vislumbra-se já o início da transferência da visão apoteótica da realidade natural e humana, elaborada pelo poder metropolitano, para as camadas dominantes em gestação na Colônia, por meio da qual elas começam a manifestar seu descontentamento com relação às pressões portuguesas e a reivindicar seu enraizamento autóctone na terra e no índio. O Barroco, sobretudo o do século XVIII, passa também, desse modo, a servir para a expressão dessa diferença e do esboço de sua consciência. Tanto isso é verdade que dois historiadores da literatura brasileira apontam para a importância básica do legado barroco em nossa cultura. Antonio Candido escreve: "O estilo barroco gerou modalidades tão tenazes de pensamentos e expressão, que apesar da passagem das modas literárias, elas ficaram em parte, como algo visceral do nosso país" (Candido, 1973, p.42).

Mais pormenorizado é Alfredo Bosi:

Nas esferas ética e cultural está ainda por fazer o inventário da herança colonial-
-barroca em toda a América Latina. Entre os caracteres mais ostensivos lembrem-se:
o meu fanismo verbal, com toda a sequela de discursos familiares e acadêmicos; a
anarquia individualista, que acaba convivendo muito bem com o mais cego despotismo; a religiosidade dos dias de festas; a displicência em matéria de moral; o vício
do genealógico e do heráldico nos conservadores; o culto da aparência e do medalhão; o vezo dos títulos; a educação bacharelesca das elites; os surtos de antiquarismo
a que não escapam nem mesmo alguns espíritos superiores. (Bosi, 1970, p.57)

Esses traços não se transmitem pela raça nem se herdam no sangue: na verdade, eles se desenvolveram com as estruturas sociais que presidiram à formação
das nossas elites e têm reaparecido, sempre que o processo de modernização se
interrompe ou cede à força da inércia. (ibidem, p.57)

Com base nas considerações até aqui feitas, é possível dizer agora que, do século XVI até o século XVIII, os grupos dominantes metropolitanos elaboram uma visão eufórica da Colônia, com dupla função. A primeira é de caráter aparente e visa a apresentar, para os grupos sociais desprivilegiados, a realidade natural e humana da Colônia como um paraíso, com todas as conotações que essa imagem significava no contexto medieval e contrarreformista, enquanto satisfação de suas necessidades. A segunda é uma função real cujo objetivo é o de promover o deslocamento desses contingentes desprivilegiados para o Novo Mundo, visando à ocupação e à elaboração da terra, das quais resultariam os ganhos concretos pela política mercantilista. No que concerne à camada dominante da Colônia, essa visão funciona inicialmente segundo as esperadas diretrizes metropolitanas, mas, a seguir, de maneira incipiente e, depois, com mais frequência no século XVIII, transforma-se em suporte de seus anseios de diferenciação e de afirmação ante a Metrópole. Um ponto, porém, é incontestável: a visão eufórica produzida pela camada dominante foi posta, tanto lá como cá, a serviço dos seus elaboradores e de seus interesses de classe.

A visão eufórica no Império (1840-1870)

A transferência da visão apoteótica da realidade brasileira, gerada pelos estra-
tos dirigentes portugueses, para a camada dominante em ritmo de consolidação na Colônia, vai se dar definitivamente no processo de independência política, entre mais ou menos 1790 e 1830. Mas não são os portadores da visão utópica os que compõem a vanguarda na dinâmica da emancipação. Desde as primeiras décadas do século XVIII, surge na Europa uma tendência ideológica mais radical, a Ilustração, ligada literariamente ao Arcadismo e socialmente à burguesia, e que repercute na

Colônia. Influenciados pela Revolução Francesa de 1789, pela Revolução Americana de 1776 e 1777 em Portugal, os ilustrados brasileiros vão se constituir na ponta de lança da luta contra o estatuto colônia. Seus embates contra a Metrópole ficaram gravados nas várias Inconfidências, que ocorrem em Minas Gerais (1789-92), na Bahia (1794), em Pernambuco (1801 e 1817). Em razão de sua maior radicalidade, pagaram com a vida ou amargaram com o exílio ou a prisão seu levante contra as forças metropolitanas. Seu legado histórico, porém, é muito importante, pois forma a gênese da visão crítica de nossa realidade humana e natural.

Se o ilustrado e os "inconfidentes" compõem a ala mais radical na luta contra a opressão portuguesa, nem por isso, ou talvez até por isso mesmo, não conseguem empolgar o poder em 1822. A compreensão do fracasso dessa corrente, imbuída de visão crítica, na luta pelo poder no processo da Independência parece-nos muito significativa, não só naquele momento decisivo, mas também nos momentos decisivos posteriores de nossa história. Alfredo Bosi explica o que sucede em 1822 do seguinte modo:

> [...] foi o fácies da tradição, visível nas academias [barrocais] e no zelo genealógico dos linhagistas, que acabou prevalecendo no processo da Independência, relegando a um incômodo segundo plano as correntes ilustradas, sobretudo as radicais, que permearam as "inconfidências", todas malogradas precisamente por terem deixado alheias ou receosas as camadas que podiam promover, de fato, a emancipação política: os senhores de terra e a alta burocracia. Sobrevindo o momento oportuno, foram estes os grupos que cerraram fileiras em torno do herdeiro português, dando o passo que lhes convinha. (Bosi, 1970, p.57)

Nessa interpretação de Alfredo Bosi, fica claro que em 1822 os grupos dominantes na Colônia, produtores da visão apoteótica, foram os que se assenhoraram do poder, estruturando e organizando o Estado Nacional, segundo seus interesses de classe. Pode-se ver nesse evento um fato paradigmático em nossa história, pois fornece o parâmetro adequado para se entender o que sucede em 1889, o que se dá em 1930 e o que tem lugar em 1964. São os grupos sociais, dotados de uma visão crítica, que promovem toda a movimentação que resulta na República em 1889, na Revolução de Outubro de 1930 e nas reivindicações de reformas entre 1961 e 1963. Mas, no momento decisivo, é a tradição das camadas dominantes, produtores da visão eufórica da realidade nacional, que se antecipa ao risco de perda do poder e, aglutinando parcelas da sociedade, "dá o passo que lhes convém", reprimindo as reivindicações radicais em andamento, conforme se verá.

Para se perceber com maior nitidez que a camada dominante, estruturada sob o signo do Barroco, foi a que se apossou do poder em 1822, retomemos o que anteriormente se denominou "tendência genealógica". Após a Independência política, a camada dominante vai promover a idealização do índio por meio de três procedimentos: engatando no legado sobre as linhagens dos varões ilustres, elaboradas pelos genealogistas do Barroco; realizando uma leitura intencional e distorcida das obras indianistas do século XVIII, como o *Uruguai,* de Basílio da Gama, e *Caramuru,* de Santa Rita Durão; ajustando a mitologização do selvagem aos moldes do Romantismo, movimento literário que começa a se impor a partir de 1836.

> Os românticos, depois de 1840, fizeram do indianismo uma paixão nacional, que transbordou do círculo dos leitores e se espalhou por todo país, onde, ainda hoje, perdura o hábito de usar nomes de personagens indígenas dos poemas e romances daquela época. Os dois escritores mais eminentes do indianismo romântico, Gonçalves Dias e Alencar, foram considerados pelos contemporâneos como realizadores de uma literatura finalmente nacional, que vinha manifestar a nossa sensibilidade e visão própria das coisas. O triunfo dessa opinião unilateral manifesta o apogeu da "tendência genealógica" durante o Romantismo, quando foi fortalecido pela vontade política compreensível de negar os valores identificados à colonização português. (Candido, 1964, p.8).

Mas não foi só índio que eles retomaram e reatualizaram segundo os anseios do tempo.

Também a natureza nacional, com seus predicados de excelência, conforme fora vista no Barroco, continuou a ser cantada, agora segundo os cânones do novo movimento literário. A valorização chegou a tal intensidade que ela e o aborígine foram elevados à categoria de critério estético. Além disso, a natureza sofreu outro processo de elaboração ao ser conectada estreitamente à noção de pátria, passando a ser a essência do "gigantismo de base naturista".

> A ideia de pátria se vinculava estreitamente à de natureza e em parte extraía dela a sua justificativa. Ambas conduziam a uma literatura que compensações por meio da supervalorização dos aspectos regionais, fazendo do exotismo razão de otimismo social. (Candido, 1964, p.8-9)

Essa ligação causal entre "natureza" e "pátria" pode ser percebida num dos poemas antológicos de nossa literatura erudita – *Canção do Exílio,* de Gonçalves Dias (1823-1864) – que, ao lado do componente ideológico aqui analisado, sobrevive graças à sua elaborada construção estética:

> Minha terra tem palmeiras,
> Onde canta o sabiá:

> As aves, que aqui gorjeiam,
> Não gorjeiam como lá.
> Nosso céu tem mais estrelas
> Nossas várzeas têm mais flores
> Nossos bosques têm mais vida,
> Nossa vida mais amores.
> Em cismar, sozinho, à noite
> Mais prazer encontro eu lá;
> Minha terra tem palmeiras,
> Onde canta o Sabiá.
> Minha terra tem primores
> Que tais não encontro eu cá;
> Em cismar – sozinho, à noite
> Mais prazer encontro eu lá;
> Minha terra tem palmeiras,
> Onde canta o Sabiá
> Não permita Deus que eu morra,
> Sem que eu volte para lá;
> Sem que desfrute os primores
> Que não encontro por cá;
> Sem qu'inda aviste as palmeiras,
> Onde canta o Sabiá.
> (Candido; Castello, 1963, p.312-3)

Essa visão apoteótica difunde-se e penetra em outras camadas sociais graças ao traço de oralidade que prevalece nas obras poéticas do Romantismo, ajustando-se aos "públicos normais" do país:

> Verifica – se, pois, que escritor e público definiram-se aqui em torno de duas características decisivas para a configuração geral da literatura: retórica e nativismo, fundidos no movimento romântico depois de um desenvolvimento anterior. A ação dos pregadores, dos conferencistas de academia, dos pregadores, dos conferencistas de academia, dos glosadores de mote, dos oradores nas comemorações, dos recitadores de toda hora, correspondia a uma sociedade de iletrados, analfabetos ou pouco afeitos à leitura. Deste modo, forma-se, dispensando o intermédio da página impressa, um público de auditores, muito maior do que se dependesse dela, e favorecendo, ou mesmo requerendo do escritor, certo ritmo oratório, que passou a timbre de boa leitura e prejudicou entre nós a formação dum estilo realmente escrito para ser lido. A grande maioria dos nossos escritores, em prosa e verso, fala de pena em punho e prefigura um leitor que ouve o som de sua voz brotar a cada passo por entre as linhas. (Candido, 1964, p.81)

Não se pode deixar de mencionar ainda, nesse processo de difusão, o papel das instituições governamentais, que não só estimulam a propagação da visão apoteótica, mas também criam certa dependência dos escritores em relação às ideologias dominantes, ao transformá-los em burocratas do Estado. Nesse sentido avultam três fatores: o frequente amparo oficial de D. Pedro II, o Instituto Histórico e as Academias de Direito (Olinda, Recife e São Paulo). A sua função consistiu, de um lado, em acolher a atividade literária como função digna; de outro, em podar suas demasias, pela padronização imposta ao comportamento do escritor, na medida em que era funcionário, pensionado, agraciado, apoiado de qualquer modo. Houve um mecenato por meio da prebenda e do favor imperial que vinculavam as letras e os literatos à administração e à política, e que se legitima na medida em que o Estado reconhecia, desta forma (confirmando-o junto ao público), o papel cívico e construtivo que o escritor atribuía a si próprio como justificativa da sua atividade (Candido, 1964, p.83).

Com base nos dados até aqui vistos, parece claro que há uma nítida linha de continuidade entre os grupos dominantes, produtores da visão eufórica na Colônia, e as camadas dominantes que se entronizam no poder a partir de 1822. Ao dar conformação ao Estado Nacional, realiza ela uma ligação com suas origens barrocas e remotamente com o Estado português, ao mesmo tempo em que procura ajustar a visão utópica do País ao novo momento histórico e literário, em função de seus interesses de elite.

A visão eufórica na República Velha (1894-1914)

Dissemos há pouco que consideramos 1822 um exemplo modelar de como a camada dominante nacional soube, no momento decisivo, apossa-se do poder. Como se sabe, todo o movimento reivindicatório que leva à Abolição em 1888 e à República em 1889 é realizado por um contingente de militantes que, a partir de 1870, inicia um combate sem tréguas contra a modorra imperial. Herdeiros da visão crítica ilustrada, esses intelectuais, informados das tendências cientificistas do século XIX, exprimem anseios de grupos sociais desprivilegiados e os manifestam em suas produções literárias. Se conseguem o seu intento de pôr fim à escravidão negra e ao Império, não logram, porém, empolgar o poder.

Entre 1894 e 1914, isto é, a partir do governo de Prudente de Morais, em especial nos de Campos Sales, Rodrigues Alves e Afonso Pena/ Nilo Peçanha, as oligarquias republicanas não só se firmam no poder, mas também seu ideólogo, Campos Sales, arquiteta os meios de permanência, com sua "política dos governadores". Não é por acaso que justamente na metade do governo de Campos Sales, isto é, em 1900, vem a público uma obra que, embora considerada hoje "reação ingênua e patriótica" contra a visão desalentada do Naturalismo, nem por isso deixa de ser uma expressiva amostra da visão apoteótica, elaborada agora na República Velha. Referimo-nos ao livro do Conde de Afonso Celso (1860-1938), *Porque me ufano do meu país,* que visa a um público infantil, conforme ele mesmo reconhece, ao dizer que o escreveu para os filhos, mas que transcende a esses leitores.

Objetivando alcançar um público inerme, incapaz, portanto, de qualquer criticidade ainda, o livro de Afonso Celso caracteriza-se por ser uma recolha dos traços da herança colonial-barroca e das contribuições românticas sobre a visão da terra. Nele prevalece e desenvolve-se o já visto "gigantismo de base naturista" com sua ligação causal entre "terra bela" e "pátria grande". Isso pode ser observado na enumeração e na explicação dos onze motivos que fizeram a superioridade do Brasil:

> a grandeza territorial; beleza; riqueza do país; variedade e amenidade do clima; ausência de calamidades naturais; excelência dos alimentos que entraram na formação do tipo nacional; nobres predicados de caráter nacional; o Brasil nunca sofreu humilhações, nunca foi vencido; procedimento cavalheiresco e digno com outros povos; as glórias de colher no Brasil, a História do Brasil. (Leite, 1969, p.196)

Se o "gigantismo de base naturista" aparece em Afonso Celso mesclado a outros traços, embora comece ele, não por acaso, pela exaltação da geografia, tal modalidade de visão utópica vai encontrar expressão direta num outro texto, elaborado na República Velha. Esse texto é a letra de uma música que, pelo decreto de 6 de setembro de 1922, portanto, no centenário da Independência Política, se torna a letra do Hino Nacional Brasileiro. Transformado oficialmente em texto de caráter coral, o "gigantismo de base naturista" eclode nas seguintes estrofes do poeta parnasiano, Joaquim Osório Duque Estrada (1870-1927):

> Gigante pela própria natureza
> És belo, és forte, impávido colosso
> E o teu futuro espelha essa grandeza

E engata no romantismo, ao citar, numa outra estrofe, a "Canção do Exílio" de Gonçalves Dias:

> Do que a terra mais garrida
> Teus risonhos, lindos campos têm mais flores
> "Nossos bosques têm mais vida"
> "Nossa vida", no teu seio "mais amores".

No plano da "tendência genealógica", o indianismo metamorfoseia-se, na República Velha, em caboclismo, conforme denúncia a visão crítica de Lima Barreto:

> Uma das manias mais curiosas de nossa mentalidade é o caboclismo. Chama-se a isto a cisma que tem todo o brasileiro de que é caboclo ou descende de caboclo. Nada justifica semelhante aristocracia: portanto o caboclo, o tupi, era, nas nossas origens, a raça mais atrasada; contudo, toda gente quer ser caboclo. Muito influíram para isso os poetas indianistas e, sobretudo, o grande José de Alencar, o primeiro romancista do Brasil, que nada tinha de tupinambá. A mania, porém, percorreu o Brasil: e quando um sujeito se quer fazer nobre, diz-se caboclo ou descendente de caboclo. (Barreto, 1961, p.69)

A mania do caboclismo vai corresponder, no plano da criação literária, ao "conto sertanejo", que alcança voga surpreendente, conforme o caracteriza a visão crítica de um estudioso penetrante:

> Gênero artificial e pretensioso, criando um sentimento subalterno e fácil de condescendência em relação ao próprio país, a pretexto de amor a terra, ilustra bem a posição dessa fase que procurava, na sua vocação cosmopolita, um meio de encarar com olhos europeus as nossas realidades típicas. Forneceu-lho o "conto sertanejo", que tratou o homem rural do ângulo do pitoresco, sentimental e jocoso, favorecendo a seu respeito ideias – feitas perigosas tanto do ponto de vista social quanto, sobretudo, estético. (Candido, 1964, p.113)

Natureza, como suporte do "gigantismo de base naturista", caboclismo, como metamorfose atual da "tendência genealógica," e "conto sertanejo" no plano ficcional são alguns dos pontos da visão apoteótica da realidade natural e humana do país, elaborada pelos grupos oligárquicos que estão no poder. Esses traços vão caracterizar o Parnasianismo, movimento literário que se inicia restrito ao poético e que depois vai se converter no estilo "das camadas dirigentes, da burocracia culta e semiculta, das profissões liberais, habituadas a conceber a poesia como 'linguagem ornada', segundo padrões já consagrados, que garantam o bom gosto da imitação" (Bosi, 1970, p.263). Em artigo, publicado em *O Pasquim,* em 1972, Arnaldo Jabor dá uma dimensão ampla ao Parnasianismo, reconhecendo-o como linguagem do poder e da repressão na vida brasileira:

> O Monte Parnaso seja em literatura, em pintura, ou em portaria, é tudo aquilo que tranca a vida em formas apertadas; é a caretice, o discursivismo do poder não erótico; Parnaso é o princípio, meio e fim, é a prudência, o anticarnaval, à noite. O Parnasianismo é o Exu – Tranca – Ruas da vida nacional [...]. (Jabor, 1972, p.22)

Faltou ao ensaio de Jabor a percepção de que o Parnasianismo é o herdeiro histórico das tendências que caracterizam a visão apoteótica do país, elaboradas desde o Barroco até o Romantismo, e a busca de fazê-las projetar-se. Todos esses traços, que compõem o figurino da visão apoteótica do período, coincidem com a euforia modernizante, que caracteriza a remodelação do centro urbano do Distrito Federal e de algumas capitais de estado, como São Paulo e Manaus, propiciada pelo café e pela borracha. *O slogan*, "O Rio civiliza-se", lançado por um colunista social em *O Binóculo*, difunde-se por todo o país e pelo mundo – entenda-se Paris – levado por publicações luxuosas como as revistas *Kosmos* e *Renascença*.

No mecanismo de difusão externa e interna de uma imagem positiva, "civilizada" e racialmente branca do país, desempenha papel fundamental o que hoje é o Ministério das Relações Exteriores, comandado durante dez anos pelo Barão do Rio Branco (1902-1912). A presença estimuladora de Rio Branco não se restringia só aos incentivos pecuniários, visando à propaganda externa e interna. Ela se faz sentir em vários setores da vida cultural e intelectual, inclusive nas eleições da Academia Brasileira de Letras, em que muitos escritores, e mesmo não escritores, chegam à imortalidade acadêmica graças aos empenhos do "homem do Itamarati". Sua influência sobre a Academia Brasileira de Letras é bem um sintoma do nexo entre o político e o poder literário nesse momento da vida nacional. Esse liame

> veio de certa forma oficializar a literatura, ao se tornar a Academia Brasileira de Letras, fundada em 1897 numa instituição consagrada pelo mundo oficial. Ela desempenhou com maior eficácia, a partir de então (1897), para a literatura, o papel que o Instituto Histórico desempenhara modestamente durante o Romantismo, como intermediária entre a produção intelectual, o poder político e o público. (Candido; Castello, 1964, p.108)

O lado negativo dessa circunstância foi o de dar "um certo cunho oficial [à literatura], ajustando-a aos ideais da classe dominante gerando o academismo, no mau sentido da palavra" (Candido; Castello, 1964, p.108).

Com relação ao "público normal", a situação permanece inalterada: prossegue, por todo o século XIX e até o início de XX, a "tradição do auditório," graças não apenas à grande voga do discurso em todos os setores de nossa vida, mas, ainda, ao recitativo, à musicalização dos poemas e à mania das conferências.

O que se viu até aqui parece confirmar nossa hipótese de que a visão apoteótica está ligada no Brasil a uma elite que se estruturou sob o signo do Barroco, assentou-se no poder político em 1822 e, no poder literário, com o Romantismo. Ela se afirma na República Velha com as oligarquias, transformando o Parnasianismo no seu jargão de classe. Assim, elite, poder político, certos movimentos literários e a visão apoteótica da realidade correlacionam-se e interagem-se no movimento rural, patriarcal e latifundiário da nossa história, para falar aos "públicos normais" do país em defesa de seus interesses.

A visão eufórica no Estado Novo (1937-1945)

Em 1922 e 1930, sucedem dois fatos que abalam na base o domínio das oligarquias no plano literário e no plano político: a Semana de Arte Moderna e a Revolução de Outubro. Resultados de um conjunto de explosões intermitentes e de eventos subterrâneos que vão solapando os alicerces da República Velha, da sua linguagem parnasiana e da política de governadores, manifestam a consciência de grupos sociais, marginalizados do poder, e de camadas desprivilegiadas da sociedade. A ligação entre as manifestações críticas, no plano da linguagem e no nível político, por parte de forças novas no contexto brasileiro, foi muito bem descrita por Haroldo de Campos, na introdução ao seu ensaio sobre a poesia de Oswald de Andrade. Após apontar para o delineamento, durante a Primeira Guerra Mundial, de uma incipiente "economia propriamente nacional", Haroldo de Campos continua:

> A abolição dos escravos, a imigração maciça de trabalhadores europeus, o programa tecnológico dos transportes e comunicações, contam – se ainda, entre as causas determinantes dessa nova economia em germinação. Evidentemente que estes processos haveriam de repercutir, sob a forma de conflito, na linguagem dessa sociedade em formação e se entenda aqui linguagem no seu duplo aspecto; de meio técnico, ao nível da infraestrutura produtiva, sujeita aos progressos da técnica; e – na obra de arte dada – de manifestação da superestrutura ideológica. Se é verdade [...] que os estratos mais altos da população urbana estavam formados, na sua grande maioria, por membros das grandes famílias rurais, [...] a mesma análise também nos elucida que o surgimento de um processo de urbanização, ao lado da oligarquia de base latifundiária [...], constitui – se num primeiro fator de instabilidade que, paulatinamente, através do fenômeno da massificação, desenharia o conflito fundamental "entre as massas urbanas, sem estruturação definida e com liderança populista, e a velha estrutura de poder que controla o Estado". (Campos, 1966, p.8)

Atingidas nas suas estruturas literárias e políticas pelo Modernismo e pela Revolução de 1930, as forças conservadoras recompõem-se a partir de 1937, com o Estado Novo, em termos, porém, mais condizentes com a substância dos novos tempos, marcados pela industrialização, urbanização e massificação em processo. No plano literário, ocorre um fato significativo: é a substituição do livro – que até aquele momento servira de suporte da visão eufórica – pelo rádio, manifestando, por um lado, sintomas da crise na aliança entre o poder político e os movimentos literários, e por outro, a adesão incipiente do poder à cultura de massa. Em outros termos: se antes era possível perceber uma ligação entre o poder político, a visão utópica e os movimentos literários – Barroco, Romantismo e Parnasianismo – a partir do Estado Novo, o poder ascendente vai tomar como veículo menos o livro do que o rádio, cujo traço relevante é a oralidade. Fator determinante dessa modificação no plano literário é uma mudança no plano político: ao regime parlamentarista do Império e ao regime formalmente liberal da República Velha sucede um Estado totalitário, segundo as tendências desenvolvidas em Roma e em Berlim. Esse regime autoritário substitui a ligação mais ou menos direta que existia na Colônia entre a camada dominante em formação e as academias barrocas; no Império, entre o poder político e o Instituto Histórico; e na República Velha, entre as oligarquias e a Academia Brasileira de Letras – por um órgão oficial, dotado de incumbências prescritas pela ditadura. É então que surge o famigerado DIP – Departamento de Imprensa e Propaganda – não mais próximo da estrutura de poder, como as entidades anteriores, mas sim fazendo parte dela.

Durante o Estado Novo, o DIP desempenha uma dupla função no que tange à produção cultural: a primeira é a de obstar e reprimir a transmissão de mensagens que manifestem resistência ao poder, impedindo – as de serem veiculadas, sobretudo pelo rádio; a segunda, a de interferir direta ou indiretamente no próprio processo de produção de cultura e de notícias, tornando-as extensões do poder. Sua dupla função censória e apologética pode muito bem ser observada, por exemplo, na música popular, criada durante o Estado Novo. Do exercício da censura resta hoje como testemunha e parceira do DIP o samba de Ataulfo Alves *O bonde de São Januário*, cuja letra original era a seguinte:

> O Bonde de São Januário
> Leva mais um sócio otário
> Sou eu que vou trabalhar

Entendendo a composição como um samba que "promovia" a vadiagem, e não o trabalho, talvez segundo aquele *slogan* nazista de que o "trabalho liberta", o DIP reescreveu-a. As influências estimuladoras do DIP sobre a visão eufórica evidenciam-se no surgimento da tendência chamada "samba-exaltação", no âmbito de nossa música popular, cujo exemplo mais conhecido é *Aquarela do Brasil* de Ari Barroso, gravada em 1939.

Ao lado dessa tendência surgem também hinos, gravados por cantores populares, com a intenção de louvar a tranquilidade do Estado Novo, podendo ser lembrado aqui aquele de Benedito Lacerda e Aldo Cabral:

> Brasil és do teu berço dourado
> O índio civilizado
> E abençoado por Deus
> Brasil gigante de um continente
> És terra de toda gente
> E orgulho dos filhos teus!
> (Nosso Século, 1980)

Na letra dessa música, é evidente a presença de alguns estilemas, que já vimos em momentos anteriores da visão apoteótica, como as menções aos "índios", ao "gigantismo" e à "elevação", correlacionados aqui à pátria, posta sob a proteção divina. O índio estará presente artisticamente ainda na abertura musical de um programa radiofônico que nos parece o exemplo mais ilustrativo do rádio como veículo de mensagem do poder. Referimo-nos à protofonia de *O Guarani*, de Carlos Gomes, indicadora até recentemente do início, às 19 horas, do programa *A Hora do Brasil*.

O programa *A Hora do Brasil* foi criado pelo DIP durante o Estado Novo para levar aos "públicos normais" a fala do poder autoritário. Essa intenção real, que preside à elaboração e orienta a difusão, aparece, porém, dissimulada e camuflada na denominação. A expressão concisa *A Hora do Brasil* manifesta, num nível aparente, que o momento do programa radiofônico não é o do Estado getulista, mas sim o do Brasil, isto é, da nação brasileira. Se, na verdade, *A Hora do Brasil* indicasse o que realmente diz, o programa radiofônico deveria compor-se de um conjunto de vozes em que se incluiriam enunciados de apoio ao poder político e, ao mesmo tempo, de crítica a ele, refletindo, assim, a coralidade de vozes da realidade nacional. Mas, por sua condição de produto radiofônico criado sob o signo DIP, ele não é, na verdade, como se pretende e promete ser, a expressão de consonância e dissonâncias – e sim a expressão solitária e única da hora do poder autoritário, que se apropriou do poder político e da nação pelo golpe de 1937. Nele, tem-se, assim, a hora do totalitarismo que se apresenta, porém, com a pretensão de totalidade, como é típico das ideologias autoritárias.

Desse modo, quando no Brasil começam a se fazer sentir as pioneiras modificações, resultantes dos processos de industrialização, de urbanização e de massificação, surge uma modalidade de regime autoritário moderno, que principia a deslocar a ligação tradicional entre a visão eufórica, a literatura e o livro para uma outra conexão, agora, entre aquela visão, o rádio, a publicidade política e uma tendência da canção popular, submetendo-as aos rigores da censura e a uma produção vinculada ao poder, que objetiva levar sua propaganda aos "públicos normais". Mas a incipiente ruptura entre o poder político e o poder literário não pode ser vista unilateralmente, isto é, como emanada só do oportunismo do poder político. A "literatura literária" também tem um papel importante nesse afastamento, na medida em que ela, a partir do Modernismo, tende, por um lado, a se imbuir cada vez mais de uma visão crítica do poder político, denunciando-o e a visão apoteótica a ele ligado; por outro, há uma consciência maior do poético tido como incompatível com o poder político. Isso vem corroborar as ideias de Hans Magnus Enzensberger em seu livro *Poesia e política*, no tópico em que trata do "elogio aos donos do poder", enfatizando o polo oposto:

> O fim do elogio ao soberano, que é um dos fenômenos políticos extremos em poesia, rejeita qualquer explicação a partir do político, da psicologia ou da sociologia. Trata – se de um fato objetivo: a linguagem poética repudia aquele que a quer usar para cantar o nome dos soberanos. O motivo desse repúdio não está situado fora da poesia, mas sim no seu próprio interesse. (Enzensberger, 1962, p.126)

Portanto, a partir do Modernismo e do Estado Novo ocorre, quer por fatores de ordem política, quer por fatores de ordem poética, ou ainda pela convergência de ambos, uma ruptura na aproximação entre poder político e poder literário, a qual parece de difícil restauração pelos interesses antagônicos de cada um. O Estado continuou na tentativa de falar aos "públicos normais", enquanto a literatura, ao mesmo tempo em que se afasta do Estado, permanece com maior dificuldade para atingir esses mesmos "públicos normais", em razão de sua maior depuração estética.

A visão eufórica entre 1968 e 1974

O ano de 1945 marca no Brasil o fim do Estado Novo de Getúlio Vargas e o começo de uma tentativa de democracia liberal. Nesse período, após a Segunda Guerra Mundial, principia a se definir melhor uma visão crítica da realidade nacional, que ultrapassa a tendência crítica, originada com a Ilustração do século XVIII e prosseguida no Realismo do século XIX. É a consciência de que o Brasil é um país subdesenvolvido, a qual ganha maior consistência a partir do governo Juscelino Kubitschek (1956-1960). Essa consciência posiciona-se radicalmente contra a visão apoteótica ou eufórica da realidade natural e humana, marcada pela consciência amena do atraso.

A consciência catastrófica do subdesenvolvimento significa uma mudança de perspectiva que

> impôs a realidade dos solos pobres, das técnicas arcaicas, da miséria pasmosa das populações, de sua incultura paralisante. A visão que resulta é pessimista quanto ao presente e problemática quanto ao futuro [...]. Mas, em geral, não se trata mais de um ponto de vista passivo. Desprovida de euforia, ela é agônica e leva à decisão de lutar, pois o traumatismo causado na consciência pela verificação de quanto o

atraso é catastrófico suscita reformulações políticas. Nesse sentido, "o gigantismo de base naturista" aparece então na sua essência verdadeira como construção ideológica transformada em ilusão compensadora. (Candido, 1963, p.9)

No princípio da década de 1960, os portadores de visão crítica empenham-se em tornar viável politicamente seu projeto, tendo como resposta da camada dominante e dos setores sociais a mobilização de um movimento militar, que se apossa do poder no segundo trimestre de 1964. Novamente parece-nos repetir-se aqui o caso paradigmático de 1822: os agentes sociais, portadores de visão crítica, movem a história nacional, mas a camada dirigente, imbuída de uma visão apoteótica, retém o poder no momento decisivo. Acompanhar o período que vai de 1964 até 1974 é observar o embate entre o direito e o avesso das duas visões e das duas concepções do Brasil: a de "país novo" e a de "país subdesenvolvido".

Quanto aos "donos do poder", eles reeditam, sobretudo no período que vai de 1968 a 1974, certos desempenhos que caracterizam a competência da visão apoteótica. De tendência modernizadora, como fora no princípio da República Velha, a camada dirigente nada mais faz do que ajustar a visão apoteótica às circunstâncias do tempo presente, elaborando dois mitos: o do Brasil-potência, reatualização moderna e disfarçadamente o velho mito do "gigantismo de base naturista"; e o da "segurança e desenvolvimento", reescritura do velho lema positivista da "ordem e progresso", inscrito na bandeira nacional.

No processo de difusão de suas mensagens, os "donos do poder" passam a explorar intensamente a televisão, o novo veículo de massa, implantado no país, em 1950, e que se expande por todo o território nacional na década de 1970, graças à infraestrutura fornecida pela Embratel, empresa oficial de telecomunicações. A Embratel permite a difusão ampla das potencialidades verbais e não verbais da televisão, vindo ela a desempenhar, sobretudo no quinquênio do General Médici (1969–1974), as mesmas funções que o rádio desempenhou no Estado Novo. As tarefas de censura e de apologia, outrora assumidas pelo DIP, desmembram-se agora em novos órgãos: a função censória fica confinada a órgãos criados para esse fim, enquanto a função de promover o ufanismo é atribuída a AERP, Assessoria Especial de Relações Públicas, órgão subordinado ao poder executivo, e gênese da SECOM (Secretaria da Comunicação) e da Agência Brasileira de Notícia.

Enquanto a censura corta, mutila e dificulta o acesso à televisão por parte da visão crítica, a AERP produz séries ou usa anúncios, *slogans* e *jingles* publicitários, para transmitir a visão eufórica, com uma imagem esteticizada da mercadoria-Brasil. Essa imagem positiva e ufanista gira em torno de que "segurança" é a base do desenvolvimento, isto é, do Brasil-potência, sendo um dos sintomas a ocorrência de um chamado "milagre econômico".

Embora não produzidos diretamente pela AERP, dois textos do período testemunham bem o espírito imperante entre 1968 e 1974. Um é a canção *Eu te amo, meu Brasil*, de Don, em vinil gravado pelos Incríveis, de que se dá aqui um trecho:

> Eu te amo meu Brasil, eu te amo
> Meu coração é verde, amarelo, branco, azul, anil
> Eu te amo meu Brasil, eu te amo
> Ninguém segura a juventude do Brasil
> [...]
> (Nosso Século, 1980)

Outro é o texto de Miguel Gustavo, composto inicialmente como *jingle* publicitário, que se transforma em hino, quando do sucesso futebolístico do México em 1970:

> Noventa milhões em ação
> Pra frente Brasil do meu coração
> Todos juntos, vamos
> Pra frente Brasil
> Salve a seleção
> De repente é aquela corrente pra frente
> [...]
> (Nosso Século, 1980)

Assim, naquele período, a televisão desempenhou um papel fundamental como veículo das mensagens do poder, atingindo, com seus recursos verbais e não verbais, altamente envolventes, os "públicos normais", carentes, no geral, de consciência crítica por razões de ordem histórica e, por isso, com dificuldades para desvendar, sob a aparência ufanista, os reais interesses que a publicidade e a visão eufórica encobriam. Se o primado na difusão das mensagens do poder, é dado à televisão, nem por isso outros veículos são ignorados. Logo após a televisão coloca-se o rádio. Desde os fins da década de 1960, o rádio sofre modificações significativas, resultantes das contribuições da tecnologia, com o transistor, o circuito integrado e a pilha. Esses elementos provocam um barateamento acentuado do veículo, decorrendo daí a expansão de seu consumo, sobretudo pelas camadas populares, compostas por indivíduos de poucas letras e analfabetos. O regime autoritário não ignora esse fato. Submete o rádio à mesma censura da TV, proibindo a veiculação de mensagens contraideológicas, ao mesmo tempo em que o transforma também em suporte das suas mensagens.

Talvez o exemplo mais significativo do atrelamento do rádio aos desígnios do poder autoritário se possa encontrar nas modificações sofridas pelo programa oficial

A Voz do Brasil, que não deixou de existir com fim do Estado Novo. O poder autoritário procede a uma substituição da velha estrutura do programa radiofônico por uma estrutura nova, mas ajustada ao momento. Essas modificações começam pela abertura do programa, em que a protofonia de *O Guarani,* de Carlos Gomes, cede lugar aos acordes iniciais do *Hino da Independência,* com sua irônica exaltação da liberdade. O programa deixa de ser só *A Voz do Brasil,* com o adendo a ele da expressão "com o Jornal Nacional", significando que ele é ao mesmo tempo "voz e jornal" do país, ou melhor, do poder autoritário. O programa propriamente dito abre-se agora com manchetes, desenvolvidas a seguir sob a forma de notícias. No governo Médici apresentou também um editorial abolido mais tarde. Outra modificação é a inclusão de um segmento final, a cargo do aviltado poder legislativo, com notícias e discursos parlamentares. Na sua nova função, o programa, sem perder os traços essências de sua origem, pretende-se mais dinâmico e menos cansativo.

No período de autoritarismo mais ostensivo, isto é, entre 1968 e 1974, todos os outros veículos – jornais, cinema, livros – sofrem também restrições da censura e as funcionalizações para a transmissão das mensagens do poder, não, porém, talvez na intensidade do rádio e da televisão, em razão possivelmente de não atingirem a quantidade de "públicos normais" por estes alcançados.

A visão apoteótica elaborada pelo regime autoritário instituído a partir de 1964 permanece até 1984 na "fala do poder", caracterizando-se, porém, a partir de 1974, por um modo de manifestação menos ostensivo, correlato ao implicitamente maior do autoritarismo. Sua forma evidencia-se nos *slogans* e mensagens publicitárias que invadem o vídeo e o rádio nas datas significativas da nacionalidade ou naquelas consideradas como tais pelo poder. Tanto nas fases mais explícitas de autoritarismo quanto nas menos ostensivas, a publicidade governamental apresenta alguns traços invariáveis: a elaborada técnica na exploração dos recursos verbais e não verbais com o objetivo da persuasão; a ênfase dada ao mito do Brasil/potência; a busca de despertar o otimismo e de suscitar a crença nos condutores do país. Com relação à visão apoteótica das fases anteriores, observam-se agora mudanças aparentes e reais. Mudança aparente ocorre, por exemplo, no disfarce do "gigantismo de base naturista" sob a forma do mito do Brasil/potência, deslocando para um plano implícito a natureza e pondo em primeiro plano a indústria de base ou a natureza domada pelas hidroelétricas.

Dentro dessa mesma linha de disfarce do velho sob a forma do novo, pode-se lembrar a reescritura, já mencionada, do lema positivista "ordem e progresso", inscrito na bandeira, sob a forma de "segurança e desenvolvimento". A mudança real pode ser vista, por exemplo, no abandono da velha conexão entre "tendência genealógica" e indianismo, evidente na substituição de *O Guarani* pelo *Hino da*

Independência na abertura do programa *Voz do Brasil*. Aliás, esse fato parece indicar que o indianismo, um dos fortes suportes tradicionais da visão apoteótica do País, encerrou seu ciclo como tal. Contribuiu para a sua morte, menos a exaustão de um tema do que o despertar da consciência reivindicatória dos remanescentes das antigas tribos. Hoje, os índios, com sua postura agressiva e seus gravadores, a defender seus interesses contra a exploração de que têm sido vítimas ao longo de nossa história, caracterizam-se por uma consciência crítica, não se prestando passivamente à manipulação da camada dirigente. Esta lhes responde matando o mito que durante séculos elaboraram e exploraram. A crise do mito indianista afeta, por conseguinte o vezo genealógico das famílias tradicionais pela ligação que entre eles se inventou. Influi, ainda, nesse processo de decadência genealógica, o surgimento, com a industrialização, de uma camada dominante cuja ascendência remota são os imigrantes que para cá vieram em grande massa desde o fim do século XIX. Tudo isso não passou despercebido ao regime autoritário, que arquivou a "tendência genealógica", inventada pela historiografia barroca. Tal fato, porém, não excluiu o aparecimento dela sob outra forma.

O avesso dessa visão eufórica, com dados novos ou aparentemente novos, é constituído pelas manifestações críticas orais e práticas, todas imbuídas, em grau menor ou maior, da consciência do subdesenvolvimento do País. Elas se empenham, por um lado, na luta contra a perpetuação do regime autoritário e de sua visão apoteótica, por meio do desnudamento de nossas carências reais, e, por outro lado, na difusão e na propagação de sua visão crítica, denunciando as barreiras que buscam impedir que ela atinja "os públicos normais".

Conclusões

1. Na análise do processo de formação e desenvolvimento da visão eufórica ou apoteótica da realidade natural e humana do Brasil, procuramos definir algumas de suas características por meio da análise de momentos significativos, em que seus traços aparecem mais ostensivamente, desde o período colonial até a atualidade. Esses momentos importantes não significam que nos períodos intervalares a visão eufórica tivesse deixado sua vinculação com o poder político. Pelo contrário: ela permaneceu ligada a ele, manifestando-se, porém, de maneira menos ostensiva. Com relação a esses momentos significativos, pretendeu-se ainda ter demonstrado que eles ocorrem sempre que as forças sociais, portadoras da visão crítica, buscam acelerar o processo histórico em direção aos interesses mais gerais da sociedade brasileira, obtendo como resposta às ameaças aos donos do poder a instauração de um regime de caráter mais autoritário do que aquele que ocorre nos períodos intervalares.

2. No estudo desses momentos significativos da visão eufórica, pretendemos ter deixado claro o seguinte:

2.1 a instância produtora da visão apoteótica da realidade brasileira tem sido ao longo de nossa história a camada dirigente. No período colonial, ela foi gerada inicialmente pelos "donos do poder" metropolitano, sendo herdada, no processo de emancipação política, pela camada dominante colonial, que estruturou e organizou o Estado nacional em função dos seus interesses, permanecendo essa estrutura em sua essência até hoje;

2.2 no curso de nossa história, "os donos do poder" procuraram sempre encontrar os meios necessários para promover uma estetização da mercadoria Brasil. Até 1930, eles estiveram ligados a três movimentos literários – o Barroco, o Romantismo e o Parnasianismo –, deles recebendo os recursos para a construção da visão apoteótica, ajustada ao momento histórico. Nesses diferentes momentos ampararam-na, direta ou indiretamente, instituições culturais, mantendo com elas uma troca de serviços, como as realizadas com as Academias barrocas no século XVIII, com o Instituto Histórico no Império e a Academia Brasileira de Letras na Primeira República. Com o desenvolvimento paulatino do processo de industrialização, urbanização e massificação desde o princípio do século XX, de que são sintomas o Modernismo de 1922, no plano literário, e a Revolução de 1930, no plano político, ocorre uma crise na aliança tácita entre o poder político e o poder literário, decorrendo daí um paulatino afastamento recíproco entre os dois poderes. A camada dirigente cria, a partir de 1937, dentro da própria estrutura de poder, órgãos com função de censura à difusão da visão crítica e, ao mesmo tempo, promoção e elaboração da visão eufórica.

Concomitantemente à dissociação entre os dois poderes, tem lugar a substituição do livro, como suporte de mensagem do poder político, pelo rádio inicialmente e mais tarde pela televisão, os quais são submetidos à vigilância constante nos momentos de autoritarismo mais ostensivo, pela sua condição de concessão do Estado. Na elaboração da propaganda do poder político, esses órgãos, ao promoverem a euforia, se apropriam dos recursos da função poética, enquanto esta sofre na "literatura literária" um processo cada vez mais acentuado de depuração, rebelando-se na estrutura contra aquela perversão;

2.3 nesse processo de aliança até mais ou menos 1930, e de crise a partir de então, entre os dois poderes, desempenham também papel relevante os traços negativos dos "públicos normais", a saber, a oralidade, o analfabetismo e no caso dos alfabetizados, o parcimonioso domínio das letras e o pouco hábito de leitura, de que resulta seu baixo nível de criticidade. Tal fato não foi ignorado pelos "donos do poder", responsáveis por tal situação dos "públicos normais", que saúdam o aparecimento dos veículos de massa, como o rádio e a televisão, dos quais se apropriaram e delegaram a membros da classe dominante para explorá-los. Com isto, o livro, relegado a segundo plano, permaneceu suporte quase que exclusivo do contra poder crítico.

3 Quanto às características da visão eufórica ou apoteótica, procuramos mostrar que:

3.1 tradicionalmente ela apresenta uma visão deslumbrada da terra, fundada no "gigantismo de base naturista" com sua fórmula de "terra bela-pátria". Seu outro traço é a "tendência genealógica", a qual inventou uma nobreza nacional, com a criação artificial de uma união monogâmica entre ascendentes masculinos remotos das famílias importantes da colônia e elementos femininos de uma inexistente nobreza indígena. Seu terceiro traço é a exploração da idealização do índio;

3.2 esses suportes tradicionais permaneceram arraigados até mais ou menos 1930, quando começam a entrar em crise. O indianismo, preservado até a primeira metade do século XX, entra em rápido processo de decadência a partir de 1964, por diversos fatores, sobretudo pelo surgimento de uma aguda consciência crítica e reivindicatória por parte dos poucos remanescentes das antigas tribos. A tendência genealógica sofre forte abalo também não só pela crise da idealização do índio, mas também pela ascensão à camada dominante dos descendentes dos imigrantes. Esse processo de cessação da função ideológica do indianismo e da "tendência genealógica" faz-se acompanhar pela metamorfose do "gigantismo de base naturista" no mito do Brasil-potência, instaurado sobretudo a partir de 1964;

3.3 um traço permanece, porém, inalterado: é o otimismo ingênuo que a visão apoteótica pretende insuflar, com o correlato anseio de promover a crença na camada dirigente, buscando transformar o monopólio do poder político em delegação à camada dominante da função de dirigir os destinos da nação, sem participação popular.

4 Com relação à visão crítica da realidade nacional, seu tratamento aqui foi limitado, por a termos tomado como fornecedora de subsídios para a compreensão da visão apoteótica. Apesar disso, creio ter deixado claro que sua gênese está na Ilustração do século XVIII e começo do século XIX, quando desempenhou o papel mais importante na luta contra a dependência colonial. Manifestou-se depois, de modo agressivo, na luta contra a escravidão e a monarquia, sob a égide do realismo. Teve um papel capital na Revolução de 1930 e, depois, no período entre 1960 e 1963, quando mais uma vez foi reprimida em seus anseios de realizar seu projeto político. Permanece na denúncia dos traços autoritários do regime, na luta pela democratização e pelas conquistas populares.

Referências

BARRETO L. O nosso caboclismo. In: _____. *Marginalia*. 2. ed. São Paulo: Brasiliense, 1961.

BOSI, Alfredo. *História concisa da Literatura Brasileira*. São Paulo: Cultrix, 1970.

CAMPOS, Haroldo. Uma poética da radicalidade. In: ANDRADE, Oswald. *Poesias reunidas O Andrade*. São Paulo: DIFEL, 1966.

CANDIDO, Antonio. *Literatura e sociedade*. 3. ed. São Paulo: Nacional, 1973.

_____. Literatura e consciência nacional. *Suplemento Literário de Minas Gerais*, Belo Horizonte, n.158, p.8-11, dez/1968.

_____. Literatura e subdesenvolvimento. *Argumento*, Rio de Janeiro, n.1, p.7-23, 1973.

CANDIDO, Antonio; CASTELLO, José Aderaldo. *Presença da Literatura Brasileira*. v.I. São Paulo: DIFEL, 1964.

_____. *Presença da Literatura Brasileira*. v.II. São Paulo: Difel, 1964.

ENZENSBERGER, Hans Magnus. Poesie und Politik. In: *Einzelheiten II*. Frankfurt: M. Suhrkamp, 1962.

JABOR, Arnaldo. Debaixo da Terra. *Pasquim*, Rio de Janeiro, n.131, p.4-10, 1972.

LEITE, Dante Moreira. *O caráter nacional brasileiro:* história de uma ideologia. 2. ed.: São Paulo: Pioneira 1969.

LOPES, Edward. *Travessias I*. São Paulo: Moderna, 1980.

NOSSO SÉCULO. São Paulo: Abril Cultural, 1980. (Documentos sonoros)

5.
Livro didático & cia.

Didático: um modo de comunicação depreciado[1]

No *Novo Dicionário da Língua Portuguesa* (Holanda, [s.d.]), encontram-se quatro verbetes ligados pelo significante ao termo didático: didactologia, didactológico, didata, didática; e duas remissões: didascálico e livro didático. Para evitar que o leitor os tenha que consultar, aqui vão os verbetes transcritos na ordem de ocorrência:

> **Didactologia**: [Do grego didaktós 'ensinado' + (log(o) + ia] S.f. 1. Doutrina do ensino; pedagogia. 2. O gênero didático em composições literárias [Var.: didatologia].
> **Didactológico**: Adj. Referente à didactologia. [Var. didactológico].
> **Didata**: [Do grego didaktós] S. 2 g. 1. Pessoa que instrui. 2. Autor de obra (s) didática (s).
> **Didática**. [Fem. Substantivo de didático]. 1. A técnica de dirigir e orientar a aprendizagem; técnica de ensino. 2. O uso dessa técnica.
> **Didático**. [Do grego didaktikós] Adj. 1. Relativo ao ensino ou à instrução, próprio deles; **problemas didáticos**; 2. Próprio para instruir, destinado a instruir, destinado a instruir livro didático. 3. Que torna o ensino eficiente: **Bom professor recorre em suas aulas a todos os expedientes didáticos**. 4. Típico de quem ensina, de professor, de didata: **Tem um modo didático de se exprimir**. [Sin. Ger. (p. us) didascálico] V. livro.

Como didascálico equivale a "didático", consultou-se "livro".

Lá, entre as inúmeras variedades, lê-se:

> Livro didático. O destinado ao ensino e cujo texto deve obedecer aos programas escolares; livro de texto. (Holanda, [s.d.], s.p.)

---

[1] Texto inédito (1978).

Em razão de esse conceito definir o didático com base mais na função do livro, procurou-se um outro verbete que o caracterizasse intrinsecamente:

> Manual do professor: apresentação introdutória objetiva de um conjunto de saber, elaborada de modo acessível e sistemático, que, em forma clara e concisa, fornece uma visão geral de uma disciplina e descreve os assuntos referentes a ela. (Von Wilpert, 1969, p.429)

Do exame das acepções desses verbetes fica claro que eles se incluem em duas áreas semânticas: uma evidente, a área semântica do ensino, da aprendizagem, da pedagogia e da educação; outra, menos explícita, a área semântica da literatura.

No campo do ensino/aprendizagem ou da educação, "didático" significa sobretudo as técnicas e procedimentos usados para tornar eficaz o ensino, objetivando uma relação adequada e eficiente entre professores e alunos ou entre mestres e aprendizes. No processo de comunicação aí presente, o manual do professor desempenha um papel importante, pois engloba em suas características os traços básicos das técnicas didáticas, tanto no que concerne ao modo de apresentação – acessível e sistemático –, quanto no que tange à forma linguística – clara e concisa. A isto se chamará modo de comunicação didático ou modo didático.

Desse modo de apresentação e dessa forma linguística resulta o fato de que o modo didático visa a uma conformação ao receptor da mensagem, que, em princípio, possui um repertório mais baixo que o emissor. Tal conformação significa, por parte do emissor, uma intenção de alcançar a maior compreensão possível por parte do receptor. Em síntese, o que é pretendido pelo modo de comunicação didático é reduzir ao máximo as barreiras linguísticas que, originadas das barreiras sociais, procuram impedir a passagem da mensagem do emissor ao receptor. Visto da perspectiva social, é possível dizer que o modo de comunicação didático caracteriza-se, em seus traços básicos, por ser, em princípio, democrático.

No campo da literatura, o didático ou didactológico situa-se, segundo Ivo Braak, como transição entre o gênero lírico e épico. A literatura didática – prossegue ele – serve-se das formas literárias mais distintas e é encontrável nos três gêneros. Pertencem a ele a gnoma, o enigma, o epigrama, a fábula, a parábola, a sátira, a paródia, o ditado etc. (Braak, 1966, p.99-111).

No processo de evolução literária ocidental moderna, houve um período em que as preocupações literárias estiveram ligadas às preocupações pedagógicas. Tal fato ocorreu durante a Aufklaerung, conforme observa Friedrich Hassenstein. Abordando a relação entre teoria literária e pedagogia da literatura, atesta que

> para a geração de Lessing era corrente a concepção de que o poeta fosse ao mesmo tempo um erudito e um professor, que sabia açucarar a amarga pílula da verdade com sua arte. A forma artística de uma obra literária – continua ele – era meio para objetivos educacionais. A teoria da literatura – então não assim chamada – era em larga medida a teoria das tarefas e efeitos da literatura, um conhecimento pedagogicamente engajado. Visto que ela era compreendida como um sistema de normas, organizado para o ensino e aprendizagem, não é de admirar que a teoria da literatura e a pedagogia da literatura, na medida em que elas se apresentavam como teoria, eram consideradas até a época de Goethe, duas faces de uma mesma moeda. (Hassenstein, 1976, p.279)

Não era essencialmente distinta a posição de "Nossa Aufklaerung", embora se distinguisse por traços peculiares em relação à Aufklaerung alemã e à Ilustração francesa. Isto pode ser constatado, por exemplo, pela leitura de parte da produção daquele que foi "a imagem cabal do militante ilustrado" (Bosi, 1970, p.86): Silva Alvarenga.

Assim, quando ocorria no século XVIII a ascensão econômica e política da burguesia europeia, marcando o processo inicial de democratização no mundo moderno, a teoria e a prática da literatura incorporavam o didático, o educacional, o pedagógico. Tal incorporação significava uma tentativa desses produtores literários de se conformarem aos receptores por meio de um modo de apresentar mais acessível e sistemático e de um modo de formar muito mais conciso e claro do que "os góticos enigmas" (Alvarenga, 1964, p.209-213) do barroco absolutista.

Facilita a compreensão desse fato, se se observar um evento coetâneo na Inglaterra, na França e na Alemanha: o surgimento de um novo público. "Agora – escreve Dieter Wellershoff – os escritores podem determinar seu lugar e tomar partido na luta de classes concorrentes. Na burguesia encontram eles um público, cujas categorias de pensamento, medidas de valor e critério de gosto não estão ainda fixados, mas sim são cunhados pelos próprios escritores. Os escritores não são mais porta-vozes de um contexto espiritual acima deles, mas sim seus criadores. Por volta da metade do século XVIII, o privilégio educacional dos nobres foi derrubado e surgiu um público leitor suficientemente grande para assegurar aos escritores independência econômica. Agora, cada vez mais, os autores podem viver da venda de sua obra aos editores, que não o tutelam, mas sim são seus parceiros nos negócios." E com isto "desenvolve-se um mercado anônimo livre para a literatura, e o trabalho dos escritores transforma-se fundamentalmente: de um serviço pessoal torna-se uma criação livre e ao mesmo tempo uma mercadoria" (Wellershoff, 1969, p.127-128).

Assim, no momento em que se dava a ascensão econômica e política da burguesia surgiam interligados o didático, um público novo e a obra como mercadoria. É claro que o otimismo desse momento não durou muito tempo, e o capitalismo, em sua evolução posterior, acabou dissociando o que em princípio associara. Apesar disto, algumas conquistas desse momento permaneceram até hoje, como o barateamento da mercadoria livro voltada para o ensino institucionalizado, cujo preço discrepa, mesmo em países subdesenvolvidos, dos livros voltados para fins não didáticos.

Desse modo aquele caráter democrático, embutido no modo de comunicação didático, e que se reconheceu como seu traço intrínseco, se manifesta também no plano do mercado.

É a partir dos salientados traços internos e externos do modo de comunicação didático que convém analisar alguns dos usos desse termo em português.

Em fins da década de 1950, aparece no mercado de livros uma coleção que publicava antologias e autores brasileiros e portugueses em obras de formato pequeno. Durante os anos 1960, teve ela boa aceitação, conforme atesta reedição de muitos dos volumes. Hoje, no número 107, saído em 1974, apresenta infelizmente sintomas claros de desaparecimento. Intitulada *Nossos Clássicos* e publicada pela Agir, seus opúsculos traziam inicialmente na frente e no verso da contracapa uma série de opiniões de personalidades políticas e intelectuais sobre o empreendimento. Essas opiniões – sempre positivas, pois, é claro, tratava-se de promover o produto – variam no que toca ao encarecer: ora o formato, ora a estrutura interna, ora ainda o caráter didático da coleção. Desses julgamentos serão selecionados alguns que estão em relação direta ou indireta com o didático conforme até aqui se entendeu.

Clóvis Salgado, por exemplo, diz

> A coleção *Nossos Clássicos* constitui valiosa colaboração da Agir para a democratização da cultura em nosso país. Há crescente interesse pela leitura no Brasil. Mas o que se lê é, em geral, a má literatura, e isso por falta de bons textos acessíveis às bolsas menos favorecidas. (Lima; Correa, 1957, contracapa)

Na opinião de Clóvis Salgado há uma correlação entre cultura e mercado. O que ele chama de "democratização da cultura" passa necessariamente pelo barateamento do veículo, isto é, pelo preço acessível da mercadoria-livro.

Manuel Bandeira já enfoca a coleção do prisma da recepção:

> A coleção dos *Nossos Clássicos* deu em dois anos 41 volumes, todos bons, alguns excelentes. Faço votos neste começo de ano para que ela continue vitoriosa e em ritmo acelerado, de sorte a emparelhar em breve com a dos *Classiques Larousse*. Grande serviço está com ele prestando a Agir à mocidade estudiosa de nossas escolas e ao público em geral. (Lima; Correa; Sena, 1960, contracapa)

Para o poeta, o mérito maior da coleção está no seu caráter didático, observável tanto na aproximação com os *Classiques Larousse*, quanto na menção dos destinatários: "a mocidade estudiosa de nossas escolas" e "o público em geral". Na configuração do leitor, Bandeira confere ao didático não um valor restrito, mas sim um valor geral, ao reconhecer que o que se volta para o ensino interessa não só ao estudante, mas também àqueles que não o são.

A presença no didático de elementos democráticos, quer em termos de mercado, quer em termos de público, quer ainda em termos de fatura interna, é possível detectar nesse juízo de Pedro Manuel:

> [...] muitos clássicos da língua portuguesa permaneceriam completamente desconhecido, se não tivéssemos esta iniciativa merecedora, de cunho popular, da Editora AGIR. (Idem, 1964, n.77, contracapa, grifo nosso)

Assim, na opinião das três personalidades, é clara a relação do didático com o culto, o democrático, o ensino e o popular.

Mas, já em outros julgamentos, percebe-se uma certa popularidade entre o didático e o culto, como se o primeiro termo significasse inculto. É o que se depreende da síntese entre didático e culto com que Rodrigo Otávio Filho predica os opúsculos:

> O aspecto ao mesmo tempo didático e culto vem preencher uma lacuna em nossos cursos de Literatura. (Lima; Correa, 1957, contracapa)

Nesse mesmo sentido de polarizar, de opor, raciocina o português João Gaspar Simões:

> O caráter didático da coleção não exclui o interesse geral que suscitam alguns dos seus opúsculos, especialmente no que toca à contribuição portuguesa, quer pelo que respeita aos autores nacionais, quer pelo que respeita aos estudiosos portugueses chamados a colaborar. (Lima; Correa; Sena, 1960, contracapa)

Aqui didático parece significar "de caráter particular, restrito", contrapondo-se ao interesse geral. Essa posição é, por exemplo, a antítese da de Manuel Bandeira, refletindo uma atitude de elite e uma propensão a conferir ao didático um lugar inferior, baixo dentre os modos de comunicação.

Já para Plínio Salgado a substância do didático não é una:

> O critério adotado – o de um sentido didático superior; a escolha; os estudos críticos e notas explicativas confiados a intelectuais de valor; o próprio formato e

fatura material de volumes, tudo recomenda a interessante Coleção *Nossos Clássicos*. (Lima; Correa, 1957, contracapa)

Com a implícita dicotomização topológica – superior e inferior –, o termo didático perde em substância para nitidamente ideologizar-se. Dois lugares resultam daí: o alto e o baixo; e duas posições sociais: a do privilégio, do valor, da elite e a do desprivilegio, do desvalor e do democrático. A partir dessa visão, a univocidade do termo didático se corrompe em plurivocidade ideológica, tornando-se difícil um uso que não requeira constante aferição.

Mas as restrições não se encontram só em algumas das opiniões de contracapa da coleção Nossos Clássicos. Na apresentação de livro de Domício Proença Filho, Cleonice Berardinelli trava uma verdadeira pugna contra as restrições apostas ao didático, tenteando provar a tautologia de que "didático é o que ensina" e que isto é um valor. Inicia sua argumentação dizendo do caráter "sério" da obra; define a seguir o que é ser sério no plano didático, para encerrar essas considerações com a asserção: "obra didática, disse, sem que com isto lhe tenha restringido o valor". Prossegue, para, após uma série de reflexões, reiterar a tautologia já enunciada: "obra didática, portanto, insisto, pois de fato ensina". E conclui já hiperbólica, após ter descascado o didático de suas depreciações: "e é por tudo isso [...] que posso afirmar que o Prof. Domício Proença filho realizou uma obra didática de alto nível" (Proença Filho, 1969, p.9-10).

Nessa argumentação empenhada, pressente-se como se Cleonice Berardinelli estivesse perante um interlocutor ausente, mas preconceituoso com relação ao modo de comunicação didático, a quem tivesse que demonstrar a importância desse modo de apresentar e formar. Esse possível interlocutor talvez seja o valor depreciativo, que já se viu em alguns dos juízos sobre a coleção Nossos Clássicos, e é encontrável ainda com certa frequência em outras áreas.

Na imprensa, por exemplo, a desvalorização do modo didático também ocorre. No ensaio sobre a tradução do italiano para o português do livro de Luciano Gruppi. *O conceito de hegemonia em Gramsci*. Theo Santiago escreve: "O que temos [na obra] é um apanhado do pensamento gramsciano apresentado de forma didática – sem que com isso se tornem superficiais" (*Isto É*, 1978, p.44-45).

Nessa passagem é nítida a relação entre "forma didática" e tratamento superficial. Essa conexão pode ser atribuída ao autor. Mas é possível também que esteja no espírito do leitor e o autor procura desfazê-la, uma vez que o preço do livro, Cr$120,00, nega o didático como mercadoria. Incontestável, porém, é que parece circular em português o preconceito de que o modo de comunicação didático traz em si o estigma do simplismo, do inculto e do superficial.

Mas, como já se viu no início, o didático, quer no que tange à forma e ao modo de apresentar, quer no respeitante ao seu caráter de mercadoria deve ser entendido como o antípoda dessa visão negativa, se se quiser compreendê-lo adequadamente e sem deformações, sobretudo ideológicas.

Por que essa postura negativa em português com relação ao modo de comunicação didático? Quais são as raízes imediatas e remotas dessa atitude depreciativa?

Em termos de fatores recentes, talvez se possa encontrar uma parcela de responsabilidade no próprio processo de desenvolvimento da Universidade Brasileira, tomando-se como referência o Curso de Letras, eleito em razão da formação do autor deste artigo.

Em prefácios para duas obras dos anos 60, voltadas para o ensino da literatura é possível encontrar alguns dados sobre o lugar do didático na área de Letras. Em sua apresentação do livro de Fernando Lázaro Carreter e Cecília de Lara, intitulado *Manual de explicação de textos*, José Aderaldo castelo principia pelo reconhecimento da superioridade da tradição francesa de explicação de texto; louva, a seguir a iniciativa espanhola nesse sentido e explica, finalmente, porque não se realizaram trabalhos desse tipo no Brasil.

> A ausência entre nós de tradição de livro didático, frequentemente feito à pressa, visando antes a devolver os programas propostos, mas sem levar em conta a necessária adequação de linguagem ao nível dos próprios programas e ao grau de experiência do aluno, e ainda a total ausência de uso de métodos de explicação de textos, no ensino secundário, levam-nos ao reconhecimento da excelente escolha do manual espanhol como antecipação da própria experiência que devemos iniciar de maneira sistemática e obrigatória. (Carreter; Lara, 1967, s.p.)

O inicialmente interessante nesse trecho é o fato de que a Universidade de São Paulo, conhecendo, dada a influência francesa em sua criação e desenvolvimento, a explicação de texto no original, venha só a tomar consciência de seu valor por meio de sua tardia versão espanhola. Relevante, porém, é o fato de que aquilo que era o mais didático na universidade francesa não tivesse sido imitado e muito menos assimilado por nosso primeiro curso de Letras, o que teve influxos sobre os outros cursos de Letras no estado de São Paulo.

E talvez o primeiro livro que se originou da Universidade de São Paulo, dirigido ao ensino da literatura, "não se trata de manual de explicação de texto", afirma Segismundo Spina. Na apresentação do livro de Nelly Novaes Coelho, *O Ensino da Literatura*, 1966, elabora ele um balanço sobre o curso de Letras, que não só confirma o que escreve Castello, mas também evidencia os problemas da USP em formar professores de língua e literatura até então:

> Era de esperar que, nestes 25 anos, as Faculdades de Letras no Brasil já tivessem atingido e até consolidado o seu objetivo de formar professores de língua e de literatura. Infelizmente o que sucede, desde as primeiras gerações formadas por esses institutos de ensino, é o vezo de se levarem para a Escola Secundária, não só os procedimentos de trabalho utilizados pelos professores de literatura, mas a própria matéria versada durante os seus quatro ou cinco anos de curso. Quantos e quantos conhecemos que procura reproduzir no colégio (e até no ginásio) a matéria aprendida no curso universitário. Quantos professores do vernáculo não julgam que ensinar a língua é ensinar gramática; quantos outros não imaginam que lecionar literatura é fazer dos textos um pretexto para considerações biográficas, históricas e sociológicas? Quantos ainda não nos procuram, no desejo de acertarem com o ensino da literatura no ciclo secundário, para indagar-nos acerca de um procedimento capaz de despertar no aluno o gosto pela literatura e promover consequentemente a sua educação literária? Como se deve ensinar literatura para o adolescente? – eis a dramática interrogação que sempre fustigou os nossos colegas no magistério dessa disciplina. (Coelho, 1966, p.11,13)

Tomando-se como referência os prefácios desses dois professores de nosso antigo curso de Letras é possível perceber como o lado didático da formação universitária de nossos docentes tem sido descuidada, restando ao licenciado fazer sua didática nas costas dos alunos. O licenciado em Letras que deveria ter uma formação ao mesmo tempo didática e específica – sendo, por conseguinte, uma síntese – nada mais tem sido do que um docente bem preparado nas matérias específicas do curso, mas totalmente desprovido de formação didática. Agrava o panorama a ausência do material de apoio, como, por exemplo, manuais de explicação de textos, emanados da universidade. E essa situação tende a permanecer até hoje, pois o máximo que se conseguiu em termos de penetração no ensino foi atingir, de modo discutível, o hoje chamado segundo grau, ficando o primeiro grau para alguns esforçados divulgadores, que tentam, sem preparo adequado, preencher o vazio.

Um documento elucidativo de que na verdade o curso de Letras no Brasil não tem pensado em formar sobretudo professores – ao contrário do que escreve Spina –, mas sim este objetivo se confunde com outros que acabam prevalecendo na prática é o "Questionário-base acerca dos Problemas do ensino Superior da Literatura", constante dos Anais do Segundo Congresso de Crítica e História Literária, realizado em Assis, em 1961.

A pergunta inicial do primeiro Questionário-Base reza:

1 Os Cursos de Literatura, nas Faculdades brasileiras de Filosofia devem objetivar: a) **a formação**: do crítico literário? Do professor de literatura? Do crítico e professor, simultaneamente? ou b) **a informação** subministrada a ambos para posterior decisão individual?

Distribuindo aos congressistas, esta versão foi modificada, resultando daí um Segundo Questionário-Base, cuja forma passou a ser a seguinte:

> Tema I – Objetivam as Faculdades brasileiras de Filosofia: formar professores com espírito crítico, respeitadas sempre as opções vocacionais emergentes, mesmo fora do terreno propriamente profissional – professor ou crítico. (Anais,1963, p.637-8)

Embora em 1961, portanto anterior aos prefácios analisados, é difícil não aceitar que os textos refletem a indefinição prática dos objetivos dos cursos de Letras. O liberal – respeitadas sempre as opções vocacionais emergentes" – mascara na verdade o que o curso de Letras nunca confessou: seu despreparo didático e sua real intenção de não formar aquilo que ele realmente forma: professores de 1º e 2º graus. Creio que isto seja válido para os outros cursos de graduação da universidade brasileira, só no papel voltado para a formação de docentes.

Enquanto a universidade não incorpora o didático, seria conveniente só a título de digressão e amostragem ver o que se fez antes dela, durante sua implantação e que em 1945, reatualizado, tentava permanecer como modelo de ensino de literatura.

Em 1895, saía uma obra, que trazia, em sua 17ª edição, em 1931, os seguintes "sinais de distinção": "adotada no Colégio Pedro II, na Escola Normal do Distrito Federal, no Colégio Militar e em outros estabelecimentos desta Capital (Rio de Janeiro) como nos Estados". O corpo de textos da 25ª edição de 1945, foi a obra recauchutada, é precedido dos seguintes dados, constantes alguns da 1ª edição, e outros incluídos nas edições subsequentes: três epígrafes, uma em latim, de Quintiliano, outra de Antonio Ferreira, a terceira de José de Alencar; o "Prefácio da Primeira Edição; "Duas Palavras como Antelóquio da 6ª edição"; e o Prefácio desta 25ª edição".

Embora fosse importante transcrever todo esse material, convém ser, na medida do possível, breve e só o fazê-lo com relação ao prefácio da 1ª edição, que se não fosse trágico, por representar uma tradição bastante influente até hoje e não estudada, poder-se-ia qualificar como vazado no melhor estilo de Machado... Penumbra:

> Convidados pelo prestimoso editor J. G. de Azevedo para corrigir a **Seleção literária** compilada por um dos coletores desta **Antologia** e outro professor, mais

acertado nos pareceu refundi-la de todo, dando-lhe a forma com que ora a deparamos à publicidade.

Se alguns trechos foram conservados, e avisadamente o devem ser, muitos foram substituídos, e acrescentados outros, procurando nós não omitir nenhuma das culminâncias da pátria literatura.

Acertado julgamos principiar pela fase contemporânea, e desta remontar às nascentes da língua, pois que tal é o caminho natural do estudioso, que primeiro sabe como fala para depois aprender como se falava.

Nessa aprazível viagem, muito a contragosto tivemos de parar como que nos limites da navegabilidade do formoso rio glótico, isto é, no 16º século. Ir mais adiante nos vedava a incumbência do editor, que não desejava encarecer a obra, avolumando-se sem maior necessidade: mas talvez que em subsequente edição, dado que esta seja bem-sucedida, concluamos a encetada viagem, aventurando-nos pelas alpestres e recônditas alturas donde manou a língua portuguesa.

Nos espécimes da literatura coeva pusemos especial cuidado; e bem desenvolvida vai esta parte. Há de notar-se que omitimos os escritores vivos; foi de propósito: assim cuidadosos evitamos o acrescer a dificuldades da escolha o receio de magoarmos melindres. *Irritabile genus...*

Em geral procuramos uniformizar as ortografias; mas por exceção a deixamos com sua fisionomia irregular em certos autores; e isto de proveitosa lição poderá servir nas aulas.

Esmeramo-nos em repelir tudo que não respirasse a honestidade que cumpre manter no ensino, observando, como pais de família educadores, o máximo respeito que, como disse um Romano, todos devemos a puerícia.

O apartamento dos escritores em Brasileiros e Portugueses fizemo-lo só na fase contemporânea, em que claramente se afastaram as duas literaturas como galhos vicejantes a partirem do mesmo tronco.

Antes disso razão de ser não houvera para tal apartamento, que apenas se fundara em ciúmes de nacionalidade, muito mal cabidos na serena esfera das letras.

Já não se nos afigurou desarrazoado, na escolha dos assuntos, optarmos por aqueles que entendessem com a nossa terra; e por isto nos sorriu que do Brasil falassem, não somente ROCHA PITA, MAGALHÃES ou ALENCAR, mas ainda o quinhentista JOÃO DE BARROS, o seiscentista FRANCISCO MANUEL DE MELO e o coevo LATINO COELHO da Pátria por toda boca estrangeira e imparcial é sempre delícia para todo coração bem nascido.

Antecede aos exertos um estudo gramatical a sintaxe da proposição composta da lavra de um dos compiladores, o professor FAUSTO BARRETO; e da do outro compilador são as notícias bibliográficas antepostas ao primeiro trecho de cada autor. Nesses pequenos resumos são as sentenças críticas quase sempre proferidas, por juízes especiais e competentes.

Ideia tivemos de anotar os trechos, solvendo as maiores dúvidas que a jovens leitores neles pudessem ocorrer; porém no-lo vedou a escassez de tempo, ficando para melhor ocasião o que em tal sentido havíamos começado.

> O título de *Antologia* muito de indústria o adotamos. Se os vocábulos podem ter cheiro, este é o de certo um dos mais odoríferos. Em seus dois elementos efetivamente reúne a ideia da *flor* e da *palavra*, que é a flor do entendimento. Não havia senão os Gregos para formarem vocábulos como esse! Aproveitemo-lo!
>
> E ele também prevenirá o leitor de que não se escandalize de quaisquer lacunas. Um ramilhete não é um horto botânico. Basta que formosas e aromáticas sejam as flores aqui reunidas, e que ofereçamos à Mocidade de ambos os países onde se fala o português. (Fausto Barreto, 1931,1945, p.9-10, p.8-9)

Pois é!

Na medida em que a Universidade não tem gerado quantitativamente e muito pouco qualitativamente o modo de comunicação didático para os três graus de ensino, o peso dessa tradição talvez tenha permanecido mais do que se possa imaginar. Acrescente-se que o estudo de autores modernistas, tanto na universidade como no ensino de 2º grau, e quase nada no de 1º grau, começou só a partir da segunda metade dos anos 60, graças, dentre os outros fatores, à influência da Poesia Concreta. E o dos contemporâneos é recentíssimo, pois implicitamente dominava no processo de seleção dos escritores o critério que Carlos de Laet expôs no "antelóquio da 6ª edição" da *Antologia nacional*:

> Tendo tomado, como firme propósito, a resolução de só incluir nesta coleção os excertos de escritores que além de outras consagrações também tivessem a da morte, nesta edição se hão de achar nomes e artigos de alunos contemporâneos distintíssimos e que infelizmente já não figuram entre os vivos. (Fausto Barreto, 1931, 1945, p.14)

Da análise dos textos, oriundos da Universidade e da citação do prefácio da *Antologia Nacional* infere-se que tanto a tradição didática iniciada no fim do século XIX, quanto a carência de tradição didática na área de estudos literários no terceiro grau nada contribuiu para que o modo de comunicação didático adquirisse um lugar de destaque dentre os diferentes modos de formar e apresentar. Pelo contrário, essas duas correntes carreiam elementos para a visão negativa do didático.

Mas não são nessas manifestações menos antigas que se encontram os fatores determinantes para se entender a permanência até hoje de uma atitude depreciativa ante esse modo de comunicação. Em última instância, elas nada mais são talvez do que exteriorizações do nosso processo histórico.

Embora não sejam reflexões sobre as raízes da visão negativa do didático, dois estudiosos do quadro da universidade, Antonio Candido e Alfredo Bosi, fornecem subsídios importantes para sua compreensão.

Pouco posterior as já aqui mencionadas implicações relacionadas com a ascensão econômica e política da burguesia na Europa, ocorre no Brasil em 1822 a consabida Independência política, para a qual Bosi dá a seguinte explicação:

> [...] foi o *facies* da tradição, visível nas academias e no zelo genealógico dos linhagistas que acabou prevalecendo no processo da Independência, relegando a um incômodo segundo plano as correntes ilustradas, sobretudo as radicais que permearam as "inconfidências", todas malogradas, precisamente por terem deixado alheias ou receosas as camadas que podiam promover de fato a emancipação política: os senhores de terras e a elite burocrática. Sobrevindo o momento oportuno, foram estes os grupos que cerraram fileiras em torno do herdeiro português, dando o passo que lhes convinha. (Bosi, 1970, p.56-7)

Nessa elucidação do processo da Independência é possível discernir duas tendências que se têm digladiado no curso do processo histórico brasileiro: o "*facies* da tradição" ou "herança colonial-barroca", cuja postura básica é de caráter conservador; e as correntes ilustradas, então de nítido sentido progressistas. Reatualizadas historicamente, seus embates, em outros momentos e contextos decisivos de nossa evolução histórica, têm dado como desfecho a recorrência do emblemático caso da Independência, isto é, a vitória da tendência conservadora, verdadeira senhora do poder, e a marginalização das correntes progressistas.

Para que se tenha uma ideia mais precisa dos traços dos "donos do poder", convém permanecer ainda com Bosi:

> Na esfera ética e cultural está ainda por fazer-se o inventário da herança colonial barroca em toda a América Latina. Entre os caracteres mais ostensivos lembre-se o meufanismo verbal, com toda a sequela de discursos familiares e acadêmicos; a anarquia individualista, que acaba convivendo bem com o mais cego despotismo; a religiosidade dos dias de festas; a displicência em matéria de moral; o vício do genealógico e do heráldico; o vezo dos títulos; a educação bacharelesca das elites; os surtos de antiquarismo a que não escapam nem mesmo alguns espíritos superiores. (p.91)

Às mencionadas características de herança colonial barroca, cujo peso em nossa linguagem é desnecessário enfatizar, talvez se pudesse acrescentar mais um traço: o autodidatismo, cujo patrono nacional parece ser Sousa Nunes, o esteio da Academia dos Seletos, no século XVIII, de quem Antonio Candido diz:

> Sousa Nunes foi, ao que parece, completo autodidata, espantando-se o Padre Mestre Frei José Antonio de Santa Ana de que "sem mais exercícios das Aulas, que

a consulta dos livros, e sem mais Mestres que o ditame do seu natural discurso houvesse [...] de escrever esta obra ("Carta"). Daí, duas atitudes, que serão as do brasileiro autodidata: de uma parte, respeito supersticioso pela instrução e os livros (ambos); de outro confiança jactanciosa na própria capacidade de dispensá--los, suprindo-os pelo entendimento natural. (idem, p.6-24)

Também é desnecessário enfatizar o peso do autodidatismo na nossa história e as implicações negativas dessa antítese do didático. Lembre-se, porém, que legião de professores, mesmo os formados pela universidade, são autodidatas em didática...

Com relação à evolução posterior das correntes ilustradas, que constituem a "Nossa Aufklaerung" no quadro do processo da Independência, Antonio Candido pôs a nu as suas limitações e equívocos sobre a educação no item 3 de seu ensaio "Literatura e subdesenvolvimento": a defesa da instrução para o cidadão, entendida como "a minoria onde se recrutavam os que participavam das vantagens econômicas e políticas; depois para o povo, entrevisto de longe e vagamente, menos como realidade do que como conceito liberal"; a instrução como panaceia etc. (ibidem, p.6-24)

Com base nos textos de Antonio Candido e Alfredo Bosi sobre as duas tendências fundamentais no processo de formação de consciência nacional, não é difícil concluir que se a herança colonial-barroca tende, de princípio, a se opor aos traços essenciais de modo de comunicação didático, o legado ilustrado, teoricamente favorável à instrução, mostra-se na prática não ter desenvolvido os meios adequados para efetivar a concretização do que o didático requer. Assim, as duas ideologias, em lugar de se oporem no que tange ao didático, acabam na verdade por serem as responsáveis pela depreciação daquele modo de formar e apresentar.

É só com a superação dessas posturas, que marginalizaram e marginalizam o didático, é que se criarão as condições para a atualização de suas características essenciais. Embora recente, essa atitude já existe e foi rotulada por Antonio Candido como "consciências catastróficas do subdesenvolvimento", a qual não parece ter impregnado ainda toda a universidade.

O conceito de didático aqui proposto, contra os preconceitos mencionados, urge ser caracterizado, se se admitir com Lucien Goldman, que, no capitalismo de organização atual, "a ordem social se encaminha (embora não tenha sido ainda alcançada) para uma estruturação fundada, em princípio, numa dicotomia tendente a acentuar--se e se tornar total entre uma considerável massa de indivíduos de renda mais ou menos elevada, mas completamente passiva e um pequeno grupo de tecnocratas (dos distintos domínios: econômico, social, político) que tendem a monopolizar o conjunto das decisões". Continua pouco depois: "isso leva os organismos dirigentes da produção a intervirem através do consumo até na vida dos indivíduos, ao mesmo tempo em que se desenvolve entre estes últimos a tendência a aceitar passivamente, e inclusive a saudar esta intervenção" (Goldmann, 1972, p.32-62).

Essas tendências, presentes no centro do sistema capitalista, se manifestam de modo muito mais agudo nas sociedades de sua periferia, onde se situa o Brasil. Tanto do centro quanto da periferia fala a arte contemporânea com sua postura de recusa e com o seu "modo de formar" difícil, "que não parece mais falar de imediato ao leitor, enquanto honestamente, sempre que se trata de um grande escritor [...], o autor se esforça ao máximo para fazer-se compreender [...]" (ibidem, p.32-62):

> Quase toda a arte contemporânea é uma arte de recusa, que se interroga sobre a existência do homem no mundo moderno e que, por isso, é obrigada a situar-se a nível abstrato, isto é, a não mais expressar-se auxiliada pela história de um indivíduo nem mesmo pela de um acontecimento vivido, já que o próprio indivíduo não é um elemento essencial na sociedade contemporânea, como era na época de Stendhal, de Balzac ou de Flaubert. (ibidem, p.32-62)

Tomando-se como referência essas considerações de Goldmann, convém com ele também concluir: "eis porque a crítica assume hoje um papel cada vez mais importante" (ibidem, p.32-62), sendo um dos caminhos para o qual deve abrir-se o modo didático de formar e de apresentar.

A valorização que aqui se propõe do didático não significa em momento algum uma defesa da redução de todos os outros modos de comunicação ao modo didático. Tal ingenuidade redundaria na falácia de acreditar na instrução como panaceia. Por outro lado, não significa também aceitar as omissões e depreciações ideológicas com que se estigmatizam o didático em nosso meio. O que se está propondo é que o didático tenha o seu lugar reconhecido entre os outros modos de comunicação, e que a universidade o incorpore o mais urgentemente possível às áreas específicas do conhecimento, abandonando a inércia de o relegar aos equívocos da primazia do pedagogês.

E, para finalizar, recorda-se Lima Barreto, que, embora não falando do didático, tem umas considerações oportunas sobre o que chama de mentalidade nacional. No seu artigo-paródia "Método Confuso (crítica teológica, metafísica e positiva)" escreve:

> Organizar os seus pensamentos, suas ideias, seus atos sem encadeamento lógico e harmônico, em que se obedece a um critério seguro de parentesco deles, de sua semelhança e de contiguidade, para se chegar a uma conclusão, não é coisa estimada pela mentalidade nacional. (Barreto, 1961, p.99-102)

O que ela estima é o "método confuso", cujo paradigma vem a ser para ele um escritor brasileiro, a quem atribui sarcasticamente a seguinte formulação:

> "Sede obscuro e serás profundo", lá diz o senhor Graça Aranha, [...]. (Barreto, 1961, p.204-210)

Referências

ANAIS do Segundo Congresso Brasileiro de Crítica e História Literária. Assis, F.F.C.L., 1963, p. 637-8.

ALVARENGA, S. Epistola. In: CANDIDO, A.; CASTELLO, J. A. *Presença de literatura brasileira.* v.I. São Paulo: Difel, 1964.

BARRETO, L. Método Confuso (Crítica teológica, metafísica e positiva). In: _____. *Feiras e mafuás.* 2.ed. São Paulo: Brasiliense, 1961.

_____. A lógica da vida. In: _____. *Impressões de leitura.* 2. ed. São Paulo: Brasiliense, 1961.

BRAAK, I. *Poetik in Stichworten.* 2.ed. Kiel: Ferdinand Hirt, 1966.

BOSI, A. *História concisa da literatura brasileira.* São Paulo: Cultrix, 1970.

CANDIDO, A. *Formação da literatura brasileira.* v.1. São Paulo: Martins, s/d.

_____. Literatura e Subdesenvolvimento. In: *Argumento.* n.1, s.d; p. 6-24.

CARRETER, F.L.; LARA, C. *Manual de explicação de textos.* 3.ed. rev. Rio de Janeiro: Acadêmica, 1967.

COELHO, N.N. *O ensino da literatura.* São Paulo: FTD, 1966.

FAUSTO BARRETO; C. de L. *Antologia nacional.* 17.ed. e 25.ed. Rio de Janeiro: Francisco Alves, 1931 e 1945, p.9-10 e 8-9.

GOLDMANN, L. A revolta das letras e das artes nas civilizações avançadas. In:_____. *A criação cultural na sociedade moderna.* Tradução de Rolando Roque da Silva. São Paulo: Difel, 1972.

HASSENSTEIN, F. Literaturwissenschaft und Literaturpaedagogik. In: WOLFRUM, E. et al. *Taschenbuch des Deuttschunterrichts.* 2.ed. ampl. Baltmannsweiler: Burgbuncherei Wilhen Schneider, 1976.

ISTO É. n.80, 5/ jul, p.44-5, 1978.

PROENÇA FILHO, D. *Estilos de época na Literatura.* 2.ed. rev. e ampl. Rio de Janeiro: Liceu, 1969.

LIMA, A. A.; CORREA, R. A. (dir). *Nossos Clássicos.* n.8 – Raul Pompeia. Rio de Janeiro: Agir, 1957.

LIMA, A. A.; CORREA, R. A; SENA, J. *Nossos Clássicos*. n.18 – Gonçalves Dias. Rio de Janeiro: Agir, 1960.

_____. *Nossos Clássicos*. n.77 – Basílio da Gama. Rio de Janeiro: Agir, 1964.

WELLERSHOFF, D. *Literatur und Veränderung*. Koeln: Kiepenheuer & Witsch, 1969.

A literatura e a escola[1]

A escola é uma instituição presente na vida de todos nós, pois não há família que não tenha, através dos filhos, parentes ou conhecidos, uma ligação direta ou indireta com ela. A literatura penetra em nossas casas com os afazeres e tarefas escolares, que solicitam respostas às questões sobre autores consagrados da literatura nacional, como José de Alencar, Machado de Assis, Mário de Andrade ou Carlos Drummond de Andrade, sobre suas obras ou ainda sobre os movimentos literários a que pertencem. Sua presença em nossas vidas, porém, é muito mais vasta e intensa do que imaginam os vãos exercícios escolares, se pensarmos que o ser humano – primitivo ou civilizado, criança ou adulto, instruído ou analfabeto –, é dotado de uma necessidade de ficção e fantasia, a qual ele satisfaz num conjunto de objetos, os mais insuspeitados. Estamos satisfazendo essa necessidade de fantasia quando ouvimos uma piada ou uma anedota, ou fazemos um trocadilho, mesmo infame. Estamos satisfazendo essa necessidade de ficção quando consumimos, por meio de formas impressas, livro, folheto, jornal, poemas, contos, romances ou narrativas romanceadas. Estamos saciando nossa sede de imaginário quando formas ligadas à comunicação pela imagem nos propiciam recepção de filmes, de radionovelas, de fotonovelas, de telenovelas ou histórias em quadrinhos. Estamos ainda matando nossa fome de fantasia quando a publicidade nos assalta de manhã à noite, apoiada em elementos de ficção e poesia. Portanto, por via oral ou visual, sob formas curtas e elementares ou complexas formas extensas de ficção aquela carência se manifesta a cada instante, sendo impossível a alguém passar um dia sem consumir, ou mesmo produzir, objetos de fantasia que a satisfaçam.[2]

É possível que cause estranheza a variedade de objetos, nos quais os seres humanos satisfazem sua fome de imaginário. A estranheza é maior, ao ver, desempenhando a

---

[1] Publicado originalmente em: *Anais de Seminários do GEL*. Estudos Linguísticos VII. Assis, 1984
[2] Ver Antonio Candido (1972, p.804) sobre a função psicológica da literatura.

mesma função psicológica, obras como as de um respeitável Machado de Assis, a rápida piada contada ou ouvida, a telenovela, servida juntamente com o jantar, às sete horas da noite, ou ainda a publicidade, nos intervalos comerciais da TV ou da revista. Do ponto de vista dessa função psicológica, pode-se dizer que todas essas produções são literatura, tomando essa palavra num sentido amplo. Mas nem toda essa literatura entra na escola.

A escola opera na literatura, no sentido amplo do termo, uma divisão, repartindo suas produções em duas categorias mais ou menos rígidas: uma, que tem permissão para frequentar a escola; outra, para a qual se proíbe a entrada. A literatura que goza de um *status* escolar são as obras dos autores da chamada literatura erudita, presentes nos afazeres escolares, e que ocupam em nossas casas, no geral um parco espaço na estante, da qual se socorre só eventualmente para saciar a fome de imaginário. Já a literatura, à qual a escola impõe interdições, é constituída *grosso modo* pelas produções do que se convencionou chamar literatura de massa, frequente em nossas vidas de um modo intenso e à disposição para consumo nos momentos mais inesperados ou triviais.

Essa bipartição realizada pela escola no sentido amplo de literatura coloca a questão sobre a natureza das categorias de literatura: a erudita, aceita, e a de massa, repudiada pela escola.

Ao aceitar a literatura erudita, a escola está dando sua aprovação a um tipo de literatura, que se preocupa em renovar o sistema simbólico vigente na sociedade, por meio da criação de novos recursos expressivos, cujos traços mais característicos são a ruptura com certas expectativas do receptor, com as modalidades ordinárias de expressão, com os clichês ou a ideologia de certa época, ampliando e renovando com isso o horizonte de percepção da realidade. Já, no polo oposto, a rejeição da literatura de massa pela escola significa seu repúdio a uma categoria de literatura, que procura se incorporar ao sistema simbólico vigente na sociedade, por meio da utilização de uma forma de expressão usual, consagrada e estabilizada. Seu traço mais característico é a normatividade, com o seu ajustamento às expectativas do receptor, às modalidades mais padronizadas de expressão, aos clichês, aos estereótipos e a ideologia da época, constituindo-se, não em objeto de conhecimento do mundo e do ser, mas sim no seu mero reconhecimento, ao conservar e manter o leitor preso às mesmices convencionais.[3]

Vista por esse lado, a escola aparece como uma instituição que, ao promover a satisfação da necessidade de fantasia do aluno, num objeto literário renovador, está comprometida com um projeto crítico e emancipador do ser humano.

---

[3] Ver Antonio Candido (1973, p.22-3) sobre a distinção entre arte de segregação e de agregação do ponto de vista sociológico.

Mas observar a literatura na escola somente dessa perspectiva é não ter uma clara visão de conjunto daquilo que se passa realmente no ensino literário. O apontado mecanismo de aceitação e rejeição fornece uma percepção da literatura na escola de um plano meramente programático, isto é, de um plano das determinações, que impõe a literatura erudita como objeto de estudo na sala de aula, ao mesmo tempo em que veda a presença da literatura de massa. Essa percepção, porém, encobre e deixa de dar o outro lado da medalha: o da prática educacional efetiva e concreta, desenvolvida no modo de tratar os textos da literatura erudita nas aulas.

Para se compreender esse outro lado da questão, é necessário partir do que seria uma prática educacional conforme e ajustada ao estudo do texto literário. Uma prática educacional adequada concebe o trabalho com o texto com base na recepção literária, caracterizada pela relação dialética entre leitor e texto, como fundamento do ato de leitura e de compreensão. Alicerçada nessa interação entre o leitor e o texto, a recepção literária compreende três níveis (Kügler, 1878, p.29-34): a leitura primária, a constituição do significado e os modos de ler secundários. Desses três níveis, a leitura primária constitui o ponto de partida e o nível determinante dos demais, razão porque só se tratará dele aqui.

No nível da leitura primária, ler e compreender um texto literário significa personalizá-lo, pois o ato de compreender constitui-se, antes de tudo, de que o sujeito que compreende percebe, juntamente com o objeto percebido, a si próprio, no processo de compreensão, de tal modo que a compreensão de um objeto sempre inclui a autocompreensão.

No plano da leitura primária, isto quer dizer que o aluno não pode, quando do ato da leitura, pôr-se entre parênteses – abstrair-se –, pois ele se apresenta, no sentido literal deste termo, no ato da recepção. Apresentar-se literalmente na recepção significa que o aluno não pergunta inicialmente "o que significa este texto", com relação à intenção do autor, de um destinatário ou ainda de um problema proposto. O que o aluno pergunta, na verdade, é o seguinte: "o que significa este texto para mim?". Assim, na leitura primária, o texto é sempre, e em primeira instância, um texto para mim, sem levar em consideração o leitor visado pela obra ou o significado a ela atribuído pela teoria da literatura e pela didática.

No nível da leitura primária, essa dimensão pessoal da recepção se manifesta de várias maneiras, sendo uma das mais significativas os comentários subjetivos resultantes da interação entre o leitor e o texto. Esses comentários tendem a ser de dois tipos: um, de natureza empática, em que o leitor exprime sua identificação com o texto; outro, de natureza contraditória, em que o leitor se manifesta sob uma forma crítica, carente de forte identificação com o texto.[4]

---

[4] Ver Bertold Brecht (1967, p.70) sobre a distinção entre o espectador do teatro dramático e o espectador do teatro épico.

Esta natureza dos comentários subjetivos está em íntima correlação com os dois tipos de literatura: o aceito e o rejeitado pela escola. Os comentários subjetivos de natureza empática ou identificadora tendem a ocorrer mais no ato de leitura das obras da literatura de massa, cujo intuito é suscitar no leitor um envolvimento emotivo, recalcando a reflexão. Já os comentários subjetivos, de natureza contraditória e não identificadora, são desencadeados pelas obras da literatura erudita, cujo intuito é o de provocar a reflexão do leitor, sem abolir sua participação emotiva.

Ignorando que a natureza da literatura erudita provoca, no nível da leitura primária, um tipo de personalização, distinto qualitativamente daquele da literatura de massa, a prática educacional vigente na escola realiza um tratamento dos textos da literatura erudita, segundo os pressupostos requeridos pela literatura de massa, fundada exclusivamente na empatia e na identificação.

Essa prática educacional principia seu domínio no ensino do 1º grau, com sérios danos na formação do leitor, projetando a partir daí, por meio do segundo grau, até a universidade. Para mostrar como a prática educacional vigente desfigura a leitura primária, acabando por massificar a literatura erudita, limitar-nos-emos aqui a exemplificar como isso se dá nos livros didáticos do primeiro grau.

Convém principiar dizendo que a interação básica entre o leitor e o texto, fundamento de um ensino literário adequado e desideologizante, não tem lugar nos livros didáticos do primeiro grau. Essa ausência deriva de que os livros didáticos utilizam um conjunto de recursos, em geral extratextuais, que impedem aquela interação, predispondo o leitor para uma fruição emocional do texto. O primeiro e mais importante deles é a ilustração.

Ninguém ignora o peso da imagem como forma de transmitir uma mensagem. O signo icônico tem uma força comunicativa imediata, resultante da semelhança entre a representação e o objeto representado. Pois bem, os livros didáticos do 1º grau não apresentam um único trecho de obra da literatura erudita que não venha acompanhado, ou melhor, precedido, estrategicamente, de uma ilustração, que fixa em imagem a leitura realizada pelo ilustrador do texto. Essa imagem, por preceder o texto, é utilizada, nos livros didáticos, como motivação direta ou indireta para a leitura. A convivência com a ilustração, anterior à personalização da leitura, predispõe o aluno, não a interação com o texto, mas a reconhecer neste o que a ilustração determina.

As características dessas ilustrações são, no geral, de natureza empática, procurando envolver o leitor numa atmosfera emocional. Essa empatia é, por sua vez, vazada numa forma de expressão figurativa de baixa qualidade estética, tendendo a composição visual para a arte de carregação, ou seja, para o *Kitsch*. Ora, um dos traços mais característicos da literatura de massa é sua natureza *Kitsch*, pelo papel que nela desempenha a emotividade, com o recalque da reflexão.

Simultaneamente à emotividade, essas ilustrações estão carregadas de ideologia, com sua função saliente de "cristalizar as divisões de classes, fazendo-as passar por naturais", procurando "compor a imagem de uma pseudototalidade que tem partes, justapostas ou simétricas [...], mas que não admite nunca a contradição" (Bosi, 1977, p.145).

O segundo recurso utilizado para recalcar a leitura primária e a personalização do texto são as atividades para ampliar a competência lexical dos alunos, chamadas vocabulário. Desde os primeiros anos de ensino, o aluno é aconselhado a ler, com a atenção voltada para as palavras desconhecidas. Em lugar de estar lendo um texto literário para interagir com ele e satisfazer sua necessidade de fantasia, o leitor escolar decodifica o texto com a preocupação de marcar as palavras desconhecidas, como se elas constituíssem uma barreira intransponível. Essa obsessão pelo vocabulário se evidencia claramente no estabelecimento de exercícios de substituição lexical, como primeira atividade a ser realizada após a leitura. Nesse sentido, no ato de ler e compreender o texto perde suas características para se converter num exercício de sinônimos e antônimos. Esse vezo rui-barbosiano e coelhonetal já foi posto abaixo pelo Modernismo desde 1922, sem que a escola dele tivesse tomado conhecimento até hoje.

O terceiro recurso, determinante da repressão à leitura primária, são as equivocamente chamadas atividades de compreensão e interpretação, situadas logo após os exercícios de vocabulário. Em lugar de propor relações e correlações entre a personalização da leitura e os possíveis significados do texto, articuláveis a partir da relação básica entre leitor e obra, essas atividades constam de questões, carentes de qualquer organização, sendo, no geral, um conjunto fixo de perguntas, iguais para todos os textos, como se esses fossem resultados de uma produção em série. Quando dotados de certa organização, constituem-se de uma sequência linear, construída segundo a ordem do texto. Tanto no primeiro caso, quanto neste, essas atividades propõem ao aluno a tarefa de realizar um mero reconhecimento automático e atomizante, quando não de simples cópia mecânica de partes do texto.

Deixando em suspenso outros fatores, que atuam no mesmo sentido de repressão à leitura primária, seria fastidiosos enumerar aqui todas as consequências negativas decorrentes dessa prática educacional equivocada, pois elas estão evidentes não só nas desfigurações operadas na literatura erudita, mas também nas deformações que acarretam no leitor. Talvez se pudesse dizer que o denominador comum dessa prática educacional seja o fato de que a literatura erudita e o leitor sofrem na escola um contínuo processo de "massificação", cujo resultado mais óbvio é o consumidor de ficção acabar de vez por satisfazer sua necessidade de fantasia só na "literatura de massa".

Em face do exposto, podemos agora afirmar que a escola se relaciona com a literatura de forma contraditória. No plano programático, ela se apresenta como uma aliada e defensora da literatura erudita, ao mesmo tempo em que se mostra empedernida oponente da literatura de massa. Já no plano de sua prática educacional, essa relação se dá às avessas: a escola reprime a literatura erudita e promove a literatura de massa. Essa traição à literatura erudita e sua aliança com a literatura de massa não é casual, pois se inscrevem na lógica da dominação ideológica, que "não admite nunca as contradições reais", tematizadas pela literatura erudita, por sua natureza de "forma de resistência simbólica aos discursos dominantes" (Bosi, 1977, p.144).

Essa conclusão sobre a repressão à personalidade da literatura erudita e, por via de consequência, do leitor, por meio da prática educacional vigente no ensino literário, não deve ter como resultante uma visão desalentada, pois, ao mesmo tempo em que a desnudamos, expusemos também uma prática educacional alternativa, de que demos aqui, uma pálida visão.

Referências

BOSI, A. Poesia resistência. In: _____. *O ser e o tempo da poesia*. São Paulo: Cultrix: Editora da Universidade de São Paulo, 1977.

BRECHT, B. Função social do teatro. Sel. e trad. de Heitor O'Dwyer. In: VELHO, Gilberto (org.). *Sociologia da arte, III*. Rio de Janeiro: Zahar, 1967.

CANDIDO, A. A literatura e a vida social. In: *Literatura e sociedade*. 3.ed. São Paulo: Nacional, 1973.

_____. A literatura e a formação do homem. *Ciência e cultura*. São Paulo, v.24, n.9, p.803-809, 1972.

KÜGLER, H. Lernen – Kommunizieren – Verstehen. In: PAYRHUBER, Franz-Josef; WEBER, Albrecht – *Literaturunterricht. Heute-warum und wie?* Freiburg im Breisgau: Herder, 1978.

Alguns tipos de intriga nos textos didáticos[1]

No estudo do mundo narrado, as estruturas sintáticas das histórias ou intrigas podem ser abordadas, tomando-se como ponto de partida duas noções: a de episódio estático e a de episódio dinâmico.

Um episódio é estático quando descreve uma situação estável de equilíbrio ou desequilíbrio, onde se encontra a personagem principal em estado satisfatório ou insatisfatório. Um episódio é dinâmico quando se caracteriza pela presença de uma força que atua provocando modificações nos episódios estáticos. Essa força atua ou em oposição a uma personagem principal, cujo estado inicial é satisfatório passando-o para um estado inverso, ou atua em proveito da personagem principal, cujo estado inicial é insatisfatório passando-o para o estado oposto. No primeiro caso, essa força desempenha o papel de oponente produzindo dano ou carência na personagem principal. No segundo caso, desempenha ela o papel de adjuvante ou auxiliar por realizar uma tarefa de que é beneficiário a personagem principal. É justamente da combinação dos episódios estáticos e seus respectivos elementos com o episódio dinâmico e suas respectivas forças que resultam as estruturas sintáticas das intrigas ou histórias na forma mínima: a intriga mínima descendente; a intriga mínima ascendente; e a "intriga mínima completa" ou "narrativa ideal", e que gostaria de chamar de "intriga mínima descendente-ascendente".

A intriga ou história mínima descendente

Esta intriga é composta por um episódio estático inicial, caracterizado pela descrição de uma situação estável, onde o personagem principal se encontra em um estágio satisfatório. Um episódio dinâmico medial provoca a passagem daquele episódio inicial para um inverso episódio estático final. Nesse episódio dinâmico medial, uma

---
[1] Publicado originalmente em: *Anais de Seminários do Gel*. Estudos Linguísticos XIV. Campinas, 1987.

força atua como adversa ou antagônica do personagem principal, representando assim o papel de oponente: o personagem principal viola uma proibição sofrendo as consequências negativas disso ou um outro personagem provoca dano ou carência no personagem principal. No episódio estático final, a situação estável descrita é de desequilíbrio, encontrando-se o personagem principal num estado insatisfatório.

A intriga mínima descendente constitui uma estrutura sintática simples, que se pode representar, gráfica e sinteticamente, do seguinte modo:

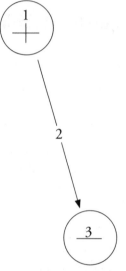

1. Episódio estático inicial: descrição de uma situação estável de equilíbrio, onde o personagem principal se encontra num estado satisfatório.

2. Episódio dinâmico medial: lugar onde atua uma força adversa responsável pela passagem do episódio estático inicial para o episódio estático final. O papel de oponente pode ser representado ou pela própria personagem principal ao violar uma proibição, ou por uma outra personagem ao se opor à personagem principal.

3. Episódio estático final: descrição de uma situação estável de desequilíbrio, onde a personagem principal se encontra num estado insatisfatório.

Exemplo: O Potrinho
(Autor desconhecido)

Pango era um potrinho, quero dizer, um cavalo ainda pequenino. Era muito pequeno, tão pequeno como um cachorro do tamanho grande. Seu pelo era marrom, muito macio. Pango vivia com sua mãe, uma bela égua também de pelo marrom muito lustroso. Ela se chamava Potiá.

Pango e Potiá tinham uma casa, uma cavalariça, pequenina, toda pintada de vermelho. Dentro havia uma divisão forrada de capim, a baia, onde eles comiam e dormiam. Potiá comia milho e alfafa, o Pango tomava leite.

Os dois animais eram levados para um campo onde podiam brincar. Todos os dias, quando o sol aparecia, eles saíam para esse campo.

Potiá andava para cá e para lá, mas Pango não fazia outra coisa senão brincar. Corria, pulava, tornava a correr e tornava a pular. Para isso tinha o campo, que era muito grande. Pango brincava como se fosse um cachorrinho. Era um potrinho muito engraçado.

Uma vez Pango estava comendo grama quando viu no chão, perto de uma macieira, uma porção de maçãs vermelhas. Então, comeu maçãs até não poder mais.

Aí Potiá disse:

— Pango, não coma tanta maçã. Não coma, porque você acabará ficando doente.

Mas o potrinho não fez caso. Foi comendo todas as maçãs que achou. Comeu duas... comeu quatro... comeu seis maçãs. Era muito! E ficou doente. Ficou tão doente que não podia mais correr, nem brincar nem pular... Já não parecia aquele potrinho alegre de sempre.

(*Subsídios para a implementação do guia curricular de língua portuguesa para o 1º grau*: 4ª série. 1979, p.300-1)

A intriga ou história mínima ascendente

A intriga mínima ascendente compõe-se de um episódio estático inicial, caracterizado pela descrição de uma situação estável de desequilíbrio, onde a personagem principal se encontra em um estado insatisfatório ou de carência. Um episódio dinâmico medial provoca a passagem daquele episódio estático inicial para um antitético episódio estático final. Nesse episódio dinâmico medial uma força atua como auxiliar do personagem principal, representando assim o papel de adjuvante ou a personagem principal sacrifica-se em seu próprio benefício, ou uma outra personagem se põe a serviço da personagem principal.

A intriga mínima ascendente forma uma estrutura sintática simples, que se pode representar, gráfica e sinteticamente, do seguinte modo:

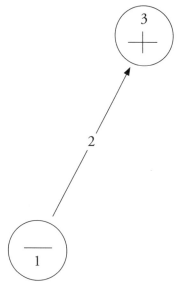

3. Episódio estático final: descrição de uma situação de equilíbrio, onde a personagem principal se encontra num estado satisfatório.

2. Episódio dinâmico medial: lugar onde atua uma força auxiliar ou adjuvante, responsável pela passagem do episódio estático final. Seu papel pode ser desempenhado pela própria personagem principal, que se sacrifica em seu próprio benefício, ou por um outro personagem que se põe a serviço do personagem principal.

1. Episódio estático inicial: descrição de uma situação estável de desequilíbrio, onde o personagem principal se encontra num estado insatisfatório.

Exemplo: Jantar na mata

Monteiro Lobato

O sol já estava descambado e o menino sentiu fome. Havia esquecido de trazer a matalotagem.
– Amigo, saci, estou sentindo uma coisa chamada fome. Mostre-me sua habilidade em sair-se de todos os apuros, arranjando um jantar.
– Nada mais fácil – respondeu o pernetinha. Gosta de palmito?
– Gosto, sim.
O saci, então, metendo dois dedos na boca tirou um agudo assobio.
Imediatamente um enorme besourão, chamado serra-pau, surgiu do seio da floresta.
– E sal?
– É o mais difícil; mas como há mel, você comerá palmito sob a forma de doce que é ainda mais gostoso.
Em menos de vinte minutos estava diante de Pedrinho uma casca de tatu cheia de um doce de palmito muito bem preparado. O menino comeu a fartar e ainda teve uma sobremesa de amoras do mato, que o saci colheu ali mesmo.
(Fiore, 1980, p.181)

Confrontando as intrigas mínimas descendentes e ascendentes é possível perceber que, para além de suas diferenças elas apresentam, em essência, a mesma estrutura sintática profunda, que poderia ser descrita nos seguintes termos: as intrigas mínimas descendentes e ascendentes são constituídas por três episódios: o inicial, o medial e o final. O primeiro e o último episódios são de natureza estática e o medial é de caráter dinâmico. Os dois episódios estáticos, o inicial e o final, se encontram numa relação de inversão. Os três episódios se conjugam entre si, sendo que o primeiro precede temporalmente o segundo, e este segundo, além de preceder temporalmente, causa ainda o terceiro e último episódio.

Definidas as estruturas sintáticas das intrigas mínimas descendente e ascendente, convém determinar, com base nelas, a estrutura sintática da "intriga mínima completa" ou "narrativa ideal" e chamada aqui de intriga mínima descendente-ascendente.

Intriga ou história mínima descendente-ascendente

Essa modalidade de intriga se apresenta numa relação de semelhança e diferença no que concerne aos dois tipos de intrigas anteriores. Com a intriga mínima descendente a afinidade está na presença de um episódio estático inicial, com suas características anteriormente mencionadas. Já com a intriga mínima ascendente, o ponto comum reside na ocorrência de um episódio estático final, com seus traços conhecidos. Ao contrário das duas intrigas anteriores, o episódio dinâmico medial da intriga mínima descendente-ascendente contém, em lugar de uma única força, as duas forças ao mesmo tempo e em uma relação de conflito: a força adversa luta para preservar a situação estável de desequilíbrio, gerada por ela, enquanto a força auxiliar se empenha em superar essa situação de desequilíbrio buscando conduzir a história ao episódio estático final, caracterizado pela situação estável de equilíbrio com a reintegração do personagem principal num estado satisfatório.

A estrutura sintática da intriga mínima descendente-ascendente pode ser representada, gráfica e sinteticamente, do seguinte modo:

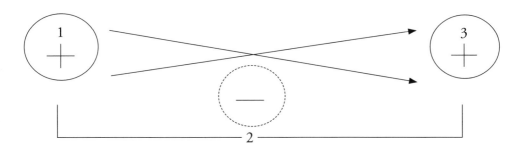

Episódio estático inicial: situação de equilíbrio inicial.

Episódio dinâmico medial: com uma situação de desequilíbrio em torno da qual se trava a luta entre as forças com funções de oponente e auxiliar da personagem principal.

Episódio estático final: situação de equilíbrio final.

Exemplo: As aventuras do avião vermelho
Érico Veríssimo

O avião vermelho voava e quase esbarrou numa estrela, que sorriu...
O avião carregava o Capitão Tormenta, ou melhor, Fernandinho; o ursinho e o negro.
Desceu no terreno de uma cidade esquisita.
De repente viram, nessa terra, um monstro!
Fernandinho como estava do tamanho de um dedo mindinho, reconheceu que o monstro terrível era uma cobra.
A cobra abriu a boca e correu na direção deles o avião também saiu na corrida.
A cobra segurou com os dentes a cauda do aparelho e ficou pendurado.

– Socorro! Vou morrer envenenado, berrava o avião. Fernandinho agarrou a sua pistola, puxou o gatilho – pum! – e a cobra foi derrubada.

O Capitão não ficou aborrecido, deu uma injeção de banana na barriga do avião.

O avião vermelho parou de berrar.

(Adaptado) *As aventuras do Avião Vermelho* – Editora Globo. (Pereira, 1981, p.7)

Referências

FIORE, A. *Aprender a viver:* comunicação e expressão. 3ª série. São Paulo: Editora do Brasil, 1980.

PEREIRA, T. de M. *Isto é aprender:* comunicação e expressão. 2ª série. São Paulo: Editora do Brasil, 1981.

SÃO PAULO. Estado. Secretaria da educação. Coordenadoria de Estudos e Normas Pedagógicas. *Subsídios para a implementação do guia curricular de língua portuguesa para o 1º grau*: 4ª série, Coordenadora Idma Semeghini Prospero Machado de Siqueira. 2. ed. São Paulo: SE-CENP/DRHU, 1979.

Um roteiro para o estudo de movimento literário[1]

Considerações iniciais

Este trabalho sobre o estudo de movimentos literários da perspectiva da História da Literatura não tem nenhuma pretensão à novidade e inovação. Sua preocupação é eminentemente prática e didática e as sugestões apresentadas podem ser até óbvias para muitos dos leitores.

Origem

Nasceu da constatação de problemas observados em alunos que se iniciavam no estudo da Literatura Brasileira:

a) os alunos apresentavam carências de informações históricas, estéticas e de dados mínimos sobre sociologia da literatura;

b) as carências eram agravadas pelas dificuldades de alunos organizar e sistematizar as leituras feitas sobre os movimentos literários em diferentes obras da História da Literatura Brasileira.

A essas constatações juntou-se a preocupação de fornecer aos alunos um meio para preservarem as leituras realizadas na graduação e depois dela, a fim de que pudessem utilizá-las no ensino da História da Literatura.

Objetivos

Em função disto decorreu a fixação dos objetivos a alcançar tanto no plano do ensino da História da Literatura como no da formação do discente. No plano do ensino da História da Literatura visou-se a:

---

[1] Texto inédito (1975).

a) suprimir as carências de informação apontadas, para que os alunos pudessem inserir os textos literários no duplo aspecto da História da Literatura: na relação sincrônica dos textos: e na relação da série literária com as outras séries culturais.

b) capacitar os alunos para o confronto entre diferentes movimentos literários, levando-os a compreender a sua significação e importância no processo de formação e desenvolvimento da literatura e culturas nacionais;

c) dar elementos aos alunos para realizar o confronto entre diferentes autores da História da Literatura.

Já no plano formativo, teve-se em mira capacitar os alunos para organizar e sistematizar as leituras de diferentes autores de História da Literatura. Esse procedimento organizador e sistematizador deve ser realizado em fichários para que os alunos possam conservar a memória das leituras feitas e utilizar os dados no curso de graduação, em cursos pós-graduatórios e na vida profissional.

Utilização do roteiro

O roteiro deve ser utilizado na seguinte ordem:

a) extração de informações:

   No ato da leitura, os alunos devem submeter as obras ao crivo do roteiro, assinalando à margem dos livros o número do tópico constatado, operando assim a desmontagem do texto.

b) fichamento das obras em estudo com base nos tópicos constatados e obedecendo à ordem do roteiro;

c) redação dos tópicos.

Orientação

Antes do início do trabalho, o professor deve fornecer aos alunos as seguintes instruções:

a) explicar pormenorizadamente os tópicos do roteiro;

b) chamar a atenção dos alunos para diferentes posições existentes no que concerne à periodização da Literatura Brasileira e aos critérios que a fundamentam.

Considerações finais

a) o roteiro é utilizável para o estudo de obras de História da Literatura, podendo ser também empregado no estudo de obras da história da arte realizando-se neste caso as adaptações exigidas;

b) o roteiro foi testado em cursos de graduação e de especialização e também no ensino do segundo grau com as adaptações devidas;

c) o roteiro é utilizável para ministrar aulas de História da Literatura;

d) o roteiro não abole o esforço dos alunos e do professor. É somente um auxiliar sistematizador que requer empenho em superar a dispersão para alcançar a organização.

Roteiro

Um roteiro para o estudo de movimento literário da perspectiva da história da literatura

1. Denominação, delimitação e divisão do movimento;

2. Fundamentos histórico-culturais:
   2.1 Dados sobre o contexto ocidental;
   2.2 Dados sobre o contexto brasileiro;

3. Influência e modelos:
   3.1 Estrangeiros;
      3.1.1. Influxos sobre o movimento literário brasileiro;
      3.1.2. Influxos sobre autores nacionais;
   3.2. Nacionais:
      3.2.1. Influxos sobre o movimento literário brasileiro;
      3.2.2. Influxos sobre autores nacionais;

4. Características estéticas do movimento literário:
   4.1 Princípios estéticos e concepções gerais de arte e literatura:
   4.2 Os temas dominantes;
   4.3 A linguagem;

5. Principais gêneros literários:
   5.1 A prosa e suas características;
   5.2 A poesia e suas características;

5.3 O teatro e suas características;
5.4 Outros gêneros e suas características;

6. A comunicação literária:
    6.1 O escritor e o público;
    6.2 Centros geográficos de produção e consumo:
        6.2.1 Círculos e grupos literários e seus componentes;
        6.2.2 Revistas literárias e artísticas;
        6.2.3 Manifestos;
        6.2.4 Prefácios e posfácios;

7. Principais autores e obras:
    7.1 Nome completo do autor com o nome literário grifado;
    7.2 Local e data de nascimento e morte;
    7.3 Principais dados biográficos;
    7.4 Nome completo da obra e ano de publicação
    7.5 Principais características da produção textual do autor;

8. O movimento literário:
    8.1 Confronto entre o movimento em estudo e aquele que o antecedeu;
    8.2 Importância ou significado do movimento literário no processo de formação e de desenvolvimento da literatura e cultura nacionais;

9. Hipóteses de trabalho:
    9.1 Sugeridas pelos autores lidos;
    9.2 Levantadas pelos estudantes;

10. Bibliografia
    10.1 Anotar sempre na ficha a indicação completa da obra consultada.

Referências

BOSI, A. *História concisa da literatura brasileira*. São Paulo: Cultrix, 1970.

FRENZEL, H. A. e E. *Daten deutscher Dichtung*. 3. ed. München: DTV, 1966. v.1-2.

CANDIDO, A. *Formação da literatura brasileira*. São Paulo: Martins, 1959. v.1-2.

_____. *Literatura e sociedade*. São Paulo: Editora Nacional, 1965.

CANDIDO, A.; CASTELO, J. A. *Presença da literatura brasileira*. São Paulo: DIFEL, 1964. v.1-3.

O ensino da literatura no 1º grau[1]

Introdução

Esta pesquisa focalizou o ensino de literatura, abrangendo um desejável embasamento teórico e a análise da realidade de escolas de 1º grau no município de Maringá. A preocupação da equipe, em termos teóricos, foi a busca de concepções de literatura, de literatura infantil, bem como de leitura, aliadas a uma metodologia de trabalho com textos coerente com essas concepções e reflexo de um conceito de educação que conduza o aluno a um conhecimento integral da realidade.

A pesquisa desenvolveu-se em duas etapas: a primeira, realizada no segundo semestre de 1984, consistiu na leitura de textos teóricos de literatura e linguística, em busca de um embasamento adequado para a investigação da realidade do ensino. A segunda consistiu no diagnóstico da realidade do trabalho com o texto literário em sala de aula, compreendendo da orientação contida em documentos oficiais para o trabalho com o texto às propostas feitas pelos livros didáticos ao professor, passando pela análise de depoimentos de professores sobre a concepção da natureza do texto literário e a abordagem feita aos textos nas escolas.

Justificativa

O projeto de pesquisa foi motivado pela busca de orientação para o trabalho com textos literários por parte de professores do 1º grau e por coordenadores de escolas, que procuravam o Departamento de Letras, relatando sua insatisfação

---
[1] Em coautoria com: Alice Áurea Penteado Martha; Maria Célia Beraldo Pazini; Rosa Maria Gracioto Silva; Sônia Aparecida Lopes Benites. Pesquisa desenvolvida na Universidade Estadual de Maringá, de agosto de 1984 a dezembro de 1986, sob a orientação do Professor Doutor Carlos Erivany Fantinati, da UNESP – Assis. Publicada em: Revista *UNIMAR*. Órgão Oficial da Universidade Estadual de Maringá. v.9, n.1, p.49-74, out. 1987.

com relação ao trabalho que desenvolviam e solicitando a professores desse departamento sugestões e assessoria em suas atividades ligadas aos textos literários.

Segundo esses professores, no primeiro ano escolar a leitura atrai o aluno pelo prazer do novo, mas, à medida que os contatos com os textos vão-se intensificando, esse interesse decai. Uma vez que é natural do ser humano tentar preencher sua necessidade de fantasia, o desinteresse e até mesmo o desprazer pela leitura na escola podem ser creditados à baixa qualidade dos textos ou à abordagem que se faz desses textos na escola. Acreditando na importância da literatura na vida do ser humano pelo papel humanizador que ela desempenha, ao possibilitar-lhe uma compreensão mais profunda de si mesmo e do mundo, não podemos deixar de valorizar o trabalho com o texto literário na escola.

Embora o professor de 1º grau esteja convencido da importância da literatura em sua sala de aula, ele não se mostra satisfeito e seguro com o trabalho que desenvolve por lhe faltarem concepções bem claras de teoria literária e uma consequente metodologia de trabalho.

Conhecendo o baixo nível socioeconômico da maioria dos alunos de nossas escolas estaduais, que lhes impossibilita a compra de livros de histórias infantis, e reconhecendo a dificuldade de se equipar uma biblioteca de forma a possibilitar aos alunos a leitura de livros infantis, sabemos que muitos de nossos alunos de 1º grau têm no livro didático de Comunicação e Expressão a única oportunidade de ler textos literários. Por isso, a pesquisa se direcionou para os textos do livro didático de Comunicação e Expressão, procurando conhecer sua natureza, suas características e a forma como são abordados.

Objetivos

O objetivo da pesquisa foi analisar o ensino de literatura do 1º grau, no município de Maringá, com base em modernas teorias linguísticas e literárias. Para proceder a tal análise era necessário que definíssemos algumas concepções que lhe constituiriam o suporte teórico. Fundamentalmente, procuramos definir o estatuto da literatura e da literatura infantil, para que se pudessem reconhecer a natureza e a função da literatura e a particularização do texto literário para criança, no sentido de entendê-lo como literatura antes de tudo, isto é, como arte.

O reconhecimento da natureza do texto literário, a sua ambiguidade intrínseca, requereu a busca de uma concepção de leitura que respeitasse as características do texto artístico. Tal concepção de leitura deveria permitir a interação entre o leitor, o texto e o autor.

Em consonância com a natureza estética do texto e com a concepção hermenêutica de leitura, fez-se necessária a busca de uma metodologia de trabalho com o texto do livro didático que levasse à formação do leitor crítico.

De posse de uma linha teórica e metodológica, buscamos conhecer a realidade do ensino de literatura nas séries do 1º grau, isto é, conhecer as concepções teóricas e metodológicas do professor que trabalha nesse nível de ensino. Como a prática pedagógica não depende exclusivamente do professor, mas é também orientada por órgãos superiores, responsáveis pelo ensino, foi necessário analisar tais orientações.

Além disso, sendo o livro didático o instrumento fundamental do professor, que lhe serve de guia pedagógico e reflete, por sua vez, as concepções teóricas do autor do livro a respeito de literatura e educação, mostrou-se imprescindível a análise dos livros didáticos mais adotados no município.

Em suma, os objetivos da pesquisa consistiram em considerar a prática pedagógica real ou preconizada pelos documentos oficiais e pelos livros didáticos, em relação às concepções teóricas assumidas pela equipe de pesquisa.

Metodologia

Primeira etapa: Embasamento teórico

Para a consecução desta etapa da pesquisa, foram feitos seminários e reuniões durante o primeiro semestre de desenvolvimento do projeto, sob a supervisão do professor-orientador. Esses encontros propiciaram à equipe a discussão de postulados teóricos, que levaram tanto à sedimentação de conceitos sobre funções da linguagem, leitura, literatura infantil, quanto a opção por uma metodologia de trabalho com o texto que refletisse tal embasamento.

Segunda etapa

A segunda etapa do trabalho consistiu na diagnose da real situação do estudo do texto literário em sala de aula e procuramos detectar a orientação dada pelas publicações oficiais, a proposta de ensino de literatura vigente nos livros didáticos e o tratamento dado aos textos do livro didático pelo professor. Esse diagnóstico permitiu à equipe o confronto entre os seus pressupostos teóricos e a realidade do ensino de literatura no 1º grau.

A análise das propostas vigentes para o estudo de textos poderia ter sido feita por meio de publicações oficiais, tais como a revista *Currículo*, da Secretaria de Estado da Educação, Departamento de Ensino de 1º Grau, além de outras publicações. Um primeiro contato, porém, com o Núcleo Regional de Ensino de Maringá mostrou ser inviável essa análise, uma vez que a revista *Currículo* não era mais editada pela Secretaria. Dessa forma, entendemos que não havia, por parte da SEED, no momento da pesquisa, uma proposta de trabalho com o texto do livro didático. Entretanto, aquele órgão distribui aos professores do 1º grau um roteiro preparado pela Comissão Estadual do Livro, para análise dos livros de Comunicação e Expressão, de 1ª a 4ª séries, adotados nas escolas públicas estaduais. Esse roteiro, denominado *Comunicação e Expressão*, foi considerado pela equipe como uma orientação oficial, uma vez que continha questões que poderiam direcionar a postura do professor no trabalho com o texto literário.

Como instrumento de coleta de dados, elaboramos um questionário para obtenção de informação sobre os livros didáticos adotados nas escolas públicas de 1º grau (1ª a 4ª séries) do município de Maringá e sobre o tratamento dispensado pelos professores aos textos literários desses livros. Foram visitadas as 32 escolas, conforme relação fornecida pelo Núcleo Regional de Ensino de Maringá. Apenas em uma das escolas não aplicamos o questionário, pela falta de concordância da direção. A aplicação dos questionários foi feita por seis estagiárias, acadêmicas do curso de Letras da UEM, especialmente orientadas para a tarefa, e cujo contato com as escolas foi possibilitado por um ofício de apresentação encaminhado pela inspetoria de ensino.

Conforme orientação, os questionários deveriam ser aplicados pessoalmente aos professores pelas estagiárias. Entretanto, em alguns casos, por sugestão da direção da escola, os questionários foram entregues à orientadora ou à diretora, que se encarregou de sua aplicação e os devolveu às estagiarias.

De acordo com as informações fornecidas pela Inspetoria Regional de Ensino, seriam aplicados 503 questionários. No entanto, como o projeto visava apenas aos professores regentes de classe, só foram aplicados 393, uma vez que muitos professores ocupam cargos administrativos.

Dos 393 questionários aplicados, 261 foram preenchidos em virtude da ausência de alguns professores, por motivos de licença ou de viagem; ou por ter sido feita a aplicação em dia de "conselho de classe", quando o comparecimento dos professores não é o mesmo dos dias propriamente letivos; ou pelo desinteresse manifestado por alguns professores pelo preenchimento do questionário.

Além desse questionário, foi elaborado ainda um roteiro para análise dos livros didáticos. A pesquisa apontou como os mais adotados no município: *Pelos caminhos da comunicação*, de Ione Meloni Nassar e Lino de Abegaria; e *A mágica do aprender*, de Yolanda Marques.

Descrição dos Instrumentos

Roteiro da SEED: "Análise sobre os livros adotados de Comunicação e Expressão de 1ª a 4ª séries".

O roteiro distribuído às escolas de 1º grau pela Secretaria de Educação consistiu num questionário encaminhado pelo Ofício-circular nº 14/84-SEED-Pr, Comissão Estadual do Livro. Conforme esse ofício, a finalidade do questionário era "aperfeiçoar a escolha do livro didático a ser indicado pela escola ao programa PLIDEF 86 (Programa do Livro Didático-Ensino Fundamental), observando-se o maior cumprimento às orientações contidas na Lei nº 7.730 e Resolução 4.094/83, portadores das diretrizes da SEED para o livro didático".

O roteiro constitui-se de uma introdução para identificação do livro adotado pelo professor, seguida de 21 questões que enfocam o processo de escolha dos livros didáticos, a forma e o conteúdo dos mesmos, bem como as propostas de trabalho com o texto apresentadas pelos autores dos livros. Conclui o roteiro parte específica, solicitando, em quatro itens, dados sobre a formação do professor, local e séries em que trabalha, além de seu tempo de serviço.

Questionário elaborado pela equipe

O questionário foi organizado em três blocos: o primeiro solicitava informações gerais sobre o professor, o estabelecimento e o livro adotado; o segundo indagava sobre o uso do livro didático pelo professor; o terceiro procurava inferir a concepção que o professor tinha da literatura e do estudo de textos em geral. Houve ainda um quarto item, denominado "Outras Informações", aberto a qualquer comentário que porventura o respondente desejasse acrescentar, finalizava o questionário.

Como pretendíamos fazer uma análise dos livros didáticos que esta pesquisa apontasse como os mais utilizados nas escolas da região, julgamos desnecessário incluir questões sobre as características do livro didático adotado. O trabalho de levantamento dessas características coube à equipe de pesquisadores.

Assim, as questões do primeiro bloco, de natureza meramente informativa, destinavam-se, portanto, a fornecer subsídios para o trabalho de análise do livro didático e para o possível estabelecimento de parâmetros quando se fosse considerar a postura do professor perante o texto literário. No segundo bloco, as questões focalizavam as atitudes do professor ao trabalhar com o livro didático. Indagavam, especificamente, a respeito da utilização ou não do *Manual do Professor* e da fidelidade do professor às atividades propostas no livro. As questões do terceiro bloco procuravam detectar a visão que o professor tinha de um texto literário, bem como a metodologia por ele empregada no estudo de textos dessa natureza.

Roteiro para análise do livro didático

Partindo dos parâmetros teóricos da equipe a respeito do conceito e função da literatura, do estatuto da literatura infantil e da interpretação de textos, elaboramos o roteiro com a pretensão de focalizar nos livros didáticos, apontados pela pesquisa como os mais adotados no município, fundamentalmente:

I – o posicionamento explícito do autor a respeito dos conceitos acima referidos;

II – os elementos estéticos do texto;

III – as atividades propostas pelo autor do livro para a abordagem dos textos.

Estes três aspectos foram considerados separadamente no roteiro, mas sua análise deveria levar a um confronto ente a postura teórica do autor, a seleção dos textos e as propostas de atividades.

Compõem o roteiro seis blocos:

1. Identificação do livro;

2. Composição gráfica;

3. Análise da proposta feita ao professor;

4. Identificação dos textos;

5. Análise dos textos;

6. Análise das atividades sobre o texto.

Resultados

A análise da realidade resultou da coerência entre as concepções de educação, leitura, literatura e literatura infantil, bem como da opção por uma metodologia de trabalho com o texto literário na escola. Resumem tais concepções, fundamentalmente, as posições dos teóricos: Roman Jakobson, Paulo Freire, Antonio Candido, Regina Zilberman e Ezequiel T. da Silva e a proposta de abordagem de texto de Hans Kügler.

Procedemos à análise da realidade pedagógica do trabalho com o texto no 1º grau, considerando o documento oficial da Secretaria da Educação do Paraná, as respostas dadas pelos professores do município de Maringá ao questionário aplicado pela equipe de pesquisa e as duas coleções de Comunicação e Expressão mais adotadas no município.

Concepções teóricas

Educação

O conceito de Educação associa-se à noção de integração definida por Paulo Freire:

> A integração resulta da capacidade de ajustar-se à realidade acrescida da (capacidade) de transformá-la a que se junta a de optar, cuja nota fundamental é a criticidade. Na medida em que o homem perde a capacidade de optar e vai sendo submetido a prescrições alheias que o minimizam e as suas discussões já não são suas, porque resultadas de comandos estranhos, já não se integra. Acomoda-se. Ajusta-se. O homem integrado é o homem sujeito. (Freire, 1983, p.42)

Sob o signo da integração, a educação deve ser um processo essencialmente ativo, que conduza o aluno a um conhecimento integral da realidade. Esse conhecimento implica análise e crítica, atitudes fundamentais do homem-sujeito, cuja formação deve ser o objetivo de uma educação emancipadora.

Leitura

A leitura, uma das formas de conhecimento da realidade, apresenta-se como uma das possibilidades de integração do homem, conforme a concepção de Paulo Freire. Dessa forma, ela não pode ser concebida como atividade passiva ou tão somente mecânica, que faz do leitor um simples decodificador de sinais gráficos, ou decifrador de uma determinada mensagem transmitida pelo autor. Deve, antes, ser entendida como o processo que transforma o leitor em produtor de sentidos do texto. Isso não impede que ele identifique também letras, sílabas, palavras, estruturas sintáticas. Mas essa identificação deve ser um meio para se chegar à verdadeira leitura, àquela defendida por Marcuschi, como um "processo de seleção que se dá como um jogo com avanço de predições, recuo para correções, (que) não se faz linearmente, progride em pequenos blocos ou fatias e não produz compreensões definitivas. Trata-se de um ato de interação comunicativa que se desenvolve entre o leitor e o autor, com base no texto, não se podendo prever com segurança os resultados" (Marcuschi, 1985, p.3).

Concebida como processo integrador entre o leitor e o texto, a leitura transforma-se em poderoso auxiliar na escola, minimizando o cerceamento da realidade que esta impõe à criança, tanto pelos métodos alienantes e/ou repressivos, como pela compartimentação dos conteúdos que fragmentam a realidade. Ela recoloca o aluno no mundo de maneira dinâmica, isto é, através dela, a criança pode sentir, compreender e julgar a realidade.

O conceito de leitura como processo dinâmico que vê no leitor um produtor de significados, um coautor do texto que lê, pode ser resumido pelo trecho de Marisa Lajolo:

> Ler não é decifrar, como num jogo de adivinhações, o sentido de um texto. É a partir de um texto, ser capaz de atribuir-lhe significação, conseguir relacioná-lo a todos os outros textos significativos para cada um, reconhecer nele o tipo de leitura que seu autor pretendia e, dono da própria vontade, entregar-se a esta leitura, ou rebelar-se contra ela, propondo outra não prevista. (Lajolo, 1982, p.59)

Literatura

O conceito de Antonio Candido sobre a arte constitui o ponto de partida para a concepção de literatura assumida pela equipe:

> A arte, e portanto a literatura, é uma transposição do real para o ilusório por meio de uma estilização formal, que propõe um tipo arbitrário de ordem para as coisas, os seres e os sentimentos. Nele se combinam um elemento de vinculação à realidade natural ou social, e um elemento de manifestação técnica, indispensável à sua configuração, e implicando uma atitude gratuidade. (Candido, 1976, p.53)

A literatura apresenta um caráter liberador que se consubstancia pela imaginação, mas, ao mesmo tempo, ela se mostra integradora, na medida em que joga o homem de volta à realidade, de onde retirou sua matéria-prima. Esse caráter contraditório da literatura, que privilegia realismo e fantasia ao mesmo tempo, deve ser compreendido por todos que trabalham com o texto literário para que a literatura possa desempenhar sua função, principalmente no contexto escolar, onde ela tem cumprido papéis secundários em detrimento de sua principal atuação que é de "humanização" do homem.

A primeira função da literatura vincula-se ao aspecto da gratuidade, "tanto do criador, no momento de conceber e executar, quanto do receptor, no momento de sentir e apreciar" (Candido, 1976, p.53) e denomina-se função psicológica, pois a literatura satisfaz as necessidades de ficção e fantasia, tanto do leitor como do autor. Muito próxima acha-se a função integradora da literatura, uma vez que, ao recriar a realidade, a literatura coloca o leitor bem no centro das contradições de seu mundo, já que uma obra literária, embora possuindo autonomia de significado, não pode ser desvinculada de sua fonte, a realidade, tanto por representá-la como por agir sobre ela. A terceira função, a formativa, também se explica pela dualidade básica da literatura, o realismo e a fantasia. Considerando que recria a realidade, esta deve ser mostrada em seus bons e maus aspectos. O papel da literatura não é de embelezar a vida, mas de apresentá-la ao leitor em sua totalidade para que este estabeleça um diálogo profundo com as forças conflitantes que a dinamizam. Essa apreensão do real com todas as suas contradições confirma a terceira função da literatura, que deve ser diferente de uma função pedagógica, pois não possui caráter veiculador de preceitos morais, de ensinamentos propostos por esta ou aquela ideologia. O caráter formador da literatura advém de sua estreita ligação com a vida e, como ela, educa, sem se comprometer ideologicamente.

A compreensão do conceito de literatura implica ainda o entendimento de que a "transposição do real para o ilusório" se faz "por meio de uma estilização formal" ou por "um elemento de manipulação técnica". Evidentemente, as expressões "manipulação técnica" e "estilização formal" levam, na arte literária, a indagações que buscam definir a linguagem própria da literatura. Deve-se ter em mente, então, as funções da linguagem que, segundo Jakobson, originam-se dos seis fatores do processo de comunicação: destinador; destinatário; referente; contato; código; e mensagem. Cada um desses fatores dá origem a uma função da linguagem, havendo, nas mensagens, uma combinação dessas funções. Para se distinguir a natureza da mensagem, deve-se levar em consideração a função predominante.

No texto literário, essas funções podem se combinar, mas a função dominante deve ser a poética, que se caracteriza, segundo Haroldo de Campos, pelo "uso inovador, imprevisto, inusitado das possibilidades do código da língua" (Campos, 1977, p.145).

Para alinhavar as considerações sobre a função da linguagem predominante em um texto literário, pode-se tomar o texto de Marisa Lajolo:

> Participando da natureza última da linguagem-simbolizar e, simbolizando, afirmar a distância entre o mundo dos símbolos e dos seres simbolizados – a literatura leva ao extremo a ambiguidade da linguagem: ao mesmo tempo em que cola o homem às coisas, diminuindo o espaço entre o nome e o objeto nomeado, a literatura dá a medida do artificial e do provisório da relação. Sugere o arbitrário da significação, a fragilidade da aliança e, no limite, a irredutibilidade de cada ser. É, pois, esta linguagem instauradora de realidades e fundante de sentidos a linguagem de que se tece a literatura. (Lajolo, 1984, p.37)

Objetivos do trabalho com o texto

> [...] o significado de um novo texto afasta, afeta e redimensiona o significado de todos os outros. (Lajolo, 1984, p.5)

Os conceitos de Educação, Leitura e Literatura, tendo como centro articulador a interação com texto, partem da premissa hermenêutica de que o sentido global de uma obra deve ser entendido como sentido-tarefa. Privilegiam, portanto, a estética da recepção que segundo Jauss "permite entender o texto como processo, como uma produção contínua de possibilidades de sentido" (Jauss, 1983, p.313).

Se o tecido do texto literário, trançado pelas leituras e releituras de novos e antigos leitores, evidencia um mundo para ser descoberto, personalizado e integrado à existência de cada leitor, cabe à prática de leitura, levada a efeito em sala de aula, criar condições não só para a viabilização do processo de construção do texto, mas, principalmente, auxiliar no processo de formação do leitor crítico.

Metodologia do trabalho com o texto

Entendendo leitura como um processo de comunicação, onde o leitor tem sua vez na construção do sentido do texto, consideramos a melhor metodologia de trabalho com textos literários a que foi proposta por Hans Kügler (1971), exposta a seguir, na tradução livre e resumida de Carlos E. Fantinati.

Níveis da recepção literária no ensino

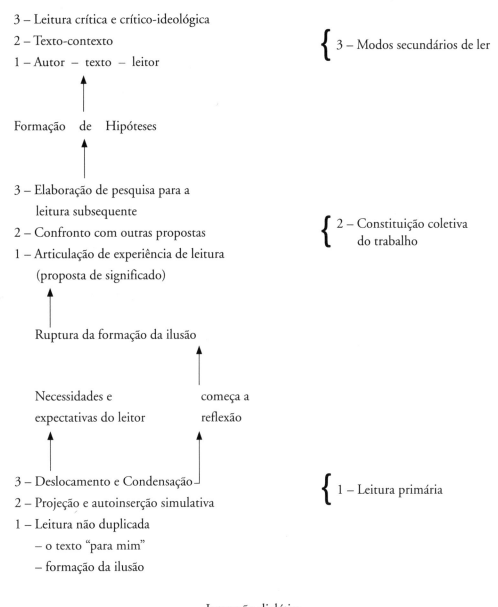

Hans Kügler, autor do gráfico, concebe o ensino da literatura como um processo de comunicação, que não estaria meramente ligado à noção de transporte da mensagem do emissor (autor) por meio de um texto a um receptor (leitor). Para Kügler, a essência da comunicação, no caso, do ensino literário, é constituída pelo processo de interação entre o leitor e o texto, fundamento da exploração de leitura e da formação e desenvolvimento da compreensão.

Para explicar o processo de recepção literária, Kügler principia pela definição da categoria compreender:

> Compreender um texto significa ao mesmo tempo personalizá-lo. A aludida relação entre o compreender e a personalização do texto, na recepção, fica clara se se entender que o compreender constitui-se, antes de tudo, pelo fato de que o sujeito que compreende percebe, juntamente com o objeto da percepção, a si próprio. Desse modo, o compreender de um objeto sempre inclui também a articulação de autoconhecimento. Isto significa, no caso da percepção do texto, o simples reconhecimento do círculo hermenêutico, isto é, o aluno não pode, quando da leitura do texto, pôr-se entre parênteses (abstrair-se). Ele se apresenta literalmente como pessoa na recepção. Apresentar-se significa, então, que o aluno não pergunta inicialmente "o que significa esse texto?" (tomando-se em consideração o autor, os destinatários, o problema proposto), mas pergunta, na verdade, o seguinte: "o que significa este texto para mim?" Com esta constatação banal sobre a relação com o eu, que precede qualquer interpretação objetivante, queremos chamar a atenção para um duplo fato:
>
> 1. na leitura primária, o texto é sempre, e em primeira instância, texto para mim [...].
> 2. o ser-para mim do texto é o lugar da dimensão pessoal da recepção do texto, que se evidencia de dois modos:
> – nos comentários subjetivos do eu, que acompanham a leitura primária, para os quais BRECHT já chamou atenção: "Eu também já senti isso", "Eu sou assim"; "Isso eu não tinha pensado"; "Isso não se deve fazer"; "Isso não pode continuar";
> – na silenciosa compreensão afetiva do texto pelo leitor (imperceptível de fora).

1º momento: Leitura primária

Três traços caracterizam a leitura primária, os quais podem ser assim descritos:

1. Leitura não duplicada (silenciosa compreensão afetiva do texto).

O leitor se nega a duplicar a linguagem original do texto, na medida em que se recusa a parafraseá-la na linguagem cotidiana, ou a associá-la a qualquer linguagem descritiva da crítica e da teoria da literatura. Portanto, a leitura primária é, necessariamente, não crítica e afirmativa. O leitor penetra nas perspectivas oferecidas pelo texto, completa os espaços esquemáticos e transpõe as informações recebidas em representações, que continuam a existir na sua consciência consideravelmente libertas, embora não independentes da configuração textual. Na medida em que o leitor concretiza desse modo o texto, pode entrar, então, em relação com o mundo de representação coproduzido por ele próprio. A representação ficcional ganha o aspecto de uma pseudorrealidade, com a qual o leitor já se relaciona, porque a coproduziu. Esse processo de formação da ilusão deve ser denominado pessoal, pois a consistência e intensidade da ilusão produzida não dependem só do texto, mas também da atividade e expectativa do leitor. A partir daqui fica clara a segunda característica.

Projeção e autoinserção simulativa.

Na medida em que o leitor concretiza o texto desse modo, entram, nas representações criadas a partir do texto, projeções e representações pessoais (representações de desejos e representações de seu mundo de experiências pessoais). Essas representações constituem o pressuposto para que o leitor possa, finalmente, se inserir como atuante, isto é, possa executar simulativamente os padrões de comportamento, ação e argumentação oferecidos pelo texto. O leitor simula, isto é, desempenha no espaço da ilusão, coproduzido por ele próprio, papéis e modos de comportamento do texto com participação afetiva. Trata-se de uma atuação probatória com pequenos *quanta* de energia. O leitor realiza ações imaginárias, mas que possuem uma qualidade pessoal, correspondente a sua individualidade específica.

Deslocamento e condensação do texto.

A partir daqui compreende-se a personalização definitiva da leitura primária. Na medida em que o leitor ocupa o cenário ficcional, afetivamente, chega a duas formas de personalização, que se poderiam denominar de deslocamento e condensação do texto. No deslocamento, o cenário ficcional é, de tal forma, ocupado pelo leitor, que todas as possíveis perspectivas, explicações e contradições são inteiramente ofuscadas. O texto é deslocado no sentido das necessidades e expectativas próprias. O leitor não precisa compreender mais o texto, porque este aparece idêntico a sua compreensão já existente antes da leitura (pré-compreensão, pré-juízo, pré-expectativa). Na condensação, por outro lado, o cenário ficcional do texto, ocupado afetivamente e exposto crescentemente à reflexão, é reconhecido e condensado, pelo leitor, em significado articulado.

Ruptura da formação da ilusão

Com a articulação do significado chega ao fim a silenciosa compreensão afetiva da leitura primária. A articulação do significado do texto lido permite, agora, comparar o texto com outros significados já articulados e, finalmente, num terceiro momento, associá-lo à linguagem de conceitos da crítica literária e da teoria da literatura.

2º momento: Constituição Coletiva do Significado

Distingue-se da leitura primária pelo fato de que o aluno aprende (este conceito tem agora sentido) a elaborar a experiência de leitura articulada por ele, isto é, seu significado, e a assumi-la subjetivamente na comparação e no confronto com outros significados, isto é, não só formal e hipoteticamente, mas também a defendê-la pessoalmente perante os colegas e o professor. A leitura de responsabilidade subjetiva entra, assim, no processo de significação coletiva, realizado pelo grupo de aprendizagem, e ganha com isso uma opinião pública limitada. A constituição coletiva do significado (elaboração e confronto dos modos de ler de responsabilidade subjetiva na sala de aula) ocorre, na verdade, com uma perda da ilusão, lograda na leitura primária, e com o acréscimo de tentativas de racionalização da experiência de leitura.

3º momento: Modos Secundários de Ler

Se os elementos pessoais da primeira leitura atingem a constituição coletiva do significado e são ali reforçados, o ensino literário poderia, então, ser totalmente personalizado [...] por meio de uma discussão dialógica e crítica sobre as experiências de leitura entre os alunos. A capacidade de crítica assim produzida não seria só a consequência de um encontro com textos, mas também com pessoas.

Teoria e prática no ensino da literatura
A análise do roteiro da SEED

A análise do "roteiro" demonstrou ser este uma transposição dos artigos da Resolução 4.094/83 – SEED – PR em 21 questões. O teor da resolução não se restringe ao livro de Comunicação e Expressão, referindo-se ao Livro Didático de maneira geral (ver artigos 1º e 2º). Embora o "roteiro" se intitulasse Análise sobre os Livros adotados de Comunicação e Expressão de 1ª a 4ª séries, de suas 21 questões propostas, apenas três delas (nº 16, 19 e 20) se referem especificamente a atividades do livro de Comunicação e Expressão. As demais podem ser aplicadas a livros didáticos de qualquer outra área.

Duas considerações de ordem geral podem ser feitas:

1º) embora haja um grande número de questões que abordem aspectos pedagógicos, observou-se que questionamentos importantes sobre esse aspecto deixaram de ser feitos. Não se abordaram, por exemplo: a ligação entre os textos e os exercícios gramaticais; a ordenação das atividades em cada lição; a existência de qualquer tipo de atividades que motivem o aluno à leitura do texto; as indicações bibliográficas que remetam o texto à sua fonte; a existência de ilustração e a quantidade delas; o tratamento dado ao ensino de gramática; a natureza discursiva, ou não, das respostas solicitadas pelas questões.

2º) tratando-se de um questionário sobre o livro de Comunicação e Expressão, onde há ocorrência quase exclusiva de textos de natureza literária, o que causou mais estranheza foi a completa ausência de questões sobre o aspecto estético-literário. Essa ausência é particularmente importante, porque este é o único livro didático que apresenta textos dessa natureza. Esta seria, portanto, uma oportunidade de questionar o professor a respeito da qualidade estética dos textos, considerando-se que os objetivos da área de Comunicação e Expressão compreendem: a criação de formas novas de expressão, a partir de exercício de atividade crítica; o desenvolvimento da capacidade criadora e do gosto estético.

O professor que preenche um questionário como esse é levado a crer que os aspectos questionados são os únicos relevantes para avaliação da qualidade dos livros didáticos. No entanto, os objetivos da área de Comunicação e Expressão, anteriormente referidos, demonstram que deveria ter havido uma preocupação com a qualidade estética dos textos no sentido de levar o aluno não só à apreciação de um texto literário, mas também à busca de novas possibilidades expressivas de comunicação em língua portuguesa.

Não se pode exigir do professor um trabalho profundo de crítica literária, mas o roteiro poderia ter servido para chamar-lhe a atenção para alguns aspectos elementares, importantes para quem trabalha com textos destinados a crianças. Assim, poderiam ter sido questionados aspectos como:

– autoria dos textos: ocorrência de indicação do autor? Autor de livros infantis? Criação do próprio autor do livro? Adaptação? Tradução?

– forma/gênero dos textos: história? Crônica? Poema? Quadrinhos? Texto dissertativo? Descrição? Fábula?

– conteúdo dos textos: Civismo? Ciência e tecnologia? Folclore? Religião? História? Natureza? Aspectos psicológicos e de comportamento?

– perspectiva dos textos: Verismo? Fantasia?

Questões desses tipos poderiam despertar no professor um maior interesse por aspectos estético-literários, propiciando-lhe a real compreensão dos objetivos do trabalho com textos literários. Assim, o professor buscaria novas formas de abordagem de textos, dinamizando, consequentemente, o ensino na área de Comunicação e Expressão.

Questionários aplicados aos professores

O bom nível de escolaridade dos professores criou expectativas de respostas condizentes com as concepções teóricas da equipe de pesquisa. No entanto, estas não foram confirmadas, o que talvez possa ser entendido pelas seguintes considerações:

1ª) embora 61,2% dos professores tenham curso superior, apenas 18,8% fizeram curso de Letras, isto é, têm uma formação específica em literatura;

2ª) a maioria dos professores (63,2%) tem mais de dez anos de magistério, o que significa que muitos deles não tiveram em seu currículo a disciplina Literatura Infantil, de implantação recente.

A análise demonstrou que os professores não têm uma concepção muito clara sobre a natureza e a função da literatura. A satisfação das necessidades de ficção e fantasia, responsável pelo caráter das atividades com o texto literário, não foi valorizada pelos professores, justamente por não perceberem a diferença entre um texto literário e um texto referencial. Isto se evidenciou na análise das respostas que consideram "Aspectos para a composição do livro", "Finalidade dos textos de Comunicação e Expressão", "Percepção da diferença entre textos de Comunicação e Expressão e textos de Integração Social".

Aspectos da composição do livro:

1. Textos condizentes com a realidade dos alunos.
2. Textos do interesse dos alunos.
3. Textos que falem sobre folclore, história, religião, ciências etc.
4. Textos com fundo moral para formar o educando.
5. Textos que valorizem o ser humano, propiciando-lhe reflexão etc.
6. Textos curtos.

7. Ilustração simples.
8. Vocabulário útil e completo.
9. Linguagem simples e acessível.
10. Atividades gramaticais de dificuldade graduada.
11. Fixação ortográfica.
12. Outros.

Finalidade dos textos dos livros de Comunicação e Expressão:
1. Interpretar o que leu e copiou.
2. Desenvolver bons hábitos de leitura.
3. Desenvolver a capacidade de interpretação.
4. Desenvolver a redação.
5. Desenvolver o raciocínio lógico e rápido.
6. Enriquecer o vocabulário.
7. Fixação de ortografia.
8. Desenvolver hábitos de falar e escrever corretamente.
9. Conhecimentos gramaticais e treino ortográfico.
10. Ir de encontro à fantasia e imaginação da criança.
11. Informar.
12. Outros.

Percepção da diferença entre textos de Comunicação e Expressão (C.E.) e textos de Integração Social (I.S.)

TOTAL	SIM	NÃO	N.E.*	S.R.
Nº	105	48	45	16
%	62,4	28,2	22,3	94

* N.E. – Não especificada.

Explicação da resposta

SIM

1. C.E. – são fantasiosos; I.S. – são reais.
2. Diferem no assunto.
3. Diferem nos aspectos de interpretação, vocabulário e atividade gramatical.
4. C.E. – mais alegre; I.S. – mais instrutivos, mais cansativos.
5. Diferem nas ilustrações.
6. Diferem na finalidade.
7. Diferem nos autores.
8. I.S. – mais acessíveis, melhor conteúdo.

NÃO

1. Ambos têm finalidade de formar e informar.
2. Conteúdos e objetos idênticos.
3. Devem ser lidos e compreendidos.

Essa concepção reflete-se no trabalho desenvolvido pelo professor com o livro didático e na própria adoção do livro.

A análise das tabelas denominadas, "Desenvolvimento das unidades do livro", e "Importância da ilustração" deixa perceber que os professores concebem a leitura como sendo uma atividade de interpretação dirigida, impossibilitando o encontro do leitor com o texto, o que lhe propicia o prazer da leitura. Como muitos professores afirmaram seguir a orientação do "manual do professor", a avaliação do trabalho desenvolvido por eles exige a análise dos livros adotados.

Desenvolvimento das unidades do livro

TOTAL	1 nº	1 %	2 nº	2 %	3 nº	3 %	4 nº	4 %
Sim	36	21,3	20	11,8	135	79,9	3	1,8
Não	133	78,4	14,9	88,2	34	20,1	166	98,2

1. Desenvolvimento das atividades na ordem em que são apresentadas.
2. Desenvolvimento de todas as atividades propostas.
3. Desenvolvimento de outras atividades além das propostas.
4. Sem propostas.

Importância da ilustração*

TOTAL	SIM	NÃO	N.E.	S.R.
nº	150	13	24	6
%	88,8	7,7	–	3,5

*A tabela se refere às respostas dos professores à questão nº 35:

"A ilustração dos textos nos livros didáticos é importante?
( ) SIM

( ) NÃO

Por quê?"

Explicação da resposta:

SIM
1. Despertar o interesse pelo conteúdo.
2. Servir de motivação à leitura.
3. Despertar a curiosidade da criança.
4. Ser importante recurso visual.
5. Provocar reações nas crianças.
6. Concretizar a ideia do autor em relação ao texto.
7. Pode ser aproveitada para redação.

NÃO
1. Ser necessário valorizar mais o texto.
2. Dispersar a atenção do que vai ser estudado.
3. Tornar o livro mais caro.
4. Ser desnecessário à compreensão do texto.
5. Ser apenas um complemento; não é essencial.
6. Condicionar a interpretação do texto à figura.
7. Não ajudar na compreensão do texto.

A questão a respeito do livro adotado apontou oito títulos diferentes, tendo havido uma diferença muito acentuada entre o primeiro e o segundo mais adotados; a ocorrência dos outros títulos considerados juntos equivaleu à ocorrência do segundo.

Livro adotado

Livros	1	2	3	4	5	6	7	8	9	10	11	12	S.R.*	TOTAL
nº	76	41	15	9	7	3	2	1	-	-	-	-	3	169
%	45	25,2	9,2	5,5	4,3	1,8	1,2	0,6	-	-	-	-	1,8	100

*S.R. – Sem resposta

1. *Pelos Caminhos da Comunicação.*
2. *A mágica de Aprender.*
3. *Mundo Mágico.*
4. *Português Moderno.*
5. *Brincando com as Palavras.*
6. *Português Dinâmico.*
7. *A Mágica da Comunicação.*
8. *Isto é Aprender.*

Os dois livros que a pesquisa apontou como os mais adotados foram analisados pela equipe, que concluiu pela superioridade de *Pelos Caminhos da Comunicação*.

A tabela "Os livros mais adotados e sua aceitação pelo professor" mostra que a avaliação feita pelos professores sobre os dois livros mais adotados contraria a análise feita pela equipe: 47% dos professores que adotam *Pelos Caminhos da Comunicação* afirmaram não gostar do livro, enquanto apenas 22% que trabalham com *A Mágica do Aprender* manifestaram insatisfação com o livro; por outro lado, houve manifestação de sete professores de que gostariam de adotar *A Mágica do Aprender*.

Os livros mais adotados e sua aceitação pelo professor

	Adotam	Não gostam nº	Não gostam %	Não adotam nº	Não adotam %	Gostariam nº	Gostariam %
1	76	36	47,4 %	93		–	0,0%
2	41	9	22 %	128		7	17,1%

1. *Pelos caminhos da Comunicação*
2. *A Mágica do Aprender*

É interessante observar que nem todo professor captou a especificidade do texto literário; 91,71% dos professores testemunharam o prazer que os alunos encontram em trabalhar com esses textos. Os comentários feitos sobre as tabelas "Os alunos e o gosto pela leitura dos textos" e "As atividades preferidas pelos alunos no trabalho com o texto" comprovam que as funções psicológica e formadora da literatura são valorizadas pelos alunos, que veem nos textos literários uma possibilidade de desenvolver a imaginação e a criatividade, garantindo à disciplina um caráter particular. A ocorrência da leitura silenciosa como a atividade preferida pelos alunos confirma o tratamento especial que deve ter o texto literário em relação aos demais, privilegiando a fruição pessoal do mesmo leitor.

Os alunos e o gosto pela leitura dos textos

TOTAL	SIM	NÃO	N.E.*	S.R.*
nº	155	10	56	4
%	91,7	5,9	33,1	2,4

*N.E. – Não especificado
*S.R. – Sem resposta

Explicação da resposta

SIM
1. Os textos serem variados e apresentarem atividades diversificadas.
2. Os textos proporcionarem novos conhecimentos
3. Os textos darem oportunidade à criança de debater, dizer o que sente e o que imagina
4. Os textos irem ao encontro das fantasias da criança
5. Os textos possibilitarem a dramatização
6. Os textos estarem no único livro didático que as crianças possuem
7. Os textos possibilitarem uma identificação entre os alunos e as situações apresentadas

NÃO
1. Os textos exigirem concentração
2. Os textos serem muito cansativos
3. Os textos raramente falarem das experiências da criança
4. Os textos não despertarem atenção e o interesse do aluno
5. Os textos serem muito fantasiosos
6. Os textos serem fictícios
7. Os textos possuírem vocabulário difícil

As atividades preferidas pelos alunos no trabalho com o texto

Atividades	1	2	3	4	5	6	7	S.R. nº %
Leitura Silenciosa	86	21	18	17	11	5	-	
Leitura em voz alta	54	78	15	8	2	1	1	
Interpretação	-	22	68	48	18	5	1	
Dramatização	22	12	18	35	26	35	1	
Exercícios de Vocabulário	2	29	36	32	66	6	-	
Exercícios de Gramática	1	3	2	21	33	94	1	
Outras	1	-	1	-	-	1	36	

Análise dos livros

A análise dos livros demonstrou que a Coleção nº 01 (*Pelos Caminhos da Comunicação*) se mostrou bem melhor que a Coleção nº 02 (*A Mágica do Aprender*) em todos os aspectos abordados. Essa coleção é de autoria de Lino de Albergaria e Ione Meloni Nassar, publicada pela Editora F. T. D., em 1984, São Paulo, primeira edição. Analisaram-se os livros de 2ª, 3ª e 4ª séries, tendo cada um deles 215 (duzentos e quinze páginas). Não consta o nome do ilustrador no livro da 3ª série; o da 2ª série foi ilustrado por Emília Sasaki e o da 4ª por Kazuihiko Yashikawa.

A outra coleção, *A Mágica do Aprender (Livro Integrado)*, é da autoria de Yolanda Marques, tendo sido publicada pela Companhia Editora Nacional, São Paulo, não apresentando data, número de edição, nem nome do ilustrador. Analisaram-se os livros de 2ª, 3ª e 4ª séries, os quais apresentam, respectivamente, 192, 239, 280 páginas.

Quanto à **Identificação gráfica**, a Coleção nº 02 embora se apresente como "não consumível", traz à parte um *Caderno de atividades* consumível e se apresenta como "Livro Integrado" quando, na verdade, consiste numa encadernação única de quatro matérias abordadas completamente separadas.

A análise da **Composição gráfica** mostrou seriedade por parte dos autores da Coleção nº 01 ao apresentar elementos importantes que não ocorreram na Coleção nº 02, como bibliografia fonte dos textos e bibliografia de apoio para o professor; **Glossário final e Orientação para o professor.** Além disso, os outros itens considerados apresentam disparidade nas duas coleções. Enquanto na Coleção nº 01 o **Sumário** é completo, trazendo as lições numeradas, a autoria de cada texto, a Coleção nº 02 traz apenas o título das lições e a página omitindo muitas lições. Confirma a disparidade a sobriedade das ilustrações da Coleção nº 01 em oposição ao exagero de traços e de cores da outra coleção.

Quanto ao item **Propostas das Coleções,** a Coleção nº 01 contém explícitos em **Anotações para o professor**, em encarte, os postulados teóricos dos autores e sugestões metodológicas para o uso dos livros. A análise dessas concepções bem como a análise das lições mostrou a contradição entre o conceito humanizador da literatura e o conceito de leitura, comprometido com a decodificação do texto. A Coleção nº 02 não explicita seus postulados teóricos nem aponta metodologia de trabalho para o professor. Os textos e as atividades sobre eles permitem inferir uma concepção de literatura como forma de doutrinação e de leitura como simples decodificação.

Em Identificação dos textos, a Coleção nº 01 apresenta textos, em sua maioria, de conceituados autores de literatura infantojuvenil, com indicação completa e fontes. O aspecto negativo a observar-se neste item seria com relação à remontagem de alguns textos, processo responsável pela descaracterização de grande número de textos que, na íntegra, poderiam ser considerados bons. Por outro lado, a Coleção nº 02 é comprometida pelo grande número de textos com identificação bibliográfica incompleta e pela ocorrência significativa de textos de caráter pedagógico, pretensamente literários.

No item **Análise dos textos**, os aspectos observados permitiram concluir haver o predomínio de textos tidos como mais humanizadores na Coleção nº 01, enquanto na Coleção nº 02, houve maior incidência de texto com caráter menos humanizador, em função de seu evidente comprometimento com a formação pedagógica tradicional.

Foram considerados textos humanizadores aqueles cujos elementos estruturadores se mostraram de tal forma imbricados, que possibilitaram a emancipação do leitor. Assim, numa narrativa um texto que apresentou um narrador emancipador, disseminando esse caráter ao focalizador e à linguagem, pôde apresentar uma personagem perfeitamente adaptada às necessidades infantis. Esses textos cumpriram as funções essenciais da literatura, ou sejam, a psicológica, a formadora e a de conhecimento do mundo e do ser.

É preciso ressaltar que a classificação dos textos em humanizadores ou alienadores não é rígida e estanque, pois de um polo a outro existem fatores que estabelecem certa gradação. Dentre esses fatores avulta a função da linguagem predominante nos textos. Assim, dentre os textos humanizadores, há uma gradação de qualidade que se verifica pelo predomínio da função poética da linguagem. Tal predomínio resulta em alta qualidade estética, o que se verificou tanto em textos da Coleção nº 01, tais como *O domador de monstros* (Livro 2), *O convidado de Pedro* (Livro 4), *Maria-vai-com-as-outras* (Livro 3), como em textos da Coleção nº 2: *Currupaco papaco* (Livro2), *Os sapatos de Doroteia* (Livro 2). Esses textos, entre outros, destacam-se principalmente pela tensão, manifestada através da ambiguidade da linguagem.

Contrariamente aos emancipadores, houve textos narrativos em que o narrador se mostrou autoritário, carreando para todos os outros elementos os efeitos de seu autoritarismo. Tais textos se prestaram muito mais à transmissão de normas e valores do mundo adulto, num sentido formador pedagógico tradicional, que à satisfação dos desejos infantis e à integração da criança em seu mundo. Foram considerados textos alienadores, ou menos humanizadores, pois tentam justificar e perpetuar a menoridade da criança, impedindo sua participação eletiva na realidade em que vive.

A noção de gradação de valor também é válida para os textos alienadores, devendo-se enfatizar que, em alguns casos, o texto se tornou ruim pela manipulação nele efetuada pelos autores das coleções, através dos processos de remontagem e adaptação, principalmente. É o caso, por exemplo, de textos da Coleção nº 01 como *A romã* (Livro 3), de Mirna Pinsky, *Bem do seu tamanho* (Livro 4), de Ana Maria Machado, que em suas fontes sem remontagem, não poderiam ser considerados alienadores. Na Coleção nº 2, alguns textos tornaram-se também menos humanizadores em razão da adaptação, como se observou nos textos *A galinha sabida* (Livro 2) e *A casa de Mazalu* (Livro 4).

Concluindo, deve-se ressaltar a predominância de textos de caráter humanizador na Coleção nº 01, fator altamente positivo, pois, através da leitura desses bons textos, a criança pode ter acesso ao prazer de ler tão pretendido na escola mais tão ultrajado pelos livros didáticos de maneira geral. A presença de alguns textos ruins pode servir de ponto de partida para que o professor, consciente do caráter alienador desses textos, procure realizar com o aluno uma leitura crítica. Na Coleção nº 2, no entanto, ocorreu o inverso. Os textos de caráter menos humanizador predominaram, efetivando o exercício do poder adulto sobre a criança, de modo a manter e a prolongar a sua dependência. A temática dos textos, via de regra, representou o fiel depositário dos códigos de ética que normatizaram e padronizam o comportamento humano. Justificaram a visão de Fanny Abramovich sobre a produção literária para crianças:

> Tais estórias se caracterizam pela idealização do universo e da humanidade, tanto quanto assumam a pedagogia do modelo ou do contramodelo. [...] Aqui o cotidiano contraditório, as frustações e os conflitos foram banidos. O jovem leitor é protegido e tratado em menor. Não se permite que sua inocência e sua sensibilidade sejam ultrajadas ou feridas. A criança não tem o direito de saber o que quer, mas apenas aquilo que o adulto considera digno ou bom que ela saiba. (Abramovich, 1984, p.60).

A forma para se estabelecer o equilíbrio entre esses textos, mais numerosos, e aqueles considerados mais humanizadores é a conscientização do professor sobre a importância da função humanizadora da literatura. Para tanto é necessário que ele assuma uma postura crítica diante dos textos, explorando neles tanto a riqueza de suas contradições, quanto a miséria de suas certezas. De certa forma, esse desequilíbrio transforma-se em um desafio ao professor no sentido de propiciar a seu aluno condições para tornar-se um leitor mais ativo e menos manipulado, capaz de uma atuação mais participante de uma "humanidade que é a sua e, deste modo, pronto para incorporar à sua experiência humana mais profunda o que lhe oferece como visão da realidade" (Candido, 1970, p.809).

A análise das atividades registra, nas duas coleções, a ocorrência de muitas atividades desvinculadas dos textos, além da preocupação em dirigir a leitura para uma única interpretação. No entanto, a Coleção nº 01 permite, algumas vezes, uma leitura personalizada ao propor questões e interpretação mais abertas; isto não acontece com a Coleção nº 2 que trabalha mais com questões de múltipla escolha, de preencher lacunas e cópias de trechos das lições.

Considerações sobre os resultados

O reconhecimento da natureza e funções da literatura, do estatuto da literatura infantil e a concepção de leitura como "liberdade e fidelidade" ao texto, nortearam as análises feitas neste trabalho.

As especificidades do texto literário e as peculiaridades da Literatura Infantil não são identificadas nem pela orientação oficial, nem pelos professores de 1º grau, nem por uma das coleções didáticas consideradas, conforme a análise do roteiro da SEED-Pr, dos resultados dos questionários aplicados a professores de 1ª a 4ª séries e das coleções mais adotadas no município de Maringá.

As funções da literatura, psicológica, formadora e de conhecimento do mundo e do ser, apontadas por A. Candido (1972) são reconhecidas apenas por um dos objetos de análise citados no parágrafo anterior: a Coleção nº 01, *Pelos Caminhos da Comunicação*.

Quanto à concepção de leitura, nenhum dos documentos analisados demonstrou entender o ato de ler como interação entre dois sujeitos, leitor e texto. As atividades de leitura propostas pelos livros didáticos dirigem-se para o aspecto mecânico e o professor, na maioria das vezes, segue a orientação dos autores das coleções. Embora o roteiro da SEED-Pr traga duas perguntas sobre interpretação, elas não consideram a especificidade da leitura do texto literário.

Para que tenha sentido o trabalho com o texto literário na escola, é fundamental que o professor se conscientize da importância do ensino na literatura, em vista de sua força humanizadora. Valorizando o texto literário, o professor será mais exigente quanto à qualidade estética dos textos a serem trabalhados com seus alunos e adotará uma metodologia adequada à sua concepção de literatura. A postura do professor terá consequências na escolha do livro didático, podendo inclusive influenciar decisões dos órgãos oficiais que culminam com a adoção de livros para as escolas carentes.

É nas séries iniciais do 1º grau que a criança estabelece contatos sistematizados com a literatura. Exercícios de leitura orientados por um leitor crítico, o professor, poderão despertar no aluno o desejo de ler. Desencadeia-se, assim, o processo de leitura que irá se aperfeiçoando durante toda a vida escolar da pessoa, transformando-a, enfim, no tipo de leitor que preenche os "espaços vazios" do texto e que sofre, ao mesmo tempo, a ação modificadora do texto.

Tendo em vista a precariedade do trabalho com o texto literário, detectada pela pesquisa, algumas medidas podem ser sugeridas: a mudança do tratamento dado á disciplina Literatura Infantil nos cursos de magistério de 1º grau; a introdução ou incrementação do estudo da literatura voltada para a infância e juventude nos cursos de Letras; a implantação e revitalização das bibliotecas escolares;[2] a conscientização dos professores sobre a importância de se valorizar a qualidade estética dos textos no momento da seleção dos livros didáticos e da escolha de uma metodologia de trabalho que não ignore essa qualidade.

Considerando a situação do ensino de literatura no município de Maringá, o oferecimento de cursos de extensão a professores de 1º grau[3] poderá estimulá-los para o aprofundamento no assunto. Os cursos servirão, num primeiro momento, como motivação para que os professores discutam os seus problemas e tentem modificar, eles mesmos, a realidade em que atuam. Além dos cursos, bons resultados poderão ser obtidos com o acompanhamento do trabalho dos professores em sala de aula e com a montagem e dinamização das bibliotecas escolares.

Conclusão

Entendendo a literatura infantil em primeiro lugar como literatura, isto é, como arte, apenas particularizada por seu destinatário, tem-se consciência do importante papel que ela pode desempenhar na escola. Ao satisfazer a necessidade de fantasia da criança, possibilita-lhe a integração em seu mundo, pela recriação

---

[2] No momento da redação destas sugestões a equipe tomou conhecimento do projeto "Os livros criam asas", da Secretaria do Estado da Educação do Paraná – Comissão Estadual do Livro, implantado a partir do primeiro semestre letivo de 1985.
[3] Este projeto deu origem a um outro – "O Ensino de Literatura no 1º Grau." 2ª fase – que previa o oferecimento de cursos a professores do grau (1ª a 4ª séries). Esses cursos foram oferecidos pela UEM, com o apoio do Núcleo Regional de Ensino de Maringá e do CETEPAR, e ministrados pela equipe de pesquisadores em março e agosto de 1986.

da realidade. Conhecida a natureza do texto literário, é preciso que se respeite seu caráter intrínseco, a ambiguidade, não se tentando impingir aos alunos uma única leitura dos textos.

Duas preocupações fundamentais direcionam, portanto a segunda fase da pesquisa: até que ponto os textos trabalhados na escola como literários têm realmente qualidade estética? A pesquisa restringiu-se ao trabalho com os textos do livro didático por se saber que a situação socioeconômica da maioria dos alunos de nossas escolas públicas não lhes permite contacto com outros textos de ficção.

A análise, tanto da orientação dada pela SEEDP-Pr, quanto dos questionários respondidos pelos professores e das coleções didáticas, não trouxe respostas muito animadoras às questões levantadas, pois se percebe que não há muita consciência do que seja de fato um texto literário. Se o documento da SEEDP-Pr não particulariza o uso do livro de Comunicação e Expressão em relação aos das demais disciplinas, com uma preocupação especial com o texto literário, os professores também não percebem diferença entre textos de Comunicação e Expressão e textos referenciais e lhes dão o mesmo tratamento; nos livros didáticos, particularmente numa das coleções analisadas, confluem textos referenciais ou de predomínio de função emotiva ou conativa e lhes propõem abordagem semelhante.

Evidenciou-se um desrespeito ao texto e ao aluno no trabalho com as atividades de Interpretação. Ao texto, por não se lhe respeitar a ambiguidade, direcionando os alunos para uma igualdade de respostas conformes à leitura do professor; ao aluno, por não se permitir a ele o prazer da entrega pessoal ao texto, a leitura que num primeiro momento deveria ser só dele, para depois ser discutida com os colegas e com o professor. Credite-se tal procedimento à falta de compreensão da natureza da literatura aliada a uma concepção mecanicista, decodificadora, de leitura.

Há que se considerar as limitações da pesquisa, pois se restringiram os dados a escolas públicas estaduais de Maringá, a duas coleções didáticas e a um documento oficial do SEEDP-Pr. Os resultados da pesquisa poderiam ser confrontados com resultados de outras pesquisas que abordassem escolas particulares, o trabalho com livros infantis e especialmente a recepção dos textos diretamente pelos alunos; poder-se-ia estender a pesquisa às demais séries do 1º grau, assim como ao 2º grau. Ter-se-ia dessa forma, uma visão mais abrangente do problema do ensino da literatura.

De qualquer forma, os resultados alcançados permitem postular a necessidade de um repensar seriamente a questão do ensino de literatura, pois se um dos objetivos de Comunicação e Expressão é "despertar o gosto pela literatura", ele só será atingido se os textos apresentarem o predomínio da função estética e receberem uma abordagem adequada.

Referências

ABRAMOVICH, Fanny. *O estranho mundo que se mostra às crianças*. São Paulo: Summus, 1983.

ALBERGARIA, Lino de; NASSAR, Ione Meloni. *Pelos Caminhos da comunicação*. (2ª, 3ª, 4ª séries). 1º grau. São Paulo: FTD, 1984.

CANDIDO, Antonio. A literatura e a formação do homem. Ciência e Cultura. São Paulo, 24: 803-809, set. 1972.

_____. Estímulos da criação literária. In: _____. *Literatura e sociedade*. 5. ed. São Paulo: Nacional 1976.

CAMPOS, Haroldo. Comunicação da Poesia de vanguarda. In: _____. *A arte no horizonte do provável*. 4. ed. São Paulo, Perspectiva, 1977.

FREIRE, Paulo. *A educação como prática de liberdade*. 15. ed. São Paulo: Paz e Terra, 1984.

JAKOBSON, Roman. Linguística e poética. In: _____. *Linguística e comunicação*. São Paulo: Cultrix, 1969.

JAUSS, Hans Robert. O texto poético na mudança de horizonte da leitura. In: LIMA, Luz Costa. *Teoria da Literatura em suas fontes*. (v.2), Rio de Janeiro: Francisco Alves, 1983.

KÜGLER, Hans. *Literatur und Kommunikation*. Stuttgart: Ernst Klett, 1971 (Tradução livre de Carlos E. Fantinati, Texto datilografado).

LAJOLO, Marisa. O texto não é pretexto. In: AGUIAR, Vera Teixeira et al. *A leitura em crise na escola*. Org. Regina Ziberman. Porto Alegre: Mercado Aberto, 1982.

LAJOLO, Marisa. *O que é literatura*. 4. ed. São Paulo: Brasiliense, 1984.

LAJOLO, Marisa. Poesia, uma frágil vítima de manuais escolares. *Leitura: Teoria e prática*, 4, dez. 1984.

MARQUES, Yolanda. *A mágica do aprender* (Livro integrado), 2ª, 3ª e 4ª séries do 1º Grau. São Paulo: Nacioanl, s.d.

SILVA, Ezequiel T. da. *O ato de ler*. São Paulo: Cortez, 1981.

ZILBERMAN, Regina. *A literatura infantil na escola*. 2. ed. São Paulo: Global, 1982. (Teses, 1).

_____. A leitura na escola. In: AGUIAR, Vera, Teixeira et al. *A leitura em crise na escola*, Org. Regina Zilberman, Porto Alegre: Mercado Aberto, 1982.

_____. *A literatura infantil e o leitor*. In: CADERMATORI, Lígia. Literatura infantil: autoritarismo e emancipação. São Paulo: Ática, 1982.

6.
Sobre a universidade

Achegas para os cinquenta anos do curso de Letras[1]

Meus agradecimentos à Profa. Dra. Zélia Lopes da Silva pelo convite e cumprimentos pela coordenação das festividades, dos trabalhos e da "Agenda Comemorativa UNESP-ASSIS/50 ANOS", que vi e li com muito gosto e saudade.

Com a liberdade que me foi dada para tratar do tema – "FCL: entre o passado e futuro" – procurei inicialmente tratar de duas visões possíveis de nossa temporalidade: uma, de caráter mais estático, outra, de dimensão mais dinâmica.[2] A primeira visão centrar-se-ia num enfoque retrospectivo, de traço mais afetivo, próprio das memórias, da arte e da literatura de cunho evocativo, que, indo do aporte brando ao agônico, constitui um dos aspectos temporais da Agenda Comemorativa dos 50 anos, expresso nas homenagens prestadas e nos poemas de Cecília Meireles, em especial *Retrato*. Situado na abertura da Agenda, o poema funciona como um dos seus motivos temporais ao poetizar o desencantamento do mundo, manifestado na contraposição – própria da concepção mítica das origens, por exemplo – entre um outrora, visto como alegre, doce e vigoroso, e um agora, em que se sente a perda dessas virtudes, com seus traços "triste, amargo e frio", que aludem implicitamente à figura – chamada por Manuel Bandeira de "a indesejada das gentes", de "iniludível" (Bandeira, [s.d.], p.307) – ou seja, da morte. Este, aliás, é o *memento homo*, a

---

[1] Este artigo reproduz com ampliações, retoques e certa redundância intencional o texto da intervenção oral na Mesa-redonda, de que tive a honra de participar em 14 de agosto de 2008 por ocasião de um dos eventos relativos aos 50 anos do câmpus de Assis. O que há de novo, do ponto de vista técnico, são as citações no corpo do texto e as notas de rodapé, dirigidas aos estudiosos que possam vir a se interessar pela pesquisa da história do curso de Letras, em especial pelo estudo de suas publicações, de sua produção intelectual e de seus contextos na antiga FAFIA e na atual FCL. Com a organização aqui dada à matéria, procurei alcançar dois públicos diferentes: o leitor não especializado e o leitor profissional, voltado para a investigação acadêmica. Publicado em: *Cadernos Cedem*: v.2, n.2, p.104-116. 2011. Disponível em: <www.cedem.reitoria.unesp.br>.

[2] As reflexões sobre as relações entre poesia, tempo e práxis foram motivadas pelo ensaio de BOSI, Alfredo. Poesia resistência. In: _____. *O ser e o tempo da poesia*. São Paulo: Cultrix/Universidade de São Paulo, 1977, p.139-192.

presença-ausência em toda comemoração, para sermos piedosamente paradoxais, ou para servirmo-nos de um duro oximoro, conforme deixa ao encargo da sensibilidade do leitor o grupo de produtores da Agenda Comemorativa, a quem presto aqui minha homenagem por ter elegido poemas como o de Cecília Meireles para falar da vida e da morte na e da Faculdade de Filosofia, Ciências e Letras de Assis. Ao lê-lo aqui, reverencio saudosamente a memória de todas as pessoas de nossa comunidade universitária que já nos deixaram, nomeadamente a do professor Antonio Augusto Soares Amora, primeiro diretor e fundador da Faculdade de Filosofia, Ciências e Letras de Assis – FAFIA –, a da professora Vilma Rodrigues – docente de alemão e minha amiga –, a do professor Celso Pontara, cujo inexplicável assassinato clama por justiça, e a da professora e psicóloga Ilda Aparecida Caruso, parceira leal na direção da Faculdade de Ciências e Letras, entre 1991 e 1995.

> *Retrato*
> Eu não tinha este rosto de hoje,
> assim calmo, assim triste, assim magro.
> nem estes olhos tão vazios
> nem o lábio amargo.
>
> Eu não tinha estas mãos sem força,
> tão paradas e frias e mortas;
> eu não tinha este coração
> que nem se mostra.
>
> Eu não dei por esta mudança,
> tão simples, tão certa, tão fácil:
> – Em que espelho ficou perdida
> a minha face? (Meireles, [s.d.], p.84)

Embalado por essa perspectiva, propunha-me eu, então, além de rememorar com mais detalhes esses estimados colegas, homenagear, tecendo considerações pormenorizadas, mais algumas outras pessoas dentre aquelas muitas a quem me ligam laços de apreço, amizade ou reconhecimento, quer da esfera acadêmica, quer da administrativa, ao longo dos meus 47 anos nesta casa, como aluno, professor e diretor.

A segunda dimensão temporal a ser enfocada se sustentaria numa abordagem retrospectivo-prospectiva do pretérito, marcada por impulsos dinâmicos e investigativos em relação a esse passado, visto desde um presente problemático e aberto para um futuro, que é invocado e convocado. Esse sentimento do tempo, que fala das provocações do presente, do impulso em direção ao que há de vir, movido por um reencantamento do mundo, está também presente na Agenda Comemorativa dos 50 anos, na escolha, poemática feita pelo "CPPA – Centro de Psicologia Aplicada Dra. Betti Katzenstein (1969-2008/39 anos)" – para constar do dia 29 novembro de 2008. Ali se encontra o poema "Reflexão e convite" de Murilo Mendes, cujo plano verbal e movimento de passada vigorosa tematizam essa concepção superadora do tempo presente, própria da aventura épica, da lírica de protesto e da moderna literatura satírica e paródica.

E ao lê-lo aqui, aproveito o ensejo para externar agora, de forma concisa, minhas homenagens àquelas pessoas com quem convivi direta ou indiretamente nos meus quarenta e sete anos nesta instituição, salientando, de maneira breve, algumas delas: os dois professores que marcaram minha formação inicial, José Carlos Garbuglio e Ottmar Hertkorn; os amigos feitos nos anos da graduação – Antonio Dimas e Onosor Fonseca – e um outro, feito pouco mais tarde – Arnaldo Daraya Contier; todos os professores que pertenceram ou pertencem à disciplina de Literatura Brasileira e nela militaram ou militam – Antonio Candido, Rolando Morel Pinto, José Carlos Garbuglio, Teresa de Jesus Pires Vara, Iumna Maria Simon, Lívia Ferreira Santos, Maria Alice de Oliveira Faria, Dilea Zanotto Manfio, Luis Roberto Veloso Cairo, Benedito Antunes, João Luís Cardoso Tápias Ceccantini e Álvaro Santos Simões Jr., bem como todos os professores das disciplinas de Literatura Portuguesa e Teoria Literária e Literatura Comparada, que formaram e formam o Departamento de Literatura; a equipe permanente de funcionários em funções de confiança que assessorou durante quatro anos (1991-1995) à professora Ilda Aparecida Caruso e a mim na direção do câmpus de Assis: os diretores João Isomar Manfio, Maria Lúcia Pimentel Ganimi, Edenir de Carvalho Duro e Nilza Maria Scala; as secretárias Raquel Nogueira Hernandes e Lucia Helena Antunes de Morais e o motorista Valdemir de Jesus Assunção (Didi); e, finalmente, o Professor Doutor José Ribeiro Júnior, que muito honra esta casa ao ter exercido pela primeira vez a função mais alta alcançada por docente desta faculdade junto à Reitoria, a de Pró-Reitor de Pós-Graduação, entre 1993 e 1997, após ter sido dela diretor (1987/91), quando com ele trabalhei, quase meio mandato (1990-1), como vice-diretor.

> Reflexão e convite
> Nós todos estamos na beira da agonia
> caminhando sobre pedras angulosas e abismos.
> Ninguém ouve o barulho da banda de música
> que está ali firme do outro lado do século.
>
> Encontramos o sonho e pusemos no altar.
> Incenso e adoração, culto ardente pra servir.
> Saímos dos planos múltiplos do sonho,
> não nos integramos na ciência da total realidade.

> Vamos colher as flores que crescem nos abismos
> e apreciar as explosões de luz de dois universos.
> Apressando o passo estaremos do outro lado do século
> ouvindo o barulho da banda de música que não para nunca.
> (Mendes, [s.d.], p.118)

Tal sentimento do tempo tomaria o passado da Faculdade de Ciências e Letras de Assis, predominantemente de seu curso de Letras, como matéria de investigação, visando a descobrir nele linhas e vetores da instituição que apontassem para o futuro. O campo escolhido seria o da missão recebida pelo corpo de professores nacionais e estrangeiros vindos para Assis a partir de 1958 com a tarefa de proceder à renovação dos estudos das Letras, enquanto busca dialética entre interiorização e internacionalização da cultura. O assunto seria escavado em três camadas: 1. no plano consciente do momento inicial com o enfoque das manifestações programáticas; 2. no nível da memória, posteriormente, com a exploração de material extraído de manifestação de alunos e da produção intelectual de seu maior executor, o professor Antonio Candido, que logra uma execução plena da proposta; e 3. finalmente, na proposta de uma tarefa a executar: a necessidade de pesquisar a produção intelectual do grupo de professores nacionais e estrangeiros que publicaram artigos na *Revista de Letras* e cerca de trinta livros, entre 1960 e 1973, na "Coleção de Estudos e Ensaios", e de mais sete outros professores de Letras, seus continuadores, que deram à publicidade sete obras na coedição ILHPA-HUCITEC, em 1978. Todos esses professores são criadores de uma produção, carente de investigação acadêmica apurada, sem falar, é claro, do levantamento da bibliografia completa de cada autor individualmente, materiais que requerem ser examinados tanto em si, como do futuro que invocavam como expectativa. Possível desdobramento desse projeto de investigação proporia ainda o estudo dessas publicações, que estão na origem do curso de Letras da Faculdade de Ciências e Letras, como um dos fatores determinantes do modo como se deu a inserção da instituição na proposta de publicação da universidade, quer no âmbito das revistas, como a de Letras e mesmo a de História, quer no processo de consolidação da Editora UNESP.

Com isso devidamente planejado e já parcialmente pesquisado, tomei conhecimento de que meu tempo de intervenção nesta mesa-redonda seria compreensivelmente de trinta minutos, o que me levou a operar um incisivo corte nas minhas longas pretensões iniciais, para que pudesse me adequar ao período temporal a mim reservado. Esforçando-me por me ajustar o mais possível, falarei aqui, de maneira introdutória, quase que só dessa segunda concepção de tempo. Nosso objetivo é, portanto, tratar, preliminarmente, da relação entre alguns traços do programa ou intenções e de certas realizações, ocorridas no plano do ensino e no da reflexão teórica, sobre a natureza e a função da obra de arte literária, no curso de Letras da Faculdade de Filosofia, Ciências e Letras de Assis (FAFIA), no período que se estende de 1958 a 1976-8, executadas sob o signo da dialética entre interiorização e internacionalização da cultura, denominação aqui adaptada do que se tem chamado de um possível princípio a gerir nossa evolução espiritual: a dialética entre localismo e cosmopolitismo. A composição obedecerá, em essência, à bipartição indicada: programa e realizações da FAFIA entre 1958 e 1976-8, subdividindo esta em três partes: uma realização truncada, uma realização plena e uma realização a ser investigada.

Qual era a missão de que estava imbuído aquele grupo de professores universitários nacionais e estrangeiros e aqueles que se lhes seguiram e deram continuidade às tarefas por eles principiadas?

Na página de apresentação do primeiro número da *Revista de Letras*, em 1960, o primeiro diretor da FAFIA, professor Antonio Augusto Soares Amora, após caracterizar o conjunto de professores, aponta-lhes a incumbência recebida:

> Trata-se de um corpo de professores universitários, nacionais e estrangeiros, reunido pelo Governo do Estado de São Paulo, num Instituto Isolado de Ensino Superior – A Faculdade de Filosofia, Ciências e Letras de Assis – com a incumbência de realizar uma experiência no sentido de renovação dos métodos de ensino e de trabalho no campo dos estudos superiores das Letras. (*Revista de Letras*, 1960)

E o alto nível almejado pela empreitada educacional e editorial é explicado nestes termos:

> Porque acredita que só no plano do convívio internacional logra uma instituição universitária realizar seu papel de promotora do progresso das ciências e da elevação da cultura espiritual de um país. (*Revista de Letras*, 1960, p.1)[3]

---

[3]*Revista de Letras*. Assis, SP, 1: 1,1960. A primeira fase da revista encerrou-se em 1977 com a publicação do volume de número 19, saindo, no geral, um por ano, com exceção do número 13, que conjunta os anos de 1970-1, do ano de 1965 que dá à publicidade dois números – 6 e 7 – e do ano de 1966, que funde dois outros – 8 e 9 – num volume só. Na UNESP, o título foi preservado, a partir de 1980, para designar a revista que publica artigos e ensaios da área de estudos literários. O espírito que presidiu à criação da revista está presente também naquele que deu origem à "Coleção de Estudos e Ensaios", conforme se pode ler no mesmo texto, constante da orelha dos sete volumes publicados entre 1960 e 1962, texto aqui transcrito: "É hoje convicção, das instituições universitárias mais responsáveis do País, que uma escola superior, se deve atender à crescente demanda de profissionais de nível universitário, não encontra, evidentemente, aí, seu principal e mais responsável objetivo. Este, (sic) se põe bem mais distante e alto, e consiste na contribuição que devem dar, essas instituições, (sic) para o progresso do conhecimento. A Faculdade de Filosofia, Ciências e Letras de Assis desde os primórdios vem orientando todos os seus esforços, e convergindo todos os recursos de que dispõe, dentro do PLANO DE AÇÃO DO GOVERNO DO ESTADO, no sentido de alcançar esses altos objetivos das instituições universitárias de vanguarda. Suas publicações como *Revista de Letras*, lançada há um ano *(sic)*, com pleno êxito no país e no estrangeiro e a presente coleção ESTUDOS E ENSAIOS dão conta do labor intelectual de seus professores e a medida de suas possibilidades para fazer de uma faculdade, mais que uma escola de diplomação de profissionais, um centro de investigação e produção intelectual". Observação: a revista e a coleção nascem no mesmo ano: 1960.

Em 1962, um outro corpo de professores de Letras, o da FAFIA de Marília, ao lançar o número 1 da revista *Alfa*, repetia, no "Editorial" de abertura, de modo mais direto e com pretensões mais modestas, concepções similares, nas palavras possivelmente do jovem professor Ataliba Teixeira de Castilho, a quem presto aqui minha homenagem por sua notável liderança acadêmica, bem como ao nosso aluno mais brilhante – da FAFIA de Marília –, o professor Luiz Antonio Figueiredo, ambos, como muito outros colegas, sem perspectivas naquela faculdade com o prepotente fechamento do curso de Letras em 1976. Ponderava ele, então:

> A interiorização dos centros de cultura no estado de São Paulo, consubstanciada na criação dos Institutos Isolados de Ensino Superior, traduz um espírito de renovação da cultura brasileira.
>
> A tarefa assinada [sic] àqueles Institutos, a um tempo ingente e urgente, foi a de superar o estado de diletantismo e improvisação notório em nossa cultura, mormente no campo das letras, impondo a respeitabilidade dos estudos sérios, porque levados a cabo em nível universitário. (*Revista Alfa*, 1962, p.1)[4]

Alguns aspectos merecem atenção e destaque nas duas citações. O primeiro é a noção de renovação dos estudos, aplicada "à cultura brasileira", especificamente às Letras, que contrapõe um nível respeitável e sério – o universitário – a um outro, falto desses atributos por estar marcado pelo diletantismo e a improvisação. A avaliação positiva da universidade se fundava na convicção de que tinha ela competência para realizar uma renovação dos métodos de ensino, de trabalho e de reflexão no campo dos estudos das Letras. O segundo aspecto é constituído pelas duas frentes de atuação dos institutos isolados de ensino superior: a interna e a externa. Na primeira, estavam eles sob o imperativo de realizar a interiorização da cultura séria e universitária com seus métodos novos, e, na segunda, o de promover uma produção mensurável por padrões internacionais. Essa dupla incumbência tem como traço comum a luta pela qualidade, posta como único caminho, no âmbito internacional, para atender as exigências do confronto rigoroso, e, na arena interna, para executar o processo de reformulação educacional e metodológica solicitado, enfrentados as forças negativas e ameaçadoras vigentes: a falta de seriedade e respeitabilidade acadêmicas do amadorismo que vicejava nas Letras.

Para que pudesse tentar levar a bom termo os elevados objetivos buscados interna e externamente, o corpo de professores universitários nacionais e estrangeiros socorreu-

---

[4]*Alfa*. Marília, SP, 1: 1, 1962. A história da revista é similar à da *Revista de Letras*: termina sua primeira fase em 1977 logo após a criação da UNESP, mas tem seu título mantido como revista da universidade, que veicula matérias referentes a estudos linguísticos. As fases já encerradas das revistas não foram ainda estudadas e, obviamente, não foram elas confrontadas.

-se da tradição, da bagagem e da informação da tendência cosmopolita e urbana da cultura europeia, assimilada e ajustada historicamente a nossa realidade, tendência que não só moldou essencialmente as formas de expressão da formação brasileira, mas também tem sido difundida, oficialmente, pela educação, na modalidade de cultura erudita. O sociólogo José de Souza Martins conseguiu descrever, de forma sintética e precisa, sua difusão a partir da universidade até os níveis mais baixos do ensino, mostrando como ela plasma todo o tecido social por meio do processo formador emanado da universidade. Para o meio acadêmico – escreve ele –, impregnado do

> ideal republicano que começou a vingar com a formação de nossas universidades públicas, em particular a USP [...], a cultura erudita deveria ser desconcentrada e chegar até a massa do povo e da população pobre. A criação da Faculdade de Filosofia teve por objetivo preparar os docentes que levassem para o ensino médio o saber e a visão de mundo que se cultivava e difundia na universidade. E no ensino médio, nas escolas normais, seriam preparados os professores que levariam esse saber para as escolas primárias do campo, para os ricos e para os pobres. Na cultura acadêmica criou-se e difundiu-se a concepção do dever de corrigir e ensinar, expressão de uma grande esperança pedagógica na missão emancipadora e libertadora do educador. (Martins, 2007, s.p.)

No reforço da cultura erudita, no esforço de renovação dos métodos de ensino, na energia empregada no aprimoramento dos estudos literário e linguístico, integrados ao processo de interiorização dos centros de cultura no estado de São Paulo com sua simultânea ambição cosmopolita, desempenhou papel fundamental o trabalho realizado em sala de aula, a cargo do professor com a participação dos alunos, ou seja, aquilo que se denomina o ato docente, assim descrito por Antonio Candido:

> O ato docente pressupõe um trabalho em cujo desenvolvimento um ser humano se dirige a outro para estabelecer uma relação que torne possível a transmissão/incorporação satisfatória de conhecimento, não apenas para que o educando o possua, mas para que, através dele se oriente melhor na sociedade e, em geral, na vida. (Candido, 1980, p.83-7)

Acompanhavam essa valorização do ato docente o rigor quanto ao cumprimento dos horários de aula, a exigência da leitura intensiva dos textos, em especial dos ficcionais a serem analisados nos seminários, a assistência dada aos alunos pelos professores, todos estes, obrigatoriamente por contratos, residentes em Assis e à disposição dos discentes não só durante as aulas, mas também durante o período das sessões de estudo, podendo sua presença ser solicitada quando as tarefas assim o requeressem. Esse procedimento foi mantido, mesmo mais tarde, quando cresceu o número de alunos, tendo o docente titular a auxiliá-lo na assistência aos discentes um aluno com a função remunerada de monitor, que, além dessa atividade, iniciava-se, junto ao professor da disciplina, em atividades de pesquisa, iniciação de que se beneficiaram quase todos os alunos das duas primeiras turmas, as de 1959 e 1960, do curso de Letras.

Alguns textos publicados nos anos primeiros da faculdade podem ser lidos como testemunhos dessa preocupação com a renovação dos métodos de leitura e com a iniciação dos alunos na pesquisa. É o caso do pequeno livro de Naief Sáfady, *Introdução à análise de texto* (1961), dedicado pelo professor aos seus alunos da FAFIA e, em cujo prefácio, datado de fevereiro de 1961, Antonio Augusto Soares Amora, após traçar biografia acadêmica do autor, propugna: "Já é tempo de superarmos, no Brasil, o ensino da Literatura confinado exclusivamente na historiografia literária. Livros como este, com raras qualidades de saber atual e método de ensino, terão, estou convencido, papel decisivo na renovação dos cursos de Literatura em nossas faculdades de filosofia".

É dessa época a "Coleção Textos Escolares", com direção do mesmo Antonio Augusto Soares Amora e com supervisão do mesmo Naief Sáfady, constituída pela "Série Literatura Portuguesa", a qual pertencem duas obras – com 24 páginas –, escritas por dois alunos: a primeira, sobre Antero de Quental (1961), por Nites Feres (1961), e a outra, sobre Camões (1963), por Horácio Tucunduva Júnior (1963), ficando programados três outros opúsculos – sobre Garrett, Vieira e Eça – que não chegaram a sair. A coletânea, publicada também pela FAFIA, com apurado cuidado gráfico, enquadrava-se nas mesmas linhas gerais, que nortearam a fundação do curso de Letras e a criação de sua revista, conforme se pode ler na definição de seus objetivos, reproduzida nos dois volumes:

> Esta Coleção visa, de um lado, a fornecer ao ensino da literatura material de estudo (textual, biográfico, bibliográfico e iconográfico); de outro lado, a estimular entre os alunos do Curso de Letras da F.F.C.L. de Assis, sempre sob orientação de um professor, o espírito crítico e de investigação. Serve, portanto, esta coleção, em todo o sentido, a renovação que se vem realizando, em todo o mundo, no campo do estudo e do ensino da literatura.

Centrada exclusivamente na disciplina de Literatura Portuguesa, a experiência caracterizou-se muito mais pela intenção do que pela realização. Voltada para a análise de texto, parece ter limitado sua difusão quase que só ao âmbito local, carecendo seu aporte de uma dimensão teórica que a colocasse no plano das preocupações internacionais com o "ser e o tempo" da literatura. O pretendido influxo de renovação se viu cerceado ainda pela defasagem entre as obras programadas para a série – cinco –

e as realmente executadas – duas. E contribuiu, de vez, para o encerramento dela a saída de Assis do docente que a supervisionava, substituído por outro professor, em 1963, com proposta distinta, para a disciplina de Literatura Portuguesa, daquela até então vigente desde 1958. Com o fim da "Série Literatura Portuguesa" terminou também a "Coleção Textos Escolares", sem que se tivesse notícia da programação de uma "Série Literatura Brasileira", como era óbvio esperar-se, até para mostrar sintonia com a presença cada vez mais crescente e frequente de autores nacionais nos diferentes graus de ensino no país em substituição aos escritores portugueses, resultado, dentre outros fatores, do nacionalismo então em expansão, suscitado pela proposta desenvolvimentista.

A mais significativa e consistente experiência executada na Faculdade de Filosofia, Ciência e Letras de Assis, ocorrida a partir desse período, não mereceu registro tão claro nem tem documentos tão explícitos. Ela necessita ser reconstituída por meio da recuperação de depoimentos de alunos e de manifestações fragmentadas que se podem colher na leitura de textos de seu executor.

Com relação à renovação da orientação dos estudos literários, um importante testemunho é fornecido pelo professor Antonio Dimas ao anexar em seu "Memorial e Currículo apresentado ao Concurso de Titular de Literatura Brasileira junto ao Departamento de Letras Clássicas e Vernáculas da FFLCH da USP", em 2006, folha datilografada por Antonio Candido, de 1960, em que o professor universitário orienta, descendo a pormenores, o jovem aluno, ainda no curso clássico, sobre a leitura adequada das obras de Euclides da Cunha, para que pudesse participar da semana euclidiana daquele ano – 1960 – em São José do Rio Pardo. Antonio Dimas relembra:

> Os cinco anos iniciais dos 1960 foram poderoso encorajamento que, de certa maneira, favoreceram a escolha de uma abordagem da Literatura em suas ligações com a Sociedade. Pode ser que na origem dessa atitude estivesse a gentileza com que um dia, ainda aluno do curso clássico no antigo Instituto de Educação de Assis, fora recebido pelo Titular de Literatura Brasileira de Assis, Prof. Antonio Candido, que se dispôs a me ajudar para a Maratona Euclideana de 1960. De forma atrevida, pedi; de forma cortês, ele me ajudou. Como sempre, dispôs-se a me destrinchar uma lista de pontos, onde alguns enunciados me soavam como húngaro medieval. Perdeu-se a lista na gula do tempo, mas não se perderam essas duas folhas de papel jornal, guardadas com carinho desde 1960, nas quais o professor traduzia os pontos que me intrigavam. (Dimas, 2006, p.6)

Essa atenção dada à orientação dos alunos e o valor conferido ao ato docente podem ser vistos em publicação recente de Antonio Candido, denominada *Noções de análise histórico-literária,* que põe em circulação seu curso inaugural na FAFIA, em

1959, sobre crítica textual. Na aba do pequeno volume, Telê Ancona Lopes caracteriza a obra e consegue reconstituir a ambiência educacional em torno do texto original:

> O estudo da crítica textual na sala de aula de um primeiro ano de Letras representa mais uma vertente pioneira de Antonio Candido na universidade em nosso país. Esta sua obra didática [...], destinada ao curso de "Introdução aos estudos literários" da Faculdade de Ciências e Letras de Assis, em 1959, não despertou apenas os estudantes para o valor dos manuscritos, das edições de vida, assim como das edições críticas, na cadeia da criação e da difusão das obras literárias. Detendo-se com rigor nas principais questões da crítica textual, vinculada a teoria, ao estudo de casos, as aulas, além da cuidadosa apostila mimeografada, contavam com projeção de imagens e trabalhos práticos para sessões de estudo. (Candido, 2005, s.p.)

Testemunho do próprio Antonio Candido sobre seu trabalho docente e sobre o que ele chama de papel de "artesão" a fazer "exercícios de leitura" na disciplina de Literatura Brasileira em Assis, pode ser lido no prefácio que antepôs ao livro *Na sala de aula*, de 1985, onde relembra a gênese e, a seguir, a duração da convivência com poemas, cujas análises publica:

> As versões iniciais destas e de muitas outras análises foram redigidas há bastante tempo. Na maioria, entre 1958 e 1960, quando eu ensinava literatura brasileira na Faculdade de Filosofia de Assis, SP. À medida que as utilizava nas aulas [...] elas iam sendo acrescidas e modificadas; o seu estado atual é, portanto, uma etapa, fixada pela publicação, depois de revisões mais ou menos extensas. (Candido, 1985, p.6)

É nessa obra que está o preceito fundamental, seguido por todos os que se lançam à aventura do estudo do texto literário e desejam obter algum êxito, bastante conhecido também por aqueles que tenham escolhido no câmpus de Assis a vertente da disciplina de Literatura Brasileira que tem a obra de Antonio Candido como orientação metodológica, e por eles posto em prática quando solicitados pelas atividades na sala de aula. Esse preceito estatui: *Ler infatigavelmente o texto analisado é a regra de ouro do analista, como sempre preconizou a velha* explication du texte *dos franceses*.

Além disso, muito mais há ainda como desdobramento dessa preocupação inicial, entre 1959-1960, com o ensino da leitura, de que é exemplo um notável roteiro de orientação sobre "uma análise objetiva e metódica" do poema, que foi deixado inscrito na parte introdutória da composição chamada "Exercício de Leitura", publicação de 1975, no nº 1 da revista *Texto* de Araraquara –, onde ensina como decompor e recompor as peças do poema "Rondó dos cavalinhos" de Manuel Bandeira:

> E já que estamos resignados ao óbvio, comecemos lembrando alguns lugares comuns para o analista:
>
> 1. O objetivo da análise não é o poeta nem o leitor, mas o poema.
> 2. Isto significa que, pelo menos a princípio, o poema deve ser tratado como um "objeto" independente, observado a partir de características que são próprias dele, não do poeta nem do leitor.
> 3. Logo, não começar definindo o "tema", pois isto equivaleria a fornecer o significado central antes da análise, isto é, importaria em dispensá-la ou deformá-la por uma conclusão precoce. A análise poética demonstra, frequentemente, que o "tema" quase nunca é o "assunto" ostensivo, ou a conclusão expressa; mas algo escondido, que é preciso descobrir.
> 4. Uma análise objetiva e metódica deve começar pelos elementos por assim dizer "palpáveis" do poema, isto é, os que só existem nele, não no espírito do autor ou do leitor. Depois irá para a determinação dos múltiplos "sentidos" que brotam da sua dinâmica, e acabará nos "significados", projeções do sistema de sentidos parciais.
> 5. Sempre que couber, a primeira operação deve ser o estudo dos elementos relativos ao gênero onde o poema se enquadra, pois eles são normas anteriores que se tornam um ponto de partida impessoal.
> 6. A seguir, é preciso esclarecer o sentido de cada palavra e cada verso.
> 7. Em terceiro lugar, focalizar os elementos "materiais", os mais "palpáveis" de todos: metro, ritmo, rima, estrofação, pontuação e, sobretudo, a relação entre eles.
> 8. Nessas etapas, é preciso fazer um esforço para passar da descrição atomizada de cada elemento para a correlação entre eles, pois é esta que revela a fórmula própria do poema. (Candido, 1975, p.9-21)

Embora restrito ao poema, esse roteiro pode ser considerado, na sua generalidade, um guia adequado para a análise de qualquer tipo de texto, sendo conveniente ressaltar a importância conferida à operação de relacionamento entre os elementos desse mesmo texto, que se encontra em oposição radical ao procedimento da "descrição atomizada", um dos maiores obstáculos a ser vencido pelo principiante em estudo de texto. A se fiar num divulgador, essa operação é própria do pensamento de Hegel:

> O seu feito mais significativo foi o de explicar o sentido de relação. Hegel mostrou que tudo no universo é relacionado, interdependente; mostrou que não podemos estudar inteligentemente coisa nenhuma a não ser referindo-a a alguma

outra coisa. Por exemplo, não podemos falar no assoalho sem pressupor paredes; não podemos falar no peixe sem implicar na água; não podemos falar no céu sem subentender a Terra. A semelhança nada significa, à parte da diferença. O universo é um conjunto sistemático de qualidades correlatas (positivas e negativas). Toda coisa real envolve uma coexistência de elementos contrários. Por conseguinte, saber ou compreender uma coisa, equivale a ter percepção dela como um grupo unificado de partes contrárias. A verdade sobre uma coisa ou ideia qualquer envolve contrastes e oposições. (Trattner, 1967, p.220)

A tarefa de renovação metodológica no tratamento do texto literário, promovida por Antonio Candido a partir de sua permanência em Assis, não se dá somente no âmbito do ensino, fundamental no processo de interiorização da cultura literária. Membro da Comissão Editorial da *Revista de Letras*, lançada em 1960, publica no volume 2, de 1961, quando já deixara a Comissão, o seu ensaio "Estrutura e função do Caramuru" (Candido, 1961, p.44-66), renomeado "Estrutura literária e função histórica", na primeira edição de *Literatura e sociedade* (idem,1965a, p.201-229). Faz, em julho de 1961, uma intervenção nos debates do II Congresso de Crítica e História Literária, realizado na FFCL de Assis, constituída por uma pequena exposição, que resulta depois no ensaio "Crítica e sociologia" (idem, 1965b, p.1-17),[5] abertura do mesmo livro *Literatura e sociedade* (1965). Na terceira edição da obra, republicada em 1973, escreve no prefácio, datado de novembro de 1972, sobre a ligação entre esses dois ensaios, vinculados ao período assisense de sua vida, e um terceiro, "Estímulos da criação literária", de 1965:

> Nestes [três ensaios] está formulado, em planos cada vez mais particularizados, o problema fundamental para a análise literária de grande número de obras, sobretudo de teatro e ficção: averiguar como a realidade social se transforma em componente de uma estrutura literária, a ponto dela [sic] poder ser estudada em si mesma; e como só o conhecimento desta estrutura permite compreender a função que a obra exerce. (Candido, 1973, s.p.)

---

[5] À p.3 lê-se em nota de rodapé: "Este estudo é o desenvolvimento de uma pequena exposição feita sob a forma de intervenção nos debates do II Congresso de Crítica e História Literária, realizado na Faculdade de Filosofia, Ciências e Letras de Assis, em julho de 1961". Dentre as intervenções do autor no congresso, refere-se ele possivelmente a que se encontra às p.120-1, nos anais publicados. Ver *Anais do segundo congresso brasileiro de crítica e história literária*. Assis, 24-30 de julho de 1961. Assis: Faculdade de Filosofia, Ciências e Letras, 1963. Convém observar, a propósito, que os anais constituem uma inestimável fonte de informações sobre a atualização da crítica literária brasileira no início da década de 1960, podendo-se aí flagrar, nas menções claras e implícitas a autores e obras, suas referências internacionais e nacionais no período. Seria oportuna uma nova edição da obra com iconografia, índices remissivos de participantes, autores e obras mencionados e entrevistas com participantes ainda vivos por ocasião dos 50 anos, em 2013 ou do evento em 2011.

Aqui está presente, de modo claro, a sua concepção materialista da obra de arte literária nos dois aspectos que caracterizam sua configuração: um, voltado para a realidade interna da obra, o texto, e o outro, para a realidade externa, o contexto. Deixa ainda de pairar, já aqui, dúvida de que para ele a natureza da literatura é função de sua realidade estética, o que insere sua reflexão teórica na moderna e então atual discussão sobre a literariedade da obra de arte literária e sobre a função poética (*Linguística e poética*, de Jakobson, é de 1960), questões que dominavam os mais avançados estudos teóricos sobre "o ser e o tempo" da literatura em âmbito internacional. De maneira embrionária, expressa já aquela formulação, que fará mais tarde de forma categórica em "O direito à literatura":

> A eficácia humana [da obra de arte literária] é função de sua eficácia estética e, portanto, o que na literatura age como força humanizadora é a própria literatura, ou seja, a capacidade de criar formas pertinentes. (Candido, 1995, p.251)

Assim, Antonio Candido, quando de sua participação do processo de interiorização da cultura em São Paulo, procede a produções teórica e prática sobre a natureza, função e análise da obra de arte literária e de seu ensino, que são renovadoras tanto no espaço da sala de aula, quanto no nível da reflexão acerca do fenômeno literário. Deixa, ao mesmo tempo, marcas e comprovações de que essa inovadora sintonia com o espírito do tempo nos estudos críticos é contemporânea de sua experiência universitária assisense. Com isso desfaz o equívoco, vivo no final dos anos 1950 e começo dos anos 1960 – vigente até nossos dias ainda em certos espíritos, em algumas unidades universitárias, na área das Humanidades – sobre a impossibilidade de se executar na realidade interiorana a renovação dos estudos teóricos e práticos no campo das Humanidades com dimensão internacional e vínculo local, modo pelo qual tentam respaldar certos procedimentos injustificáveis perante os compromissos assumidos junto aos câmpus a que se acham vinculados.

Ao lado dessa realização qualitativa de Antonio Candido, a mais relevante talvez executada nas Letras em Assis, é necessário que se mencione a ambiência intelectual, que a envolveu, constituída por uma plêiade de professores em tempo integral – todos residindo em Assis – que também produziram, tanto no ensino como na pesquisa, trabalhos marcantes, de que são testemunhos as turmas formadas e os alunos selecionados como continuadores intelectuais, estimulados e orientados para a carreira acadêmica, e de que são documentos significativos os artigos e ensaios, deixados na *Revista de Letras*, destinada à divulgação de seus trabalhos, e o número expressivo de livros publicados, como parte da "Coleção de Estudos e Ensaios",[6] editada pela Faculdade de Filosofia, Ciências e Letras de Assis.

Nos livros da coleção e nos artigos, ensaios e resenhas da *Revista de Letras* convivem como autores professores nacionais e estrangeiros, vindos o primeiro grupo em 1958, juntamente com Antonio Candido, e o segundo entre 1960 e 1963, e os ex-alunos formados por eles na FAFIA, que passam, a partir já do ano de 1963, a substituir os mestres pioneiros, em geral requisitados pela USP, assumindo-lhes as funções por meio de compromissos contratuais, efetivamente cumpridos, como os de residência em Assis; dedicação em tempo integral ao exercício das atividades de ensino, pesquisa e extensão; publicação; ascensão na carreira acadêmica e assunção de encargos acadêmico-administrativos. Embora quantitativamente numeroso, o conjunto de artigos e de livros dos professores de Letras de Assis não foi até o momento objeto de investigação, quer fora

---

[6] Lista de obras publicadas na "Coleção de Estudos e Ensaios" com as indicações do ano de publicação, título da obra, nome do autor e da capista, esta referida por meio das abreviaturas OHST para Odiléa Helena Setti Toscano e LGF para Lila Galvão Figueiredo. Quase todas com a "folha vegetal estilizada" na quarta capa, as obras são as seguintes: *1960 – O progressismo de Sêneca*. José van den Besselaar. Capista: não indicada, possivelmente OHST; *Folhas caídas*: a crítica e a poesia. Naief Sáfady. Capista: OHST; *Problemas da formação humana*. W.S. Jonas Speyer, Capista: OHST. *1961 – O trágico na obra de Georg Büchner*. Erwin Theodor Rosenthal. Capista: OHST; *O sentido humano do lirismo de João de Deus*. Naief Sáfady. Capista: LGF; *Limites da estilística*: el idearium crítico de Dámaso Alonso. Julio Garcia Morejón. Capista: LGF. *1962 – Graciliano Ramos, autor e ator*. Rolando Morel Pintor. Capista: LGF. *1963 – Freud, esse desconhecido*. Obras de ficção e poetas vistos por Sigmund Freud. As ideias pedagógicas implícitas na obra de Sigmund Freud. W.S. Jonas Speyer. Capista: LGF. *1966 – Unamuno y El cancioneiro*: la salvación por la palabra. Julio Garcia Morejón. Capista: LGF; *Cyrano auteur tragique*: l'expression de la vérité humaine dans "La mort d'Agrippine". Capista: LGF; *O acordo impossível*: ensaio sobre a forma interna e sobre a forma externa na obra de Cesare Pavese. Antonio Lázaro de Almeida Prado. Capista.: não indicado. *O romance português contemporâneo*: 1930-1964. Fernando Mendonça. Capista: LGF. *A síntese orgânica do "Itinerarium Aetheriae"*. Enio Aloísio Fonda. Capista: não indicado. *O universo estético-sensorial de Graça Aranha*. José Carlos Garbuglio. Capa de LGF. *Índice remissivo da Revista de Língua Portuguesa*. Pedro Caruso. Capista: não indicado. 1967 - Dos coleccionadores de angustias. Unamuno y Fidelino de Figueiredo. Julio Garcia Morejón, Capista: LGF; *Apresentação da poesia barroca portuguesa*. Segismundo. Spina e Maria Aparecida Santilli,. Capista: LGF; *A tradução e os falsos cognatos*. Mario Mascherpe e Laura Zamarin. Capista: LGF; *Três ensaios de literatura*. Fernando Mendonça. Capista: LGF; *1970 – O itinerário poético de Salvatore Quasimodo*. Antonio Lázaro de Almeida Prado. Capista: LGF; *Análise comparativa dos sistemas fonológicos do inglês e do português*. Classificação dos erros prováveis com sugestões para uma aplicação pedagógica. Mario Mascherpe. Capista: não indicado. *A convivência com os textos*: unidades do ensino de Literatura em nível médio. Lívia Ferreira Santos. Capista: não indicado. *1971 – Para o estudo do teatro em Portugal*. Fernando Mendonça. Capista: não indicado. *Fontes do Caramuru de Santa Rita Durão*. Carlos de Assis Pereira. Capista: LGF. [Obras de História: *Os judeus no Egito helenístico*. Jaime Pinsky. Capista: Luís Fingermann; *Correio marítimo hispano-americano*. Manoel Lelo Bellotto. Capista: Celso Pinheiro.]. *1972 – La comparaison et la métaphore dans Germinal d'Émile Zola*. Álvaro Lorencini. Capista: Maria Thereza Garcia Lopes Lorencini. *1973 – A literatura portuguesa no século XX*. Fernando Mendonça, Capa de Luiz Díaz. Embora não pertençam à "Coleção de Estudos e Ensaios" por esta extinguir-se, assim como a primeira fase da *Revista de Letras*, com a criação da UNESP em 1976, sete obras de professores das Letras – de um total de oito – publicadas no ano de 1978, mercê da parceria entre o Instituto de Letras, História e Psicologia de Assis e a editora Hucitec, parecem ter saído ainda segundo o mesmo princípio que norteou a coleção, o que justifica sua inclusão aqui. Chamo atenção para, talvez, o último aparecimento da "folha vegetal estilizada" como símbolo do novo instituto, vindo da velha faculdade assisense, estampada na primeira capa dos livros, cuja diagramação padronizada tenta evocar o racionalismo belo e despojado da concreta capa original da *Revista de Letras*. As obras são as seguintes: *Introdução ao estudo das perífrases verbais*. João de Almeida; *Fernando Namora: um cronista no território da ficção*. Elêusis Míriam Camocardi; *O romance de Virgílio Ferreira: existencialismo e ficção*. Aniceta de Mendonça; *O texto narrativo na perspectiva semiológica*. Letízia Zini; *Processos retóricos na obra de João Cabral de Melo Neto*. Maria Lúcia Pinheiro Sampaio; *Santa Joana segundo Seghers e Brecht*. Wilma Rodrigues e *O profeta e o escrivão: estudo sobre Lima Barreto*. Carlos Erivany Fantinati.

de Assis, quer das instâncias de pesquisa do próprio curso de Letras da unidade universitária, sendo conveniente ressaltar que essa produção crítica, ao lado da possibilidade de poder ser tema de estudo particular, enfocando-se cada autor individualmente com toda sua produção bibliográfica a ser levantada, poderia também ser examinada no quadro das incumbências que foram atribuídas ao grupo e na moldura das concepções de estudo da obra de arte literária, vigentes então no nível internacional, na área das Letras. Não poderá também estar ausente, sobretudo no estudo da "Coleção de Estudos e Ensaios", a abordagem dos seus textos da perspectiva da sua difusão no mercado, uma vez que, publicados segundo velhos procedimentos das tradicionais edições universitárias brasileiras – edições subvencionadas a fundo perdido, sem esquema de seleção acadêmica e sem rede de distribuição e divulgação competitiva no mercado livreiro – constituíram-se em autênticos encalhes, restringindo muito o seu efeito social e contrariando os altos objetivos programáticos almejados. Aliás, a falta de atenção para a cadeia de circulação do livro universitário enquanto mercadoria foi um dos elementos limitadores do projeto dos Institutos Isolados de Ensino Superior em São Paulo, só enfrentado, na UNESP, a partir da segunda metade da década de 1980, com a criação da Editora UNESP e sua conversão posterior, nos anos 90, em fundação.

Toda essa produção intelectual está a reivindicar ainda, além dos estudos já indicados, a que se proceda também à pesquisa da vida e criação dos seguintes artistas: Italo Bianchi, que criou a capa belamente racional da *Revista de Letras* (1ª fase); Odiléa Helena Setti Toscano e Lila Galvão de Figueiredo, capistas, a primeira, dos três primeiros volumes da "Coleção de Estudos e Ensaios" e, a segunda, de quase todos os outros, e, finalmente Fernando Lemos, autor do cartaz do II Congresso de Crítica e História Literária de Assis, de 1961, tornado capa do livro de 1963.[7] Sem esquecer, é claro, a necessidade de investigar a autoria do desenho da expressiva "folha vegetal estilizada", que foi, durante mais de vinte anos, símbolo da FAFIA e que deixou, de maneira inexplicável, de exercer essa função justamente agora que a Faculdade de Ciências e Letras poderia agregar, harmonicamente nela, as duas vertentes de cursos que a constituem: os de Humanas e os de Biológicas.

Assim, uma das possibilidades que o curso de Letras[8] tem para propor certos caminhos consistentes em direção ao futuro residiria no conhecimento/re-conhecimento

---

[7] Dos quatro artistas mencionados Fernando Lemos e Italo Bianchi são bastante conhecidos e estudados, havendo já na Internet informações e bibliografia em quantidade razoável sobre suas vidas e obras. Não é o que sucede com as duas capistas, que estão a demandar empenho investigativo para que se possa tratar de suas trajetórias existencial e artística. Os demais capistas não foram pesquisados.

[8] Para quem ainda precisa melhor ouvir e entender Letras, recomendo a leitura das seguintes passagens da Agenda comemorativa dos 50 anos: o poema "Canção excêntrica", de Cecília Meireles, em "Homenagem aos docentes", que consta do dia 13 de janeiro de 2008 e versa o topos do mundo às avessas, e o "Rios sem discurso" (Educação pela pedra), de João Cabral de Melo Neto, posto nos dias 28 e 29 de junho, na parte reservada à "Pós-Graduação em Letras (1979-2008/29anos)".

de seu passado, principalmente de como realizou outrora, em Assis, em nível universitário, a dialética entre interiorização e internacionalização da cultura, executada pelos professores pioneiros e oferecida pelo professor Antonio Candido na forma possivelmente de sua melhor execução, seja como prática formativa e analítica em sala de aula, seja como processo de reflexão teórica sobre a natureza e função da obra de arte literária. Com isto, o curso de Letras – integrado em seus dois universos, Linguística e Literatura – poderia ancorar talvez num audacioso e maduro equilíbrio instável entre passado e futuro, cumprindo dupla tarefa: a de encontrar possível resposta para a indagação feita via Cecília Meireles – "Em que espelho/ ficou perdida a minha face?" –, e a de aceitar o convite para a conjunta ultrapassagem de que fala Murilo Mendes:

> Vamos colher as flores grandes que crescem nos abismos
> e apreciar as explosões de luz de dois universos.
> Apressando o passo estaremos do outro lado do século
> ouvindo o barulho da banda de música que não para nunca.

Referências

CANDIDO, A. Estrutura e função no Caramuru. *Revista de Letras*. Assis, SP, v.2 p.47-66, 1961.

_____. Estrutura literária e função histórica. In: _____. *Literatura e sociedade*: estudos de teoria e história literária. São Paulo: Nacional, 1965a.

_____. Crítica e sociologia (Tentativa de esclarecimento). In: _____. *Literatura e sociedade*: estudos de teoria e história literária. São Paulo: Nacional, 1965b.

_____. Prefácio à Terceira Edição. In: _____. *Literatura e sociedade*: estudos de teoria e história literária. 3. ed. rev. São Paulo: Nacional, 1973.

_____. Exercício de leitura. *Texto*. Araraquara, v.1, p.9-21, 1975.

_____. Professor, escola e associações docentes. *Almanaque*. São Paulo, v.11, p.83-7, 1980.

_____. *Na sala de aula*: caderno de análise literária. São Paulo: Ática, 1985

_____. O direito à literatura. In: _____. *Vários escritos*. São Paulo: Duas Cidades, 1995.

_____. *Noções de análise histórico-literária*. São Paulo: Humanitas, 2005.

BANDEIRA, M. Consoada. In: _____. *Poesia completa e prosa*. Rio de Janeiro: Aguilar, s.d.

BOSI, A. Poesia resistência. In: _____. *O ser e o tempo da poesia*. São Paulo: Cultrix: Universidade de São Paulo, 1977.

FERES, N. *Antero de Quental*. Assis: Faculdade de Filosofia, Ciências e Letras, 1961.

MARTINS, J. de S. Ignorância, sabedoria e nhenhenhém. *O Estado de S. Paulo*, São Paulo, 2 dez. 2007.

MENDES, Murilo. *Poesia completa e prosa.* Rio de Janeiro: Nova Aguilar, s.d.

MEIRELES, Cecília. *Obra poética.* Rio de Janeiro: Nova Aguilar, s.d.

SÁFADY, Naief. *Introdução à análise de texto.* Rio e Janeiro: Francisco Alves, 1961.

TRATTNER, Ernest R. *Arquitetos de ideias.* 3.ed. Tradução de Leonel Vallandro. Porto Alegre: Globo, 1967.

TUCUNDUVA JÚNIOR, Horácio. *Camões.* Assis: Faculdade de Filosofia, Ciências e Letras, 1963.

Os cinco anos da FEU[1]

Senhor Professor José Carlos Souza Trindade, Magnífico Reitor da Universidade Estadual Paulista e Presidente do Conselho Curador da FEU – Fundação Editora da UNESP;

Senhores Professores Jorge Nagle, Paulo Milton Barbosa Landim, Arthur Roquete de Macedo, Antonio Manuel dos Santos Silva, Magníficos Reitores da UNESP nos últimos 16 anos;

Senhor Professor José Castilho Marques Neto, Diretor-Presidente da Fundação Editora da UNESP e Presidente do Conselho Editorial Acadêmico;

Senhor Professor Marco Aurélio Nogueira, Primeiro Diretor de Publicações da FUNDUNESP (Fundação para o Desenvolvimento da UNESP);

Senhores Conselheiros, membros do Conselho Curador da FEU;

Senhores Conselheiros, membros do Conselho Editorial Acadêmico da FEU;

Autoridades presentes;

Senhoras e senhores:

O professor Antonio Candido, solicitado recentemente a opinar sobre a Editora UNESP, respondeu:

> Tudo na Editora UNESP é de natureza a despertar o nosso apreço: o programa das publicações, a boa qualidade dos textos, o bom gosto das edições. É uma instituição que honra a cultura universitária brasileira.

Tomando esse elogioso comentário como guia, não pretendo aqui repisar os três aspectos da Editora UNESP, postos em merecido relevo por nosso maior crítico literário. Meu intuito é outro: tentarei mostrar a presença daquele caráter geral – o de ser ela "de natureza a despertar o nosso apreço" – em elementos menos ostensivos da nossa editora.

---

[1] Pronunciamento na comemoração dos cincos anos da FEU (23/04/2001).

Tendo se firmado no meio editorial e cultural pela excelência de seu produto – o livro universitário –, a Editora UNESP imprimiu recentemente uma publicação que não se enquadra no catálogo de suas obras, mas que, apesar disso, traz sua chancela e a de sua fundação. Refiro-me ao texto *Relatório: Fundação Editora UNESP – 1996/2000*, que tem como destinatário primeiro o público interno da Universidade Estadual Paulista (UNESP), a quem o Diretor-Presidente da Fundação Editora da UNESP – (FEU), professor José Castilho Marques Neto, se dirige em carta introdutória para expor e defender os projetos editorial, administrativo e financeiro que nortearam a criação de nossa casa publicadora, têm-lhe sinalizado os caminhos na implantação e consolidação e devem servir-lhe de orientação nas navegações futuras. Esses projetos possuem um denominador comum: "a autonomia por fundamento".

Elaborado para cumprir disposição estatutária que obriga a Fundação Editora da UNESP (FEU), a cada cinco anos, prestar contas sobre seu desempenho ao órgão superior máximo da UNESP, o Conselho Universitário, o Relatório não foi feito como uma peça burocrática, desprovida de realce e de acabamento técnico, nem com espírito amador. Sua construção obedeceu a critérios cuidadosos de qualidade e profissionalismo, traços positivos que foram se agregando à imagem pública da Editora UNESP ao longo dos anos. O apreço que nos desperta principia no bom gosto das duas fotos inscritas na primeira e quarta capas, selecionadas e tratadas tecnicamente segundo concepções modernas, que, fazendo uso de um corte metonímico, conferem, num caso, destaque às figuras alegóricas que se perdem cotidianamente no ornamento neobarroco do Palacete São Paulo, e, no outro, põem em relevo o nobre estilo arquitetônico do prédio, onde se situa hoje a sede da Editora UNESP e da Fundação Editora da UNESP.

A qualidade da produção continua na composição textual que alterna, em sua sequência, dois tipos de disposição dos signos nas páginas: uma, isolada, com grandes vazios, que transcreve duas ou três opiniões de vinte personalidades relevantes dos meios universitário, editorial, cultural e empresarial sobre a importância da Editora UNESP no quadro das editoras universitárias brasileiras e latino-americanas; outra, articulada de forma compacta, em que se desenvolve o relatório com os dados, números e informações, que vão traçando a história da Editora UNESP, quer por meio de uma exposição concisa dos treze anos de sua história, quer por meio de um discurso pormenorizado que tematiza os desempenhos da editora no seu primeiro quinquênio de vida.

Perpassa esse modo de compor um espírito onipresente, espécie de motivo condutor, que vagueia não só pelos entusiastas comentários das personalidades, mas também pelos secos dados e algarismos do relato acerca dos cinco anos da FEU. Anunciados já na carta introdutória que abre o Relatório, este espírito unificador pode ser condensado assim: a Universidade Estadual Paulista gerou um modelo moderno de "experiência editorial exitosa", que tem sido imitado, estudado e discutido no meio editorial brasileiro e latino-americano e tem sido também tomado como exemplo ou referência para superar formas ultrapassadas de impressão acadêmica de livros.

Não é este o momento mais recomendável para fazer as leituras das manifestações de admiração das vinte personalidades sobre o produto editorial de excelência gerado pela Universidade Estadual Paulista. Não se pode, porém, deixar de dizer que quase todas elas ecoam, ressoam ou reiteram o motivo versado pelo professor Antonio Candido, quando escreveu, com sensível capacidade de síntese, aquela sua apreciação sobre nossa editora.

> Tudo na Editora UNESP é de natureza a despertar o nosso apreço.

Nem se pode deixar de mencionar também aquela outra manifestação que captou com agudeza o ponto que passou a ser o elemento diferenciador entre o projeto editorial da UNESP e o das outras editoras universitárias na década de 1980: a abertura para o mercado. Flagrou-o com a precisão de sua dimensão dialética a professora Marilena Chauí, quando escreveu: "Editora UNESP: um projeto exemplar do que deve ser uma editora universitária, que, sem ignorá-los, não se pauta pelos critérios do mercado".

Já na textura do relato sobre o primeiro quinquênio da FEU, há a possibilidade de se pinçarem alguns fatores que podem ser apontados como determinantes da "experiência editorial exitosa" realizada pela UNESP. Convém principiar falando do vínculo placentário do projeto editorial com a eclosão do processo de modernização da UNESP no contexto do processo geral de redemocratização do país nos anos 80. Movido pelo seu penetrante senso da história, o professor José Castilho Marques Neto assim o descreveu no Relatório: "Apenas em 1984, após intenso movimento de docentes, funcionários e estudantes, a UNESP iniciou um projeto verdadeiramente universitário, lançando-se como Universidade e não apenas como um ajuntamento de Faculdades isoladas. Para auxiliar esse processo de modernização e inserção da UNESP no cenário acadêmico do Estado de São Paulo e do Brasil foi criada em 1987 a Fundação para o Desenvolvimento da UNESP – FUNDUNESP, que contava com uma Diretoria de Publicações, cujo objetivo era a criação da Editora UNESP."

O projeto editorial recebeu apoio permanente e decisivo das instâncias superiores da universidade, quer de sua Reitoria, quer dos órgãos colegiados, em especial do

Conselho Universitário, que, em 1987, aprovou a FUNDUNESP. Foi beneficiário desse suporte o primeiro Diretor de Publicações, professor Marco Aurélio Nogueira, nomeado pelo reitor, professor Jorge Nagle, situado na linha de frente do processo de modernização. Contou com a mesma sustentação o seu sucessor nos anos de 1992 e 1993, designado para função de diretor de Publicações pelo reitor professor Paulo Milton Barbosa Landim. Sob o mesmo signo favorável assumiu o terceiro e último Diretor de Publicações da FUNDUNESP, o professor José Castilho Marques Neto, conduzido ao posto pelo reitor professor Arthur Roquete de Macedo, em cuja gestão o Conselho Universitário aprovou, em dezembro de 1995, a proposta de criação da Fundação Editora da UNESP. Respaldou os projetos editorial e fundacional o reitor que veio a seguir, professor Antônio Manuel dos Santos Silva, ao designar merecidamente o professor José Castilho Marques Neto primeiro Diretor-Presidente da FEU. A duração e a persistência dos projetos estão agora asseguradas com a recondução do professor José Castilho Marques Neto à função pelo atual reitor, professor José Carlos Souza Trindade, em decisão feliz e elogiável.

O comprometimento da Reitoria e do Conselho Universitário com os projetos de autonomia da editora mostrou-se também capital para que se rompessem certas barreiras erguidas dentro da Universidade contra a trajetória rumo ao sucesso atual. Um dos momentos decisivos do conflito entre os agentes da modernização e as forças que a ela se opunham ocorreu no triênio inicial dos anos 90, quando o acúmulo dos problemas administrativos, resultantes da inserção da Diretoria de Publicações no quadro da FUNDUNESP, passou a travar ferrenhamente o adequado funcionamento de uma proposta editorial ágil e inovadora no campo da produção e impressão universitárias de livros. Foi nesse contexto de acirramento das tensões que surgiu como saída possível a constituição de uma fundação exclusiva para a Editora UNESP, regida pelo princípio da autonomia não só editorial, mas também administrativa e financeira.

Um outro fator que pode ser citado como responsável pela "experiência exitosa" da Editora UNESP, nomeadamente na afirmação e consolidação da autonomia editorial, foi a criação e instalação em 1992 do Conselho Editorial Acadêmico (CEAc). Composto por professores universitários das diferentes áreas do saber, pertencentes ao quadro de docentes da UNESP e escolhidos, no início, pelo Diretor de Publicações e, a partir de 1995, pelo Diretor-Presidente da FEU, por suas atuações no campo intelectual, o Conselho Editorial Acadêmico (CEAc) desempenha papel capital no processo de seleção de títulos a serem editados ao apreciar as obras e os pareceres dos consultores sobre elas e dar, ao cabo, decisão "final e soberana" sobre a publicação.

Considerando, agora, dois elementos fundamentais – a arquitetura teórica dos projetos de autonomia e sua consecução numa prática concreta durável, desenvolvidas desde os primeiros tempos da editora até o sucesso atual – estou convencido de que o fator importante, crucial mesmo, nessa trajetória, foi a presença do professor José Castilho Marques Neto em todos os instantes e instâncias da editora durante sua existência, onde tem exercido inconteste liderança ética, democrática e solidária. Mentor intelectual dos projetos, expostos em artigos e ensaios publicados no Brasil e na América Latina, o atual Diretor-Presidente tem realizado na Editora UNESP, aliado às suas originais reflexões teóricas, um permanente mergulho na prática editorial, portando-se, neste caso, como um operário do livro, faceta complementar de sua condição de intelectual. Sua capacidade de conjugar dialeticamente teoria e prática e sua personalidade dialógica foram determinantes para a "experiência editorial exitosa", empreendida pela UNESP.

Senhor Diretor-Presidente da FEU, quero agradecer-lhe o convite, para mim sumamente honroso, para falar aos meus colegas acadêmicos da UNESP e aos nossos convidados sobre a Editora UNESP e sua Fundação, neste momento em que comemoramos o quinto aniversário de criação da Fundação Editora UNESP (FEU).

Estou ligado à história das duas instituições desde que em 1992-93 desempenhei a função de Diretor de Publicação da FUNDUNESP, quando a embarcação que conduzia ao êxito atual esteve a beira de ser posta a pique. Foi, então, que nos conhecemos e começaram a se tecer os fios de nossa amizade, forjados nas conversas diretas e telefônicas, temperados na convivência das reuniões e testados na firme defesa da editora contra os que não a querem reconhecer como vitoriosa ainda hoje, nostálgicos que são de concepções ultrapassadas sobre o processo de editoração do livro universitário.

Senhor Diretor-Presidente da FEU, permita-me atribuir-lhe cabal responsabilidade pela generosa avaliação que o professor Antonio Candido fez acerca de nossa tão exitosa editora: "Tudo (nela) é de natureza a despertar nosso apreço". São dessa natureza também – a de despertar nosso apreço – dois colegas com quem, depois de muitos anos de convívio e labuta no CEAc, chegam agora, em meados do ano, ao término definitivo de seus mandatos, sem possibilidade de recondução, juntamente comigo. Refiro-me ao professor Roberto Kraenkel do Instituto de Física Teórica (IFT) e ao professor Antônio Celso Wagner Zanin, da Faculdade de Ciências Agrárias do campus de Botucatu.

Por ocasião deste evento comemorativo, em que reitero aos meus antigos companheiros do Conselho Editorial Acadêmico a consideração que sempre lhes tive, quero terminar dizendo do mesmo sentimento que nutro para com os conselheiros que permanecem, ao mesmo tempo em que saúdo a "os que hão de vir", lembrando-lhes que se não forem ainda de natureza a despertar o nosso apreço, terão possibilidade de vir a sê-lo ao receberem o convite para entrar na Editora UNESP. Cuidarão para que isso ocorra os funcionários da editora, que, com sua reconhecida qualificação profissional, têm sido os fautores e guardiões dos louvados atributos de nossa casa publicadora, atributos que fazem dela uma "experiência editorial exitosa" da Universidade Estadual Paulista.

Meus cumprimentos a todos da Editora, da Fundação e da Universidade.

Muito obrigado.

Uma editora de dois gumes[1]
(A natureza bifronte da Editora UNESP)

A questão mais candente da Editora UNESP é a da sua inserção no quadro da atual globalização, de que a editorial constitui uma das expressões. Minha posição perante o assunto vê a possibilidade de se dar, de modo preliminar, uma resposta a essa questão, se a enfocarmos da perspectiva da dialética do geral e do particular, que se manifesta pelos modos mais diversos, tomando como ponto de partida o mercado. Ora têm-se a afirmação e defesa intransigentes do mercado como única instância a reger o processo de seleção e edição de livros, como acontece com as editoras comerciais, que no momento atual trilham o caminho da fusão, resultando nos grandes conglomerados que se disseminam pelo mundo afora, apagando os traços de qualquer particularidade que não possa servir ao seu objetivo. Ora há a negação radical do mercado com a afirmação, no polo oposto, do específico e do peculiar, levados ao extremo pelas editoras universitárias, tradicionalmente, com seus livros sem qualidade editorial, sem distribuição comercial, sem divulgação, e, por fim, sem comprador e leitor, configurando-se elas como meras gráficas universitárias a produzir originais entulhos de papel impressos, cujos autores ressentidos ainda perambulam pelos câmpus com suas vozes provincianas e rancorosas. Entre esses dois extremos, há a busca de se fazer uma editora que, sem ignorar o mercado, situe-se nele por um estar num além qualitativo, o que implica investimento alto a começar pela escolha do autor a ser editado. A definição do que vai ser publicado implica a capacidade de uma escolha cara, nas instâncias de ponta de produtores internacionais e nacionais, de que resulta um retorno certo e positivo para a imagem da editora, que, assim, vai construindo sua identidade e realimentando-a pela singularidade do produto que comercializa.

---
[1] Texto inédito (2003).

Ousaria dizer que a Editora UNESP, na sua fase pioneira, enquanto Diretoria de Publicações da FUNDUNESP, trilhou esse caminho em busca daquilo que se chamou de "autonomia editorial", um dos principais legados da fase entre 1987 e 1995, e que lhe permanece até hoje como traço essencial. Dois foram os momentos decisivos da pesquisa e da assimilação desse lado cosmopolita – aberto para o mundo – de nossa editora de que fui testemunha. O primeiro ocorreu em 1991 com os seminários sobre o livro universitário entre as editoras universitárias britânicas e brasileiras e o segundo em 1992 com a viagem à Europa, quando fomos com José Castilho Marques Neto à 44ª Feira do Livro de Frankfurt, na Alemanha, e a seguir visitamos as editoras acadêmicas inglesas. Tudo isso – pensado, refletido e posto em prática desde então até hoje – tem sido assegurado pela continuidade, dada com a permanência de José Castilho Marques Neto como Diretor-Presidente da FEU.

Mas, se a natureza da Editora UNESP fosse somente constituída por essa imprescindível capacidade de assimilação e integração do geral e do cosmopolita da vanguarda editorial, tanto do exterior quanto do Brasil, convertendo-a em produto de qualidade que, estando no mercado, transcende-o, ela se igualaria, no limite, a umas poucas editoras particulares pequenas que fazem de um público universitário restrito o seu leitor ou que se dirigem a um público de elite ou altamente especializado. Nesse caso extremo, ela deixaria de ser a "Editora UNESP" para se tornar aquilo que certos detratores provincianos ousam publicamente chamar, direta e nem sempre cautelosamente, "de uma editora *na* UNESP". Mas sua natureza é mais complexa.

Um outro elemento que a compõe e se acha em tensão com esse lado cosmopolita é o seu vínculo umbilical com a Universidade Estadual Paulista, que faz dela, além de uma editora universitária, a editora de uma universidade específica, que, entre muitos traços gerais de uma instituição de ensino superior, possui como peculiaridade, afora a condição de ser uma academia num país subdesenvolvido, a característica de estar em processo de busca de afirmação de uma identidade que possa dar-lhe um duro núcleo de coesão e coerência para enfrentar as poderosas forças centrífugas de sua natureza espalhada em muitos câmpus ou de sua condição de universidade multicâmpus.

Com respeito a esse outro traço da editora manifestam-se duas tendências: uma positiva e outra negativa. A tendência negativa caracteriza-se por um sentimento de propriedade que pode ser sucintamente resumida na expressão "Editora *da* UNESP", presente implicitamente sempre nos argumentos dos que veem a editora, no geral, como mera impressora artesanal – e tida como barata – dos materiais gerados pelos professores e pós-graduados da UNESP, desconsiderando exigências de edição, editoração, divulgação, comercialização, distribuição e de mercado, que, ao serem ignoradas, condenam os impressos ao fracasso editorial. Defensores mais modernos dessa tendência aceitam os avanços atuais do processo de impressão e as exigências do mercado, mas elegem sempre como prioridade de edição o autor de origem unespiana. Os partidários dessa apropriação da editora pela produção da universidade mostram insensibilidade, quando não rejeição, ao elemento cosmopolita, condenando a editora, no extremo, a produzir predominantemente quantidade, cujo único crescimento tende a ser o do estoque.

Já a tendência positiva, ao mesmo tempo que aceita a componente cosmopolita como elemento essencial da editora, procura caminhos para realizar mergulhos permanentes no detalhe unespiano, desde a forma mais geral, como a de receber o autor da UNESP via balcão, à semelhança de qualquer outro que queira publicar pela editora, até formas mais específicas de proceder à seleção qualitativa dos textos a publicar, oriundos do conjunto quantitativamente relevante, produzido anualmente pelos professores e pós-graduados da UNESP, que, segundo dados levantados pela CGB,[2] referentes só a dissertações e teses, compreenderam, em 2000, o total de 1047 títulos, estimando-se as de 2001 e 2002 em cerca de 1200 títulos por ano, impossíveis de serem publicados na sua totalidade por qualquer editora sem uma triagem de mérito.

Duas iniciativas foram tomadas para se proceder a uma seleção da produção acadêmica unespiana. A primeira teve lugar entre 1991 e 1993, quando foi feita uma parceria entre a PROPP – Pró-Reitoria de Pós-graduação e Pesquisa da UNESP – e a Diretoria de Publicação da FUNDUNESP com o intuito de executar o primeiro programa de edição de textos de professores e pós-graduados da universidade, denominado Edição de Textos de Docentes e Pós-graduados da UNESP, que, em dez anos – 1993-2003 –, publicou cerca de 80 títulos de autores unespianos. A segunda foi iniciada em 2001, com a mesma parceria, agora PROPP e FEU (Fundação Editora da UNESP), denominada Edição de Textos Didáticos, e encontra-se no seu segundo ano de realização. Uma terceira iniciativa encontra-se atualmente – ano de 2003 – em curso e surgiu da convergência entre fortes solicitações das unidades universitárias por maior presença da editora nos câmpus e a aguda sensibilidade da Fundação Editora da UNESP em atendê-las, de que resultaram duas providências: a expansão da Livraria UNESP pelos câmpus e a criação da função de Assessor da Presidência com a incumbência de ouvir as unidades universitárias por meio de visitas a elas e discussão *in loco* de questões referentes às relações entre a universidade e a editora, primeiros passos para a instalação de uma ouvidoria.

---

[2] Dados da Comissão Geral de Bibliotecas da Unesp (CGB). Disponível em: <www.cgb.unesp.br/pages/e-theses/producao.htm>. Acesso em: 11 abr. 2003.

Deixando-se conduzir conscientemente pelos atrativos avanços da globalização, sem neles se alienar, mas deles extraindo o que mais possa interessar a uma editora universitária, que não esteja pura e simplesmente *na* UNESP, ao mesmo tempo em que repudia a noção provinciana de ser uma propriedade explorada pelos interesses menores da universidade, como se fosse só a Editora *da* Unesp, a posição expressa na denominação Editora UNESP comporta uma combinação feliz dos aspectos positivos das tendências cosmopolitas e localistas nos momentos de melhor realização alcançados pela nossa casa de publicação ao longo de sua curta, porém marcante, trajetória no mercado do livro universitário brasileiro desde 1987.

Nesse momento de aumento da intensidade da globalização parece nos restar uma única saída: radicalizar ainda mais os dois processos bilaterais inerentes à natureza bifronte da Editora UNESP, buscando levar a novas sínteses entre o geral – o mundo para o qual devemos estar abertos – e o particular – o chão da UNESP que nos prende e enraíza, descartando *a priori*, quer na reflexão, quer na prática, qualquer resposta ou procedimento que recalque uma das componentes da realidade complexa de nossa editora, matando, com isso, uma história viva, dialeticamente construída até aqui sob o permanente signo da ameaça, proveniente tanto de inexoráveis fatores externos quanto de inflexíveis fatores internos à universidade.

Em defesa da difusão do saber[1]

Com respeito à recepção de originais oriundos da universidade talvez se pudesse afirmar que o comportamento habitual das editoras universitárias tem se caracterizado pela passividade, cabendo, no geral, ao autor, aos departamentos ou a setores interessados a iniciativa para que um texto seja editado. Nessas publicações a tendência dominante raramente é orientada por motivos de ordem didática, ou seja, pela racionalização e facilitação do ensino. Isto se deve a fatores que vão desde a posição da universidade diante do professor e do ensino até a visão tradicional do saber na cultura brasileira. Na universidade, tolera-se um docente tido como um cientista ou intelectual de certo valor, ainda que seu desempenho como professor seja marcado pela negligência e mesmo ineficiência. Por outro lado, considera-se como inaceitável o inverso: um professor de boa qualidade, que se empenha na formação de seus alunos, cuja produção de currículo, no entanto, seja quantitativamente irrelevante. Juntamente com a desvalorização do ato docente, a universidade também não preza a dedicação de tempo ao trabalho de síntese do conhecimento existente, dirigido para a elaboração de um manual básico, considerando-o menos útil e muito menos valioso do que a chamada produção de pesquisa original, cuja relevância ironicamente se esgota na maioria das vezes num mero acréscimo de um item à produção científica do professor. A visão negativa do ato docente e dos manuais pela universidade tem raízes históricas naquilo que foi chamado de "perversão da Aufklärung" em nossa história, em que o saber decaiu, em boa parte, do ideal ilustrado, teoricamente universal e altruísta, para o nível de um saber de classe e de grupo, usado como um instrumento de dominação a serviço da segregação da maioria do povo do universo letrado.

Diante dessa tradição perversa e de sua manifestação sob a forma de depreciação do ensino na universidade poderia caber às editoras universitárias um ativo papel

---

[1] Publicado originalmente em: *Verbo*: Revista da Associação Brasileira de Editoras Universitárias. n.6, p.16-17, ago. 2010.

básico de renovação e emancipação, caso decidissem estimular e induzir professores a produzir manuais, livros de textos, publicações de apoio à formação e de edições de obras de referência, realizados por especialistas universitários das diferentes áreas do conhecimento. Sua atuação deveria ser implementada por meio de ações concretas juntos às pró-reitorias de pesquisa, de graduação e de pós graduação com propostas de pesquisas que pudessem preencher carências na área do ensino. Os materiais produzidos encontrariam pronta e ágil recepção e atendimento em coleções voltadas para a formação não só dos leitores jovens mas do público interessado em geral.

Um exemplo de tentativa recente feita por editora universitária para encarar o desafio é a "Coleção Paradidáticos" da Editora UNESP, "constituída de obras sobre ciência e cultura com conceitos e questões de grande complexidade tratados de maneira elucidativa e acessível", conforme se lê em seu catálogo 2009-2010, que lista 22 títulos, mas que, infelizmente, parece ter estacionado nessa quantidade. Num plano já associativo, convém lembrar o caso notável das editoras universitárias francesas, que, em 1941, lançaram a coleção "Que sais-je", considerada a primeira enciclopédia de bolso com seus atuais 3.900 títulos, traduzida para 43 línguas, constituindo-se numa das mais importantes bases de dados internacionais, escrita para o grande público por mais de 2.500 especialistas, exercitando o que é chamado pelos franceses de "alta vulgarização" e pelos ingleses de "alta popularização". Num país como o nosso, marcado pela fragilidade cultural do estudante, do público e mesmo de parte da elite, uma coleção com esta teria um impacto relevante, como se viu quando do lançamento da coleção Primeiros Passos pela Brasiliense em 1980, coleção que necessita ser avaliada. No caso da "Que sais-je" original são de lamentar dois pontos: (1) o êxito limitado alcançado pela tentativa de sua tradução como "Saber Atual" pela Difusão Europeia do Livro a partir de 1958; e (2) a não apropriação de sua tecnologia com o devido ajustamento ao contexto nacional pela Universidade de São Paulo, que resultasse em uma coleção brasileira semelhante, o que teria carreado forças decisivas para a luta contra as tradicionais distorções sofridas pelos ideais educacionais ilustrados no Brasil.

Visão de um grupo acadêmico: "Leitura e literatura na escola"

Notícias publicadas em três números do jornal digital *Pluricom Informa,* um dos veículos da Assessoria de Imprensa da Fundação Editora UNESP até há alguns meses:

• em 29.9.2009 –
> **Editora UNESP vence o Prêmio Jabuti em duas categorias**
> Dois livros da Editora UNESP foram contemplados com o Prêmio Jabuti 2009, o mais importante do mercado editorial brasileiro. *Monteiro Lobato: livro a livro*, obra de Marisa Lajolo e João Luís Ceccantini, venceu na categoria Crítica Literária.
> O resultado dos três finalistas em cada categoria foi anunciado na manhã desta terça-feira (29 de setembro) na Câmara Brasileira do Livro.

• em 5.11.2009 –

> **Obra da Editora UNESP sobre Monteiro Lobato vence Jabuti como melhor Livro do Ano**.
> O anúncio aconteceu na noite de ontem, 4 de novembro, em cerimônia realizada na Sala São Paulo. A obra (...) também venceu na categoria Crítica Literária.
> Criado em 1958, o Jabuti é o mais tradicional prêmio do livro no Brasil. O maior diferencial em relação a outros prêmios de literatura é a sua abrangência. O Jabuti não valoriza apenas os escritores, mas destaca a qualidade do trabalho de todas as áreas envolvidas na criação e produção de um livro.

• em 11.11.2009 –

Editora UNESP lança edição comemorativa do Prêmio Jabuti 2009
A Editora Unesp acaba de lançar uma edição especial de seu boletim informativo, dedicado exclusivamente à conquista do Prêmio Jabuti de Melhor Livro do Ano de Não Ficção, conferido na noite de 4 de novembro ao livro *Monteiro Lobato, livro a livro*. Com entrevistas com (sic) Marisa Lajolo, professora da Unicamp, e João Luís Ceccantini, organizadores da obra, a edição registra também depoimentos do curador do Prêmio, José Luiz Goldfarb, e da presidente da Câmara Brasileira do Livro, Rosely Boschini. Internamente, foram ouvidos o diretor-presidente, José Castilho Marques Neto, o editor-executivo, Jézio Hernani Bomfim Gutierre, e o reitor da Unesp, Herman Jacobus Cornelis Voorwald, também presidente do Conselho Curador da Fundação Editora da Unesp.

• em novembro de 2011

O *Boletim da Fundação Editora UNESP*. Edição especial – Prêmio Jabuti – Novembro 2009, tem a seguinte manchete: *Prêmio Jabuti de melhor Livro do Ano* vai para a Editora UNESP.

As quatro manchetes e os textos citados das notícias do informativo e do boletim retratam bem o clima de euforia que passou a vigorar, entre fins de setembro e começo de novembro, na Editora UNESP, no seu 22º ano de existência, ao ver uma mesma obra, publicada por ela em 2008, receber duas vezes o Prêmio Jabuti 2009: uma, na categoria específica, a de Crítica Literária; outra, na categoria maior, nacional, de "Melhor Livro do Ano de Não Ficção", recepção, esta, que a tornou a primeira editora universitária brasileira contemplada com tão elevada distinção editorial. No Boletim Especial – Prêmio Jabuti – Novembro 2009, os dois organizadores do volume premiado apontam em depoimentos para direções que assinalam a presença de outras entidades e instituições que também devem ser consideradas galardoadas com a obtenção do prêmio, além, é obvio, das duas universidades públicas: a UNESP, à qual está vinculada a formação e toda a vida acadêmica do professor João Luís Cardoso Tápias Ceccantini, desde 1984, quando iniciou o curso de Letras na FCL da UNESP em Assis; e a UNICAMP, na pessoa de sua professora e pesquisadora, Marisa Lajolo, ligada também a uma outra instituição universitária.

Na entrevista que concedeu ao Boletim Especial, João Luís Ceccantini inicia seu depoimento relacionando a gênese do prêmio a diretrizes formuladas por seu orientador nos anos de formação em nível de mestrado e de doutorado e ao trabalho e apoio da Editora UNESP, e arremata seu discurso vendo na premiação um "reconhecimento ao trabalho coletivo":

> Mas o que me deixa realmente feliz é que se trata de um trabalho coletivo. Há textos nos livros que foram escritos por alunos que conheci em seu primeiro ano de faculdade. E raríssimas vezes o Jabuti premiou desta forma um livro coletivo. É um livro coletivo, mas orgânico, com muita unidade. Ver o livro pronto já havia me dado muita satisfação por causa deste trabalho de equipe que até há alguns anos era raro de se ver em Ciências Humanas. Tudo isso incentiva a continuar essa linha de pesquisa.

Em sua entrevista, no mesmo boletim, Marisa Lajolo manifesta semelhante percepção quanto à premiação, caracterizando-a como uma aprovação não só ao caráter coletivo do trabalho executado na construção do livro, mas também à qualidade das editoras e das instituições públicas participantes:

> É uma alegria vencer com este trabalho acadêmico coletivo. É o reconhecimento ao trabalho realizado por uma equipe de mestrandos e doutorandos da Unesp e da Unicamp, publicado por uma editora universitária, que é a Ed. Unesp, e por uma editora do governo, a Imprensa Oficial. Reforça, portanto, a qualidade dos estudos e pesquisas realizadas pelas universidades públicas brasileiras.

O realce dado pelos organizadores ao trabalho em equipe na composição da obra sobre Monteiro Lobato solicita um exame, com mais detença, sobre a formação acadêmica e o vínculo profissional do conjunto dos 28 autores que escreveram os artigos da obra laureada. Nessa análise, descobre-se, ao lado de um elemento comum – a dedicação à pesquisa da obra de Monteiro Lobato ao longo de suas formações e carreiras de pesquisadores – um rol de dados que agrega um grupo de 17 deles, dados que vão interessar particularmente a esta exposição. Os dados são os seguintes:

1. Dois autores dos artigos – Maria Alice Faria e João Luís Ceccantini – são professores da disciplina de Literatura Brasileira do Departamento de Literatura do Curso de Letras da UNESP/Assis, e são também dois dos três criadores do primeiro projeto de pesquisa, em 1988, que deu origem, pouco depois, ao GRUPO ACADÊMICO "LEITURA E LITERATURA NA ESCOLA", de ora em diante grafado GALLE.
2. Quatro articulistas – Denise Maria de Paiva Bertolucci; Lia Duarte Cupertino; Eliana Aparecida Galvão Ribeiro Ferreira; Thiago Alves Valente – são graduados e pós-graduados com mestrado e doutorado em Letras na UNESP/Assis, tendo tido como orientadores três professores pertencentes aos quadros do GALLE.

3. Quatro articulistas – Loide Nascimento de Souza; Miriam Giberti Pattaro Pallotta; Fernando Teixeira Luiz; Rosimeire Darc Cardoso são pós-graduados com mestrado e/ou doutorado em Letras na UNESP/Assis, orientados por docentes filiados ao GALLE. Dois deles – Loide Nascimento de Souza e Rosemeire Darc Cardoso – cursaram graduação em Letras na UEM, onde estiveram sob orientação da professora Alice Áurea Penteado Martha, docente ali de Literatura Brasileira, fundadora do GALLE e com mestrado e doutorado em Letras na UNESP/Assis sob orientação de docente fundador do GALLE.
4. Seis autores – Lucila Bassan Zorzato; Adriana Silene Vieira; Jaqueline Negrini Rocha; Amaya O. M. de Almeida Prado; Emília Raquel Mendes; Mariana de Gênova são graduadas em Letras pela UNESP/Assis, onde fizeram iniciação científica sob orientação do professor João Luís Ceccantini, em Literatura Brasileira, o que as conecta ao GALLE, tendo a quase totalidade delas realizado seus mestrados e doutorados fora da unidade de Letras de Assis, particularmente na Unicamp, sob a orientação da professora Marisa Lajolo.
5. Um autor – Evandro do Carmo Camargo – fez mestrado em Letras na UNESP/ Assis e iniciou doutorado em Letras no IEL da UNICAMP.

A caracterização acadêmica de 17 autores de 17 artigos do total de 28 da obra evidencia seus vínculos diretos e indiretos com a disciplina de Literatura Brasileira do Departamento de Literatura do Curso de Letras da UNESP/Assis, quer em nível de graduação quer em nível de pós-graduação, e com um grupo acadêmico – o GALLE –, cuja gênese está ligada a três docentes dessa mesma disciplina de Literatura Brasileira, como se verá, o que permite ousar afirmar que o grupo acadêmico, a disciplina a que está vinculado e o curso de Letras da UNESP/Assis em nível de graduação e pós-graduação merecem também figurar entre os que têm seus méritos reconhecidos com a obtenção da premiação do Prêmio Jabuti 2009, alcançado pela publicação de Monteiro Lobato, livro a livro, no ano de 2008.

A inclusão do GALLE, da disciplina de Literatura Brasileira e do curso de Letras de Assis na premiação do Prêmio Jabuti 2009 por meio dos 17 articulistas não constitui presença só alimentada pelos elos já mostrados, mas, conforme se poderia documentar, resulta de mais de meio século de um processo histórico, relativo a uma concepção de integração entre a universidade e o ensino fundamental e médio, ou entre os três graus de ensino, voltada para a disciplina Língua Portuguesa, mais especificamente para o ensino e aprendizagem da "literatura literária"[1], da literatura infantojuvenil e da leitura, cujas raízes mais remotas estão nas origens do curso de Letras de Assis. Esse processo teve continuidade numa tradição afortunada da disciplina de Literatura Brasileira do Departamento de Literatura, nascida da sua funda-

---
[1] Termo utilizado aqui na acepção de Antonio Candido.

ção pelo professor Antonio Candido, e se concretizou de forma exitosa no GALLE, cuja qualidade tem sido reconhecida não só com a recepção do Prêmio Jabuti 2009, mas também com a de outras honrarias que suas edições têm conquistado. Para compreensão dessa histórica relação entre a Universidade e outros graus de ensino, fulcrada na literatura e seu ensino, seja nas Letras da UNESP/Assis, seja desta com outros cursos de Letras, pretende-se aqui dar alguma contribuição.

A proposição

Buscando definir melhor nossa proposição, convém dizer que o que esta exposição realmente almeja é tratar sobretudo da história do GALLE, a qual poderia ser dividida em duas partes. A primeira e principal conta uma versão dessa história desde sua formação – antecedentes próximos e fundação – passando pela sua consolidação em torno de um jornal – o Proleitura – e de um selo editorial – NEP/Núcleo Editorial Proleitura – criado pela ANEP/Associação Núcleo Editorial Proleitura, até o momento atual. A segunda e complementar apresenta, ou melhor, alude somente aos vínculos intelectuais remotos e mais recentes que o GALLE possui com a trajetória do curso de Letras da UNESP/Assis, em especial com uma tradição fecunda da disciplina de Literatura Brasileira do Departamento de Literatura da FCL de Assis, nos seus pouco mais de cinquenta anos de existência. Embora haja um esforço de se ater aos fatos, o relato possivelmente não pôde despir-se de um certo cariz subjetivo, resultante da condição de o expositor ter um liame visceral de quarenta anos com a disciplina de Literatura Brasileira, mantido entre 1967 e 2007, com o GALLE, mesmo antes de sua fundação – desde 1988 – até hoje, e com o curso de Letras do câmpus de Assis, desde 1961, uma vez que pertence à terceira turma, formada por esta casa em 1964. Por tudo isso, convém enfatizar que esta não é a história do GALLE, bem como de seus vínculos, mas, se alguma pretensão tem, é a de ser um limitado e pessoal contributo para a sua escrita, na mera condição de memória dos fatos de um dos seus atores e espectadores.

A história do GALLE tem como marco de seu nascimento o ano de 1991, remontando seus antecedentes imediatos ao ano de 1988. Ela pode ser dividida em dois períodos: o de formação que vai de 1988 a 1992 e o de consolidação que se biparte em duas etapas, tendo como referência o ano de 2004. A primeira etapa da consolidação vai de 1992 até 2004 e tem como característica principal a produção do jornal *Proleitura*. A segunda vai deste decisivo ano de 2004 até nossos dias e gira em torno das publicações da ANEP.

Os antecedentes assisenses imediatos e os primeiros momentos regionais da formação do GALLE têm várias fontes, mas encontram uma reconstituição bastante fiel e concisa no número zero do jornal *Proleitura*, publicada com o militante título "Por uma integração entre a universidade e o ensino de 1º e 2º graus", e escrito com o objetivo de apresentar ao leitor do jornal um perfil essencial da equipe de pesquisadores que o iriam produzir:

> Em 1988, três professores da Disciplina de Literatura Brasileira do Departamento de Literatura da Faculdade de Ciências e Letras de Assis - UNESP, Carlos Erivany Fantinati, Maria Alice de Oliveira Faria e João Luís C.T. Ceccantini começaram a desenvolver um projeto intitulado "Narrativas juvenis na 7ª e 8ª séries do 1º Grau: abordagens de leitura e bibliografia comentada". Este projeto teve por objetivo mais amplo uma maior integração da Universidade com o ensino de 1º e 2º Graus. Nasceu da constatação de que, embora a UNESP e as duas outras Universidade públicas do Estado de São Paulo venham sendo responsáveis por mais de 50% da pesquisa científica que se produz no país nas diversas áreas do conhecimento, nem sempre, contudo, tem na Área de Ciências Humanas, sido valorizada a pesquisa aplicada, do mesmo modo como se dá com a pesquisa pura. Tal aspecto, em que se imbricam diversos outros componentes de natureza histórica, econômica e social, tem contribuído, muitas vezes, para que se verifique um descompasso significativo entre a pesquisa que se faz na Universidade e o embasamento do professor em seu dia a dia na sala de aula. Face a essa constatação, o Projeto da FCL de Assis dedicou-se ao estudo da leitura, particularmente da leitura do texto literário, numa de suas condições concretas de produção: o contexto escolar. Foram realizadas durante todo ano de 1989 entrevistas com 178 alunos da EEPSG "Dr. Clybas Pinto Ferraz" de Assis, cursando a 7ª ou a 8ª série do 1º Grau, sobre a leitura de diversas narrativas da literatura infantojuvenil brasileira contemporânea com o objetivo de se compreender o que e, sobretudo, como estão lendo nossos jovens nos dias de hoje. Tendo avançado até 1990, esse Projeto produziu material de pesquisa muito rico, cujos resultados parciais vêm sendo gradativamente divulgados pelos três pesquisadores em congressos, cursos e publicações. Os resultados promissores alcançados com esta primeira iniciativa do grupo – a de se fazer pesquisa sistemática voltada para o trabalho com a literatura na escola – estimularam a criação de um novo Projeto, dando continuidade ao anterior e ampliando seus objetivos.
> A nova pesquisa, desenvolvida desde agosto de 1991, intitulou-se "Leitura e Literatura na Escola: Núcleo Regional de Pesquisa". Tem por meta continuar analisando e interpretando os dados até então coletados e ampliar sua faixa de atuação, pesquisando também a poesia, enquanto gênero importante a ser trabalhado na escola, e dedicando-se ao estudo de estratégias concretas para o trabalho com o texto literário na sala de aula. Assim, contando agora com outros colaboradores, ligados a diferentes instituições – Benedito Antunes (FCLAs); Alice Áurea Penteado Martha e Marli Tereza Furtado (Universidade Estadual de Maringá); Neuza Ceciliato de Carvalho e Francine Fernandes Weiss (Universidade Estadual de

Londrina); Cláudia Aparecida Unti e Juvenal Zanchetta Filho (Rede Estadual de Ensino) e ainda alunos de Graduação e Pós-Graduação da FCLAs – o grupo de pesquisa pretende divulgar seu trabalho regularmente através desta publicação para que se possa então, quem sabe, progressivamente alcançar o almejado diálogo entre a universidade e o Ensino de 1º e 2º Graus. Espera-se que este primeiro número do PROLEITURA, dedicado à ilustração no livro infantojuvenil (sic), seja um passo seguro nessa direção.

Neste texto programático aflora uma gama de características da formação do GALLE, que marcarão a trajetória da agremiação até hoje. No projeto de 1988, salientam-se:

1. o objetivo amplo de integração entre os diferentes graus do ensino visando ao trabalho com as letras na escola;
2. o diagnóstico da carência de pesquisas aplicadas ao ensino das letras, em especial ao de uma situação concreta de leitura – o texto literário na sala de aula – e a tentativa de contribuir para a compreensão e solução do problema;
3. a pesquisa da recepção concreta entre os jovens dos textos da LIJ/Literatura infantojuvenil contemporânea: o que e como leem?
4. a inclusão da narrativa infantojuvenil brasileira contemporânea como objeto de leitura na escola e sua análise nessa condição de fruição.

No projeto que se lhe sucede, em 1991, quando nasce o GALLE, observam-se:

1. a continuidade das propostas anteriores, inclusive com a preservação, para análise, do material recolhido pela pesquisa sobre a recepção da LIJ na escola;
2. a ampliação da investigação do objeto literário, com a incorporação da poesia;
3. a passagem para a ação e intervenção no ensino literário, com a elaboração de propostas concretas de ensino da literatura e da leitura;
4. o aumento da abrangência dos pesquisadores para o trabalho em equipe com a constituição de um grupo de pesquisa que contemplasse não só investigadores da graduação e da pós-graduação das Letras da UNESP/Assis, mas também de duas outras universidades, ambas do Norte do Paraná: professores de Letras de Maringá/UEM e Londrina/UEL;
5. a difusão dos trabalhos produzidos por meio de um órgão de divulgação: o jornal *Proleitura*.

Preocupações constantes do GALLE, essas propostas foram concretizadas, no primeiro momento da fase de consolidação, por seus membros no jornal *Proleitura*, cuja feitura passou a constituir o elemento agregador da sua vida intelectual, que sai agora da limitada ação local para uma atuação regional e, mais amplamente, nacional. Em razão da relevante função aglutinadora do jornal e de seus anseios mais largos em termos de influxo, convém descrevê-lo e apresentá-lo em alguns de seus traços essenciais.

Em junho de 1992, circulava, com oito páginas, o "número zero" do *Proleitura*, que, além de contar a curta história do GALLE desde 1988, aqui já citada, continha um editorial que procurava definir a periodicidade, as instâncias de produção e de recepção ou destinação do jornal, seu espaço geográfico de circulação pelo menos na fase inicial, e as matérias que o comporiam:

> PROLEITURA é uma publicação bimestral vinculada ao projeto "Leitura e Literatura na Escola: Núcleo Regional de Pesquisa", que vem sendo desenvolvido por professores de universidades de São Paulo e Paraná juntamente com alunos de letras e professores de português. Destina-se especialmente àqueles professores que trabalham com alunos das séries finais do primeiro grau. Mas, por veicular matéria sobre leitura, ensino e questões didáticas em geral, interessa a todos os professores de português e mesmo aos professores de primeira a quarta série que ensinam a língua materna e se defrontam com problemas de leitura.
>
> Num primeiro momento, o PROLEITURA será distribuído na região Oeste do Estado de São Paulo, em algumas localidades do Norte do Paraná e nas faculdades de letras dessas regiões. Embora sua finalidade seja difundir os resultados das pesquisas desenvolvidas pelo projeto de que faz parte, o jornal pretende, como já procurou fazer neste número, publicar resenhas, comentários e indicações de livros relacionados à literatura, à leitura e ao ensino da literatura. Publicará também pelo menos uma reportagem sobre assunto atual e que mereça, no momento, atenção por parte dos professores.
>
> Quando a sua circulação regular estiver garantida, o PROLEITURA deverá constituir-se em importante canal de comunicação entre os professores da região por ele coberta. Isto permitirá não apenas a difusão de informações de interesse da categoria como também a troca de ideias e propostas entre os professores interessados em colaborar com a publicação.
>
> [...]
>
> Os professores envolvidos no projeto esperam com esta publicação criar um eficiente e produtivo canal de comunicação entre os professores de português. Contam, para isso, com a sua colaboração, lendo e divulgando o PROLEITURA.

Neste ano de 1992, saíram, além do "número zero", mais dois outros: um, em agosto, com dez páginas, e outro, em dezembro, com as oito do número zero, tendo falhado o de outubro. Nos anos de 1993 e 1994 não se publicou um único número, voltando o jornal revigorado em 1995, com os seis números anuais programados, caindo sua circulação para três em 1996, retomada bimestralmente em 1997 e 1998 com seis números em cada um dos anos, despencando para um único número em 1999 e só um outro em 2000. Do jornal *Proleitura* vieram, então, à luz, entre 1992 e 2000, sempre nos meses pares, 26 edições, numeradas de zero a 25:

1992 = 03 0/2 (8 p., 10 p. 8 p.)
1993 = zero
1994 = zero
1995 = 06 3/8 (8 p.)
1996 = 03 9/11 (9 e 10= 8 p.; 11= 12 p.)
1997 = 06 12/17 (12,13,14,15= 12 p.; 16=16 p.+encarte 4 p.= 20 p.); 17=12 p
1998 = 06 18/23 (12 p.)
1999 = 01 24 (12 p.)
2000 = 01 25 (12 p.)

No editorial do "número zero" já há um primeiro esforço de definir algumas partes invariantes do jornal, que, testadas nesta primeira publicação, foram seguidas nos dois outros números de 1992: a reportagem sob forma de entrevista acerca do tema escolhido para o número, acompanhada de resenhas, comentários e indicações de livros relacionados à literatura, à leitura e ao ensino da literatura. Quando reaparece, em fevereiro de 1995, com uma ambiguidade intencional na manchete principal – "De volta, com o conto de fadas", agora sob a responsabilidade definitiva de João Luís Ceccantini como editor, função que exerce até o último número – o de 25 – em 2000, o jornal passa a ter uma configuração, que se manteve quase que inalterada, sofrendo somente pequenos acréscimos nas seções que o constituem.

As matérias do jornal podem ser agrupadas em três blocos: (1) o bloco de matérias temáticas; (2) o bloco de matérias não temáticas; e (3) o bloco de matérias informativas.

O bloco das matérias temáticas gravita em torno do tema ou assunto de cada número do jornal, ocupando a maioria de suas páginas. O assunto ou tema do exemplar é explicitado na *manchete principal*, no *editorial* e na *ilustração* na parte superior da primeira página a cargo do editor. É tratado também na **entrevista,** na parte inferior da mesma primeira página, que se abre com a manchete e o nome do entrevistado, aos quais segue texto inicial da entrevista, ao lado do qual há foto, biografia e bibliografia condensadas do entrevistado. A **entrevista** prossegue pelas páginas 2 e 3, tendo ao cabo o nome do entrevistador, em geral o organizador do número ou o editor. A seguir, o assunto é tratado *em dois artigos*: um, de caráter mais geral, a cargo do organizador do número, e outro, mais específico, ainda sob sua responsabilidade ou de colega convidado. Complementa a abordagem do tema uma parte aplicada, voltada para os professores do ensino de primeiro e segundo graus, que se desdobra em duas seções: uma, posta sob a rubrica "Na sala de aula", constituída por artigo ou artigos com objetivos didáticos e propostas de aula; outra, intitulada inicialmente "Para saber mais sobre o assunto" e, depois, "Para saber mais". Essa seção é composta por obras que permitem ao docente aquisição de visão mais aprofundada sobre o tema, tendo um total de quatro livros, mostrados individualmente ao leitor num *box*, com referência bibliográfica, reprodução da capa e conciso comentário. Das oito, dez, doze ou dezesseis páginas do jornal, o bloco das matérias temáticas ocupa por volta de dois terços ou pouco mais, sendo esta parte a principal do jornal, ou mesmo sua razão de ser.

Cada número do jornal é dedicado a um tema ou assunto, tendo sido tratados 26 deles nas 26 edições:

1. n.0 – A ilustração nos livros infantojuvenis
2. n.1 – Monteiro Lobato faz 110 anos
3. n.2 – Gêneros poucos utilizados na escola
4. n.3 – De volta, com o conto de fadas
5. n.4 – A biblioteca e a formação do leitor
6. n.5 – O jornal na sala de aula
7. n.6 – A produção de textos na escola
8. n.7 – Poesia para crianças.
9. n.8 – Narrador e focalizador.
10. n.9 – *A bolsa amarela* faz 20 anos
11. n.10 – O ensino da gramática
12. n.11 – O cômico
13. n.12 – Contar histórias
14. n.13 – A leitura dos clássicos hoje
15. n.14 – A parábola
16. n.15 – A leitura
17. n.16 – Natal, literatura, escola
18. n.17 – Um bacanaço chamado João Antonio
19. n.18 – Meio século sem Lobato.
20. n.19 – Oficinas
21. n.20 – A crônica
22. n.21 – Quem tem medo de Machado de Assis?
23. n.22 – Literatura utilitária
24. n.23 – O livro didático
25. n.24 – A representação do professor.
26. n.25 – A vaga música de Cecília Meireles

Uma classificação dos temas ou assuntos mostra a ampla prevalência daqueles relativos à literatura, com um total de 18 números devotados a ela e, no campo dos gêneros literários, a predominância da narrativa – 12 números – com a poesia restrita somente a dois (n.7 Poesia para crianças; n.25 A vaga música de Cecília Meireles) e o teatro, relegado sintomaticamente a ser abordado rapidamente no número 2 do jornal, dedicado aos "Gêneros pouco utilizados na escola". Os 12 números voltados para a narrativa distribuem-se assim:

- cinco dirigidos para autores e obras, sendo três referentes a efemérides relacionadas à literatura infantojuvenil nacional: dois em homenagem a Monteiro Lobato, seu nascimento (n.1: *Monteiro Lobato faz 110 anos*) e sua morte (n.18: *Meio século sem Lobato)*; o terceiro, à publicação de uma obra de Lígia Bojunga (n.9: *A bolsa amarela* faz 20 anos); um quarto ao maior ficcionista nacional (n.21 *Quem tem medo de Machado de Assis?*) e um quinto a João Antonio (n.17 *Um bacanaço chamado João Antonio*);
- cinco outros centrados em subgêneros da narrativa: Romance epistolar e fábula (n.2 *Gêneros poucos utilizados na escola* (romance epistolar, fábula, teatro, poesia); contos de fadas, parábola, crônica e texto utilitário (n.3 *De volta, com o conto de fadas;* n.14 *A parábola*; n.20 *A crônica*; n.22 *Literatura utilitária*);
- dois ocupados com a teoria da narrativa (n.8 *Narrador e focalizador* e n.12 *Contar histórias*).

À abundância dos números circunscritos a tratar das diferentes modalidades de textos literários, obras, autores e teoria referentes ao gênero narrativo, segue-se um conjunto de seis textos que têm em comum o fato de não serem literários:

- dois, dedicados ao ensino de língua portuguesa (n.6 *A produção de textos na escola;* n.10 *O ensino da gramática*);
- dois voltados para os suportes, como o livro didático e o jornal (n.5 *O jornal na sala de aula;* n.23 *O livro didático*);
- e dois compostos pela biblioteca e oficinas (n.4 *A biblioteca e a formação do leitor;* n.19 *Oficinas*).

Esses 24 temas têm um traço comum: o fato de serem de natureza verbal. Dois números fogem a essa classificação: um encontra-se entre o universo verbal e não verbal e é focado no cômico (n.11 *O cômico*) e outro centra-se só no não verbal, ao pinçar a ilustração como objeto de tratamento (n.0 *A ilustração nos livros infantojuvenis*).

No nível dos temas tratados no *Proleitura* predominam, assim, o verbal e a literatura e seu ensino, salientando-se nesta o gênero narrativo e seus subgêneros. No quadro do gênero narrativo sobressaem os autores da literatura infantojuvenil, em especial Monteiro Lobato, a cujas datas redondas de nascimento e morte são dedicados dois números.

Vinte e três são os entrevistados individuais e seis os coletivos, reunidos em dois grupos de três, nas edições do *Proleitura*, correspondendo a uma entrevista por publicação, tratando-se nelas principalmente do tema ou assunto em pauta em cada número. Dos vinte e três entrevistados individuais doze pertencem à categoria de professores universitários, militando dez deles na área de Letras, tendo oito docência, carreira e publicações no âmbito dos estudos literários e ensino da literatura (Nelly Novaes Coelho USP; Maria Helena Martins USP/UFRGS; Vilma Sant'Anna Arêas UNICAMP; Marisa Lajolo UNICAMP; Maria da Glória Bordini UFRGS, PUC/RS; Regina Zilberman PUCRS; Maria Alice de Oliveira Faria UNESP-Assis SP; e Eliana Yunes PUCRJ) e dois nos estudos linguísticos e ensino de língua (João Wanderley Geraldi UNICAMP e Egon de Oliveira Rangel PUC/SP. Os outros dois dos doze ligam-se à Faculdade de Educação: Ezequiel Theodoro da Silva, à UNICAMP, com estudos de leitura, e Maria Thereza Fraga Rocco, à USP, com trabalhos sobre redação e produção de texto. Essa escolha evidencia uma preocupação: a de entrevistar relevantes professores das principais universidades do país – USP, UNICAMP, PUC em São Paulo, PUC no Rio Grande do Sul e PUC no Rio de Janeiro – cuja ocupação acadêmica evidencia afinidade com a linha do jornal: a literatura infantojuvenil, a leitura, o ensino da literatura e, num âmbito mais geral, a integração entre os três graus do ensino.

Aos doze professores universitários somam-se seis escritores, sendo três deles autores de literatura infantojuvenil: Tony Brandão, Maria Betty Coelho Silva e Pedro Bandeira; dois da literatura brasileira: João Antônio e Lourenço Diaféria, com um pertencendo às duas categorias: José Paulo Paes. Acrescem-se a eles mais cinco nomes: um ilustrador, ensaísta e escritor de livros de literatura infantojuvenil, duas vezes entrevistado, Luís Camargo; um agrônomo leitor de Monteiro Lobato, Leo Pires Ferreira; uma diretora de teatro, Nites Jacon; um rabino, Henry Isaac Sobel; e a figura do Papai Noel. Completam a lista dos entrevistados os nomes constantes das duas entrevistas em grupo: três autores de um livro sobre Monteiro Lobato: Carmen Lúcia de Azevedo, Márcia Camargos e Vladimir Sacchetta; e três jornalistas indagados sobre o jornal na sala de aula: Dante Matiussi, Marta Gleich e Júlio Cézar Garcia.

Onze são os entrevistadores, pertencendo nove deles ao GALLE, sendo exceção Ana Maria Domingues de Oliveira e Giovanni Riccardi, que dialogam este com João Antonio em 1988 e aquela com Luís Camargo sobre ilustração na poesia, no número que aborda Cecília Meireles. Dos nove entrevistadores do GALLE a maioria é de Assis: João Luís Ceccantini, com oito entrevistas; Maria Alice O. Faria, com quatro; Rony Farto Pereira, com três; Juvenal Zanchetta Jr, Benedito Antunes e Marco Antonio Sant'Anna, com uma cada. Dois são de Maringá: Alice Áurea Penteado Martha, com duas entrevistas, e Sonia Aparecida Lopes Benites, com uma; e um entrevistador, Neuza Ceciliato, é de Londrina, com três entrevistas. A presença de nove membros do GALLE entre onze entrevistadores mostra a participação ativa dos docentes filiados no processo de produção do jornal, em especial deste decisivo bloco, fato que fica mais evidente com o exame da figura do organizador do número.

Do n.0 ao n.3 não havia explicitamente a função de organizador do número, embora já se definisse de modo implícito a presença de alguém desempenhando esse papel, como foi o caso de Neusa Ceciliato no n.1, intencionalmente dedicado a Monteiro Lobato, e Maria Alice Faria nos outros dois. Fixa-se, de vez, essa função no n.4. Onze são os organizadores dos 21 números, dez deles do GALLE, assim distribuídos em seus trabalhos individuais ou em dupla:

1. Números sem organizadores explícitos: quatro, do n.0 ao n.3.
2. Números com organizadores: 22, a partir do n.4
   2.1. João Luís Ceccantini: três = n.4, 9, 12
   2.2. João Luís Ceccantini e outros: três
      2.2.1. Com Benedito Antunes: um = n.21
      2.2.2. Com Tania Celestino de Macedo: um = n.17
      2.2.3. Com Carlos Erivany Fantinati: um = n.16
   2.3. Alice Áurea Penteado Martha: três = n.8, 19, 24
   2.4. Neuza Ceciliato: três = n.15, 18, 22
   2.5. Rony Farto Pereira: três = n.6, 20, 23
   2.6. Benedito Antunes: um = n.13;
   2.7. Carlos Erivany Fantinati: um = n.11;
   2.8. Marco Antonio Sant'Anna: um = n.14
   2.9. Sonia Lopes Benites: um = n.1
   2.10. Maria Alice Faria: um = n.7
   2.11. Maria Alice Faria e outro:
      2.11.1. Juvenal Zanchetta Jr: um = n.5
   2.12. Ana Maria Domingues Oliveira: um = n.25

Os organizadores se responsabilizam ainda pelos artigos teóricos e práticos sobre o assunto eleito ("Na sala de aula") e pela seleção e apresentação dos quatro textos da seção "Para saber mais" sobre o assunto ou tema, cabendo sempre a formatação e edição ao editor

O segundo bloco, composto de matérias não ligadas ao assunto do número, situa-se nas páginas finais do jornal, sendo formado por três seções: Imagem, Resenhas e Indicações de leitura. Na seção Resenhas são tratados preponderantemente livros referentes à literatura em seus dois ramos, não ficção e ficção, com ênfase, neste caso, sobre obras da literatura infantojuvenil nacional e traduzida e, naquele, no tratamento de livros sobre leitura e ensino. As obras resenhadas são apresentadas num *box* com referência bibliográfica, reprodução em miniatura da capa e artigo do resenhista, postos após o título da matéria.

Imagem é uma seção que tem origem no "número zero" com o título restrito de "A ilustração nos livros didáticos", passa depois a chamar-se "A ilustração nos livros infantojuvenil (n.3, fevereiro de 1992), fixando-se com o título definitivo a partir do n.6 (agosto de 1995), estando as matérias quase sempre a cargo de uma articulista, Maria Alice de Oliveira Faria. Impõe-se que se assinale ser o jornal Proleitura um periódico que confere muita atenção à questão da imagem, não sendo casual que seu número de abertura contenha uma entrevista com um ilustrador de livros infantojuvenis, Luís Camargo, o mesmo que volta para encerrar o jornal em 2000 no n.25, falando sobre a ilustração na poesia. Essa atenção determina a configuração do jornal que procura sempre um bom equilíbrio ente texto e imagem em todas as suas páginas, o que concede a elas leveza e estímulo à leitura do verbal e do não verbal. Tal procedimento está em consonância, aliás, com o que sucede com os livros da literatura infantojuvenil, objeto das Resenhas e das Indicações da leitura, e com a configuração das páginas dos livros didáticos, onde também se mesclam os dois elementos. As Indicações de leitura são constituídas por obras de literatura infantojuvenil com seis livros referidos bibliograficamente, resumidos em seus conteúdos e com suas capas reproduzidas condensadamente.

O terceiro bloco é formado de matérias informativas e ocupa fixamente, em todos os números, a primeira coluna das três em que é dividida a página 2, quantidade de colunas, aliás, comum a quase todas as páginas do jornal. Compõe-na, inicialmente, as seções Cartas e Expediente, juntando-se a elas, a partir do número 11, de junho de 1996, uma nova seção: Sumário. Podem ser incluídos neste terceiro bloco também informes ou notícias eventuais, insertos curtamente em alguns números à página 2 ou 3 e que eventualmente estão sob a rubrica "Em Dia". Dentre as três seções a que mais se modificou foi o "Expediente" que, quando se definiu, passou a ser formada pelos seguintes tópicos: 1. Editor; 2. Organizador; 3. Redação; 4. Diagramação e Projeto Gráfico; 5. Fotografia e Impressão; 6. Tiragem; 7. (Copyright); 8. Apoio (n.11. Em 9.6.); 9. Reprodução; 10. Endereço.

Saliente-se aqui o papel relevante desempenhado por Aroldo José Abreu Pinto, graduado e pós-graduado com mestrado e doutorado em Letras/Assis, que atuou como responsável pela Diagramação e Projeto Gráfico do jornal, função que assumiu no n.4 e exerceu até o n.25, formando dupla articulada com João Luís Ceccantini, editor, no processo de formatação do jornal.

Se os estudos dos três blocos de matéria dão-nos uma visão da esfera da produção e da formatação do jornal nos seus 26 números, as 36 cartas recebidas e publicadas a partir do n.1, mesmo que editadas, fornecem-nos uma visão do tabloide da perspectiva do leitor.

"Este jornal é uma publicação bimestral do Departamento de Literatura da Faculdade de Ciências e Letras de Assis/UNESP – Grupo Acadêmico Leitura e Literatura na Escola", anuncia o Expediente e complementa com dados sobre o endereço – local, caixa postal, telefone, fax, email – todos lotados na unidade universitária da UNESP/Assis, que foram usados sobretudo pelos paulistas, seu público-alvo próximo, que lhe remeteram a maioria das cartas – 19 das 35 publicadas, dispostas a seguir geograficamente com indicação do local, quantidade de cartas e respectivo número do jornal:

São Paulo: 14 locais/19 cartas, assim distribuídas:

    1. São Paulo (Capital): quatro cartas = n.1,3, 8, 14
    2. Dracena: três cartas = n.2,6,10
    3. Locais com uma única carta, perfazendo doze cartas:
       3.1. Presidente Prudente: n.2
       3.2. Marília: n.4
       3.3. Assis: n.7
       3.4. Piratininga: n.10
       3.5. Rinópolis: n.11
       3.6. Frutal do Campo: n.13
       3.7. Campinas: n.20
       3.8. Guarantã: n.21
       3.9. Itapetininga: n.23
       3.10. São Roque: n.24
       3.11. Catanduva: n.08
       3.12. Pindorama: n.16

O segundo público mirado pelo jornal é o Norte do estado do Paraná, onde se situam a UEL/Londrina e a UEM/Maringá, integradas ao GALLE, que responde com cinco cartas aos números do Proleitura, provindas dos seguintes municípios:

    1. Astorga: n.5
    2. Orizona: n.5
    3. Maringá: n.17

4. Cornélio Procópio: n.18
5. Jacarezinho: n.25

Onze cartas mostram que o jornal transcendeu o eixo paulista e paranaense, alcançando oito estados da federação. Os estados limítrofes de São Paulo e Paraná, respectivamente, Santa Catarina, a cidade de Lajes, e Minas Gerais, a de Poços de Caldas, remeteram duas cartas, bem como o fez Mato Grosso, lá de Cuiabá. Cinco estados leram o *Proleitura* deixando memória dessa leitura em uma única missiva cada: no extremo meridional do país, o Rio Grande do Sul, no extremo norte, o Maranhão, no extremo oeste Rondônia e, na fronteira oeste com São Paulo e Paraná, Mato Grosso do Sul. Do exterior veio sinal de leitura do jornal com correspondência enviada dos Estados Unidos, oriunda de uma universidade (n.8 Eva Paulino Bueno, Profª de Espanhol da Penn State University – Du Bois Campus, EUA).

Marcada por densa força centrípeta, que a faz concentrar-se majoritariamente em São Paulo e Paraná, mas que não inibiu elementos centrífugos, como atestam pontos de emissão situados em diferentes pontos do país e mesmo chegando do estrangeiro, a correspondência do *Proleitura* é produzida na sua quase totalidade por professores, em especial do ensino de primeiro e segundo graus das áreas de Letras e de Educação, cuja manifestação é majoritariamente favorável ao jornal, ao qual se dirigem para expressar-lhe agradecimentos, cumprimentos e votos de bons augúrios e mesmo fazer sugestão de temas. Os agradecimentos, inicialmente manifestos pela remessa do número do jornal, passam paulatinamente a ser pela compreensão da função do tabloide como um auxiliar valioso nas tarefas de docência na sala de aula. Duas cartas merecem ser citadas nesse sentido: uma de docente universitária, outra do ensino médio:

> Ao valoroso grupo de professores responsáveis pelo PROLEITURA:
> O jornal está cada vez mais nutritivo. Muito tem me valido em minhas aulas, alguns até parecem ter vindo de encomenda. Vejam, eu estava trabalhando no curso de Pedagogia a disciplina Literatura Infantil, tratando da arte e da importância de contar histórias e chega o número com a entrevista com Betty Coelho [n.12; fev 1997]. Foi mais que oportuno, foi excelente.
> Embora seja uma assalariada (sou professora) considero o custo do jornal muito baixo em vista da riqueza dos artigos.
> A todos que trabalham e produzem este vigoroso trabalho literário, envio votos de um 98 pleno de paz e de realizações.
> Atenciosamente,
> Danuza Silva, Lages (SC) (n.17: 12/1997)

Prezado Editor:
Sou professora da Escola Estadual Padre "Manuel da Nóbrega" em Cornélio Procópio. Leciono para 5ª e 8ª série e gostaria de relatar-lhe que o encarte do PROLEITURA out. 97 [Natal, literatura, escola] foi de muita utilidade para mim. Pude apreciá-lo melhor quando trabalhei alguns poemas escolhidos por uma classe da 7ª série – Poema de Natal (Jorge de Lima) e Natal (Manuel Bandeira).
A atividade foi realizada com consulta à Bíblia e constatei o prazer dos aprendizes ao perceber que há muitas fontes que servem de inspiração a um escritor/poeta, além de que os fatos cotidianos podem ser ilustrados com relatos bíblicos, existindo um diálogo entre os textos. Esta intertextualidade levou-os a uma reflexão sobre os acontecimentos passados, presentes e sua posição diante da vida. Logo após foram produzidos textos, como o de Josiane Dias da Silva, que segue anexo.
Maria Aparecida de Barros Nagi. Cornélo Procópio/PR (n.18, a propósito do n.16)

Esta última carta tocou de tal sorte o editor que o levou, como o fez pouca vezes, a manifestar-se: "O *Proleitura* agradece o retorno em relação às propostas didáticas do n.16 e cumprimenta você e seus alunos pelo excelente trabalho realizado".

Quatro outras cartas merecem ainda menção por seus comentários revelarem aspectos significativos do PROLEITURA. Duas delas se originam de professoras universitárias, sendo uma delas a da professora de Letras Maria da Glória Bordini, da PUCRS e UFRGS, que viu com muita argúcia traços que marcariam o jornal já postos no nascimento: "Recebi o n. Zero do Proleitura, certamente um grande achado. O jornal está acessível sem ser apelativo, está bem dosado entre os vários segmentos de público atingível e aproveita bem o espaço gráfico com matérias pertinentes à área".

Outra é a Professora Lilian Lopes Martin da Silva do Departamento de Metodologia de Ensino da Faculdade de Educação/UNICAMP – Campinas/SP – que escreve para o n.20 de junho de 1998:

Senhor Editor:
Tenho recebido regularmente esta publicação do Departamento de Literatura da FCLAs-UNESP e gostaria de parabenizá-los pela qualidade da material, pelos temas interessantes e pelo tratamento criterioso que têm merecido.

As duas outras vêm de fora da área universitária, sendo a primeira do escritor e ilustrador Ricardo Azevedo, de São Paulo, que ao conhecer o "número zero" assim se manifesta:

> *Os bons ventos e o Correio trouxeram até minha casa um exemplar do jornal Pro-leitura. É sempre uma grande notícia, ainda mais nesses tempos bicudos, o surgimento de um espaço onde se discuta a literatura feita para as nossas crianças e jovens. Que bom ver assuntos tão importantes e ignorados como ilustração e projeto gráfico de livros serem levantados! Parabéns a todos! Tomara que o Proleitura vá adiante! Sucesso!*

O escritor Pedro Bandeira é o autor da outra, publicada no n.24, penúltimo do jornal.

> Senhor Editor:
> Foi uma enorme alegria receber a coleção completa do PROLEITURA.
> Que trabalho lindo! Não descansei até ter lido todos os exemplares. Há ensaios maravilhosos, ótimas entrevistas e muita coisa pra pensar.
> [...]
> Espero que o jornal possa se transformar em uma revista e naturalmente chegar às mãos de quem trabalha com literatura".

As considerações feitas até aqui sobre aspectos do *Proleitura* parecem mostrar uma relevante coerência entre as intenções do GALLE ao criar o jornal e a prática executada em suas edições, sendo possível observar, sobretudo nos dois blocos de matéria, as temáticas e as não temáticas, a concreta presença daquele anseio de integração entre os diferentes graus de ensino, focado na busca de uma prática para o tratamento da literatura, em especial da literatura infantojuvenil, na sala de aula. Essa mesma perspectiva de compatibilidade entre intenção e realização se fortalece ao se ler a seção de "Cartas do leitor" assim chamada no "número zero", reduzida para "Cartas" a partir do n.1 e assim mantida até o 25, em que os professores, formados em Letras e Educação, exprimem seu reconhecimento ao jornal, fazendo-o de uma forma entusiasta, por ver nele um adjuvante em sua prática docente, preenchendo com isso aguda carência de nosso ensino sobre materiais auxiliares na realização do ato docente. Tudo isso foi possível graças à formatação ou ao modo de formar ou ainda à linguagem verbal e imagética que materializou o projeto de integração dos diferentes níveis de ensino de literatura da área das Letras. Este foi o "grande achado", como apontou uma sensível e arguta missivista.

Com essa realização inovadora do jornal *Proleitura*, o GALLE se consolida ao sair de sua dimensão local e regional e alçar o seu primeiro voo para uma penetração em âmbito mais geral, a qual será alcançada por meio de um selo editorial, custeado por seus membros integrados na Associação Núcleo Editorial Proleitura – ANEP, que, criada quase ao mesmo tempo que o jornal, foi inicialmente subjugada, em sua finalidade de publicação de obras, pelas muitas exigências imediatas do tabloide. Com o desaparecimento do jornal e a publicação de três livros em 2004, inicia-se o segundo período da historia do GALLE, fiel às mesmas diretrizes programáticas seguidas na prática jornalística.

Modesta foi a quantidade de publicações do GALLE durante o fase de fastígio ou auge do jornal *Proleitura*. O GALLE publicou quatro livros, sendo só três deles pela associação (ANEP) e com o selo NEP, Núcleo Editorial Proleitura. A primeira publicação não contou com o apoio financeiro da associação nem com o selo, saindo pela FCLAs/UNESP como uma singela obra, com a aparência de pouca qualidade técnica ao ser impresso com limitados recursos gráficos: FARIA, Maria /Alice (org). *Anais do Seminário "Leitura e literatura na escola: a formação do professor"*. 18,19 e 20 de setembro de 1992. Assis, SP: Faculdade de Ciências e Letras, 1993, 120p.

De 1997 é: FARIA, Maria Alice (org). *Narrativa juvenis:* modos de ler. São Paulo: Arte & Ciência; Assis: Núcleo Editorial Proleitura, 1997, 112p. 5 artigos.

Em 1999 sai: PINTO, Aroldo José Abreu. *Literatura descalça*: a narrativa "para jovens" de Ricardo Ramos. São Paulo: Arte & Ciência; /Assis, SP: Núcleo Editorial Proleitura, 1999, 192p.

No ano de 2002 vem a público: BENITES, Sonia Aparecida Lopes. *Contando e fazendo a história*: a citação no discurso jornalístico. São Paulo: Arte e Ciência; Assis: Núcleo Editorial Proleitura, 2002, 168p.

O ano de 2004 é o ano decisivo para o início do processo de consolidação editorial da ANEP e do selo NEP, do GALLE, como marcas que transpõem os limites locais e regionais e se lançam, de vez, no mercado livreiro e acadêmico nacionais. Do ponto de vista editorial a virada se dá com a substituição do parceiro e a entrada no lugar da embrionária editora comercial dos primeiros livros de uma forte e consolidada editora universitária, a Editora UNESP, onde João Luís Ceccantini passara a exercer, a convite, a função de Assessor Editorial. A Editora UNESP e a ANEP produzem conjuntamente nove coedições entre 2004 e 2010, sendo sete com os selos NEP e Cultura Acadêmica e dois com o NEP e o selo principal EU.

Neste ano de 2004, a nova parceria publica três obras coletivas. A primeira delas tem a seguinte referência:

> PEREIRA, Rony Farto; BENITES, Sonia Aparecida Lopes (org). *À roda da leitura:* língua e literatura no jornal PROLEITURA. São Paulo: Cultura Acadêmica; Assis: ANEP, 2004, 198p. 25 capítulos e 34 artigos (Proleitura: 6/1992-2/2000)

À roda da leitura é uma tentativa de encerrar o ciclo jornalístico do *Proleitura* com a transposição para um suporte mais duradouro daquilo que dois membros do GALLE, na função de organizadores, considerassem mais permanente na produção do tabloide para a formação e a prática docente do professor de primeiro e segundo graus, além, é claro, de almejar outros objetivos:

> Com esta seleção de textos, espera-se possibilitar aos leitores continuar desfrutando, de um modo mais acessível e permanente, das ideias veiculadas no *Proleitura*, contribuindo com sua reflexão para o desenvolvimento dos estudos da área e, principalmente, fazendo chegar à sala de aula alguns avanços dos últimos anos.

Parte da edição deveria ser enviada aos assinantes do *Proleitura* como quitação da anuidade já paga, que não tivera a contrapartida da continuidade dos números do jornal.

O segundo livro tem os seguintes dados bibliográficos: CECCANTINI, João Luís C. T. (org). *Leitura e literatura infantojuvenil:* memória de Gramado. São Paulo: Cultura Acadêmica; Assis. SP; ANEP, 2004, 414p., 5 cap.: 1.: 8 art.; 2.: 4; 3.: 9; 4.: 6; 5.: 1 = 27 art.

Esse livro, que reúne as pesquisas apresentadas por um grupo de trabalho de uma associação nacional em seu encontro, em 2002, na cidade de Gramado, no Rio Grande do Sul, é a primeira tentativa do GALLE de realizar, por intermédio da ANEP, uma aproximação com um grupo de trabalho de dimensão nacional, com o qual tem afinidades e ao qual estão filiados a maioria dos seu membros: o Grupo de Trabalho (GT) Leitura e Literatura Infantil e Juvenil, da Associação Nacional de Pós-Graduação e Pesquisa em Letras e Linguistica (ANPOLL), criada em 1984 para representar a área junto às agências de fomento e aos fóruns responsáveis pelas políticas de pesquisa e pós-graduação no país.

O terceiro é o livro: PEREIRA, Maria Teresa Gonçalves; ANTUNES, Benedito (org). *Trança de histórias*: a criação literária de Ana Maria Machado. São Paulo: UNESP; Assis: ANEP, 2004, 184p., 10 art.

Enquanto *À roda da leitura* dá publicidade à linha interna de pesquisa do GALLE e a obra *Leitura e literatura infantojuvenil: memória de Gramado* evidencia a aproximação com um grupo de trabalho de projeção nacional, a publicação do terceiro livro, dedicado a Ana Maria Machado, mostra um entrelaçamento entre as duas linhas ao estarem os trabalhos sobre a escritora a cargo tanto de membros do GALLE quanto de acadêmicos externos a ele, o que fica patente já na composição da dupla de organizadores: Benedito Antunes pelo GALLE e Maria Teresa Gonçalves Pereira, pertencente à Universidade do Estado do Rio de Janeiro (UERJ) e presidente da

ANPOLL entre 1998 a 2002 (Gramado, orelha). Esta obra traz o selo principal da Editora UNESP na parceria com a ANEP

Seis foi o número de obras publicadas pela mesma parceria entre 2006 e 2010, sendo duas a cada ano par. Dos dois livros de 2006, um retoma e dá continuidade à aproximação entre a ANEP e o grupo de trabalho Leitura e de Literatura Infantil e Juvenil da ANPOLL, coordenado de 2004 a 2006 por Maria Zaira Turchi, professora da Universidade Federal de Goiás (UFG), e cujo volume foi organizado com base nos trabalhos expostos na reunião de 2004 da ANPOLL, realizada em Maceió (AL). Sua referência é a seguinte: TURCHI, Maria Zaira; SILVA, Vera Maria Tietzmann (org.). *Leitor formado, leitor em formação*. São Paulo: Cultura Acadêmica; Assis, SP: ANEP, 2006, 252p., 5 cap; 1:3; 2:3; 3:3; 4: 4; 5: 5 = 18 artigos.

Essa conjunção entre a ANEP e o grupo de trabalho da ANPOLL permanece no biênio 2006-2008, quando João Luís Ceccantini assume a coordenação do Grupo de Trabalho "Leitura e Literatura infantojuvenil", e se reforça neste ano de 2008 com a publicação de nova coletânea, que resultou de um projeto de publicação concebido pelo Grupo, em julho de 2006 durante os trabalhos desenvolvidos no XXI Encontro da ANPOLL, em São Paulo. Decisão ratificada por ocasião, em 2007, do Encontro Intermediário dos membros do GT, em Passo Fundo (RS). Seu intuito mais geral é o de examinar "a recepção da obra de Monteiro Lobato nos nossos dias" e, mais especificamente, o de lembrar os 60 anos de sua morte, ocorrida em 1948: CECCANTINI, João Luís; MARTHA, Álice Áurea Penteado (org.). *Monteiro Lobato e o leitor de hoje*. São Paulo: Cultura Acadêmica, [Assis, SP: ANEP] 2008, 254 p.,16 art.

A conjunção entre a ANEP e o GT da ANPOLL prossegue e se estende até 2010, quando vem a lume um quarto livro com a publicação de antologia dentre os textos selecionados do XXII Encontro Nacional da Associação, realizado em Goiânia (GO) de 2 a 4 de julho de 2008: AGUIAR, Vera Teixeira de; CECCANTINI, João Luís; MARTHA, Alice Áurea Penteado (org.). *Heróis contra a parede*: estudos de literatura infantil e juvenil. São Paulo: Cultura Acadêmica: Assis: ANEP, 2010, 120p., 15 art.

Poder-se-ia juntar a este conjunto de publicações de obras coletivas da ANEP, oriundas de eventos ligados a um grupo de trabalho, o *Leitura e Literatura Infantil e Juvenil*, da ANPOLL, a antologia composta com os textos debatidos no "Simpósio Travessias: o leitor, a leitura e a literatura", integrante do IX Congresso Internacional da ABRALIC, realizado em Porto Alegre, em 2004: AGUIAR, Vera Teixeira; MARTHA, Alice Áurea Penteado (org.) *Territórios da leitura*: da literatura aos leitores. São Paulo: Cultura Acadêmica; Assis, SP: ANEP, 2006, 268p., 3 partes e 15 art.

Com isto, tem-se, assim, nas nove obras coletivas publicadas pela Editora UNESP juntamente com o selo NEP, um bloco de cinco livros, cujas raízes estão em encontros acadêmicos de associações nacionais: a ANPOLL e a ABRALIC. Ao lado desse bloco de cinco livros, há ainda o conjunto de quatro outras obras coletivas, constituído por livros, que têm origem vária, como sucedeu com os dois volumes de 2004, *À roda da leitura* e *Tranças de histórias*, e mais recentemente com duas outras antologias: CECCANTINI, João Luís; PEREIRA, Rony Farto (org.). *Narrativas juvenis*: outros modos de ler. São Paulo: UNESP; Assis, SP: ANEP, 2008, 274p., 13 art. numerados; AGUIAR, Vera Teixeira de; CECCANTINI, João Luís (org.). *Teclas e dígitos*: leitura, literatura & mercado. São Paulo: Cultura Acadêmica; [Assis, SP: ANEP]. 2010, 300 p.; 3 partes, 21 artigos.

Narrativas juvenis: outros modos de ler é um livro com dupla face: retoma, por um lado, o antigo projeto que está na base da criação do GALLE em 1988 sobre a recepção da literatura infantojuvenil na sala de aula, que teve sua primeira versão editorial em 1997 com o mesmo título e, por outro, opera no livro de agora, uma atualização dos procedimentos de então. Já *Teclas e dígitos* é todo ele voltado para o atual contexto de produção e recepção da literatura infantojuvenil, como aponta certeiramente Milton Colonesi, na aba:

> Em cada volta que o mercado cultural dá, a literatura reelabora seus procedimentos em relação recíproca com os novos modos de produção material e de subjetividade que daí emergem. Podemos perceber como as mídias digitais vêm conformando o paradigma contemporâneo, ao assumir um papel de elemento sobredeterminador das práticas estruturantes tanto do campo cultural quanto da sociedade como um todo. A partir destas novas condições de produção e consumo, as relações entre autor, público e obra são reformuladas – circunstância que, por sua vez, modifica os hábitos relativos à escrita e à leitura, ao mesmo tempo em que redistribui a hierarquia dos produtos culturais, alterando o papel e o espaço que a literatura ocupa dentro do mercado e, por conseguinte, da sociedade. Sob essa perspectiva, os artigos aqui reunidos pretendem explorar a situação da literatura infantojuvenil nas condições contemporâneas de produção cultural.

Os nove títulos publicados entre 2004 e 2010 pela parceria entre a ANEP e a Editora UNESP têm, no geral, dois organizadores, sendo que um deles conta com um único e um outro com três, dando um total de 18 participações nessa função, assim distribuídas: 16 participações teve o GALLE, cinco de João Luís Ceccantini, três de Alice Áurea Penteado Martha e de Vera Teixeira Aguiar, duas de Rony Farto Pereira e uma de Sônia Aparecida Lopes Benites, Benedito Antunes e Maria Zaira Turchi. Só dois organizadores não pertencem ao quadros do Galle: Maria Tereza Gonçalves Pereira e Vera Maria Tietzmann.

Nas edições que patrocina, a ANEP deixa registrada sua presença no verso da página de rosto do livro, inicialmente com os seguintes dados: Grupo Acadêmico "Leitura e Literatura na Escola", seguido dos nomes dos "coordenadores", em número de dois, e dos demais integrantes do GALLE, em número de oito, dispostos os dez membros em ordem alfabética, complementados pela sigla da instituição universitária a que pertencem e da cidade onde esta se localiza, acrescida da sigla do estado. Dos dez membros iniciais da ANEP seis são da UNESP (Assis -SP), dois, da UEM (Maringá-PR), um é da UEL (Londrina-PR) e outro, da UFMS (Três Lagoas-MS). Esse tipo de registro ocorre em duas das edições de 2004. No terceiro livro do mesmo ano, *Leitura e literatura infantojuvenil: memória de Gramado*, em lugar da denominação do GALLE surgem a da associação e o nome de seu presidente, acompanhado dos nove professores associados, assim distribuídos em ordem alfabética:

ASSOCIAÇÃO NÚCLEO EDITORIAL PROLEITURA

Presidente: Carlos Erivany Fantinati – UNESP (Assis-SP)
Professores associados: Alice Áurea Penteado Martha – UEM (Maringá-PR); Aroldo José Abreu Pinto – UNESP (Assis -SP); Benedito Antunes – UNESP (Assis-SP); João Luís Cardoso Tápias Ceccantini UNESP (Assis – SP); José Batista de Sales – UFMS (Três Lagoas-MS); Marco Antonio Domingues Sant'Anna – UNESP (Assis-SP); Neuza Ceciliato de Carvalho – UEL (Londrina -PR); Rony Farto Pereira – UNESP (Assis-SP); Sonia Aparecida Lopes Benites – UEM (Maringá-PR)

Da mesma maneira que a ANEP realiza um trabalho de abertura de sua edições para acolher os grupos de trabalho com os quais o GALLE tem afinidade no campo da pesquisa como a ANPOLL e a ABRALIC, efetuou ela também, a partir de 2006, uma ampliação lenta de seus associados. Nas duas edições de 2006, retoma no verso da página de rosto a denominação GALLE que passa a contar com onze membros ao receber a professora Vera Teixeira de Aguiar da PUC (RS). Nas edições de 2008 o GALLE passa a denominar-se Grupo de Pesquisa (CNPQ) "Leitura e Literatura na escola", com doze membros: um único coordenador e onze integrantes (professores), sendo as novidades a entrada para o grupo da professora Maria Zaira Turchi da Universidade Federal de Goiás (UFG) e o vínculo acadêmico do professor Aroldo José Abreu Pinto, cuja ligação passa a ser com a UNEMAT (Alto Araguaia – MT).

Nas edições de 2010, a rotulação no verso da página de rosto altera-se novamente. Num dos livros os dados são os seguintes: Comissão editorial: Grupo de pesquisa (CNPQ) "Leitura e Literatura na escola" com doze membros: um coordenador e os mesmos onze integrantes (professores). Na outra obra consta: Comissão Editorial da Associação Núcleo Editorial Proleitura (ANEP), agora com 13 membros, dispostos em ordem alfabética com a agregação de um novo membro, formado integralmente, desde a graduação até o doutorado, nos quadros do GALLE, da disciplina de Literatura Brasileira e do curso de Letras da UNESP/Assis: o professor Thiago Alves Valente, da UENP (Cornélio Procópio-PR), onde acabara de ingressar.

Concretizada na publicação de nove livros entre 2004 e 2010, a política da ANEP de coedição com a Editora UNESP, de aproximação com outros grupos de trabalho publicando a produção desses grupos de pesquisa afins e de ampliação de seus associados e membros do GALLE, pode ser considerada um sucesso. E o é, sem dúvida, se for mensurada por meio de um critério: o da sua premiação por uma instituição, como a FNLIJ.

Criada em 23 de maio de 1968, a FNLIJ é a seção brasileira do International Board on Books for Young People – IBBY, cuja missão, visão e valores são conhecidos de todos aqui, mas que nem sempre os são pela comunidade externa ao meio acadêmico.

> Missão
> Promover a leitura e divulgar o livro de qualidade para crianças e jovens, defendendo o direito dessa leitura para todos, por meio de bibliotecas escolares, públicas e comunitárias.
> Visão
> Contribuir para a melhoria da educação e da qualidade de vida de crianças e jovens, com valor básico para a educação e cidadania.
> Valores
> Valorizar a leitura e o livro de qualidade; divulgar a produção brasileira de livros de qualidade para crianças e jovens e, em particular, os livros de literatura e informativos; contribuir para a formação leitora dos educadores, sejam professores, bibliotecários ou pais, quanto ao conhecimento das teorias e experiências sobre temas afins, tais como leitura, literatura e formação de bibliotecas; promover a tolerância, a solidariedade e a paz por meio da leitura partilhada; Valorizar a biblioteca da escola e a pública como o lócus para o processo democrático à cultura escrita e mantenedora da prática da leitura.

Orientada por esses princípios, a FNLIJ promove anualmente sua seleção para as menções e os prêmios que confere, conforme se pode ler em seu sítio na internet:

AS ETAPAS DO PROCESSO DE SELEÇÃO ANUAL PRÊMIO FNLIJ

Art. 5º – Na primeira fase da Seleção Anual da FNLIJ serão escolhidos os Altamente Recomendáveis. Art. 6º – Na segunda fase da Seleção Anual da FNLIJ serão escolhidos os melhores livros de cada categoria que receberão o Prêmio FNLIJ.

DIVULGAÇÃO DO RESULTADO E ENTREGA DOS CERTIFICADOS DOPRÊMIO FNLIJ

Art. 9º – A comunicação dos livros considerados Altamente Recomendáveis pela FNLIJ e os incluídos no Acervo Básico será feita às editoras. Art. 10º – Posteriormente, de acordo com o calendário da FNLIJ, serão enviados certificados dos Altamente Recomendáveis aos editores, escritores, ilustradores e tradutores contemplados com a referida menção.

"Altamente recomendável" foi a menção recebida pelos nove livros publicados pela ANEP em coedição com a Editora UNESP, com seu selo principal e com o Cultura Acadêmica, entre 2004 e 2010, sendo que um deles, o livro sobre Ana Maria Machado, de 2004, recebeu o prêmio Cecília Meireles da FNLIJ. A inclusão de *À roda da leitura*, coletânea de artigos do jornal *Proleitura*, na menção dos "altamente recomendáveis" constitui uma forma indireta de reconhecimento ao trabalho realizado pelo tabloide entre 1992 e 2000.

As possíveis dimensões semântica e histórica almejadas pelo GALLE estão inscritas na aba deste livro de 2004, articuladas por Benedito Antunes ao caracterizar os diferentes níveis de sentido presentes no nome Proleitura, cujo nível final evoca as marcas da grande generosidade que moveu, no século XX, a esperança por um mundo mais justo, igualitário e harmônico nas relações, fraudado, porém, no socialismo real, sobretudo pelo seu vezo autoritário. Benedito Antunes, antes de fechar sua exposição com um convite "à fruição de parte de seus textos [do Proleitura] reunidos neste volume [À roda da leitura]", explica:

> A publicação do *Proleitura* foi durante muito tempo uma das principais atividades do Grupo de Pesquisa "Leitura e Literatura na Escola". E nada caracteriza melhor esse jornal do que seu próprio nome.
> Num primeiro nível, *Proleitura* representa uma obviedade: é o acrograma (isto é, a palavra formada por acrossemia) de Projeto Leitura..., já que o Grupo se constitui em torno do Projeto "Leitura e Literatura na Escola: Núcleo Regional de Pesquisa". Trata-se, portanto, de uma prosaica e despretensiosa sigla.
> Num segundo nível, pode-se pensar num processo de ressemantização da sigla. Lida em seus dois núcleos significativos – Pró-leitura –, comporta também o sentido de "em favor da leitura", que sempre foi um dos objetivos centrais do

trabalho do Grupo. Neste sentido, a sigla poderia até ser confundida com projetos similares, não fosse sua grafia; Proleitura, sem o hífen.

Num terceiro nível, justamente pela ausência do hífen, observa-se uma espécie de ampliação conotativa do sentido inicial do acrograma. E Proleitura revela-se então um anagrama perfeito do termo latino Proletariu, que significa cidadão pobre, útil pela prole ou filhos gerados.

Tudo isto foi pensado ao se atribuir um nome ao tabloide? Talvez não. Mas essas coincidências estão, de alguma forma, relacionadas ao projeto do Grupo, conferindo ao nome um caráter não aleatório.

Palavras finais

1. Na condição do que já fui –

1.1. no câmpus de Assis:

1.1.1. aluno de graduação de 1961 a 1964, que assistiu com olhos ingênuos e desarmados ao maior evento acadêmico que já ocorreu no curso de Letras da FCL e o mais relevante para a crítica literária brasileira e portuguesa de então: o II Congresso Brasileiro de Crítica e História Literária;

1.1.2. professor de Literatura Brasileira do Departamento de Literatura em nível de graduação de 1967 a 1996 e de professor e orientador em nível de pós-graduação em Letras desde a fundação do curso em 1979 até 2007;

1.1.3. de pesquisador, cujo principal projeto girou em torno da investigação sobre a obra do escritor Afonso Henriques de Lima Barreto;

1.1.4. de docente que exerceu várias funções acadêmico-administrativas, dentre elas as de: 1. Chefe de Departamento de Literatura; 2. Coordenador do curso de pós-graduação em Letras; 3. Vice-diretor do câmpus de 1990/91; e 4. Diretor do FCL de Assis/UNESP de 1991 a 1995;

1.2. na condição da principal função que exerci na Universidade Estadual Paulista/UNESP:

1.2.1. a de Diretor de Publicações da FUNDUNESP de 1991 a 1993 e, portanto, de Segundo Diretor da Editora UNESP, antes der ser ela uma fundação, a FEU, o que só ocorreu em 1996;

1.3. na condição ainda das várias funções que exerci no GALLE e na ANEP desde sua fundação até hoje;

2. gostaria de solicitar permissão para aproveitar a honrosa oportunidade, que me é dada na abertura deste evento internacional, para prestar algumas homenagens:

2.1. à memória do professor Antonio Augusto Soares Amora, primeiro diretor da Faculdade, Filosofia, Ciências e Letras de Assis, a denominação então da FCL Assis/ UNESP, e Presidente Executivo do II Congresso Brasileiro de Crítica e História Literária, realizado em Assis de 24 a 30 de julho de 1961, completando, agora em 2011, 50 anos de sua ocorrência. Seu êxito, ao qual compareceram 87 críticos e historiadores da literatura de Portugal e do Brasil, e sua memória, preservada nos *Anais*, publicados em 1963, se deveu sobretudo ao trabalho do Secretário Geral, professor Jorge de Sena, das Comissões da Secretaria Geral e da "dedicação e [...] competência de dois serviços do Congresso (o Expediente da Secretaria e a Taquigrafia) e posteriormente [d]a [de]dois colaboradores diretos desta Comisssão [de Redação]: a Professora Nelly Novaes Coelho, a que se deve a organização desta publicação [Os *Anais*] e os resumos das discussões registradas pela taquigrafia, e o Sr. Carlos Felipe Moisés, a quem se deve os trabalhos de revisão de provas tipográficas." (p.13-4). A eles todos, bem como ao governador do estado de São Paulo de então, professor Carlos Alberto A. de Carvalho Pinto, que deu o apoio material para a realização do evento acadêmico, saudando sua abertura em mensagem que mantém atualidade (ver p.30-1 dos *Anais*), presto também homenagem e externo meu agradecimento nesta modesta rememoração dos cinquenta anos do evento;

2.2. ao professor Antonio Candido, por ter sido o primeiro docente da disciplina de Literatura Brasileira do curso de Letras de Assis, e aos seus dois continuadores e meus professores, Rolando Morel Pinto e José Carlos Garbuglio, por terem os três lançado as bases de uma herança venturosa de ensino, pesquisa e extensão universitários, que se estendem numa linha ininterrupta até nossos dias, à qual a história do GALLE está fortemente atada;

2.3 ao escritor Afonso Henriques de Lima Barreto, que, se vivo fora, estaria completando 130 anos e, que aos 30 anos, em 1911, escreveu duas obras significativas da Literatura Brasileira: uma narrativa longa, no folhetim do *Jornal do Comércio,* a sátira *Triste fim de Policarpo Quaresma*, que trata em seus três grandes episódios da questão das "ilusões perdidas", tão presente no Brasil atual, sem que, porém, neles as ilusões nunca se percam de vez, apesar de permanentemente fustigadas pela ameaça e violência do mundo às avessas em que pelejam concretizar-se; e uma narrativa curta, a sátira, "O homem que sabia javanês", uma das radiografias mais contundentes e desmascaradoras de nós, brasileiros, na nossa estrutural propensão para transitarmos impune e jactanciosamente entre a ordem e a desordem, achando que, com tal conduta, eivada de bravata e malandragem, vamos construir uma respeitável nação, mais justa, mais igualitária e mais harmoniosa nas relações. Ao satirista Lima Barreto minha saudosa e agradecida homenagem por suas duas grandes obras que fazem cem anos;

2.4. ao Antonio Dimas, professor titular de Literatura Brasileira da Universidade de São Paulo, por ter sido o primeiro aluno graduado pela Faculdade de Filosofia, Ciências e Letras de Assis, a atual FCL Assis /UNESP, a ser laureado com o Prêmio Jabuti, no ano de 2007 na categoria teoria/crítica literária, com a publicação, em 2006, de sua obra em três volumes *Bilac, o jornalista,* feito acadêmico ignorado pelo curso de Letras de Assis, que esta singela homenagem procura remediar;

2.5. a todos os que foram laureados com os dois Prêmio Jabuti 2009 pela obra *Monteiro Lobato: livro a livro*, o específico e o geral: os dois organizadores da coletânea, João Luís Ceccantini e Marisa Lajolo, os demais 26 articulistas e a Editora UNESP, nas pessoas do diretor-presidente da FEU, professor José Castilho Marques Neto, e do editor-executivo da editora, professor Jézio Hernani Bomfim Guterre. Permitam-me que externe agradecimento especial aos articulistas da obra *Monteiro Lobato: livro a livro*, cuja vida acadêmica apresenta inequívocos elos intelectuais com uma herança substantiva da disciplina de Literatura Brasileira do Departamento de Literatura em nível de graduação e pós-graduação e com o Grupo de pesquisa "Leitura e Literatura na Escola";

2.6. e, finalmente, gostaria de cumprimentar a todos os colegas do GALLE pelos vinte anos de nosso grupo de pesquisa, cuja expansão e difusão parece ter ido um pouco além de Assis, Londrina e Maringá. E aqui especificamente minha homenagem àquele que contribuiu de maneira ímpar para o sucesso de nosso grupo acadêmico: o professor João Luís Cardoso Tápias Ceccantini.

Desculpem-me por não ter podido ser breve.

Obrigado a todos e ótimo congresso.

Assis, 19 de setembro de 2011.

Carlos Erivany Fantinati

7.
Resenhas

A teoria literária na obra crítica de Araripe Júnior[1]

Em nossa tradição crítica, Araripe Júnior não goza do mesmo prestígio de Sílvio Romero e José Veríssimo. Não se conhece sobre ele, até hoje, nenhum trabalho que equivalha ao que Antonio Candido realizou sobre Sílvio Romero e, recentemente, João Alexandre Barbosa sobre José Veríssimo. Isto, porém, não significa que faltem estudos sobre o crítico cearense. A bibliografia sobre ele existente não é desprezível, mas parece ter como traço básico o elogio e o enfoque facetado, o que aumenta os reclamos por um estudo global. Em razão de pontos de contato que parece apresentar com as modernas tendências críticas, essa abordagem acabará por aparecer, não sendo ela ainda o livro de Pedro Paulo Montenegro, embora aponte nesse sentido.

Este professor cearense delimita inicialmente o que pretende realizar sobre a obra de Araripe Júnior, e, nessa delimitação, já evidencia o caráter particular de seu estudo. Seu objetivo é "respigar e destacar, ao longo de sua *Obra crítica*, os principais conceitos, atinentes aos princípios gerais de uma Teoria Literária que o teria norteado, quando lia e comentava" (p.18). Nesse sentido, o autor colige e compila, conforme indicam os títulos dos capítulos, noções sobre arte em geral e literatura em particular; sobre a obra literária; os gêneros literários; os estilos de época em literatura; a crítica literária, e, finalmente, noções sobre a compreensão araripiana de uma história da literatura brasileira. Esses títulos, precedidos de introdução e do estudo da formação literária de Araripe Júnior e seguidos de conclusão, constituem os nove capítulos do livro, aos quais se acresce um apêndice com dados biográficos sobre o autor oitocentista.

As noções e conceitos em que se assenta a matéria dos capítulos não aparecem, no corpo do trabalho, em si, isto é, sem qualquer confronto. Com o intuito de valorizar a acuidade crítica de Araripe Júnior, o autor lança mão de posições de correntes

---

[1] MONTENEGRO, Pedro Paulo. *A teoria literária na obra crítica de Araripe Júnior*. Rio de Janeiro: Tempo Brasileiro, 1974, 112 p. (Coleção temas de Todo Tempo 17)
Resenha originalmente publicada em: *Revista de Letras*. Assis, n.19, p.243-246, 1977.

críticas modernas, como o formalismo russo, a estilística e o estruturalismo sobre as noções e conceitos ligados aos títulos dos capítulos. Com esse procedimento o texto se monta numa relação de confronto por similaridade entre a postura do crítico cearense e as posições de correntes críticas do século XX. Em razão da circunscrição do confronto, limitado ao estabelecimento das relações de semelhança, e a permanente exclusão da diferença, o trabalho acaba caindo no sistemático elogio, incluindo-se a obra na linha encomiástica que tem prevalecido na abordagem do crítico cearense.

Apesar disso, o texto logra em alguns momentos evidenciar penetrantes e lúcidas observações de Araripe Júnior acerca do fenômeno literário. Seu pioneirismo crítico, no Brasil em defesa da organicidade da obra de arte, por exemplo, parece fato incontestável. Mas a exclusão do diferente, do dissemelhante fornece, em última instância, uma visão distorcida do crítico cearense, como se ele só se marcasse por qualidades. Suas limitações existem, como a contragosto admite o autor num dos poucos momentos em que alude de modo rápido à presença do dissemelhante: "Se, frequente vezes, foi envolvido por doutrinas filosóficas que prejudicaram a interpretação objetiva do fato literário e o conduziram para momentos mais 'impuros' da crítica, a maioria das vezes, soube vencer a insinuação [...]" (p.16-17). É justamente a diferença entre sua postura e posições críticas do século XX que radica Araripe Júnior no momento em que escreveu e militou criticamente. A eliminação dessa dissonância deixa o trabalho manco e não o qualifica para dar uma visão completa do crítico cearense sobre os assuntos coligados e fornece somente uma abertura para tal.

A escolha do procedimento de compilação e de confronto por semelhança com correntes críticas do século XX apresenta outro lado negativo: é a descronologização da aventura crítica de Araripe Júnior. O "respigar" de noções conduz Pedro Paulo Montenegro a um apanhar de dados em momentos distintos na obra do estudado, o que conturba qualquer veleidade de se alcançar uma imagem da evolução de sua consciência crítica. Não se percebe, por exemplo, a partir de que momento Araripe Júnior afina seu instrumental em direção a uma sintonia maior com as modernas tendências críticas, despojando-se, por outro lado, das "impurezas" de uma vistada "velha", talvez porque muito "datada".

Um outro ponto a ressaltar diz respeito a momentos menos felizes, resultantes do sistemático apego em mostrar o pioneirismo de Araripe Júnior. Algumas relações de semelhança estabelecida entre trechos do autor com concepções de críticos do século XX, merecem, no mínimo, ser remeditadas. Uma delas, por exemplo, é o que ocorre com a expressão "a natureza inteira vista através de um poema" (p.42), retirada de trecho citado pouco antes, que, para Pedro Paulo Montenegro, "erige uma concepção vanguardista para a época, da obra de arte criada à altura da função poética, na concepção de Roman Jakobson; e da 'Écriture', de Roland Barthes, o domínio do 'fazer literário', residindo na "palavra" organizada pela cosmovisão do artista" [sic] (p.43)

Tão grave quanto a hipérbole é a presença de certa tensão entre os textos citados e a interpretação dada pelo autor, a qual pode deixar o leitor perplexo. No capítulo quatro, denominado "Obra literária", o autor observa, no tópico 4.5, que Araripe Júnior censura parnasianos e simbolistas por seu extremado apego à "forma" através de uma série de objeções, cujo desenlace, na montagem de citações de Montenegro, é o seguinte: "Ato contra a natureza reputei sempre essa pretensão de separar a forma do real" (p.53). Já no capítulo seis, "Estilos de época em literatura", quando arrola as opiniões de Araripe Júnior sobre o simbolismo, parece que este continua a manter a mesma posição negativa sobre o simbolismo das passagens citadas, como, por exemplo, neste trecho: "As leis da semântica não existem para essa escola; ou, pelo menos, os mallarmistas pensam poder dirigir esses fenômenos. O que a natureza leva séculos a fazer eles realizam num momento" (p.80). Contrariamente ao que fizera páginas antes, Montenegro aqui não elucida a opinião de Araripe Júnior, mas sim coloca-se numa atitude laudatória acerca da penetração crítica do oitocentista autor cearense. A impressão que se tem é a de que Montenegro pretende dizer que Araripe Júnior, apesar de não ter se afinado com o Simbolismo, ou parte dele, realizou, não obstante, uma acurada descrição de suas características, principalmente no ensaio *Movimento Literário do ano de 1893. Crepúsculo dos povos*.

É claro que as restrições feitas aqui ao ensaio de Pedro Paulo Montenegro, quer com relação a uma expectativa acerca dos estudos aripianos, quer com respeito a possíveis falhas internas, não têm por intuito invalidá-lo. Naquilo que se propôs realizar implicitamente, isto é, na relação de semelhança que pretendeu estabelecer entre posições de Araripe Júnior face a alguns problemas de literatura e as correntes críticas do século XX, o trabalho, em certos momentos, logrou tangenciar seu objetivo. A sua melhor contribuição, porém, reside no fato de que Pedro Paulo Montenegro abre caminho para uma abordagem fecunda: o pioneirismo de Araripe Júnior no campo de nossa crítica para uma maior precisão do fenômeno literário. É em função disto que a obra de Pedro Paulo Montenegro constitui uma promessa de nova visada de Araripe Júnior. E já que ele principiou sua carreira universitária com esta tese de mestrado, seria recomendável que permanecesse com o mesmo objeto de trabalho, para a obtenção de graus acadêmicos, tentando, nessa empreitada, aquele enfoque global que o crítico cearense merece, ou melhor, está a exigir.

Getúlio Vargas na literatura de cordel[1]

Se hoje, após vinte anos de sua morte, Getúlio Vargas parece ter seu culto bastante arrefecido nos centros urbanos, apesar da onda de nostalgia forjada recentemente, fato oposto processou-se no período de 1930 a 1945, quando ele reinou sobre a política brasileira de maneira inconteste, tão indubitavelmente que historiadores denominam os seus 24 anos de poder real ou disfarçado de "Ciclo de Vargas".

Período de importantes reformas na vida nacional, o "Ciclo de Vargas" tem sido motivo de atenção de historiadores nacionais e estrangeiros, que se lançam a pesquisa de documentos locais e alienígenas em busca de informações para descrevê-lo, explicá-lo e interpretá-lo. Nessa mesma linha, manipulando, porém, não documentos oficiais e oficiosos, mas a cultura rústica do Nordeste em sua manifestação literária típica – o cordel –, coloca-se o escritor Orígenes Lessa, e nele persegue a visão veiculada sobre Getúlio Vargas, respondendo a uma sugestão do estudioso francês de cordel, Raymond Cantel (p.59).

Do exame do farto material que faz parte de sua biblioteca, o autor organiza a visão que o cordel fornece de Getúlio Vargas e a distribui em nove capítulos: "O personagem (Getúlio Vargas) por um poeta popular (Antonio Teodoro dos Santos)"; "Getúlio no cordel"; "Getúlio, o assunto do povo"; "O sorriso de Getúlio"; "O pai dos pobres"; "O Estado Novo"; "Ele voltará"; "O desfecho trágico"; "Que Deus dê-lhe a vida eterna".

"O personagem por um poeta popular" e um capítulo, como o título indica, constituído pela transcrição de um folheto, em que o poeta popular, Antonio Teodoro dos Santos, traça cronologicamente a biografia de Getúlio Vargas, desde o nascimento,

---

[1] LESSA, Orígenes. *Getúlio Vargas na literatura de cordel*. Rio de Janeiro: Documentário, 1973. 150 p.
Resenha originalmente publicada em: Resenhas. Separata da *Revista de Letras*, Assis, v.16, 1974.

em 1883, até a morte, em 1954, fechando-a com dois versos, destacados da carta-testamento. Nesse folheto, o biografado pontifica como herói padronizado do gênero, vencendo de ponto a ponto os obstáculos e adversários, que se interponham em sua trajetória militar e poética, até a apoteose final, alcançada com a recepção no céu.

Já "Getúlio no cordel" é menos um capítulo de abertura sobre o tema do que uma reiteração de traços do sistema literário do cordel, ligado ao capítulo que abre o livro, conforme se verá. É em "Getúlio, assunto do povo" que Orígenes Lessa entra diretamente no assunto, ao afirmar, de início, que o ex-ditador, ex-senador e ex-presidente só perde, em quantidade de folhetos, para o Padre Cícero, batendo inclusive Lampião e Antonio Silvino (p.59). Busca, a seguir, rastrear o momento em que Getúlio começou a ser versado pelo cordel. Levanta a hipótese de ser simultâneo a sua ascensão ao poder em 1930 ou em 1932, para, com certeza, asseverar que 1935 e 1937, com o Estado Novo, são já anos de razoável produção. Confirma a ligação deste surto, em especial a partir de 1937, aos empenhos do DIP e de sua propaganda. Mostra, porém, a seguir que a produção desvincula-se paulatinamente de sua condição de "palavra dirigida" (p.64), para encaminhar-se em direção a certa autonomia, pois a maior parte dos folhetos vem a público "em anos de desfavor" (p.83), a saber, entre 1945-1950, e após 1954, tendendo hoje a desaparecer.

Nos capítulos restantes, Orígenes Lessa trata de dois temas: o primeiro versa sobre a imagem de Getúlio criada pelo cordel, entre 1937 e 1954; e o segundo, sobre o suicídio e a ascensão ao céu. Como traço relevante e reiterado de Getúlio Vargas, os poetas populares elegem o "sorriso", que segundo o autor tanto é sinal de "uma tranquilidade, uma esperança para o povo" (p.67), como um índice de "habilidade" (p.68). Ignorando, no geral, sua baixa estatura, os poetas atribuem-lhe epítetos como "varonil e gentil", decantam-lhe a grandeza moral, intelectual e política, lançando mão, inclusive, de paradigmas históricos e bíblicos.

No tratar Getúlio como "pai dos pobres" e o queremismo é que Orígenes Lessa dá-nos as motivações que levam os poetas tanto ao panegírico e a se manterem fiel a personagem histórica nos "anos de desfavor", como a explicar a recepção popular dos folhetos. Esse motivo e a legislação trabalhista, que, segundo os folhetos, beneficiam o povo: as "classes pobres" (p.106) e as "classes trabalhadoras" (p.108). Abono familiar, salário-mínimo, férias constituem doações de Getúlio que os vêm libertar da situação de carência permanente em que vivem, apresentada, entre outros modos, mediante a evocação do estado do negro até 1888. "Escravidão e cativeiro" são as imagens utilizadas para tal fim. Da carência a diminuição da carência constitui o processo que as ações de Vargas desencadeiam, da perspectiva do poeta popular e de seu público. Nesse sentido, é possível perceber, nos folhetos selecionados por O. Lessa e nas interpretações que deles fornece, um modelo formal simples dos agentes que subjaz às produções. De um lado situam-se os grupos sociais desprivilegiados e Getúlio numa relação de aliança, a qual se opõem os grupos sociais privilegiados, investidos do papel de adversários e traidores. Daquela aliança emerge o povo como destinatário das tarefas empreendidas pelo "sujeito", ditador, senador e presidente.

Investidos do papel de oponentes e traidores estão o "tubarão", "o nobre", "os tiranos sertanejos", os coiteiros do cangaço, "o mandonismo local", os politiqueiros", "os senhores de terra e do poder", que, politicamente, ocupam, no plano municipal, estadual e federal, o Poder Legislativo. Seus traços típicos são a ganância, a ambição, a fome insaciável em devorar o erário, e, no plano da ação, a manobra de engano que perpetram contra o povo na época das eleições, manobra de engano que, quando realizada por Getúlio contra os adversários, é louvada como habilidade e astúcia. Daí o apoio que os poetas populares e as camadas desprivilegiadas, por meio de seus "alto-falantes" literários, dão ao Estado Novo: "Todos os poetas [...] J se regozijam com a dissolução das Câmaras em 37 ..." (p.96). E no início dos anos 50, um deles escreve: "Eu sei que Getúlio Vargas / Está estudando a maneira / P'ra passar uma rasteira / Pois a Câmara e o Senado / É uma grande vergonheira" (p.112).

Paralelamente ao reformismo, no âmbito da questão social, os poetas não se descuidam dos outros trabalhos realizados pelo protagonista de seus folhetos – Volta Redonda, a campanha do Petróleo, Academia Militar de Resende – que surgem como doações menos reiteradas.

A abordagem do suicídio e a apoteose celeste do herói encerra o tratamento lessiano. Sobre o "desfecho trágico", o autor assinala o traumatismo popular que acarretou: "a tragédia de Vargas representa um choque terrível para as massas" (p.117). Descreve ainda a efervescência producional e editorial que provoca, com os poetas ansiosos por criar e vender seus folhetos "no galope da notícia" (p.120).

Visto do ângulo da "visão de mundo" dessa cultura iletrada, o suicídio de Vargas, além de sentido como causador de orfandade, constitui um grave pecado. Orígenes Lessa aponta os procedimentos utilizados pelos poetas populares para "explicar" e "afastar" esse grave pecado (p.127). Três soluções são encontradas: uma, "ter morrido no posto de honra, para não se entregar, para não ser morto"; outra, "para evitar derramamento de sangue, para salvar o seu povo" (p.127); a terceira, Getúlio "é vítima de todo um complexo de forças inimigas" (p.129), constituído pelos já mencionados oponentes. E, a partir daqui, surge o que considera o grande achado dos trovadores: "identificar com o sacrifício de Cristo o sacrifício do político abandonado, emprestar-lhe um caráter messiânico, tendo mesmo Raymond Cantel respigado vestígios de um vago sebastianismo em formação que o nosso tempo já não permitiria florescer mesmo no sertão" (p.130).

Será justamente esse argumento e o do "pai dos pobres" que seus advogados no céu, sobretudo "a compadecida", utilizarão em sua defesa, para comutar o castigo no inferno em redenção celeste. Num dos folhetos diz Nossa Senhora, não sem ambiguidade: "Getúlio Vargas sofreu / Como seu filho também / Para salvar os humildes / Sem ter ódio de ninguém" (p.141); e Cristo ao final remata: "– Eu te perdoo Getúlio / Porque foste generoso / Lembraste dos pequeninos / Com teu modo caridoso" (p.142-43).

Mas não e só do assunto, Getúlio Vargas na literatura de Cordel, que se constitui o livro de Orígenes Lessa. O autor dedica um capítulo, o inicial, a essa literatura, em que procura estudá-la, embora sem muita sistematização metodológica, como um fato literário, isto é, como um sistema de comunicação, composto de autor, obra e público. Sua visão é entusiasta, sem deixar de ser objetiva. Parece pretender não só dispor a simpatia do leitor para com o objeto de seus estudos, como também motivar pesquisadores para esse campo: "[...] a constância do fenômeno [literatura de cordel], a sua repercussão nas camadas humildes e a vitalidade de certos autores e certas obras (são inúmeros os folhetos de que já se venderam mais de cem mil exemplares) mostram que estamos diante não de uma simples manifestação marginal, mas de um fato com profundas raízes na vida popular de todo o Brasil, muito em particular do Nordeste" (p.15). Impressiona-o, nessa literatura de "semianalfabetos" (p.14), o agudo sentido profissional" (p.17 e 54) dos criadores populares, a quantidade de edições, o sistema de divulgação, a penetração no Nordeste e mesmo no resto do país, que, para mais realçar, contrapõe aos da literatura erudita, chamada pitorescamente de literatura de "terno e gravata". Sugere a presença de uma hierarquia das produções em obras "clássicas e *best sellers*" (p.53); diferencia, segundo o critério dos criadores, "o folheto" do "romance"; vê o cordel como uma forma de jornalismo, configurando-se, dessa perspectiva, o poeta a popular como um mediador indispensável entre os eventos urbanos e o público, na sua operação de transcodificação dos acontecimentos veiculados pelos jornais e rádio nos cânones do folheto.

Sem se deter pormenorizadamente na caracterização intrínseca dessa literatura, Orígenes Lessa não deixa, porém, aqui e ali, de salientar alguns traços peculiares ao gênero. Detém-se, sobretudo, na rima, chamando a atenção para a importância que ela desempenha na construção: "A luta pela rima, entre eles, não é menor que a de seus irmãos mais ilustres, antes que se libertassem desse e de outros entraves da realização poética." (p.26). A eleição do traço "sorriso" (p.69) para caracterizar Getúlio, a manipulação dos pares "nobre/nobreza" e "pobre/pobreza"e o uso dos epítetos "varonil e gentil" (p.70) são, segundo o autor, soluções cultivadas pela estereotipia do rimar. E cita um caso de transcodificação da carta-testamento de Vargas – para O. Lessa de "incrível mau gosto" (p.122) –, caracterizado pela impossibilidade do poeta encontrar rimas para vocábulos do texto original. Ao contrário de mau gosto, esse emperramento do estro poético fosse talvez sintoma de uma metalinguagem rústica que apontaria os limites e possibilidades do código rimático: "Mais uma vez as *forças* / E os interesses contra o povo / Não sei que faça de *novo* / Não tenho rimas em *orças*" (p.123, grifos de O. Lessa).

As considerações sobre os limites e possibilidades do código rimático no processo de transcodificação remetem-nos a uma outra questão: em que medida os folhetos que compõem o "ciclo de Vargas" não realizam uma adaptação do personagem ao modelo que serve de invariante para as heróis do cordel? Em outros termos: em que medida Vargas não é uma variável heroica como outra qualquer que preenche as invariantes dos modelos dos agentes e das funções que caracterizam o cordel? Trabalhando não no plano da descrição formal dos folhetos, mas no plano da descrição sociológica, Marcius Frederico Cortez, estabeleceu no seu estudo "Relações de classes na literatura de cordel" (Revista *Civilização Brasileira*, n.5-6, p.293-324), determinada "invariante" para caracterizar o périplo do herói, que apresenta traços comuns com a versão dada ao de Vargas. Para o caso em que o herói é um "sertanejo valente", "um cabra", este realiza sua "travessia social", subindo os degraus da hierarquia até sua apoteose final, alcançada mediante o casamento realizado com a filha de um coronel amansado. Atua, a partir de então, como um reformista, sendo beneficiário de suas ações o povo. No folheto de Antonio Teodoro dos Santos, transcrito por O. Lessa, o périplo de Vargas ocorre também em termos de hierarquia, militar e política, até sua apoteose reduplicada como ditador, presidente e redimido no céu. Em face disto, o que se pergunta é se já não se faz necessário uma descrição estrutural dos folhetos, segundo os esquemas fornecidos por Propp, Greimas, Barthes, Bremond e mesmo Todorov, para, a seguir, enfocá-los sociologicamente.

A questão por nós formulada não tem por objetivo pôr em xeque o trabalho de O. Lessa, que, da perspectiva temática proposta, logra os objetivos desejados. E mais: foi a partir de sua leitura que as hipóteses levantadas surgiram. Acrescente-se a isto que seu estudo sobre Vargas no cordel deixa abertas possíveis ilações sobre as aspirações de "igualdade e fraternidade", existentes nas chamadas camadas populares. Por outro lado, evidencia a consciência possível desses grupos sociais, além de mostrar a habilidade do protagonista histórico em aproveitá-la para sua sustentação.

Para finalizar, é justo louvar-se a editora, tanto pela edição bem cuidada, como pela presença no volume de um verbete sobre o tema. Este procedimento, comum por exemplo em certas editoras estrangeiras (lembro aqui a Enciclopédia Rowohlt), não parece entusiasmar editoras nacionais. Positiva também a ilustração do volume com fotos de Vargas, que, infelizmente, não são acompanhadas de legenda, que muito as valorizariam.

Fórmula e fábula[1]

Em sua tese de doutoramento, apresentada em maio de 1971 na Universidade de Bochum, Willi Bolle estuda os contos de Guimarães Rosa, que constam dos volumes *Sagarana, Corpo de Baile, Primeiras Estórias* e *Tutameia*. Seu objetivo principal, com esse trabalho, e uma "descrição sistemática e integral" (p.26) daqueles contos, segundo sugestões da gramática da narrativa proposta e realizada por Tzvetan Todorov, sobretudo em seu, trabalho formal do *Decamerão* de Giovanni Boccaccio.

Mediante a utilização desse método consegue: inicialmente uma redução das 1.500 páginas dos 77 textos em 77 fórmulas; em seguida comprime-as em 15 núcleos, e, finalmente as condensa em 4 estruturas ou invariantes, válidas, respectivamente, para cada obra. Assim, *Sagarana*, publicada em 1946, possui como traço estrutural o par motivêmico delito/sanção; *Corpo de Baile*, de 1956, tem como fábula "consciências inquietas ou angustiadas"; *Primeiras Estórias*, de 1962, apresenta uma estrutura fabular em que "o protagonista sente-se mais atraído pelo imaginário do que pelo real; a ação esquisita, anormal ou aloucada suscita reações contraditórias"; e *Tutameia*, de 1967, constitui-se de uma invariante em que o "protagonista e acossado por uma dificuldade, ameaça ou desgraça, sendo suas possíveis reações: resignação, luta vitoriosa, recursos e imaginação, desejando que o imaginário se torne realidade – o que pode ou não acontecer." (p.137)!

Chegado a esse ponto, Willi Bolle, após considerar a diferença de objeto de análise entre sua pesquisa e as de Propp e Todorov, julga inadequado tentar reduzir as quatro invariantes codificadas em uma possível "arquifórmula" (p. 136). Guia seu trabalho,

---

[1] BOLLE, Willi. *Fórmula e fábula* (Teste de uma gramática narrativa, aplicada aos contos de Guimarães Rosa). São Paulo: Perspectiva, 1973. 153 p.
Resenha originalmente publicada em: Resenhas. Separata da *Revista de Letras*, Assis, v.16, 1974.

então, para uma descrição do conjunto das narrativas de Rosa "em sua dimensão diacrônica; como um processo" (p.136). Toma as obras, com as invariantes correspondentes, como ponto de referência e divide a poética de Guimarães Rosa em quatro fases de produção "bem distintas" (p.136): *Sagarana* caracteriza a poética dos anos 1940; *Corpo de Baile*, a dos anos 1950; *Primeiras Estórias*, a da primeira metade dos anos 1960 e *Tutameia*, a da segunda dessa mesma década (p.136). A cada uma dessas fases corresponde uma certa concepção ficcional do sertanejo, que, configurada na fase anterior, permanece e é ao mesmo tempo superada na subsequente. Ao cabo do trabalho retoma considerações postas no capítulo de abertura sobre a unilateralidade da crítica rosiana e desemboca na diferença ou distinção entre a posição "oficial" de Rosa, como diplomata e membro da classe dominante, em seus pronunciamentos sobre sua obra e sobre a realidade brasileira e a posição artística perante ambas. Para o A., essa posição do artista é a de um "escritor moralista, conservador, embora despertado para as problemas cruciais" no Brasil – o subdesenvolvimento – (p.62), aos quais fornece uma solução de "cunho paternalista" (p.142), o que, ao nosso ver, reforça sua vinculação ao grupo social a que pertence, e, possivelmente, a todo um encaminhamento político e social dominante desde 1930.

Colocando-se, implicitamente, desde o início, numa atitude que vê a literatura "como uma forma específica de comunicação e de conhecimento" (p.149), Willi Bolle não se restringe, por essa sua posição face ao fato literário, a meramente aplicar as orientações metodológicas de caráter formal. Paralelamente a linha central descrita, desenvolve um diálogo tenso sobre as possibilidades e limites da descrição estrutural, sobretudo como ela é concebida e praticada por Todorov. Embora reconheça como positivas as contribuições desse método no plano da descrição da obra, em especial sobre a *"explication de texte"* (p.62), Bolle mostra-se cético com relação a poética ou teoria literária estrutural todoroviana. Na sua opinião, esta peca tanto por um extrema apego a busca de categorias operacionais, que correm o risco de se tornarem autotélicas, quanto por um reducionismo excessivo no conhecimento da obra literária. Face as restrições e censuras de Todorov à crítica impressionista, toma Bolle partido desta, pois vê nela um papel importante na "Propagação e discussão" (p.146) das obras literárias. Por outro lado, não deixa de apontar-lhe certos equívocos no seu intuito de buscar prevalentemente a interpretação, colocando-se ela, como no caso de Rosa, mais numa atitude de aceitação dos pronunciamentos do autor sobre sua obra do que "radicalmente do lado" dela (p.148). Do mesmo modo não aceita a posição de Todorov quanto ao que este chama de "espírito historicista" (p.145). Censura-lhe "a falta de consciência histórica e de tolerância em relação aqueles críticos franceses que escreveram antes de 1960" (p.145). E numa argumentação mais radical faz reverter contra o gramatólogo da narrativa os epítetos depreciativos que este emitira contra os impressionistas e os "historicistas", evidenciando a presença daqueles traços na abordagem do Decamerão.

Esses núcleos centrais e paralelos do trabalho de Willi Bolle, aqui expostos concisamente, possuem como mérito a acessibilidade. O leitor é conduzido a acompanhar os passos da formulização dos contos, desde a redução dos textos em fórmulas, passando pelo agrupamento destas em núcleos e destes em invariantes, ao mesmo tempo que capta sua discussão com o formalismo de Todorov. Se, porém, no âmbito do procedimento de codificação dos textos, a redundância é positiva, na esfera do diálogo com Todorov, o A. parece não estar convencido de que sua posição crítica se encontre suficientemente firmada. Comprova-o o fato de fechar o seu estudo com uma nota de rodapé, em que reitera – redundância negativa – suas desconfianças sobre a viabilidade de uma "tecnologia da leitura" (p.150), claras no decorrer de sua empresa. Alem disso, tal destaque final funciona ainda como uma espécie de desculpa por ter realizado a codificação das narrativas curtas de Rosa, duvidando ele mesmo daquele aspecto positivo – a descrição –, que reconhece como contribuição maior do método formal.

Apresentando como pontos positivos a descrição formal das narrativas curtas de Rosa e a explicitação da função ideológica, o trabalho de Willi Bolle conserva, porém, uma carência: o tratamento da linguagem. Alias, disto está consciente o A., quando reconhece que "a relação entre literatura como modelo e a sociedade como objeto de conhecimento e bem mais complexa do que podia ser mostrada neste trabalho" (p.149). E sugere como continuação da pesquisa um "estudo dos elementos estilísticos em todas as narrativas em que eles intervêm no nível da fábula" (p.149), para se chegar então a "um a caracterização mais exata do sistema formado pelas micro e macroestruturas da narração no sentido de Barthes – objeto central dos estudos da narrativa" (p.149).

A guisa de balanço final, podemos dizer que a tese de Willi Bolle possui o mérito de deslocar o ângulo de abordagem do prevalentemente metafísico, universal e linguístico, em Rosa, para os aspectos da vinculação do romancista mineiro ao contexto brasileiro, sobretudo pela transfiguração ficcional que opera de problemas do subdesenvolvimento. Abre caminho nesse sentido sem, porém, percorrê-lo ate o fim, como ele próprio reconhece quando fala da linguagem. Tanto aquilo, por exemplo, que Antonio Candido em "Literatura e Subdesenvolvimento" chama de "super-regionalismo", em Rosa, como aquilo que Alfredo Bosi, em *História Concisa da Literatura Brasileira*, denomina "romance de tensão transfigurada", no qual inclui o autor de Sagarana, não ficam configurados em seu trabalho. E isto e uma carência sensível, não pela ausência dessas configurações, mas pelo fato de o A. conhecer e citar essas duas produções sem fazer referência aos pontos mencionados, quer para indicá-los como objetivo a alcançar – o que nos parece uma meta importante – quer para refutá-los. Em suma, o que lhe falta é alcançar o plano estético, o que conseguiria pela superação de certa dissociação entre série social e série linguística, mediante uma busca da síntese que organiza indissoluvelmente a produção rosiana, seja a específica de cada uma das quatro fases, seja a global. Esperamos que o A. realize os estudos posteriores que reclama para complementar seu trabalho, tanto na direção dos objetivos por ele requeridos como no campo da sociologia da recepção, que lhe parece ser muito cara.

Metáfora e montagem[1]

Apresentado inicialmente como tese de doutorado junto à Universidade de São Paulo, o trabalho crítico de Modesto Carone Netto tem como objeto a produção literária do poeta austríaco Georg Trakl. Três unidades constituem a obra: a primeira, formada pela introdução; a segunda, composta de dez capítulos que giram em torno da metáfora; a terceira, que compreende três capítulos, os quais têm como eixo a montagem. Esta estruturação está a serviço de um objetivo: mostrar Georg Trakl como um "poeta eminentemente *construtor*, que fazia e refazia continuamente seu poema [...], fundado numa perspectiva de *lucidez artística* que o torna, por todos os títulos, um homem do nosso tempo" (p.21, grifos do autor).

Para alcançar essa meta, Modesto Carone Netto revela-se um consciente construtor do texto crítico. Essa consciência evidencia-se já na introdução, quando busca explicitar os dois conceitos que utiliza no título de sua obra: a metáfora, conceito consagrado na tradição dos estudos literários, tomada quer no sentido estrito, quer na acepção ampla de sinônimo de imagem; e a montagem, conceito de uso recente na teoria da arte, com foros críticos a partir das teorizações do cineasta russo Eisenstein.

É a partir da segunda unidade do trabalho – a metáfora (p.27-96) que a consciência construtora do germanista vai-se manifestar em sua dimensão mais precisa. Carone Netto principia o enfoque da metáfora por um capítulo denominado "a linguagem obscura" (p.29-35), onde coloca duas questões que servem como acicate para toda a unidade: "é preciso procurar saber de que *maneira* essa linguagem é obscura e em relação ao [sic] que o poema de Trakl pode ser considerado 'difícil'" (p.30,

---

[1] CARONE NETTO, Modesto. *Metáfora e montagem I* (Um estudo sobre a poesia de Georg Trakl). São Paulo: Perspectiva, 1974. 169 p. (Coleção Debates nº 102).
Resenha publicada originalmente em: Resenhas Separata da *Revista de Letras*, Assis, v.17, 1975.

grifo e aspas do autor). Introduz então as duas linhas que darão respostas às questões: uma, referente à metáfora em Trakl, outra, concernente à oposição entre o discurso poético moderno e o discurso "normal" ou linguagem comum, ou ainda o "convencional literário". Essa linha acompanha o desenvolvimento da primeira, entrelaça-se com ela e constitui o cerne de sua argumentação.

Estabelecidas essas duas linhas, Modesto Carone conduz didaticamente o seu discurso "por ordem crescente de complexidade'" (p.85), para usar uma expressão sua, operando simultaneamente num sentido de recolha dos aspectos já desenvolvidos e de abertura, por meio de perguntas, para os estágios posteriores que pretende abordar. Fechamento e abertura configuram o movimento constante do texto crítico até a última instância de complexidade no plano de imagem por similaridade, que é a "metáfora absoluta", coroamento do processo criativo de Georg Trakl e fecho da unidade em estudo.

A terceira unidade do seu trabalho – A montagem (p.97-161) – obedece já a uma estruturação distinta. Abre-se por uma suscinta mas cerrada discussão sobre os conceitos de montagem. Após a apresentação da polivalência do termo, Carone Netto opera a seleção da acepção eisensteiniana, propondo, ao cabo, como válido "considerar que a montagem em cinema é isomórfica à montagem em poesia" (p.109). Realiza essa proposição pelo tratamento da montagem na prosa poética e nos poemas versificados do poeta de Salzburg, relendo suas metáforas pela ótica da contiguidade, da justaposição e do fragmentário.

Não são, porém, só a metáfora e a montagem que se explicitam teórica e praticamente no texto crítico. Conceitos como fanopeia, correlato objetivo, isomorfismo, planos cinematográficos, dentre outros, passam pelo mesmo processo, submetidos, porém, à regência dos termos basilares. Tais conceitos, em lugar de se constituírem em barreiras para a penetração na produção poética do Georg Trakl, configuram-se como eficazes adjuvantes tanto ao conferir maior precisão descritiva ao trabalho como ao propiciar uma maior penetração nos processos estilísticos do poeta austríaco.

A consciência construtora e crítica de Carone Netto está presente também na utilização da bibliografia sobre o poeta. Opera com discernimento na escolha dos trechos das obras que cita, comentando-as segundo uma dupla perspectiva: realça os pontos que firmam e confirmam sua abordagem e seu objetivo e rejeita outros que se encaminham para explicações que transcendem o texto poético, concedendo facilmente ao biográfico e ao conteudístico.

Merecem destaque ainda as traduções nesse trabalho tecido com consciência. Não pretendendo "em momento algum, ser recriações verbais de Trakl" (p.26), as traduções superam a modesta meta de "orientar a leitura dos que não dominam o idioma alemão" (p.26) pelo uso de uma linguagem portuguesa que preserva muito do léxico original. Em certos momentos atinge a transcrição como à página 89, para ficarmos num único exemplo:

"O, das grässliche Lachen des Golds"

"Ó o horrível riso do ouro".

Deste modo, no texto de Modesto Carone Netto sobressai a qualidade, mercê do crivo atento a que submete os conceitos, a linguagem crítica, a bibliografia e os textos poéticos que traduz.

Apesar dessas qualidades, o trabalho crítico de Modesto Carone Netto não está imune de alguns reparos, que são feitos menos com o intuito de deslustrá-lo do que com a meta de auxiliá-lo na depuração do texto, na eventualidade de uma segunda edição.

À página 30, por exemplo, quando traduz o verso 3 do poema "Geistliche Dämmerung" a palavra "*leise*" não foi traduzida. Na bibliografia não constam dois textos citados em notas de rodapé: a obra *Encyclopedia of Poetry and Poetics*, editada por Alex Preminger, referida à página 37; e o ensaio "Sprachzertrümmerung und Sprachschöpfung ind der Lyrik Gottfried Benns", de autoria de P. B. Wessels, mencionado duas vezes à pagina 96.

Alguns erros tipográficos, muito poucos para uma edição bilíngue realizada no Brasil, também se fazem presentes às páginas 94, 113, 119, 156, 158, 163, os quais são, no geral, corrigidos quando o fragmento do texto alemão é repetido. O mais esdrúxulo deles é o da página 113, onde se lê "*Langve gangener Abend*" e se deveria ler "*Langvergangener Abend*", conforme está no princípio da página 112.

Se essas pequenas incorreções não empanam o texto crítico de Modesto Carone Netto, não deixa a obra, porém, de gerar uma frustação no leitor. A frustação é provocada pela ausência de uma antologia de textos de Georg Trakl. Claro está que há uma antologia implícita no curso do texto crítico com algumas produções transcritas e traduzidas integralmente. Ao lado dessas criações poéticas que fornecem uma razoável visão do poeta austríaco, deveriam figurar, na antologia, aqueles textos que, embora significativos do poeta, não estão presentes na obra por fatores vários, dentre eles a própria exigência do processo analítico. Com isto o trabalho atingiria sua completude e o leitor brasileiro teria acesso a uma amostragem representativa da produção poética trakliana.

À guisa de balanço final, pode-se dizer que o trabalho crítico de Modesto Carone revela qualidades não só pelos pontos já assinalados. É, além disso, uma obra que interessa tanto aos germanistas como aos estudiosos da literatura em geral, aos de teoria da literatura e aos de semiótica. Constitui, ainda, contribuição relevante para a compreensão da poética do século XX.

O romance brasileiro de 30, de Adonias Filho[1]

O romance brasileiro, nascido na primeira metade do século XIX, tem sido objeto de estudos globais até certo ponto frequentes, voltados para a perquirição de suas linhas e constantes. Menos comum, todavia, são os exames de blocos coevos de criadores, dirigidos para uma busca de aproximações e diferenças e as análises que visem a indicar os contributos originais e renovadores em nossa ficção. Dentro desta linha de investigação situa-se a obra de Adonias Filho que a Bloch acaba de publicar.

Pautando, embora, seu trabalho pela brevidade de exame, realiza Adonias Filho, no ensaio introdutório, um trabalho de averiguação diacrônica de uma constante que defende como marcante de nossa ficção e, nos estudos subsequentes, guiado pelo intuito de apontar "aproximações à sombra das distâncias" (Adonias Filho, 1969, p.17), analisa doze escritores, que estreando a partir de 1928, mais especificamente nos anos 1930, compõem um corpo ficcional pelas inúmeras afinidades, considerando-os por isto "mais que uma geração" (ibidem, p.17).

O escritor e crítico baiano reafirma assiduamente que o documentário "é uma das mais afirmativas dentre as suas (do romance brasileiro) constantes literárias... (p.11), desde as origens – "quando a oralidade, através dos contos e dos autos populares anônimos, captava acontecimentos tipos e costumes " (p.16) –, para daí concluir que "o romance brasileiro tem começo, meio e fim no mundo (o mundo brasileiro) que o engendra" (p.16). Esse caráter documentário, também assinalado por Antonio Candido no seu ensaio "Literatura e Consciência Nacional" ([s.d.]) – "desde o início a nossa literatura tendeu ao documentário" –, Adonias Filho o vê quer nas obras em

---

[1] FILHO, A. *O Romance Brasileiro de 30*. Rio de Janeiro: Edições Bloch, 1969. 155 p.
Resenha originalmente publicada em: Resenhas. Separata da *Revista de Letras*, Assis, v.12, 1969.

que ele se patenteia mais flagrantemente, como nos romances regionalistas, quer nos romancistas, em que o

> documentário [...], embora se abrande na captação da matéria ficcional direta, não se ausenta (p.15), como se dá com os escritores chamados psicológicos, cujo início situa em Machado de Assis.

Ainda nesse ensaio introdutório detém-se no conjunto de ficcionistas da década de 1930, para dar relevo ao papel deles na nossa ficção, pois assevera: "sem eles, o romance brasileiro não será compreendido. (p.17). Esses ficcionistas com concorrência relevante para a nossa ficção, objeto dos doze ensaios, são pela ordem: José Américo de Almeida, Octávio de Faria, José Lins do Rego, Cornélio Pena, Graciliano Ramos, Rachel de Queiroz, Jorge Amado, Anibal Machado, José Geraldo Vieira, Lúcio Cardoso, Marques Rebêlo e Érico Veríssimo.

De José Américo de Almeida, o primeiro a ser tratado, ressalta o caráter renovador de seu romance *A bagaceira* (1928), como interferência contundente no plano de nossa ficção, "matriz por este lado, justificando o documentário como necessidade de revelação social" (p.21). Acrescenta: com esse romance abre-se "o ciclo pós-modernista" do romance do Nordeste, em que "os elementos sociais superam a ação episódica traduzindo rigorosamente o documentário" (p.76), influenciando ele as obras que se seguiram e pondo fim ao ciclo pré-modernista, no qual "o espaço da cena é ocupado pela ação episódica, em plano secundário os elementos sociais" (p.76). A dimensão que vê em *A bagaceira* leva-o a acentuar que nela "há o encontro [...] de José Américo de Almeida com todos os romancistas do Nordeste, e por intermédio deles com os romancistas brasileiros contemporâneos" (p. 29-30).

Graciliano Ramos, um dos que recebeu os influxos renovadores de José Américo de Almeida, alça-se por sua vez também a inovador, à medida que "acrescenta ao documentário, sem anular a irradiação social, a inquirição psicológica" (p.76), atribuindo-lhe Adonias Filho o mérito de, com essa adição, ser a nascente da terceira frase do romance nordestino. No ensaio que lhe dedica (n.5), põe em relevo as duas linhas que marcam sua obra novelística, uma de concessão ao documentário outra de caráter psicológico, que indica como coexistentes em *Caetés*, seu primeiro romance, conforme depõe neste passo: "no romance *Caetés* abrem-se ostensivamente as duas tendências: o documentário que caracterizará *São Bernardo* e o psicológico que caracterizará *Angústia*. Em *Vidas secas* a fusão é completa" (p.77).

Ainda dentro do ciclo nordestino são observados José Lins do Rego e Rachel de Queiroz, ambos também sob a influência de *A bagaceira*, matizando, porém, o complexo nordestino captado com suas peculiaridades artísticas. Detecta nos romances de Lins do Rego (ensaio n.3) "um mural regional que se valoriza na linguagem tão aproximada da fala" (p.47). Salienta as singularidades narrativas do autor de *Fogo morto*, indica sua filiação à tradição literária de sua região – o cancioneiro popular – seu papel na incorporação do cangaceiro ao romance e dá como gênese de sua ficção o "compromisso com o depoimento" (p.49), resultando, como consequência, uma obra, "espécie de síntese que demonstra a fusão do homem com o seu meio" (p.52).

Rachel de Queiroz (ensaio n.6) tem seus méritos reconhecidos, ao lado de José Américo de Almeida, na abertura do ciclo pós-modernista da ficção do Nordeste, pela publicação de *O Quinze* em 1930. Seu contributo original reside no fato de que o documentário adquire com ela os predicados "enxuto e realista nascendo para espelhar uma região "de sofrimento" (p.84). Todavia, não só da perspectiva documentária sua obra é abordada; suas contribuições estilísticas, temáticas e técnicas são também realçadas. Ainda dentro da linha de *O Quinze*, não obstante não mais romances, cita Adonias Filho como realizações inovadoras suas criações para o teatro: *Lampião* e *A beata Maria do Egito*.

Conquanto situando sua realidade ficcional na Bahia, Jorge Amado (ensaio n.7) se harmoniza com os romancistas do Nordeste, nas duas sagas em que novelisticamente se biparte sua produção: "a do cacau e da cidade do Salvador" (p.101). Colocado por Adonias Filho como um dos que se encontram com José Américo de Almeida em *A bagaceira*, ao lado de José Lins, Graciliano e Jorge de Lima, o autor de *Jubiabá* se irmana a Dorival Caymmi na música popular, Mário Cravo na escultura, Caribé na pintura" (p.100), na interpretação do complexo cultural baiano, o mais definido na sociedade brasileira, estando, por conseguinte, presente em sua ficção o testemunho.

Ao lado desse grupo de romancistas em cujas obras se evidenciam o documentário e o testemunho menciona Adonias Filho um outro que, embora tenha presente aquela constante, produz já uma novelística que se caracteriza mais por "auscultar existencialmente o ser" (p.134), atendo-se por isso à tradição clássica e a uma linha familiar no romance ocidental moderno. Cultores alinhados nessa direção dita introspectiva são Octávio de Faria, Cornélio Pena e Lúcio Cardoso.

A Cornélio Pena credita Adonias Filho o fato de ter renovado a temática de nossa literatura com seu romance *Fronteira* (1935). Até o surgimento deste achava-se nossa ficção balizada por limites nítidos, de um lado o documentário, de outro o realismo psicológico, ambos já com forte tradição, preponderando regionalmente o primeiro no círculo nordestino e o segundo na área sulista (p.58). Com *Fronteira*, assevera Adonias Filho, Cornélio Pena torna-se "o primeiro romancista brasileiro que, em mensagem, invade a problemática do ser em sondagem extrema sem medir as consequências do desafio" (p.59).

Será em seguida Octávio de Faria quem, com o ciclo Tragédia Burguesa, realizará, por um lado, produções dentro dessa mesma linha temática, cooperando com Cornélio Pena e ajudando-o na quebra da dicotomia dominante e, por outro lado, vai permanecer fiel ao documentário. No ensaio (n.2) em que o analisa, Adonias Filho aponta três atributos do seu estilo ficcional: "a perspectiva sociológica, a manifestação metafísica e a investigação psicológica" (p.34).

Pondo no mercado em 1934, *Maleita*, marcado por elementos nativistas, Lúcio Cardoso, em sua evolução ulterior, vai abandonar a linha documentária inicial para imergir "na criatura em busca da presença existencial" (p.129), no que se encontra com Cornélio Pena e Octávio de Faria. Essa evolução de Lúcio Cardoso, ao lado das peculiaridades próprias de sua linguagem, constitui a matéria do ensaio a ele dedicado (ensaio n.10).

Um terceiro grupo de romancistas analisados por Adonias filho compõe-se de Aníbal Machado (ensaio n.8), José Geraldo Vieira (ensaio n.9), Marques Rebelo (ensaio n.11) e Érico Veríssimo (ensaio n.12). Enquanto nos dois primeiros grupos percebe-se claramente uma constante comum ao lado das singularidades de cada um, a este grupo falta-lhe um predicado patente além da constante documentária, unindo-os somente o modo de tratamento conferido por Adonias Filho no que tange ao amenizamento do caráter documentário e uma preocupação maior com suas concorrências particulares para a renovação do romance brasileiro.

Em Aníbal machado, "é a personagem quem, pela reação sensorial ou intelectiva, configura o espetáculo e o ficcionista permanece à margem: não julga o acontecimento que faz viver no poder da vida. Não há por isso mesmo, e como na ficção rigorosamente documentária, um testemunho, o testemunho do autor" (p.110). A José Geraldo Vieira, o autor de *Corpo vivo* louva-lhe o papel importante desempenhado na revolução da estrutura do romance ao construir *O albatroz* com uma marcação do tempo, não "nos ponteiros do relógio, mas visto numa série de episódios nacionais [...]" (p.122). Mas, é sobretudo na apresentação direta da personagem que José Geraldo Vieira definitivamente se afasta da norma tradicional" (p.123).

Enquanto Aníbal Machado alimenta a renovação do romance brasileiro com sua qualidade de criador de tipos e José Geraldo Vieira, pela renovação estrutural, Marques Rebêlo o faz pelo seu caráter lírico. Considerando-o "o grande lírico da fase renovadora da ficção brasileira" (p.138), Adonias Filho assinala que, por meio do tema introvertido e do tratamento das personagens através daquela ótica, ele atinge o social, não porém como no romance de costumes e nem como preponderantemente documentário.

Seus estudos se fecham com o ensaio sobre Érico Veríssimo de quem realça o tratamento dado ao episódio como "representação da vida [...] que marca a constante novelística" (p.152).

Conquanto reafirme em todos os ensaios a constante documentária na ficção brasileira e prenda a esta o romance de 30, Adonias Filho estabelece, contudo, diferenciações graduais dessa presença. Acentua a preponderância dela na ficção regionalista e aponta-a subjacentemente nos romancistas chamados introspectivos e em Aníbal Machado, José Geraldo Vieira e Marques Rebelo. Seu trabalho não tem por escopo único comprovar aquela tese, uma vez que ao lado da constante comum – o documentário – assinala as qualidades individuais e diferenciadoras no trato artístico do material da realidade e as cotas de originalidades com que cada um concorreu para a renovação do romance brasileiro moderno.

Sua obra, elogiável pelo esforço de perceber uma constante da ficção brasileira desde as origens e pela análise, embora sucinta, dos autores mencionados, vê-se prejudicada por alguns senões. Dentre estes podemos citar a ordenação dos ensaios que aprecem não obedecer a um critério claro, pois cronológico, em termos do nascimento dos autores não o é, e nem em termos de estreia literária, resultando, em consequência, uma sequência um tanto quanto inexplicável e conduzindo-o muitas vezes a repetições, dando-nos a impressão de ensaios escritos em épocas diferentes e depois coligidos para publicação. Outro senão que poderia ser evitado diz respeito à quase ausência de datas, pois algumas obras mencionadas como fonte primeira, matrizes de obras posteriores, deveriam ter indicadas suas datas de publicação para facilitar ao leitor apreender objetivamente a precedência. Lamentável pareceu-nos ainda o silêncio sobre a obra de Oswaldo de Andrade, o revolucionador da ficção modernista, com um romance realmente radical publicado em 1933: *Serafim Ponte Grande*.

As reservas que fizemos ao trabalho de Adonias Filho não objetivam nem invalidar e muito menos desaconselhar sua leitura, pois são feitas mais com o intuito de sugestão que de crítica. O que realmente impressiona nessa obra, fruto de meditação, é o fundo cultural que enforma suas análises e que se revela nas aproximações de nossos escritores com os da literatura ocidental moderna. Seus ensaios por seu caráter fecundante e pela abertura que fornecem merecem ser lidos.

Ângulo e horizonte, de Mário da Silva Brito[1]

Uma das tendências que se tem acentuado recentemente no campo das publicações nacionais é de os artistas, críticos e historiadores coligirem os seus dispersos em jornais e revistas e reuni-los em obras. Essa coleta de trabalhos para publicação afigura-se-nos um esforço digno de incentivo por parte de nossas empresas editoriais, uma vez que propicia ao estudioso e ao pesquisador o contato com matérias quase que esquecidas em periódicos, alguns fora de circulação, outros de difícil acesso.

Ocorreu-nos mais uma vez essa constatação e pareceu-nos conveniente fazer esta recomendação quando chegamos ao fim da leitura de Mário da Silva Brito que a Martins acaba de publicar, no qual o leitor encontra parcela quantitativamente razoável de artigos e ensaios do nosso maior historiador do Modernismo, que se achavam espalhados "muitos em jornais e revistas e outros em livros como prefácios ou introduções" (Antes do Livro), surgidos entre 1950 e 1968.

Mário da Silva Brito agrupa, nessa obra, ensaios de assuntos diversos, em quatro capítulos, o primeiro deles dedicado exclusivamente à sua especialidade, o movimento modernista, compreendendo estudos sobre Oswald de Andrade, Tarsila do Amaral, Cassiano Ricardo, Sérgio Milliet, Marinetti no Brasil e Graça Aranha. No segundo capítulo, traça a história da Editora Martins; no terceiro, retoma o seu prefácio às poesias de Gonçalves Dias, de 1950, no qual nos informa sobre o homem e o poeta; compõe-se o quarto de dois ensaios, um sobre o humorismo, outro sobre a ficção científica.

No ensaio sobre Oswald, o poeta crítico paulista, nascido em Dois Córregos, traça um panorama da atuação do autor de *Serafim Ponte Grande*, desde 1912, quando

---

[1] SILVA BRITO, M. da. A. e H. *De Oswald de Andrade à Ficção Científica*. São Paulo: Livraria Martins Editora, 1969. 190 p. Resenha originalmente publicada em: Resenhas. Separata da *Revista de Letras*, Assis, v.12, 1969.

chega de Paris, com os primeiros informes futuristas até sua morte em 1954. Principia pela menção da frustrada e zombada iniciativa poética com o poema "Último Passeio de um Tuberculoso, pela Cidade, de Bonde", infelizmente perdido; segue, citando sua participação jornalística no trabalho de proposição de uma arte nova à frente de *O pirralho*; adiante aduz ao diário "O Perfeito Cozinheiro das Almas deste Mundo", composto por ele e seus amigos, frequentadores da "garçonière", com tintas várias e materiais, os mais diversos e inesperados, lembrando-nos os perdidos "Merzbau" de Kurt Schwitters e as colagens cubistas. Finaliza o exame dessa fase anterior à Semana expondo as outras atividades desenvolvidas por ele com intuito de renovar a arte brasileira. Em seguida Mário da Silva Brito coloca sob a lupa as produções de Oswald posteriores aos eventos de fevereiro de 1922: os primeiros romances, os manifestos, os romances experimentais, os romances do ciclo "Marco Zero", sua poesia, o teatro e as três teses para concurso, que o conduz à conclusão: Oswald – um moralista, e lhe dá autoridade para afirmar que "na verdade, Oswald foi muito mais do que a mais característica e dinâmica figura do Movimento Modernista. Foi a encarnação integral dele. Foi também o seu último abencerragem" (p.43).

Suas preocupações com o movimento eclodido na "Semana de Arte Moderna" não se restringem só a Oswald. Fala-nos de Tarsila do Amaral, em seguida, de sua formação acadêmica, de sua paulatina evolução em direção à pintura moderna ao contatar-se com Anita Malfatti e os jovens que abalaram os valores estáveis da arte do tempo. As mudanças que nela se operam observa-se já na sua segunda viagem à Paris, quando procura não mais os pintores acadêmicos, mas sim os de vanguarda e, mais tarde no Brasil, onde se atreve, superando os preconceitos do meio e os seus, a usar as cores consideradas "feias e caipiras" (p.51). Engaja-se no Modernismo, ao lado de Oswald, participando ativamente da "Antropofagia" continuando depois seu roteiro sempre dentro da renovação e da originalidade.

Em *Fases da poesia modernista brasileira*, Mário da Silva Brito delineia num primeiro tópico seu "Roteiro Histórico". Recompõe aí as preparações para a "Semana", a plataforma revolucionária, a composição dos grupos, comenta as primeiras produções que surgem e os manifestos da década de 1920 com seus postulados e ideias e aponta suas conquistas. No "Roteiro Estético" expõe as novas veredas que se abrem para a nossa poesia com o cultivar do verso-livre, com a liberdade de métrica, rítmica, vocabular e temática, em oposição frontal às normas rotineiras e banais da estética passadista.

Duas faces de Cassiano Ricardo reúne dois prefácios, um escrito para as poesias escolhidas, coligidas em *Meu caminho até ontem* e outro para *Montanha Russa*. No primeiro, Mário da Silva Brito assinala as inquietações poéticas e humanas do autor de *Martim Cererê* na constante procura de não esclerosar-se; no segundo, afirma ser *Montanha Russa* "uma súmula da poética de Cassiano Ricardo, uma espécie de balanço geral de sua obra" (p.83).

Nos três ensaios finais do primeiro capítulo continua presente o historiador. Ocupa-se em *Quase verbete de Sérgio Milliet* de traçar o percurso literário desse notável homem de letras que participou de 22, escreveu poemas, prosa e crônicas, fez traduções, foi professor e deixou um respeitável *Diário Crítico* em dez volumes, abrangendo treze anos de militância crítica. Em *Marinetti em São Paulo*, fala-nos da penetração e consolidação no Brasil e da incorporação ao repertório da língua dos termos futurismo e futurista, levantados como bandeira de luta na arte por Marinetti pela primeira vez em fevereiro de 1909. Simultaneamente relata as duas visitas deste à São Paulo, a primeira ocorrida em 1926 quando foi violentamente vaiado e hostilizado por dois motivos: por suas "ideias estéticas" e por sua "ligação ao fascismo" (p.96), e a segunda em 1935 quando foi recebido "sob os brados de *anauê* dos integralistas de braço direito estendido saudando o líder fascista, que vinha narrar os grandes feitos italianos contra o povo do Negus" (p.99). No ensaio "Graça Aranha" e a "Revolução Soviética" – ensaio final do primeiro capítulo – relata Mário da Silva Brito "vários episódios da vida da vida de Graça Aranha (que) o definem como espírito independente ou inconformado com o *establishment*" (p.101).

Os anos de aprendizado de técnico de edição, a afetividade para com o emprego, as amizades e os contatos com homens de letras são alguns elementos subjetivos que se enredam no ensaio intitulado "Breve história de uma editora ou Memória de um Amigo do, da e dos Martins", que monopoliza o segundo capítulo. Este escrito conta-nos a origem, dificuldades e lutas da Editora Martins e da amizade que o une aos seus proprietários. É uma homenagem aos trinta anos de existência da "Martins".

Depois desse interregno afetivo e memorialista ressurge o pesquisador e analista a braços com a vida e a obra do poeta maior do romantismo brasileiro, Gonçalves Dias. No *Informe sobre o homem e o poeta Gonçalves Dias*, mostra os influxos da vida amorosa sobre a poesia do autor de *Primeiros cantos*. O estudo não se amarra só à fonte biográfica, já que o crítico paulista prende-se sobretudo à análise da obra. Algumas vezes, porém, busca na sociologia, na psicologia e em outros críticos explicações para a obra do poeta maranhense. "A preocupação de Gonçalves Dias como poeta – e portanto como artista – é criar. Não é reproduzir, repetir, copiar" (p.170), afirma Mário da Silva Brito, defendendo o poeta dos críticos que o censuraram pela falta de fidelidade ao real no tratamento dado ao índio, ignorando o princípio hoje elementar de que a deformação em arte é "reconhecida como um elemento de criação" (p.171). Apoiando-se em um artigo de Onestaldo de Pennafort salienta um aspecto original de Gonçalves Dias ao apontar o seu poema "Zulmira" como precursor do Parnasianismo e do Simbolismo.

O capítulo final traz dois ensaios: um chamado "Humorismo – Um Problema" e outro cujo tema é a da ficção-científica. No primeiro historia o termo humor desde o seu trânsito "da medicina para a literatura". Acentua depois a impossibilidade de se o definir, indicando as tentativas vãs, da antiguidade até hoje, nesse sentido. Frustrado como os demais no intuito de captar sua essência, desvenda-lhe, no entanto, o mecanismo: "processo de expressão paradoxal, o humor irrompe do contraste entre a forma de exposição e o resultado a que chega. Usa, frequentemente, destruir o nexo natural e esperado entre a coisa expressa e a maneira como é dita. De um lado está o humorista, a dissimular os seus objetivos numa controlada impassibilidade, e, de outro, estamos nós, leitores ou ouvintes, a aguardar um desfecho que, na verdade, se produz de modo inteiramente oposto ao que presumíamos" (p.182).

Finaliza este quarto capítulo e sua obra com um outro ensaio, "Uma Literatura premonitória", onde, depois de nos mostrar as raízes antigas da ficção-científica, repudia a posição dos que atacam o gênero para valorizá-la como um testemunho do "reingresso do homem atual no mundo da fábula" (p.188), dando como causa de sua atual proliferação o mundo instável e alienado que sucedeu "a um mundo estável, que ia da geometria euclidiana ao racionalismo de Descartes, da regrada lógica aristotélica ao cosmos de Galileu e ao positivismo de Comte..." (p.189). O novo mundo que surgiu, resultado do deslocamento do homem do centro do universo e colocando em seu lugar a ciência, abalou inclusive a literatura. "Em outros tempos, a literatura preocupou-se com o passado ou o presente das sociedades. Agora está voltada para o futuro, que não consegue vislumbrar nitidamente" (p.189), afirma e pergunta, terminando, "até quando a ficção científica será apenas ficção científica".

Ângulo e horizonte mostra-nos mais uma vez o poeta Mário da Silva Brito na sua faceta de historiador lúcido, pesquisador paciente e analista percuciente, quer da literatura brasileira modernista, quer da do século XIX. Também encontramos aí o memorialista que não conhecíamos. Sua leitura repõe-nos em contato com o intelectual sem preconceitos de outras obras, e aberto para fatos que, para uma crítica mais ortodoxa, não mereceriam tratamento por fugir ao rotineiro enquadramento do fenômeno literário como é o caso da ficção científica.

Só esperamos de Mário Da Silva Brito que nos dê a biografia integral de Oswald de Andrade e que faça uma nova reunião de outros dispersos, a fim de que não fique relegada aos periódicos sua produção substanciosa e inteligente, imprescindível à compreensão de nosso Modernismo.

A tradição afortunada[1]

Uma das preocupações dos estudiosos de nossa cultura parece ser a de dar uma resposta à seguinte indagação: possui o Brasil uma cultura autônoma, com características próprias, no concerto interdependente das nações?

Essa pergunta encontramo-la também em estudiosos estrangeiros, como na obra de Carl H. Hitlekampfs, *Lateinamerica-Staaten suchen ihre Nation* (1963), que vê no bloco latino-americano apenas dois países que teriam atingido uma originalidade cultural, México e Brasil, este após o Modernismo. Se alguns intelectuais estrangeiros que se ocupam da América Latina têm, via de regra, uma opinião similar à daquele diplomata alemão, o público europeu e americano, em geral, não parece, todavia, estar de todo satisfeito com as respostas fornecidas pelos seus patrícios, já que nossos intelectuais que proferem cursos lá fora se defrontam com a mesma indagação, conforme atesta o primeiro ensaio, no livro de Fábio Lucas (*O caráter social da literatura brasileira*, Rio de Janeiro, Terra e Paz, 1970), publicado inicialmente em uma revista de universidade norte-americana, ensaio esse que se abre com essa questão. Nas mesmas condições está o ensaio de Antonio Candido, *Literatura e consciência nacional*, conhecido só recentemente no Brasil, que explica como a nossa literatura expressou na estrutura de suas obras a consciência nacional na sua fase de formação e de desenvolvimento.

País de formação colonial como os demais da América Latina, o Brasil, pelo estágio atual de seu desenvolvimento econômico, não tem ainda, como os países da velha Europa e os Estados Unidos, sua individualidade e originalidade culturais como coisa assente e reconhecida, a não ser talvez numa esfera mais intelectualizada.

---

[1] COUTINHO, Afrânio. *A tradição afortunada*. (O Espírito de Nacionalidade na Crítica Brasileira) Prefácio de Afonso Arinos de Melo Franco. Rio de Janeiro: José Olympio, 1968, 199 p. (Coleção Documentos Brasileiros, n.127.)
Resenha originalmente publicada em: Resenhas. Separata da *Revista de Letras*, Assis, v.13, 1972.

Os próprios brasileiros, na sua maioria ainda sofredores do complexo colonial, oscilam entre o ingênuo otimismo do "a-Europa-(e agora os Estados Unidos)-se-curva--diante-do-Brasil" e o pessimismo de se considerar um mero imitador dos países cultural e economicamente avançados.

Menos preocupados talvez com a curiosidade alienígena sobre se temos uma autonomia cultural, dois livros surgidos recentemente põem-se a examinar o que produzimos em termos de reflexão sobre o caráter nacional, com o intuito de perseguir e explicar as fases de nosso processo de formação: o primeiro de Dante Moreira Leite (*O caráter nacional brasileiro: História de uma ideologia,* 2. ed. rev. e ampl., São Paulo, Livraria Pioneira Editora, 1969); o segundo de Afrânio Coutinho, matéria de nossa resenha, ambos com muitos dados a fornecer sobre o assunto.

Afrânio Coutinho, bastante conhecido dos estudantes e dos estudiosos da literatura brasileira como diretor e colaborador da obra *A literatura no Brasil*, nesta sua última produção, operando indutivamente, toma por matéria a crítica brasileira do século XIX com o objetivo de captar nela a "formação e desenvolvimento do instinto de nacionalidade" (p. XXI), isto é, como "esse conceito foi-se desenvolvendo, crescendo, clareando, corporificando-se de autor a autor [...]" (p. XXI).

Após discorrer sobre problemas metodológicos, tecer considerações sobre ideias que fundamentam seus objetivos – na nota preliminar – e comentar o famoso ensaio de Machado de 1872 (que veio a lume em 1873, em Nova York), que fala do instinto de nacionalidade (cap. I), Afrânio Coutinho coloca no capítulo II o problema central de sua investigação – a nacionalidade e originalidade da literatura brasileira – que, na verdade, são problemas fulcrais uma vez que dele partem outros como o da origem de nossa literatura, seu primeiro autor, o caráter brasileiro, o sistema de periodização. São esses problemas que ocorrerão, ao lado dos fundamentais, nos capítulos nodais de sua obra, o III, o IV e o V.

No capítulo III – A Fonte Nativa – aborda o crítico baiano, em "Os primeiros registros", os autores que se dedicaram por primeiro à tarefa de recolhimento do passado literário brasileiro desde o início em "livros gerais de história" (p.11) formando por esse aspecto a "fase primitiva bibliográfica e antológica, pré-histórica" (p.11), de nossa historiografia. Diogo Barbosa Machado, Loreto do Couto, mais Januário da Cunha Barbosa e os já atuantes no período romântico, como Pereira da Silva e Francisco Augusto Varnhagem, são os representantes dessa fase, salientando-se dentre estes o último, por nortear seu trabalho já por um método mais científico, ocupando-se de questões como a divisibilidade das literaturas brasileiras e portuguesas, enfatizando a americanidade, e por isso é tido como o "fundador da historiografia literária brasileira" (p.13).

Objetivo de pesquisa são ainda aí, de relance, as obras estrangeiras como Bouterwerk e Sismonde Sismondi e, mais pormenorizadamente, Ferdinand Denis, pelas suas contribuições, principalmente no nível de um programa literário, visando a colocar nossas letras "sob o signo da revolução romântica e da influência francesa" (p.16). Todos eles, inclusive Gonçalves de Magalhães que também aí é tratado, dedicam-se ao problema da origem de nossa literatura, ao da nossa independência literária e ao da inclusão dos escritores da fase colonial em nossa literatura, prática que será comum no romantismo, como faz anotar Afrânio Coutinho no cap. IV.

Aqui o autor se detém na análise da polêmica que surge em torno da nacionalidade da literatura brasileira, suscitada pela reivindicação portuguesa do acervo de obras do período colonial como posse dela, defendida em especial pelo publicista português José da Gama e Castro em seus artigos escritos para um jornal carioca. Entendia ele que "a literatura tem o nome da língua em que se escreve e que, por isso, não há literatura brasileira, e sim portuguesa, enriquecida com as obras dos brasileiros [...] (p.29-30). Em reação à tese portuguesa sai em defesa de nossa autonomia literária o chileno-brasileiro Santiago Nunes Ribeiro, que concebe a classificação das literaturas não "em relação às línguas, mas com respeito ao princípio íntimo que as anima e às tendências que as distinguem, para o que se torna necessário identificar os predicados peculiares e os traços característicos que as diferem entre si, no caso, a literatura brasileira da portuguesa" (p.35-36). Toda essa polêmica em torno da nacionalidade é fartamente documentada por Afrânio Coutinho, propiciando ao leitor acompanhá-la e recompor o ambiente emotivo em que se deu e, ainda, inclusive, conhecer os argumentos grandiloquentes dos defensores nacionais como é o caso de Joaquim Norberto de Souza e silva.

"Como se identificava essa nacionalidade, quais as suas características e sinais exteriores, qual o dever e o caminho dos escritores para alcançá-la" (p.58), em síntese, o que seria compreendido então por originalidade constitui a matéria do capítulo V, examinada inicialmente nos escritores teóricos dos românticos e, em seguida, nos críticos da "era realista" (p.122).

Nesse exame da concepção romântica de nossa originalidade, Afrânio Coutinho aponta os dois elementos considerados como polarizadores: a ideia de natureza e o indianismo, ambos com raízes na fase literária anterior ao romantismo e indicados, em especial o primeiro, por Garrett e Denis como motivos literários a serem tomados pelas letras do período. A natureza torna-se tão cara ao Romantismo que passa a constituir um aferidor do padrão estético, compreendendo-se então que "quanto mais de acordo com a natureza tanto melhor é a obra literária" (p.67). Compreendendo a natureza diferentemente dos autores da era clássica, isto é, a natureza localizada e datada logo, brasileira, agrupamentos pré-românticos, como a "Sociedade Filomática" de São Paulo de 1833, e o "Grupo Fluminense", à frente do qual se encontra Gonçalves de Magalhães, engajam-se na luta pela americanização de nossa literatura. No grupo de São Paulo fala-se já inclusive numa linguagem brasileira, como se observa nesse passo de João Salomé Queiroga: "Escrevo em um idioma que é luso-bundo-guarani" (p.73). Vozes individuais dão continuidade a essa batalha em prol da enfatização da "cor local" como Varnhagen, Joaquim Norberto, o grupo do "Ensaio Filosófico Paulistano", ao qual pertence Álvares de Azevedo. Com grande argúcia e penetração, sobressai-se nesse esforço a figura de Joaquim de Macedo Soares, cuja formulação "é um germe do que desenvolverá Machado de Assis em 1872 no ensaio "Instituto de Nacionalidade" (p.86). Duas revistas paulistas, a *Acaiaba* (1852 e 1853) e *Guaianá* (1856), adotam também posição idêntica: defesa da nacionalidade e da cor local.

No que tange às manifestações indianistas, constituíram elas "um importante passo que deu o nacionalismo literário em pleno romantismo. Foi a expressão nacionalista típica do movimento" (p.11), na aspiração de criar uma imagem positiva do Brasil. Nesse período de intenso antilusitanismo, o índio, eleito símbolo de brasilidade, tornou-se motivo literário frequente, conforme atestam as numerosas produções literárias entre 1844 e 1875, arroladas por Afrânio Coutinho (p.95-96).

Valorização da literatura da fase colonial, reivindicação desse patrimônio para a nossa literatura, enfatização das tradições, usos e costumes locais, em especial da cor local, indicação das peculiaridades que apresentava a língua portuguesa no seu transplante para o nosso meio, o gênero mais adequado para se trabalhar o motivo indianista constituíram os dados mais constantes que levantaram os críticos do Romantismo nas argumentações pelo reconhecimento de nossa originalidade e nacionalidade literárias.

Como parte final do seu exame do século XIX, Afrânio Coutinho toma os críticos que principiaram na década de 1970 uma reflexão sobre nossa literatura, informados das novas ideias que se veiculavam na Europa: materialismo e determinismo. Em suas produções vê, por um lado, uma continuação da tradição romântica no concernente à reivindicação de nossa autonomia literária e, por outro, aponta as oposições que levantavam contra os seus antecessores, em especial o indianismo, cultivado em detrimento de outros componentes de nossa formação. Assim é que do seu estudo sobre Sílvio Romero, Araripe Júnior, Capistrano de Abreu, Adolfo Caminha, Artur Oliveira, Oliveira Lima e José Veríssimo, extrai contributos novos sobre nossa formação cultural, como o sentimento nativista, a origem de nossa literatura, seu primeiro escritor, sua periodização e, ainda, acerca da posição esposada por eles em face do acervo literário do momento colonial contra a atitude possessiva dos portugueses. Ainda dentro desse capítulo, trata dos sistemas de periodização propostos pelos estudiosos de nossa literatura, desde as primeiras tentativas, inicialmente esboços apenas, até os mais recentes, comentando rapidamente algumas delas, outras só mencionando. Acentua existir nessas diferentes tentativas de periodização a procura de "definir a literatura brasileira, fixar a sua origem, a sua formação, a sua evolução" (p.155).

Toda essa pesquisa sobre historiadores e críticos do período entre 1830 e 1900 – com algumas incursões pelo Modernismo – parece ter sido conduzida por Afrânio Coutinho com o intuito de mostrar ser sua atual posição em face de nossa literatura uma continuação dessa extensa tradição, cujas raízes estão no Romantismo. Assim é que deixa explícitas, em especial no último capítulo (VI), algumas similaridades de pontos de vista entre sua atual abordagem e a da crítica investigada no que toca a certa afinidade na determinação da origem de literatura brasileira da fase colonial, na identidade de posição em defesa do patrimônio literário colonial como já eminentemente brasileiro, na concepção do desenvolvimento contínuo da nacionalização. Parece ver ainda nos autores estudados criadores da, por ele chamada, "tradição afortunada", indícios e informes que robusteceriam a periodização estilística por ele proposta, como também certos subsídios que reforçariam a sua intenção de considerar nosso processo de desenvolvimento literário como composto das seguintes etapas: "origem e formação sob a égide do barroco, nos três primeiros séculos; autonomia no período arcádico-romântico; maturidade na época modernista [...]" (p.159).

Procurando ser reconhecido com herdeiro de todo esse legado, que considera nossa literatura como "processo retilíneo de abrasileiramento" (Antonio Candido, *Literatura e sociedade*, São Paulo, Cia. Editora Nacional, 1965, p.107), Afrânio Coutinho induz o leitor a precaver-se contra toda uma outra ótica de visão de nosso desenvolvimento literário, que também tem uma tradição para ele bastante arraigada, a que chamaremos de "desafortunada".

A origem dessa tradição está em Garret que, no seu *Bosquejo da história da poesia e língua portuguesa* (1826), assevera, nas palavras de Afrânio Coutinho que a "a literatura brasileira, mesmo quando aproveitasse as sugestões da natureza local, seria um aspecto da literatura portuguesa, uma contribuição que a enriqueceria em virtude das características diversas da natureza em que seus poetas se inspirassem" (p.21). Na primeira metade do século XIX, "o modelo oferecido por Garrett viria a ser seguido por diversos autores de livros didáticos, como Fernandes Pinheiro e Sotero dos Reis, sem falar em críticos e historiadores, como Abreu e Lima e o português José da Gama e Castro [...]" (p.21).

Esta posição portuguesa radical foi motivo de acirradas polêmicas no Romantismo, e com o correr do tempo continuou a existir, mais moderada, chegando até nossos dias. Tem ela como preocupação básica o enfoque da literatura da fase colonial segundo esta perspectiva: "as duas literaturas portuguesa e brasileira são tratadas englobadamente, como uma só [...]" (p.21). Posições desse tipo encontramos "de Camilo Castelo Branco e Teófilo Braga a Oscar Lopes, Antônio José Saraiva, João Gaspar Simões, incluindo até alguns estrangeiros, como Aubrey Bell, quando escreveu sobre a literatura portuguesa" (p.22).

A essa corrente de historiadores portugueses (que toma uma "atitude reacionária" (p.185) e fala "em nome do interesse e segundo a perspectiva do povo colonizador" (p.9), filia-se também consoante o autor "grupo de brasileiros lusófilos, que influenciados pelo pensamento português, não tiveram a audácia de romper com essa tradição" (p.9). Estes *não audaciosos* situam-se em São Paulo (Antonio Candido, José Aderaldo Castello e Antônio Soares Amora) e cometem ainda outro pecado além deste: o de confundir história literária com história política.

Se essa tradição a que chamamos de "desafortunada", em oposição a "afortunada" prezada por Afrânio Coutinho apresenta, porém, flancos para um fácil ataque, principalmente no que tange à atitude dos historiadores lusos, o mesmo não se dá com respeito às posições do "Grupo de São Paulo", que tece muitas considerações que não podem ser ignoradas, como veremos.

Afrânio Coutinho, ao chamar-se cautelosamente nacionalista, (p.9) afirma que "*a literatura do país é brasileira desde o início, produzida com caráter diferenciador e peculiar a partir do momento em que se instalaram as condições adequadas à criação de uma sociedade e civilização*" (p.9-10) (grifo nosso). Embora negue assiduamente a ligação mecanicista entre literatura e sociedade, no que com ele concordamos, e que o Grupo de São Paulo também não esposa, Afrânio Coutinho parece, porém, não ignorar a existência de uma interação entre literatura e vida social. Daí advém a necessidade de se caracterizar claramente o momento "a partir do qual se instalaram as condições adequadas à criação de uma nova sociedade e civilização" que com certeza não existiram desde o início, mas sim à medida que a colonização portuguesa "ia, como é inevitável, criando a sua própria contradição ao modificar-se para se adaptar e ao consolidar as classes dominantes da colônia" (Antonio Candido, *Literatura e consciência nacional*). Dentro dessa linha de raciocínio, soa discutível dizer que as condições objetivas do século XVI seriam já necessárias, mas não suficientes para que tal caracterização ocorresse, o que só viria a existir, resultante do processo em curso, posteriormente. Nesse sentido estamos com José Aderaldo Castello (*Manifestações literárias da era colonial*, São Paulo, Cultrix, 1967) que assinala sobre o século XVI:

"[...] temos para nós, estabelecendo um confronto com o nosso processo de formação histórica, política, social e econômica, que o século XVI é, literariamente, *um século pré-colonial*, enquanto nele se preparam as condições indispensáveis à atividade cultural no Brasil, dando início a esse processo de transplantação de valores europeus para a paisagem americana e ao mesmo tempo o de integração nela do colonizador, desde o início possuído por um sentimento de simpatia e de exaltação da terra, o que progressivamente se intensifica" (p.56, grifo nosso).

Outro problema pelo qual luta Afrânio Coutinho é o da determinação de nosso primeiro escritor. Anchieta é indicado como tal pela "natureza barroca ou pré-barroca" (p.177) de seu teatro e poesia. Esta oscilação em caracterizá-lo em termos de estilo de época afigura-se-nos mais uma tentativa de forçar o início de nossa literatura com suas produções do que realmente ver objetivamente seu papel no período e em nossas letras, uma vez que nele preponderam e dominam elementos medievais como assinala, entre outros, Domingos Carvalho da Silva. Menos convincente ainda são os argumentos de Afrânio Coutinho que se estribam no seu tetralinguismo, pois, aqueles três outros idiomas (tupi, latim e espanhol) usados por Anchieta, ao lado do português, não podem ser tomados com relevância como elemento diferenciador, por serem manifestações únicas e isoladas sem continuidade histórica. O caso anchietano é intransitivo, sua influência em autores posteriores inexistiu e sua obra só se tornou conhecida hoje e não totalmente

Outras considerações de Afrânio Coutinho merecem ainda ser comentadas, limitar-nos-emos, porém, para finalizar, à sua abordagem do fenômeno literário da perspectiva temática, pois observa que "nesse particular o instinto de nacionalidade se expande sem reservas" (p.186). Fundamentando-se num único aspecto intrínseco do fenômeno literário, como os românticos, a defesa de uma autonomia literária só em função dele afigura-se-nos, merecedora de crítica por excesso de restrição. Uma visão mais abrangente e atual, logo menos limitadora, como ocorreu no Romantismo e na época realista, deveria levar em conta, outros aspectos intrínsecos, e, pelo caráter colonial de nossa formação, aspectos também de ordem extrínseca, que, examinados ambos indutivamente, talvez conduzissem a conclusões mais completas e convincentes sobre a formação e desenvolvimento do espírito nacional e da nossa literatura, caracterizando-os de um modo mais persuasório e global. Esse apego a uma temática meramente nacional tem resultado frequentemente em nossa literatura, até os nossos dias, em um empobrecimento dela. Exaltando o homem, a natureza e as grandezas nacionais, os escritores localistas acabam, via de regra, caindo "numa acomodação formal", conforme assinala Fábio Lucas em sua recente obra *O caráter social da literatura brasileira.*

Resumindo, podemos dizer que uma resposta mais objetiva sobre os problemas postos por Afrânio Coutinho só poderá ser dada desde que se faça um exame de nossa produção cultural, independente de orientações lusófilas ou nacionalistas, considerando o fenômeno literário em seus aspectos intrínsecos e extrínsecos e o fato literário como o conceitua Antonio Candido, pois literatura como comunicação social não deve ser menosprezada, quando se examina uma literatura resultante de um processo colonizador impositivo, como ocorreu aqui. Conquanto em muitos pontos não concordemos com a posição de Afrânio Coutinho, em especial no que diz respeito à aceitação passiva do legado da crítica romântica e realista, que precisa ser, em muitos tópicos, repensado, reconhecemos no seu trabalho e nas condições dele resultantes, material indispensável para todos os que se perguntam sobre nossa autonomia literária, quer sejam eles estudiosos nacionais quer estrangeiros. Por seus predicados e equívocos esta obra não poderá estar ausente da bibliografia dos que pretendem continuar no trabalho de responder sobre a origem e desenvolvimento de nossa cultura.

SOBRE O LIVRO

Formato: 16 X 23 cm
Mancha: 37 x 54 paicas
Tipologia: Garamond 11,5/15
Papel: Pólen 80 g/m² (miolo)
Cartão Supremo 250 g/m² (capa)
1ª edição: 2011

EQUIPE DE REALIZAÇÃO

Coordenação de edição
Kalima Editores
Capa
Gledson Zifssak

COLABORAÇÃO

Lucila Zorzato

GRÁFICA PAYM
Tel. (011) 4392-3344
paym@terra.com.br